suhrkamp taschenbuch
wissenschaft 991

Die Entwicklung von Staatlichkeit ist im kontinentalen Europa mit einem Konzept allumfassender Polizey verknüpft. Sie hatte »Wohlfahrt« und »Sicherheit« zu besorgen. Kritische Ansätze, in denen »Grenzen des Staates« (Wilhelm von Humboldt) in den Vordergrund rückten, fanden erst gegen Ende des 19. Jahrhunderts auch in den Staatsapparaten Widerhall. Dieser Prozeß vollzog sich parallel zu einem Funktionswandel öffentlicher Bürokratie: »Polizei« sollte sich nun auf die »öffentliche Sicherheit« beschränken und wurde in Prozesse der Verrechtlichung einbezogen. Hatte das Folgen für das Auftreten der Polizisten im Kaiserreich? Wieweit läßt sich ab 1918/19 von einer republikanischen Polizei sprechen? Und: wie steht es mit den Kontinuitäten polizeilicher »Sicherheit« und Gewaltsamkeit bis in den deutschen Faschismus – denkt man z. B. an die »Zigeunerpolizei«?
In den in diesem Band enthaltenen Studien steht die polizeiliche Praxis staatlicher Herrschaft im Zentrum. In welchen Formen wurden »Polizey« wie Polizei fühlbar? Blieben militärische Muster bzw. Gendarmerie-Verhalten prägend? Welche Reichweite hatten Bürgermiliz, Werkschutz oder die »weibliche Polizei« – waren es mögliche Alternativen?

»Sicherheit« und »Wohlfahrt«

Polizei, Gesellschaft und Herrschaft im 19. und 20. Jahrhundert

Herausgegeben von
Alf Lüdtke

Suhrkamp

Die Deutsche Bibliothek – CIP-Einheitsaufnahme
»Sicherheit« und »Wohlfahrt« :
Polizei, Gesellschaft und Herrschaft im 19. und 20. Jahrhundert /
hrsg. von Alf Lüdtke. –
1. Aufl. – Frankfurt am Main :
Suhrkamp, 1992
(Suhrkamp-Taschenbuch Wissenschaft ; 991)
ISBN 3-518-28591-2
NE: Lüdtke, Alf [Hrsg.]; GT

suhrkamp taschenbuch wissenschaft 991
Erste Auflage 1992

Satz und Druck: Wagner GmbH, Nördlingen
Printed in Germany
Umschlag nach Entwürfen von
Willy Fleckhaus und Rolf Staudt

1 2 3 4 5 6 – 97 96 95 94 93 92

Inhalt

IV. Sicherheit, Sittlichkeit, Wohlfahrt: Zur Beharrungskraft der Polizeigewalt

V. Modernisierung der Polizei – Entgrenzung polizeilichen Handelns

Alf Lüdtke

Einleitung
»Sicherheit« und »Wohlfahrt«
Aspekte der Polizeigeschichte

Das Bild der Polizei schwankt und ist umstritten. Es geht dabei nicht allein um einen akademischen Streit. Zwischen »Freund und Helfer« einerseits und »Büttel« oder auch »Bulle« andererseits scheint kaum eine Vermittlung möglich. Freilich, das kann nicht überraschen: Polizei nimmt in vielerlei Weise teil am alltäglichen Aushandeln von Lebenschancen und Lebensweisen.

Die Rolle von Polizei im gesellschaftlichen Kräftefeld ist allerdings eine besondere. Uniformierte wie zivile Polizeibeamte und -beamtinnen treten »von Amts wegen« auf. Und selbst vornehmlich unterstützende Tätigkeiten, wie bei der Verkehrsregelung, können zu erheblichen Weiterungen führen: von der Befragung über das Verhör bis zur (vorläufigen) Festnahme von »Störern«. Die Anwendung von physischem Zwang und Einschränkungen der Freiheit von Bürgern sind möglich, zumindest nie völlig auszuschließen. Denn die Ermächtigung, welche die Polizeigesetze vorsehen, bleibt im einzelnen unbestimmt: »Gefahren« für die »öffentliche Sicherheit« und »öffentliche Ordnung« lassen sich nur konkret und ›vor Ort‹ bestimmen. Mehr noch: alle rechtlichen Beschränkungen polizeilichen »Ermessens« haben stets auch die Absicht, ein »verhältnismäßiges« Maß an »unmittelbarem Zwang« zu ermöglichen.[1]

Die Anwendung physischer Gewalt durch die Polizei wird von anderen Staatsgewalten nicht selten vorbeugend und pauschal gerechtfertigt[2], zumal zur Durchsetzung politischer Entscheidungen (zu denken ist an die Polizeieinsätze vor Atomanlagen, von Brokdorf bis Wackersdorf, oder bei den Auseinandersetzungen

1 Drews/Wacke/Vogel/Martens: Gefahrenabwehr. Allgemeines Polizeirecht (Ordnungsrecht) des Bundes und der Länder. 8. Aufl. Köln et al. 1977, S. 16 ff.

2 Vgl. die regelmäßigen Veröffentlichungen und Analysen zur aktuellen Polizeientwicklung in: Bürgerrechte & Polizei CILIP. Nr. 1 (1978)-29 (1991) ff.

um die »Startbahn West« bei Frankfurt). Aber auch gesellschaftliche Interessengruppen oder einzelne Bürgerinnen und Bürger fordern Polizeigewalt ausdrücklich ein. Und bei Gewalt gegen Frauen oder gegen Ausländer drängen eben auch Polizeikritiker auf vermehrte Aktivität der Schutz- und Kriminalpolizei.
Polizeiliches Auftreten verweist auf eine Kette von Sanktionen – insbesondere auf jene Formen der Staatsgewalt, die von der Justiz gehandhabt werden. Betroffene resignieren nicht selten unter dem Eindruck uneinholbarer polizeilicher »Definitionsmacht«.[3] Zugleich operieren Polizistinnen und Polizisten ›vor Ort‹ freilich häufig unter dem Eindruck möglicher Gefahren für ihre eigene körperliche Unversehrtheit. So mag eine »Angstspirale« dazu beitragen, daß Polizei auf Streife wie bei Großeinsätzen erst jene Gewalt zeigt, die einzelne oder eine Menschenmenge gleichsam immer schon erwarten.
Auseinandersetzungen um die Polizei beziehen sich nicht nur auf Erlebnisse des Augenblicks. Eine prominente Rolle spielen vielmehr Erinnerungen; sie werden bewahrt und zugespitzt in historischen Metaphern. Wenn Empörung über polizeiliche Zugriffe sich mitunter – und nicht nur in (West-)Deutschland – in dem Aufschrei »SS« entlädt, geht es nicht eigentlich darum, ob die Gleichsetzung von ungezügeltem Polizeiterror, wie er den NS-»Maßnahmenstaat« kennzeichnet[4], mit den Exzessen polizeilicher Definitionsmacht im bürgerlich-parlamentarischen Rechtsstaat tatsächlich zutrifft. In der Anklage blitzt ein anderes auf, eine Erfahrung »langer Dauer«: die der Verknüpfung von Polizeiarbeit mit staatlicher Herrschaft und Gewalt.[5]

3 Vgl. dazu die eindringlichen Darlegungen zum »Apparat« und seinen Veränderungen seit den späten 1960er Jahren bei: H. Busch/A. Funk/U. Kauß u. a.: Die Polizei in der Bundesrepublik. Frankfurt/New York 1985, bes. Kap. 3 ff.; zu Konzept und Analyse der Definitionsmacht J. Feest/E. Blankenburg: Die Definitionsmacht der Polizei. Strategien der Strafverfolgung und soziale Selektion. Opladen 1972; zum Einsatz ›neuer (Kontroll-)Technik‹ in diesem Zusammenhang: D. Nogalla: Polizei, avancierte Technik und soziale Kontrolle. Pfaffenweiler 1989.

4 E. Fraenkel: Der Doppelstaat. 2. Aufl., Frankfurt 1984.

5 Ob die DDR-Erfahrung – der Verbindung von Partei- und »Stasi-Herrschaft« – eine neue Chiffre für Staatsbrutalität liefern wird, ist offen. Es bleibt zu beachten, daß die »Organe« in der DDR (Stasi wie Volkspolizei) zumindest seit den späten 1970er Jahren die Gesamtheit

Thesen zur Geschichte der Polizei in Deutschland

1. Unsere Vorstellung des ›modernen Staates‹ umschließt die Erfahrung, daß Herrschaft *gleichzeitig* in zweierlei Weise angemeldet und durchgesetzt wird, jedenfalls seit dem 17. und 18. Jahrhundert in Teilen Europas. Personales Regiment von Fürsten, Kirchen oder Kommunen, wie es die feudalen Verhältnisse gekennzeichnet hatte, erweiterte sich im Ancien Régime. Die Rechtfertigungen von Herrschaft bezogen sich nicht mehr allein auf die Aneignung des Mehrprodukts sowie auf »Ehre« und Aura des Herrn. Parallel wurden vielmehr mit steigendem Nachdruck die »Interessen« des »gemeinen Wohls« ins Feld geführt, zumal von den Fürsten-»Dienern«.

Damit öffnete sich eine neue Arena für Selbstverständigung wie Kritik. Die Figur des »gemeinen Wohls« beanspruchte, in der Gemeinsamkeit von Interessen eine ›sachgerechte‹ und damit ratio-

der Lebenspraktiken der Menschen offenbar weit intensiver zu erfassen suchten bzw. tatsächlich erfaßten, als es die Polizeiapparate im Nationalsozialismus taten. – Im Vergleich zum deutschen Faschismus ist jedoch wichtig: So sehr die »Deutsche Volkspolizei« die Reglementierung des Alltags und die Drangsalierung von Oppositionellen, aber auch zahlloser Unangepaßter (mit)betrieb, so unangemessen wäre eine simple Gleichsetzung mit der »Deutschen Polizei« des Nationalsozialismus. Herrschaftssystem und -praxis der DDR waren auch in ihren staatsterroristischen Ausprägungen nicht gleichzusetzen mit jener weithin offen betriebenen, massenhaften Verletzungs- und Tötungsgewalt gegen Mißliebige, mit industriellem Massenmord und völkermordenden Raubkriegen, wie sie Deutschland und die Deutschen 1933-45 betrieben. In den Augen von Betroffenen (post-)stalinistischer Gewalt und Willkür mag freilich das Ausmaß eigenen Leids das Grauen des Holocaust und das Ausmaß der Mittäterschaft von Deutschen überdekken. – Zu den DDR-»Organen« vgl. A. Mitter/S. Wolle (Hg.): »Ich liebe Euch doch alle!« Befehle und Lageberichte des MfS, Januar-November 1989. Berlin 1990; J. Gauck: Die Stasi-Akten. Bearb. M. Steinhausen/H. Knabe. Reinbek 1991; »Und diese verdammte Ohnmacht«. Report der unabhängigen Untersuchungskommission zu den Ereignissen vom 7./8. Oktober 1989 in Berlin. Berlin 1991; zum Kontrast das offiziös-offizielle Selbstbild der »Deutschen Volkspolizei«: Ministerium des Innern, Kommission zur Erforschung und Ausarbeitung der Geschichte der Deutschen Volkspolizei (Hg.): Geschichte der Deutschen Volkspolizei. Bd. 1 u. 2 Berlin/DDR 1987.

nale Begründung für die herrschaftliche Organisierung gesellschaftlicher Praxis zu liefern. Dieser Anspruch öffnete den Obrigkeiten Spielräume, nötigte sie aber auch zu neuer Aktivität: Die Wohlfahrt der »Staatsmaschine«[6] erforderte Leistungen, die das Überleben der »Subjekte« erleichtern konnten. Kontrolle und Abschöpfung mußte sich mit pfleglicher Behandlung der produktiven Hände verbinden. In der Verschränkung der Macht von Symbolen, Kapitalen und Waffen, in der Nutzung symbolischer Bedeutungen wie materialer Interessen wurde Staat gestiftet. Dieser »moderne Staat« umfaßte gleichermaßen den »Betrieb«, den Herrschaftszusammenhang und das »illusorische ›Allgemein‹-Interesse als Staat« (Karl Marx).[7] Brachiale Gewalt ergänzte sich um Techniken des Büro»betriebes« und unablässiger Körperdisziplinierung. Die Fürstendiener oder Staatsbeamten nutzten vermehrt die Effektivität von Schriftlichkeit, ohne allerdings auf deren Magie zuverzichten. Es entfaltete sich in vielerlei Brechungen die fundamentale Gleichzeitigkeit von personaler und bürokratischer Herrschaft. Praktisch wurde diese Engführung von rigoros »väterlicher« Fürsorge und Gewaltdrohung in der »Policey«.[8]

6 B. Stollberg-Rilinger: Der Staat als Maschine. Zur politischen Metaphorik des Absolutismus. Berlin 1986.

7 K. Marx: Die deutsche Ideologie (1845/46). In: Ders.: Die Frühschriften. Hg. S. Landshut. Stuttgart 1953, S. 339-485, 360f.

8 Vgl. dazu die Thesen von Foucault zur Entfaltung von »governmentality« seit dem 16. Jahrhundert in West- und Mitteleuropa, vor allem aber im 18. Jahrhundert: M. Foucault: Governmentality (1978). In: G. Burchell/C. Gordon/P. Miller (Hg.): The Foucault Effect. Studies in Governmentality. Chicago 1991, S. 87-104; dazu C. Gordon: Governmental Rationality: An Introduction. In: Ebd., S. 1-51, sowie P. Pasquino: Theatrum Politicum: The Genealogy of Capital – Police and the State of Prosperity. In: Ebd., S. 105-118. – Demgegenüber betont Heide Gerstenberger, »Verallgemeinerung« personaler Herrschaft gehöre zum Kontext der Artikulation verallgemeinerungsfähiger »Interessen«, wie sie im Ancien Régime gegen herkömmliche »Privilegien« angemeldet wurden. Parallel hätten »Säkularisierung«, »Individualisierung« und »Versachlichung sozialer Beziehungen« die Entwicklung »bürgerlicher Staatsgewalt« entscheidend geprägt. Hier ist also nicht Gleichzeitigkeit von Herrschaftsbegründungen und -formen, sondern deren radikaler Wandel das Thema, vgl. H. Gerstenberger: »Bürgerlicher Staat« – Thesen zu einem fast schon vergessenen theoretischen Konzept. In:

II. Seit dem ausgehenden Mittelalter verknüpften sich Vorstellungen von fürstlicher, aber auch von kommunaler Souveränität mit dem Anspruch einer allumfassenden *»Policey«*. Diese ältere »Policey« stand seit dem späten 15. Jahrhundert für den Anspruch territorialer wie kommunaler Obrigkeiten, ein wohlgeordnetes Gemeinwesen zu besorgen.[9] Kennzeichnend für die »gute Policey« war eine Flut von General- und Spezialanweisungen. Die Herren und ihre »Diener« verbanden damit zweierlei Hoffnungen: die »Kräfte« des Herrschafts»körpers« oder -verbandes regulieren und, mehr noch, sie ausschöpfen zu können. Die damit verknüpften Verhaltenszumutungen signalisierten eine neue Qualität von Herrschaft. Mit der »Policey« sollte jede Facette des Territoriums und der Untertanen obrigkeitlicher Aufsicht unterworfen werden. Die »Disziplin« der Körper, Sinne und Geister jedes und jeder einzelnen war gemeint.

In Policey-Bestimmungen aus dem 18. Jahrhundert spiegelt sich das Profil absolutistischer Herrschaftsansprüche. Policey hatte zweierlei zu leisten: 1. die »Glückseligkeit des gemeinen Wesens« und die »Wohlfahrt des Staates« zu befördern; 2. »die Erhaltung guter Zucht und Ordnung unter den Untertanen« zu erreichen und zu bewahren (J. H. G. v. Justi).[10] Vorausgesetzt war die These, die einer der maßgeblichen Policey-Autoren, Joseph von Sonnenfels, so faßte: »das Maß der Zwangskräfte« solle die »Kräfte des Widerstands« stets übersteigen.

Besorgnisse vor Erschütterungen der herrschaftlichen wie der ge-

Leviathan 19 (1991), S. 452-471, und umfassender Dies.: Die subjektlose Gewalt. Münster 1990.

9 Für die deutschen Territorien pointiert dazu Gerhard Oestreich: Policey und Prudentia civilis in der barocken Gesellschaft von Stadt und Staat. In: Ders.: Strukturprobleme der frühen Neuzeit. Hg. B. Oestreich. Berlin 1980, S. 367-379. – Vgl. die Sammlungen einschlägiger Verordnungen, z. B. G. K. Schmelzeisen: Polizei- und Landesordnungen. 1. u. 2. Halbbd. Köln/Graz 1968/69 (= Quellen zur Neueren Privatrechtsgeschichte Deutschlands, Bd. II, 1 u. 2), und die Studie von R. Schulze: Die Polizeigesetzgebung zur Wirtschafts- und Arbeitsordnung der Mark Brandenburg in der frühen Neuzeit. Aalen 1978. – Zur gerade auch für die deutschen Territorien beispielgebenden Polizei in Paris vgl. N. de la Mare: Traité de la police. 2 Aufl. Amsterdam 1729 und Ph. J. Stead: The Police of Paris. London 1957.

10 J. H. G. v. Justi: Grundsätze der Policeywissenschaft (1759). Hg. J. Beckmann. 3. Aufl. Göttingen 1782, S. 4f.

sellschaftlichen Ordnung verstärkten sich drastisch mit der Französischen Revolution. Seither gehörte Revolutionsfurcht zum Seelenrepertoire der »guten Bürger«. Sie erfaßte Beamte und bäuerliche Eigentümer, Kleingewerbetreibende und Pfahlbürger ebenso wie Kapitaleigner. Die Sorge vor drohendem Umsturz stiftete bei allen sonstigen Distanzen offenbar dennoch ein Minimum an atmosphärischer Nähe zwischen Untertanen und Herrschenden. Die Nutznießer alter Privilegien wie die neuen Privateigentümer pochten auf »Sicherheit« und damit Kalkulierbarkeit der Verhältnisse. Allgemeine wie individuelle »Wohlfahrt« beruhte vermehrt auf der Voraussetzung, »Sicherheit« müsse polizeilich gewährleistet werden. Und es sollte nicht nur die Sicherheit der Besitzenden sein; auch die Besitzlosen waren einzubeziehen – sofern sie sich arbeitsam zeigten. Die polizeilich garantierte und zu garantierende Abschirmung der »Subjekte« gegen vielerlei Gefahren war jedoch nur die eine Hälfte: Sicherheit meinte zugleich die des ›großen Ganzen‹, des Staates. Dieser Staat organisierte jene polizeiliche Sicherheit, die seine eigene Existenz erst ermöglichte.

III. Ein ›weites‹ Verständnis von Polizei prägte die gesetzlichen Vorgaben und gelehrten Debatten auch im entstehenden »Rechtsstaat« des späten 18. und frühen 19. Jahrhunderts. Im »Allgemeinen Landrecht für die Königlich Preußischen Staaten« von 1794 war »Policey« auf die »nötigen Anstalten zur Erhaltung der öffentlichen Ruhe, Sicherheit und Ordnung« verpflichtet worden.[11] Für Jahrzehnte wurde jedoch selbst bei den Gesetzgebern nicht zum Thema, ob fortan der polizeiliche Wohlfahrtszweck entfallen sollte.[12] Vor allem die Beamten in den Mittel- und Ortsbehörden orientierten sich unvermindert an einer ausgreifenden Zwecksetzung. Der Jurist und Handbuchautor Ludwig von Rönne formulierte 1856 für die preußische »Policey« – oder nunmehr »Polizei« –, sie habe *»die obrigkeitliche Sorge für die öffentliche Sicherheit und Wohlfahrt in ihren täglichen Bedürfnissen«*. Rönne fügte

11 Allgemeines Landrecht für die Preußischen Staaten. Neuausgabe. Frankfurt/Berlin 1970, S. 602 (Tl. II, tit. 17, § 10).

12 Vor allem Th. Foerstemann versuchte in den 1860er Jahren, die (früh-)liberale Begrenzung der Staatstätigkeit auf dem Felde der Polizei anzureißen, vgl. Ders.: Prinzipien des preußischen Polizeirechts. Berlin 1869.

an, daß sich »in der Praxis des Lebens« Wohlfahrtsförderung und Sicherheitspflege »nicht streng scheiden lassen«; vielmehr wirke »die polizeiliche Tätigkeit zugleich nach beiden Seiten«.[13] Fürsorge für das »Gemeinwohl« erforderte in den Augen vieler Beamter immer auch »Zwangsmittel« – etwa bei der »Korrektion« von »Arbeitsscheu« oder »Frechheit«. Unbändige oder gar eigensinnige »Subjekte« eines Besseren zu belehren, erforderte praktische Anleitung und Vorbild – *zugleich* aber auch Ermahnung und Züchtigung, in Worten und handgreiflich, mit der Hand, der Faust, dem Stock oder der Rute. Die Beamten, allesamt Männer, präsentierten sich als Agenten von *»Vater Staat«*. Im Zweifels- oder Notfall wurde folgerichtig auf die »starke Hand« des Staates zurückgegriffen. Bis Anfang der 1890er Jahre – nach dem Blutbad beim Ruhrbergarbeiterstreik 1889 – bedeutete das immer wieder Einsatz des Militärs und der militärischen Waffen, vom alltäglichen Auftreten einzelner Wachtposten in den zahllosen Garnisonen bis zu Säbelhieben und Bajonettstößen, aber auch den Gebrauch von Schußwaffen[14] geschlossener Abteilungen. Prekärer war jedoch, daß seit dem Vormärz die Orientierungsmuster der Zivilpolizisten zunehmend militärischen Zuschnitt zeigten.

13 L. v. Rönne: Das Staatsrecht der Preußischen Monarchie. Tl. II, Bd. 2. 3. Aufl. Leipzig 1872, S. 108f.

14 Die entsetzte Reaktion höherer Beamter, aber auch der Öffentlichkeit, als 1889 im Zuge des Militäreinsatzes beim Streik der Ruhrbergarbeiter zahlreiche Bergleute und Passanten durch Schüsse der Truppen schwer verletzt oder getötet wurden, führte in den 1890er Jahren zu energischen Versuchen einer Demilitarisierung. Dazu gehörten die vorbeugende Planung der Verwendung von Gendarmerie (einer militärischen Organisation, aber unter ziviler Führung), die Aufstockung und Professionalisierung der Lokalpolizeien sowie nachdrückliche Anordnungen zur möglichsten Vermeidung des Schußwaffengebrauchs. Während des Bergarbeiterstreiks von 1905 blieb es beim Auftreten dieser faktisch, d. h. in den Handlungsstandards und -weisen allerdings weithin militarisierten Polizeien. In Herne (1899) und beim Bergarbeiter-Generalstreik von 1912 wurde jedoch wieder Militär eingesetzt. Vgl. dazu ausführlicher R. Jessen: Polizei im Industrierevier: Modernisierung und Polizeipraxis im westfälischen Ruhrgebiet 1848-1914. Göttingen 1991, S. 127f., sowie K. Saul: Der Staat und die »Mächte des Umsturzes«. Ein Beitrag zu den Methoden antisozialistischer Repression und Agitation vom Scheitern des Sozialistengesetzes bis zur Jahrhundertwende. In: Archiv für Sozialgeschichte 12 (1972), S. 293-350.

Politische Oppositionelle unterschiedlicher Couleur attackierten die Verknüpfung von Militär- und Polizeistaat in den vormärzlichen Debatten, in denen eine Konstitution das große Ziel war. Die Frage hatte erneut Konjunktur im halbabsolutistischen Kaiserreich nach 1871. Die breitere (Presse-)Öffentlichkeit befaßte sich mit Klagen über polizeiliche wie militärische Brutalität vermehrt seit den 1890er Jahren. Die starke Militärlastigkeit polizeilichen Handelns blieb aber öffentliches Thema auch in der parlamentarischen Republik von Weimar.[15]

IV. Die Erfahrungen nicht weniger »Polizierter« waren davon bestimmt, daß die Leerformeln über die Polizei dazu taugten, »die Bürozwecke in Staatszwecke ... [zu] verwandeln«, wie Karl Marx 1841/42 sarkastisch formulierte.[16] Dennoch erwuchs jene »Fügsamkeit in Ordnungen« (Max Weber), die klassen-, generationen- und geschlechterübergreifend auch in den gesellschaftlichen Umwälzungen und politischen Systemwechseln gesichert werden konnte, jedenfalls in den deutschen Staaten nicht allein aus der Androhung oder Anwendung polizeilicher »Zwangsmittel«.[17] Polizei konnte mitunter selbst für Besitzarme oder Besitzlose, die sich sonst als »Verdächtige« mißtrauisch beobachtet sahen, Aushilfe oder Unterstützung bieten. Gesindepolizei schritt z. B. im wilhelminischen Kaiserreich zumindest in Einzelfällen gegen die Maßlosigkeit von Hausherren ein.[18]
Zahlreiche Wohlfahrtsfunktionen, wie die Zuständigkeit für Ge-

15 Th. Kurz: »Blutmai«. Sozialdemokraten und Kommunisten im Brennpunkt der Berliner Ereignisse von 1929. Berlin/Bonn 1988; s. auch H. Liang: Die Berliner Polizei in der Weimarer Republik. Berlin/New York 1977, S. 108-128; P. Leßmann: Die preußische Schutzpolizei in der Weimarer Republik. Streifendienst und Straßenkampf. Düsseldorf 1989.
16 K. Marx: Kritik der Hegelschen Staatsphilosophie. In: Ders.: Die Frühschriften, S. 20-149, hier S. 59 f.
17 Dazu jedoch mit drastischen Beispielen: E. Dronke: Berlin [1846]. 2. Aufl. Darmstadt/Neuwied 1974, S. 306 ff.; Ders.: Polizei-Geschichten. Leipzig 1846, S. 133 ff.; vgl. auch Th. Pawlowski-Grütz: Die Geschichte der Holtenerin Katharina Helena Felden, 1831-1861. Oberhausen 1989 (Bezug über die Stadt Oberhausen).
18 D. Wierling: Mädchen für alles. Arbeitsalltag und Lebengeschichte städtischer Dienstmädchen um die Jahrhundertwende. Berlin/Bonn 1987, S. 79 ff., vgl. S. 219 f.

sundheit, Wohnen oder Schule, wurden seit dem letzten Drittel des 19. Jahrhunderts aus den kommunalen Polizeiverwaltungen ausgegliedert und Spezialverwaltungen zugewiesen.[19] Dennoch blieb die Doppelgleisigkeit der »Staatsgewalt« bewahrt: auch »wohltätige« Amts- Verfügungen wurden im Zweifelsfall von der Polizei bzw. mit *Zwangsgewalt* durchgesetzt. Polizeiliche Gewalt richtete sich z. B. gegen Kinder und Eltern, die »Schulversäumnisse« begangen hatten oder zuließen, sie traf aber auch Kleingewerbetreibende wie z. B. Bäcker, deren Brote als untergewichtig befunden wurden. Dennoch war ungeachtet aller Schroffheit, die an der Wohnungstür oder ›am Schalter‹ zu gewärtigen war, wenigstens gelegentlich die *»sanfte Gewalt«*. (P. Bourdieu) fürsorglicher Leistungen zu erfahren. Diese *Gleichzeitigkeit* der physisch-direkten wie der sanften »Staatsgewalt« bedeutete aber nicht Gleichgewichtigkeit: Maßgebend blieb der Vorrang physischer Erzwingung – zudem nachdrücklich militärisch eingefärbt.

v. Der Anspruch, für Dritte nützlich und hilfreich zu sein, blieb nicht auf Gesetzes- und Verordnungstexte begrenzt. Die verschiedenen Gewaltformen, zugleich der Stolz auf den wohltätigen Effekt gerade auch der Bekämpfung von Unsicherheit, von »gefährlichen« Personen und Situationen, tritt in den Skizzen hervor, die ein Adolph Schulze 1887 aus dem »Notizbuch eines Berliner Schutzmannes« veröffentlichte.[20] Es war dies gewiß in erster Linie die Projektion eines idealen Polizeialltags.[21] Immerhin suchte dieses Textgenre ›Jedermann‹ anzusprechen – und gehört deshalb um so mehr zur notwendigen Vielstimmigkeit der Quellen.
Der Verfasser beschreibt zunächst das Revier: es sei ein »gewöhnliches« und bestehe aus zwei Zimmern. Neben dem eigentlichen Wachlokal liege eine Stube zur Aufnahme von Arrestanten. Während es hier nur Bank, Holzschemel, Waschnapf und Eimer gebe,

19 Zu dieser Entfaltung von »Leistungsverwaltung« vor allem auf kommunaler Ebene vgl. W. R. Krabbe: Kommunalpolitik und Industrialisierung. Die Entfaltung der städtischen Leistungsverwaltung im 19. und frühen 20. Jahrhundert. Stuttgart u. a. 1985.
20 A. Schulze: Aus dem Notizbuch eines Berliner Schutzmannes. Bilder aus dem Leben der Reichshauptstadt. Leipzig 1887, das folgende S. 5 ff.
21 Vgl. zur polizeilichen Härte gegenüber »Reichsfeinden« in denselben Jahren K. Saul: Der Staat und die »Mächte des Umsturzes« (wie Anm. 14).

sei das Wachzimmer selbst »etwas wohnlicher« eingerichtet. Dazu gehöre auch ein »sauber gehaltener Apparat«, der Telegrafenapparat. Dies ist das technische Zentrum, zugleich ein Zeichen besonderer Modernität: Dauerpräsenz und -verfügbarkeit durch Informationsvernetzung! An der Wand darüber hängt bei Schulze »eine kleine Schwarzwälder Uhr«, der ebenfalls zentral regulierte Zeitgeber. Außerdem nennt er Holzspinde, Kleiderhaken und Holzstühle; es fehlt aber auch nicht ein »Damenbrett ..., auf dem es viele Schutzleute in Bezug auf Schlagfertigkeit zu einer bemerkenswerten Virtuosität bringen«.
Bei Schulze beginnt der Tag: »Ein reduziert aussehender Mensch in offenbar angetrunkenem Zustand betritt das Zimmer, gefolgt von einem Schutzmann, der augenscheinlich seine Last mit dem Trunkenbold gehabt hat, denn sein Atem geht ziemlich rasch und sein Gesicht ist voller Anstrengung leicht gerötet.« Es handelt sich um einen Mann, der als »Bettler« verhaftet worden ist. Dieser Verhaftete hat gegen eine jener Ordnungen verstoßen, die seit den Anfängen von »Policey« in frühneuzeitlich-vorindustrieller Gesellschaft in monotoner Regelmäßigkeit gegen das »Laster der Bettelei« angeführt wurden. Der hier Verhaftete kommt zwar »brummend und widerwillig«, aber ohne Widersetzlichkeit den Anschnauzern der Beamten, die der Text nicht ausspart, nach. Bei aller von der Polizei unterstellten Lasterhaftigkeit erweist er sich aber als friedlicher Mensch. Als er in das »Arrestantenzimmer« geführt wird, schläft er sofort ein, freilich auf dem Boden der Zelle.
Kaum ist dieser »Störer« zu Ruhe gebracht, wird – bei Schulze – »die Tür von neuem geöffnet und ein Schutzmann, mit einem etwa 2-3jährigen Knaben auf dem Arm, erscheint in derselben«. In diesem Fall nun ist »der Beamte freundlich, er befeuchtet das Gesicht des Kindes, trocknet es mit dem Zipfel des Handtuches. Und selbstverständlich gibt es Bausteine bzw. die Steine des Damenbrettes taugen vorzüglich, den kleinen Kerl zu beschäftigen«. Hier zeigt sich, was der Telegraf alles vermag: das Signalement kann mit Hilfe des Apparats sofort an alle anderen Reviere weitergegeben werden. Und das bringt auch Erfolg, denn schon nach kurzem erscheint »Karlchens Mutter, um ihren Liebling abzuholen«.
Es folgen wieder weniger freundliche Seiten aus dem Polizeialltag. So erscheint eine geschlagene Frau (sie kommt hier sogar zur Polizei!). Dabei muß sie sich belehren lassen, daß ihr Mann »wenig-

stens bis zu einem gewissen Grade« das Recht habe, sie zu schlagen. Es sei eben so, daß »jeder sein Päckchen zu tragen« habe. Und so geht es Schlag auf Schlag weiter: Diebstähle, Treppenhausbrand, Schlägerei (in einer Kneipe) usw.: Unermüdlich sind die Polizisten »auf Wache« gefordert; stets beheben sie die »Ordnungswidrigkeiten«. Selbst die »Störer« scheinen mit dieser Polizei im Grunde in Einklang zu leben.

VI. Im Blick auf die Beziehungen von Polizei und »Publikum« zeigt sich eine »lange Welle« des Formwandels von Herrschaft in der Neuzeit. Daneben sind jedoch weitere Veränderungen zu erkennen; sie sind ebenfalls nicht unmittelbar mit den Rhythmen der politischen Systemveränderungen verzahnt. Es waren *Professionalisierung* und *Verrechtlichung* der Polizei, vor allem seit dem letzten Drittel des 19. Jahrhunderts.[22] Parallel ist ein allmählich wachsender *Druck zur öffentlichen Rechtfertigung* auszumachen; er setzte ein mit den Kritiken von Bürokratie und deren »Willkür« in den 1780er und 1790er Jahren. Seit dem zunehmend selbstbewußten Auftreten liberaler und radikaler Oppositioneller im Vormärz wurden in den deutschen Staaten »polizeiliche Willkür« und »befehlshaberischer Ton« immer wieder aufs Korn genommen.

VII. Es waren insbesondere die *Formen,* in denen Polizisten ihren Aufträgen wie den Erwartungen von Honoratioren oder Anwohnern nachzukommen suchten, die immer wieder Kritik hervorriefen: Willkür, Gewalt, Schroffheit. Um so nachdrücklicher versuchten einige Ministerialbeamte in der Weimarer Republik, die seit Jahrzehnten eingeschliffene militärische Prägung zu bekämpfen: Die Polizei eines Sozial- und Volksstaates erforderte in ihren Augen eine Volks-Polizei. Dementsprechend bemühten sich Mitte der 1920er Jahre Beamte der Polizeiabteilung des preußischen Innenministeriums, eine neue Einigkeit von Volk und Staat zu stiften. Die Polizei sollte als Vermittler gesellschaftlicher Interessen wirken. Unerläßlich sei es deshalb, daß sich die Polizisten fortwährend mit »barometrischer« Sorgfalt der Stimmungen des Publikums vergewisserten.[23]

22 A. Funk: Polizei und Rechtsstaat. Die Entwicklung des staatlichen Gewaltmonopols in Preußen 1848-1914. Frankfurt/New York 1986.
23 E. v. d. Bergh: Polizei und Volk. Seelische Zusammenhänge. Berlin

Es dauerte nicht lange, bis »Polizei als Funktion des Volksorganismus«[24] bedrückende Wirklichkeit wurde – freilich anders, als es die Polizeireformer der ersten Republik gewollt hatten. Im deutschen Faschismus folgte aus dem »kurzen Prozeß«, den NS-Führer befohlen hatten, jedoch weder Sicherheit noch »das allgemeine Wohl aller Staatsbürger« (Abegg). Die »deutsche Polizei« des NS-Staates organisierte vielmehr die alltägliche Repression und administrative Selektion hunderttausender von Menschen – von »Gemeinschaftsfremden« und politischen oder »weltanschaulichen« Gegnern, von Homosexuellen, Sinti und Zeugen Jehovas sowie der europäischen Juden. Das Erscheinen der Gestapo, aber auch der »Sicherheits- und Ordnungspolizei« bedeutete für unendlich viele Menschen den Abtransport in den Tod.[25]

1926 (= Die Polizei in Einzeldarstellungen, Bd. 1). Diese insgesamt 12 Bände umfassende Reihe zur (Selbst-)Darstellung der Polizei wurde im Zusammenhang der »Großen Polizeiausstellung« 1926 in Berlin »mit Genehmigung des preuss. Ministeriums des Innern« vom Leiter der Polizeiabteilung, Min.-Dir. Dr. Wilhelm Abegg, herausgegeben, vgl. auch sein Vorwort, ebd., S. 5-7.

24 Bergh: Polizei und Volk, S. 9 ff.

25 Zur offiziösen Selbstdeutung vgl. W. Best: Die Deutsche Polizei. Darmstadt 1940, S. 12-20 u. passim, sowie H. Göring: Die nationalsozialistische Polizei (Rede vom 7. Febr. 1933). In: Ders.: Reden und Aufsätze. München 1938, S. 17 f.; erste Hinweise zum Mitmachen der Masse der Beamten nach 1933 geben an einem lokalen Beispiel H. Fangmann/U. Reifner/N. Steinborn: »Parteisoldaten«. Die Hamburger Polizei im »Dritten Reich«. Hamburg 1987; zur Ausweitung der Polizeisphäre s. D. Majer: Zum Verhältnis von Staatsanwalt und Polizei im Nationalsozialismus. In: U. Reifner/B.-R. Sonnen (Hg.): Strafjustiz und Polizei im Dritten Reich. Frankfurt/New York 1984, S. 121-160, und K. Drobisch: »Kriegsschauplatz Innerdeutschland«. Sicherheitspolizeiliche Vorbereitungen und Einübungen seit 1935/36. In: D. Eichholtz/K. Pätzold (Hg.): Der Weg in den Krieg. Köln 1989, S. 41-66, bes. S. 43 ff.; die (Mit-)Täterschaft von Polizei bzw. Polizisten bei den Massenmorden ist bisher kaum behandelt worden, s. jetzt aber H. Lichtenstein: Himmlers grüne Helfer. Die Schutz- und Ordnungspolizei im »Dritten Reich«, Köln 1990. – Für zwei der offensichtlich ganz seltenen Einzelfälle polizeilicher Nicht-Anpassung und Wider-

VIII. Die Kostenrechnung der »Verpolizeilichung« sozialer Beziehungen, wie sie seit dem 19. Jahrhundert zu erkennen ist, erlaubt keine einlinige Bilanz. Denn einzubeziehen sind humane Fortschritte, d. h. Verminderung von Leiden und Leidensgefahren. Bei aller Härte, die weithin sozial ungleich verteilt blieb und zum Orientierungsmuster von Polizei gehörte – jene Formen von Selbst- und Lynchjustiz im Vormärz, von denen Josef Mooser berichtet hat[26], wurden durch das staatliche Gewaltmonopol, welches die Polizei (hier freilich: die Forstverwaltung) beanspruchte, zunehmend erschwert, langfristig weitgehend ausgeschaltet. Allerdings war ein Mindestmaß an öffentlicher Kontrolle über die Staatsgewalt die Voraussetzung dafür, daß eine längerfristige Humanisierung durch Staatseingriff möglich wurde. Denn nur dann gab es die Chance, ein Umschlagen von lokalem Terror in die Willkür staatlicher Obrigkeit anzuprangern. Die Verknüpfung von Staatsterror und Gewalttätigkeit ›vor Ort‹, die im NS-Regime Realität wurde, zeigte in nicht zu überbietender Deutlichkeit, wie sehr das staatliche Gewaltmonopol auch dazu taugt, mörderische Gewalt gegen andere freizusetzen.

IX. Die Verkörperung von »Staat« in der Bürokratie, wie sie zumal in den deutschen Territorien seit den Staatsreformen im frühen 19. Jahrhundert selbstverständlich geworden ist, stützte sich auf Erfahrungen mit »polizeilichem« Beobachten und Eingreifen. Dabei ist entscheidend, daß nicht allein die Vorstellung vom Staat als »Gehäuse der Hörigkeit« (Max Weber) in Erfahrungen mit »Policey« gründet. Auf das Profil allumfassender »Policey« beziehen sich ebenso jene Konzepte, in denen Staat weniger als Zwangszusammenhang denn als Vermittler zwischen den gesellschaftlichen Interessen und Parteiungen gilt.

setzlichkeit: E. Fröhlich: Ein katholischer Polizeiwachtmeister: In: Dies.: Die Herausforderung des Einzelnen. München/Wien 1983 (= Bayern in der NS-Zeit, Bd. VI), S. 157-171; H. Knobloch: Der beherzte Reviervorsteher. Ungewöhnliche Zivilcourage am Hackeschen Markt, Berlin 1990.

26 J. Mooser: »Furcht bewahrt das Holz«. Holzdiebstahl und sozialer Konflikt in der ländlichen Gesellschaft 1800-1850 an westfälischen Beispielen in: H. Reif (Hg.): Räuber, Volk und Obrigkeit. Frankfurt 1984, S. 43-99, hier S. 76 ff.

Selbst die historischen Alternativen zum »starken Staat« borussisch-wilhelminischer Prägung unterstellten, daß auch ein »Zukunftsstaat« polizeiliche Funktionen zu besorgen hatte. August Bebel setzte dabei auf die Selbsttätigkeit der einzelnen; sie wäre nach der Aufhebung des Privateigentums ganz zwangsläufig, so daß »die Repräsentanten des Staates verschwinden«. Andere Kritiker des Bestehenden blieben skeptischer. Für Oswald Köhler waren in seinem »sozialdemokratischen Staat« weder eine Verwaltung noch eine besondere exekutive Institution entbehrlich. Diese Polizei sollte sich in ihrem Auftreten nicht zuletzt durch ihren Namen von allem Früheren abheben. Gedacht war an »Körperschaft der Exekutive«.[27]

x. Kontinuitäten polizeilicher *Handlungsweisen und Handlungsorientierungen* zeigen sich in fünf Aspekten. Sie verweisen auf den historischen Zusammenhang von »Policey« und »Polizei«. Zu erkennen ist ein Muster, in dem der für polizeiliches Handeln unumgängliche Ermessensspielraum in der jeweiligen Situation zur »Willkür« für zahllose Betroffene wurde. Die Eckpunkte sind:

1. »Unruhestifter« galten nicht allein als momentane »Störer«. Deshalb war zwingend grenzenloses Mißtrauen vor Weiterungen: Der »Schutz des Staats im Ganzen« (L. v. Rönne) duldete weder Unterbrechung noch Lässigkeit;
2. stereotype Vorstellungen einer äußerlichen ›Ordentlichkeit‹ und ›Normalität‹, die als Maßstab des Handelns genommen wurden – unterschiedliche Lebensläufe ließen sich damit in »kurzem Prozeß« über einen Kamm scheren;
3. die sozial-, alters- und geschlechterspezifische Abstufung der »Gefährlichkeit« des Publikums;
4. das rasche Androhen oder der sofortige Einsatz von unverhältnismäßigen »Zwangsmitteln«;
5. die Vorstellung, daß »Polizei ... nun einmal ihrer Natur nach in stetem Kriege mit jedem Einzelnen ... zum Wohle des Ganzen«

27 A. Bebel: Die Frau und der Sozialismus. Neusatz der Ausg. von 1929. Berlin, Bonn 1980, S. 395 ff.; O. Köhler: Der sozialdemokratische Staat. Nürnberg 1891, S. 170 ff.

lebe[28]: Es dominierte ein militärisch geprägtes Freund-Feind-Stereotyp; zumal in den Kämpfen gegen wechselnde »Staats-« und »Reichs-Feinde« schien es immer wieder Bestätigung zu finden.

Im Zentrum dieses Profils polizeilicher Praxis läßt sich ein Modell von »Ordnung« erkennen. Und so ähnlich manche der genannten Momente polizeilicher Orientierung in mittel- und westeuropäischen Gesellschaften sein mögen: Hier zeigt sich eine spezifisch *deutsche* Signatur von Polizei. Darin erscheint die alltägliche ›Kleinigkeit‹ mit dem ›großen Ganzen‹ stets direkt verknüpft. Dieses ›große Ganze‹ mochte sich durchaus wandeln, vom »Königtum« über das »Reich« zur »Nation«, erneut zum »Reich« und zur »Volksgemeinschaft«, schließlich zum »freien Westen« einerseits und zum »Antiimperialismus« im Osten andererseits – als Fixpunkt blieb die Vorstellung flächendeckender Ordentlichkeit. Aus dem Antrieb, mit Unordnung rasch und vor allem gründlich »aufzuräumen«, erwuchs die Verführung zu maximalem Gewalteinsatz. Angesichts dieser Konfiguration erweisen sich die fundamentalen Veränderungen der politischen Systeme in Deutschland zwischen dem ausgehenden 18. Jahrhundert und den 1980er Jahren für das Handeln der Polizei als sekundär. Und auch allmählicher polizeiinterner Wandel – Professionalisierung, Verrechtlichung, Eingrenzung auf »Sicherheit« – berührte die Aktionsweisen nicht im Kern. Bezugspunkt für die Polizisten blieb das Selbstbild von den »strengen, aber gerechten« Hütern der Ordnung in allen Fährnissen des Alltags.

Dieses Selbstbild wurde zur wesentlichen Voraussetzung für das unauffällige, vielfach zustimmende Weitermachen; d.h. für die politische Mittäterschaft der übergroßen Mehrheit der Polizei im NS-Regime. Die »Deutsche Polizei« des Faschismus konnte eine Tradition nutzen, in der vorbeugende Ausgrenzung ›Fremder‹ und gewalttätig-harter Zugriff im Zweifel immer als angemessen gegolten hatten. Vorrang hatte das ›Ordnunghalten‹ – waren deshalb die Jahre nach 1933 für viele Polizisten »schöne Zeiten« (E. Klee)? Und nach 1945 setzte in diesem (Haupt-)Punkt keineswegs selbstkritische Besinnung ein. Unter neuen Uniformen und Rechtsnormen wurden die gewohnten Verhaltens- und Einsatzmuster in West wie Ost von denjenigen, die auf eine »Stunde

28 A. Ballhorn: Das Polizei-Präsidium zu Berlin. Berlin 1852, S. III.

Null« setzten, nicht hinterfragt. Eine grundsätzliche Veränderung des Polizeiverhaltens gehörte nicht zu den tatsächlichen Revisions- und Erneuerungsversuchen.[29]

Zur Geschichtsschreibung über die Polizei

1. *Polizeigeschichte* führt in der Bundesrepublik bis heute ein *Schattendasein.*[30] Sie existiert bestenfalls als Nebenzweig der Geschichte von Behörden und Institutionen. Dabei überwiegt die rühmende Selbstdarstellung.[31] Kritische Analysen beschränken

29 Für die Westzonen bzw. die (alte) Bundesrepublik F. Werkenthin: Die Restauration der deutschen Polizei. Frankfurt/New York 1984; vgl. auch L. Schuster: »... Und immer wieder mußten wir einschreiten!«. Ein Leben »im Dienste der Ordnung«. Hg. von P. P. Kloß, Wien u. a. 1986: Schuster war seit 1919 österreichischer Gendarm gewesen. Nach dem Einmarsch der Roten Armee wurde er suspendiert, aber im Juni 1945 wieder eingestellt, offenbar aufgrund des Leumundszeugnisses eines der Bürgermeister. Danach sei Sch. durch sein »strenges Verhalten im Dienst unbeliebt« gewesen; das aber hätte die neuen Vorgesetzten beeindruckt, »denn ein Gendarm, der wenig oder nichts gemacht hat, kann kein guter Gendarm sein...«, ebd., S. 200 f.

30 Das gilt mit wenigen Einschränkungen auch für die (Sozial- und Alltags-)Geschichte von Kriminalität, eine wichtige Ausnahme allerdings D. Blasius: Kriminalität und Alltag. Zur Konfliktgeschichte des 19. Jahrhunderts. Göttingen 1978, und die Hinweise auf englische und französische Ansätze in Ders.: Kriminalität und Geschichtswissenschaft. Perspektiven der neueren Forschung. In: Historische Zeitschrift 233 (1981), S. 615-626; das zumindest hier und dort wachsende Interesse von Kriminologen an historischer Forschung wird sichtbar in dem 2. Beiheft des Kriminologischen Journals von 1987: Kriminologie und Geschichte. – Fast völlig unberücksichtigt blieben diese Fragen in der DDR; Beachtung fand ausschließlich ein (wichtiger Teil-)Aspekt der politischen Polizei: D. Fricke: Bismarcks Prätorianer. Die Berliner Politische Polizei im Kampf gegen die deutsche Arbeiterbewegung (1871-1898). Berlin/DDR 1962; vgl. die (faktisch weiterreichende) Edition der Übersichten der Berliner politischen Polizei über die »allgemeine Lage der sozialdemokratischen und anarchistischen Bewegung 1878-1913«: Dokumente aus geheimen Archiven. Bd. 1 Weimar 1983; Bd. 2 Weimar 1989; Bd. 4 Weimar 1987. – Weiter gespannt ist allerdings das Interesse bei Drobisch: »Kriegsschauplatz Innerdeutschland« (wie Anm. 25).

31 Als ein Beispiel: R. Harnischmacher/A. Semerak: Deutsche Polizeige-

sich auf einzelne Perioden oder Themen. International vergleichende Forschung fehlt fast ganz[32] – allerdings nicht nur hierzulande. Vor allem haben handlungsorientierte Ansätze zur Polizeigeschichte im Sinne von W. R. Miller, R. Storch oder C. Emsley[33], in der Bundesrepublik bisher nur punktuell Resonanz gefunden.[34]

In der *Verwaltungsgeschichtsschreibung* zum 19. und 20. Jahrhundert dominiert eine Kombination institutionenkundlicher und

schichte. Eine allgemeine Einführung in die Grundlagen. Stuttgart u. a. 1986; sie schreiben z. B. zum Polizeigeneral Stroop, der 1943 die Vernichtung des Warschauer Ghettos befehligte, »Polizeiführer« wie diese hätten »einen Rufschaden hinterlassen« (ebd., S. 108)! Gewiß werden für die NS-Zeit Foltermethoden der Polizei erwähnt – die Diktion ist jedoch gleichermaßen erschreckend und bezeichnend: Es sei dies die »unpopuläre Seite« der damaligen Polizei (ebd., S. 106). Nach den Gründen und dem Ausmaß der Mittäterschaft wird nicht gefragt.

32 Die einzige, allerdings gewichtige Ausnahme ist bisher H.-G. Haupt: Staatliche Bürokratie und Arbeiterbewegung: Zum Einfluß der Polizei auf die Konstituierung der Arbeiterbewegung und Arbeiterklasse in Deutschland und Frankreich zwischen 1848 und 1880. In: J. Kocka (Hg.): Arbeiter und Bürger im 19. Jahrhundert. München 1986, S. 219-254, sowie K. Tenfelde: Polizei und Klassenverhältnisse. Deutsch-französische Unterschiede. In: Ebd., S. 255-260; vgl. jetzt auch B. Weinberger/H. Reinke: A Diminishing Function? A Comparative Historical Account of Policing in the City. In: Policing and Society 1 (1991), S. 213-222.

33 W. R. Miller: Cops and Bobbies. Police Authority in New York and London, 1830-1870, Chicago, London 1977; R. D. Storch: The Plague of the Blue Locusts: Police Reform and Popular Resistance in Northern England, 1840-1857. In: International Review of Social History 20 (1975), S. 61-90; R. D. Storch: The Policeman as Domestic Missionary: Urban Discipline and Popular Culture in Northern England, 1850-1880. In: Journal of Social History 9 (1976), S. 481-509; C. Emsley: Policing and its Context 1750-1870. London 1983; vgl. auch R. M. Schwartz: Policing the Poor in Eighteenth Century France. Chapel Hill 1988 – und besonders D. Hay, F. Snyder (Hg.): Policing and Prosecution in Britain 1750-1850, Oxford 1989.

34 Neben dem vorliegenden Band versammelt jetzt auch H. Reinke Arbeiten, die diese Perspektive aufzugreifen suchen, Ders. (Hg.): »... nur für die Sicherheit da?« Großstadt und Polizei im 19. und 20. Jahrhundert, Frankfurt/New York im Druck.

dogmengeschichtlicher Betrachtungsweisen.[35] Diese Sicht konzentriert sich für die Polizei auf deren »Verrechtlichung«; durch sie sei die Arkansphäre administrativer Selbstkontrolle aufgebrochen worden. Rationalisierung von Verwaltung, wie sie seit dem späten 18. Jahrhundert und zumal in der Abwehr napoleonischer Zugriffe zu beobachten sei, bedeute letztlich keineswegs die »Diktatur der Bürokratie« (E. Kehr). Vielmehr sei daraus die Einhegung bürokratischer Herrschaft erwachsen (die Verwaltungsgerichtsbarkeit wurde freilich erst 1872 eingeführt), die die Polizei auf das »Abwehren« von »Gefahren« für die »öffentliche Sicherheit oder Ordnung« beschränkte. Rechtlich festgeschrieben wurde diese Fassung der Polizeiaufgabe mit bezeichnender Verzögerung, z. B. im Preußischen Polizeiverwaltungsgesetz von 1931.

Im einzelnen: Studien zum Ancien Régime haben in zunehmender Intensität die Entfaltung, die Differenziertheit sowie die Veränderung der Begriffe und Konzepte von »Policey« erschlossen.[36] Zum Kräftefeld zwischen weitgespannten Policey-Vorstellungen, ausgreifenden Regulierungsversuchen fürstlich-staatlicher Souveräne oder Beamte und dem Verhalten der Adressaten liegen allerdings nur wenige Einzelstudien vor.[37]

Zur Entwicklung der besonderen Organisation von Polizei seit dem frühen 19. Jahrhundert, aber auch zu Rekrutierung und allmählicher Professionalisierung des Personals sind in den letzten Jahren mehrere Arbeiten vorgelegt worden. Die »höhere« oder Geheimpolizei im Vormärz ist von Wolfram Siemann in einem

35 K. G. A. Jeserich/H. Pohl/G.-Chr. v. Unruh (Hg.): Deutsche Verwaltungsgeschichte. Bde. 1-5, Stuttgart 1982-87.

36 Unverzichtbar bleibt H. Maier: Die ältere deutsche Staats- und Verwaltungslehre. 2. Aufl. München 1980; s. auch R. Schulze: Policey und Gesetzgebungslehre im 18. Jahrhundert, Berlin 1982; P. Preu: Polizeibegriff und Staatszwecklehre. Die Entwicklung des Polizeibegriffs durch die Rechts- und Staatswissenschaften des 18. Jahrhunderts. Göttingen 1983.

37 W. Neugebauer: Absolutistischer Staat und Schulwirklichkeit in Brandenburg-Preußen, Berlin/New York 1985; s. a. P. Nitschke: Verbrechensbekämpfung und Verwaltung. Die Entstehung der Polizei in der Grafschaft Lippe (1700-1814). Frankfurt 1990.

Vergleich der deutschen Staaten ausführlich geschildert worden[38]; für denselben Zeitraum habe ich selbst sicherheitspolizeiliches Handeln als militärisch zugerichtete »Festungspraxis« charakterisiert.[39] Verrechtlichung und parallele Professionalisierung – zumal der Kriminalpolizei – sind von Albrecht Funk am Beispiel der Metropole Berlin für die Zeit ab 1871 nachgezeichnet worden.[40] Die militärisch bestimmte Rekrutierung und vor allem die militärisch dominierte Ausbildung in der preußischen Schutzpolizei in der Republik von Weimar stehen im Zentrum einer Arbeit von Peter Leßmann. Daß Polizei in der NS-Polykratie (M. Broszat; P. Hüttenberger) nicht nur ausführendes Organ war, ist bisher wenig beachtet worden. In einer Untersuchung von Ruth Bettina Birn ist eine vergleichsweise kleine, aber strategisch entscheidende Gruppe des NS-Polizeiapparates zum Thema geworden: die Höheren SS- und Polizeiführer. Birn zeigt, wie sehr diese Kommissare (eingesetzt ab 1939) allgemeine Vorgaben der obersten politischen Führung eigenständig umsetzten und weiterentwickelten, in ihrer regionalen Herrschaftspraxis – vor allem bei der Verfolgung und Ermordung der Bevölkerung in den besetzten Gebieten.[41]

II. 1. Historische Rekonstruktion von Polizei greift zu kurz, wenn nur Institutionen und Personal in den Blick rücken. Die »gute Policey« des Ancien Régime, aber auch die Polizei im 19. und 20. Jahrhundert bezogen (und beziehen) sich auf eine *Praxis*, in der sich Beobachten und Eingreifen fortwährend verknüpften und bestärkten. Der Souverän und seine »Diener« sind ebenso wie

38 W. Siemann: »Deutschlands Ruhe, Sicherheit und Ordnung«. Die Anfänge der politischen Polizei, 1806-1866, Tübingen 1985.

39 A. Lüdtke: »Gemeinwohl«, Polizei und »Festungspraxis«. Staatliche Gewaltsamkeit und innere Verwaltung in Preußen, 1815-1850. Göttingen 1982 (engl. u. d. T.: State and Police in Prussia, 1815-1850, Cambridge 1989).

40 A. Funk: Polizei und Rechtsstaat. Die Entwicklung des staatlichen Gewaltmonopols in Preußen, 1848-1914. Frankfurt 1986; vgl. auch die Studien von E. G. Spencer, zuletzt Dies.: Policing Popular Amusements in German Cities. The Case of the Rhine Province, 1815-1914. In: Journal of Urban History 16 (1990), S. 366-385.

41 R. B. Birn: Die Höheren SS- und Polizeiführer. Himmlers Vertreter im Reich und in den besetzten Gebieten, Düsseldorf 1986.

Kommunal- und Staatsbeamte des 19. und 20. Jahrhunderts als *Akteure* zu begreifen. Anders formuliert: Geschichte der Polizei ist als Geschichte des *Polizierens* anzulegen. Dazu wollen die Autorinnen und Autoren dieses Bandes beitragen.

2. Die Konzentration auf polizeiliches *Handeln* meint zunächst ein Ausgehen von Situationen, in denen polizeiliche Agenten, Offizianten oder Beamte mit den »Polizierten« in direkten Kontakt traten: beim Kontrollieren oder Beobachten von »Verdächtigen«, beim Auffordern, Verwarnen oder Zugreifen, beim Antworten, Rangeln oder »Durchgreifen« auf Straßen oder Plätzen, in Kneipen, auf privaten Grundstücken oder in Amtsstuben. In diesen jeweils spezifischen Situationen bezogen sich die Beteiligten freilich auf Interessenlagen, Deutungs- und Wahrnehmungsmuster, in denen gruppen- und geschlechterspezifische, vor allem auch lebenszyklische Erfahrungen eingelagert waren.

»Strukturelle« gesellschaftliche Machtungleichgewichte werden erst in den Momenten und Formen der Wahrnehmung »angeeignet« und damit »wirklich«. Das heißt zugleich: Situationen der Interaktion oder Konfrontation waren nie eindeutig vordeterminiert; der Ausgang blieb *ungewiß* und insofern *riskant*. Situationen erwiesen sich als relativ offen in mehrfacher Hinsicht: In Dörfern oder Stadtquartieren teilten zumindest die Ortsansässigen – Polizisten wie mutmaßliche »Störer« – das Interesse, in den Tagen und Wochen ›danach‹ wieder miteinander umgehen zu können. Zum besseren Verständnis dieser Zusammenhänge sind Erweiterungen der bisher bevorzugten Untersuchungsfelder unerläßlich. Die Situationen innerpolizeilicher Konflikte wie Kooperationen, aber auch die zwischen den Bürokratiebranchen wären einzubeziehen. Zugleich müßte der (auch in diesem Band kaum gebrochene) Vorrang der Städte überwunden werden: Polizei und dörfliche Selbstregulierung wären ein dringliches Thema.

3. Die Betonung des Situativen erschwert den Rückgriff auf einen einfachen *»Labeling«-Ansatz* (der in den 1960er und 70er Jahren großen Anklang fand). Denn es sind weder ausschließlich systemische Zwänge noch Manipulationen von einzelnen oder von Gruppen bzw. »der« Polizei, die Orientierungen und Verhalten der Beherrschten vollständig bestimmen konnten. Forschungen über die Lebensweisen der Abhängigen und Besitzlosen zeigen nachdrücklich, daß Kriminalisierte (und auch: polizeilich Markierte) *eigene* Deutungsweisen und *eigene* Interessen verfolgten

und auch auf *eigene* Weise durchsetzten – nicht nur gegenüber den »Herren«, sondern auch oder vor allem gegenüber Nachbarn oder Kollegen, gegenüber Klassengenossen (und -genossinnen!). Andererseits ist festzuhalten: Wenn Polizei zu den gesellschaftlich-herrschaftlichen Akteuren zählt, hatte ihr Verhalten aktiven Anteil daran, daß und wie Herrschaftsbeziehungen begründet, fixiert oder auch verändert wurden.

4. Skepsis gegenüber einem einseitigen Machtgefälle »von oben nach unten« läßt sich verbinden mit einer These von Michel Foucault.[42] Moderne *»Machtstrategien«* zeichnen sich dadurch aus, daß sie Einzelfall-Strafen durch fortwährend-vorbeugendes »Überwachen«, durch die *»Disziplinierung«* von Körpern und Seelen ersetzen.[43] Auf sich beruhen lassen wollen wir hier die Frage, ob damit nicht ein unhistorisch-flächiges Bild eines angeblich hermetischen Zwangszusammenhanges gezeichnet wird (an dem im Hinblick auf Handlungs*situationen* erhebliche Zweifel angebracht sind). Foucault unterstreicht jedenfalls, daß Macht weder ein ›Ding‹ noch ein Nullsummenspiel sei. Als ortloses, nicht an Institutionen geknüpftes Potential stünden Machtstrategien, wie die des »kontrollierenden Blicks«, auch den Beherrschten zur Verfügung. Allerdings müßten sie sich deren Regeln und »Diskurse« aneignen.

III. Forschungen zum vielschichtigen Geflecht der Machtstrategien sind dringlich. Damit wäre ein zweiter Aspekt zu verknüpfen: die Erkundung der *Vorstellungen* und *Bilder von Polizei*. Diese Bilder formierten sich im Blick auf Hoffnungen, aber auch Ängste, die von Mächtigen und Machtlosen, von Männern und Frauen, Alten und Jungen geteilt wurden. Einzelne Facetten verknüpften sich im Durchgang durch Erfahrungen, die in der je eigenen Lebenspraxis gemacht wurden. In diesen Erfahrungen rangierte bei den »Vielen«, beim »Publikum« nicht allein das Erleben polizeilicher Zugriffe und Ansinnen. Ebenso wichtig waren jene Sorgen um »Ruhe und Ordnung«, die sich ohne direkte Eingriffe von außen entwickelten. Allerdings ging es dabei kaum um

42 M. Foucault: Sexualität und Wahrheit. Bd. 1. Frankfurt 1977 (franz. 1976), bes. S. 113 ff.

43 M. Foucault: Überwachen und Strafen. Die Geburt des Gefängnisses. Frankfurt 1976 (franz. 1975), Tl. III »Disziplin«, S. 173 ff.

staatsphilosophische Theorien oder staatsrechtliche Begriffe. Vielmehr bezogen sich diese Erwartungen auf das ›Durchkommen‹ in der Alltagswirklichkeit. Dem entsprach, daß andere und ihre Lebensformen (z. B. Wanderarbeiter) vielfach nicht nur als eigenartig, sondern als »fremd« gesehen und ihre Ausgrenzung durch polizeiliche Maßnahmen begrüßt wurde.

Bilder in den Köpfen korrespondieren mit Erfahrungen. Dabei sind sie bezogen auf Repräsentationen in Schrifttexten[44] wie gegenständlichen Bildern. Die imaginären wie die materialen Bilder »bilden« Vorstellungen von Gesellschaft; sie formen insofern gesellschaftliche Praxis mit. Vor allem zwei »Bilder« der Polizei fanden vielfach visuelle Darstellung – ab den 1920er Jahren zunehmend auch in Fotografien: Neben den straff-unnahbaren »Staatsdiener« schob sich immer wieder der eher gemütvoll-behäbige »Schutzmann« vom Revier »nebenan«.[45]

Das Kräftefeld, in dem sich die Polizei bewegt, wird von ihr mit bestimmt. Für das Verhalten und Handeln waren auf den verschie-

44 Heranzuziehen sind z. B. »bekannte Geschichten«, wie sie am Beispiel des erzgebirglerischen »Polezeier Bummermann« für die 1920er und 30er Jahre erzählt werden, vgl. M. Blechschmidt: Polezeier Bummermann. 2. Aufl. Leipzig 1987; Bummermann erscheint hier fraglos als ein Vertreter der »gemütvollen« Polizei. Den Hinweis auf diesen Text verdanke ich Dr. Ulrich Heß, Leipzig.

45 Zum »Staatsdiener« vgl. z. B.: Anonym: »Ein Polizist verhängt Strafen von 5 Mark wegen Freibadens«, 1906, in: A. Lange: Das Wilhelminische Berlin, Berlin/DDR 1980, S. 512 f.; F. Seidenstücker: »Schutzpolizei führt in der Waghäuslerstraße, Berlin-Wilmersdorf, einen »Störer« ab, 1931 in: Bildarchiv Preußischer Kulturbesitz (Hg.): Der faszinierende Augenblick. Fotografien von Friedrich Seidenstücker, Berlin 1987, S. 24; W. Ballhause: [Schupo kontrolliert fahrradfahrende Mädchen, ca. 1930-32], in: W. Ballhause/J. R. Becher: Überflüssige Menschen. Fotografien und Gedichte aus der Zeit der großen Krise. Leipzig 1981, o. S.; E. Thormann: »Die Zigeuner müssen weiterziehen«, 1929, in: Ernst Thormann. Mit einer Einführung von R. Knapp, Leipzig 1981, o. S. – G. Freund: »Schupos, 1. Mai, Frankfurt/Main 1932«, in: G. Freund: Photographien. Mit autobiographischen Texten und eine Vorwort von Chr. Caujolle, München 1985, S. 26 (Nr. 27). – Zum »Schutzmann« s. H. Zille: Titelblatt zu »Kinder der Straße«, 1908; Ders.: Titelblatt zu »Berliner Luft«, 1913, in: Autorenkollektiv des Märk. Museum. Ltg. Renate Altner: Heinrich Zille 1858-1929, 3. Aufl. Berlin/DDR 1984, S. 130.

denen Ebenen der Hierarchie nicht allein Anordnungen von Vorgesetzten oder Erwartungen (und »Bilder«) des Publikums entscheidend. Sie wurden vielmehr vermittelt über jene Selbst-Bilder, die in den Köpfen der polizeilichen Staats- (und Kommunal-) »Diener« die eigene Tätigkeit und Aufgabe ausmalten. Selbstzeugnisse, wie sie in Lebensberichten und Lebensgeschichten formuliert sind[46], erlauben hier erste Zugänge.

Zu den Beiträgen

1. Polizei war Teil eines säkularen Prozesses, in dem sich Herrschaft in den Institutionen des »modernen Staates« in zweierlei Hinsicht ausformte: als überlokale Kontroll- und Erzwingungsgewalt; zugleich als Anspruch auf unausgesetzte Regulierung der alltäglichen Verhaltens- und Ausdrucksformen der Menschen. Diese Aspekte des »modernen Staates« lassen sich als *»Zentralisierung von Herrschaft«* beschreiben: als Reorganisation des gesellschaftlichen Kräftefeldes mit dem Ziel, die Lebensbedingungen und (Über-)Lebenspraktiken der Vielen in die Vorgaben von Zentralinstanzen einzubinden. Deren kontrollierende und zensierende Aktivität wird Teil der alltäglichen Erfahrung der Menschen. In der Forschung spiegelt sich diese Tendenz in der Kon-

46 Es wäre dringlich, solche Äußerungen und Zeugnisse zu sammeln – von Briefen über Notizkalender, Erinnerungsbücher (und Fotoalben!) bis zu Tagebüchern oder Lebenserinnerungen; vgl. L. Schuster: »... Und immer wieder mußten wir einschreiten!«. Ein Leben »im Dienste der Ordnung«. Hg. von P. P. Kloß, Wien u. a. 1986; Schuster (geb. 1889), Berufsunteroffizier in der k.u.k. Armee, war von 1919 bis 1949 mit nur kurzen Unterbrechungen österreichischer (Land-)Gendarm; s. bes. auch die Erinnerungen von John Pearman, Policeman bei der Buckinghamshire Constabulary 1857-81 (davor Unteroffizier, zuletzt als Sergeant bei den britischen Truppen in Indien): C. Steedman: The Radical Soldier's Tale. John Pearman, 1819-1908, London/New York 1988, bes. auch die Einleitung, S. 13-106. In diesen Zusammenhang gehören die Selbstzeugnisse der »Kriminellen«, vgl. Ph. Lejeune: Crime et testament. Les autobiographies des criminels au XIXe siècle. In: Cahiers de sémiotique textuelle. Nr. 8/9 (1986), S. 73-98. – Heranzuziehen sind auch die zahlreichen Handbücher für die »Polizeipraktiker« sowie (Selbst-)Darstellungen, wie sie z. B. der Hamburger Polizeipräsident vorlegte: G. Roscher. Großstadtpolizei. Ein praktisches Handbuch der deutschen Polizei, Hamburg 1912.

zentration auf die Siege der Staatsgewalten; »Borussofizierung« hat auch in diesem Feld tiefe Spuren geschlagen. Um so wichtiger ist es, Entwicklungen jenseits der – tatsächlichen wie scheinbaren – Zentren zu zeigen: Bei *Albrecht Funk/Norbert Pütter* geht es darum, in welcher Weise sich im vormärzlichen Württemberg Ansätze zu einer kommunal-bürgerschaftlichen Miliz – und damit zu einer Alternative zur fürstlich-staatlichen Polizei entwickelten, genauer: wo die Grenzen dieses Ansatzes lagen. *Bernd Wirsing* zeigt an zeitgleichen Beispielen aus Baden, Württemberg und Bayern, daß eine »neue« und straff von »oben« gelenkte Gendarmerie, d.h. ein Instrument der Zentralisierung, auch in kleineren Staaten unabdingbar schien. Disziplinierung im Innern, aber mindestens ebensosehr das Sich-Behaupten gegenüber mächtigeren Nachbarn war das erstrebte Ziel.

11. Michel Foucault hat mit Nachdruck argumentiert, daß zum Kern »moderner« Herrschaftsgewalt die Ausformung des *»kontrollierenden Blicks«* zu rechnen sei.[47] Allerdings zeichnen seine Arbeiten das Bild einer Geschichte, in der sich solche Einstellungen im Zuge von Diskursen ausformen, die gleichsam in sich selbst bewegt scheinen. Die Beiträge des vorliegenden Bandes versuchen demgegenüber, die Akteure in den herrschaftlichen Apparaten, aber auch die Täter und Mittäter unter den »Adressaten« zu zeigen: ohne ihr Verhalten wären Kontrolle und Disziplin nicht möglich.
Eine der Schnittstellen von Diskursen und Handeln wird von *Peter Becker* in seinen Erkundungen zum »Bild des Verbrechers« umrissen. Die »neue Lesbarkeit des Körpers« stärkte gegen Ende des 19. Jahrhunderts die verbreitete Hoffnung, nun sei es möglich, zweifelsfrei »Verbrecher« zu erkennen. *Martin Leuenberger* rekonstruiert die Praxis, die solchen »Bildern« folgte, sie zugleich zu bestätigen schien: Er belegt das Wirken polizeilicher *Definitionsgewalt* in der Markierung des Zulässigen und Schicklichen gegenüber Jugendlichen im Basel der Jahrhundertwende.

47 M. Foucault: Die Geburt der Klinik. Eine Archäologie des ärztlichen Blicks. München 1973 (franz. 1963); Ders.: Überwachen und Strafen.

III. Polizeiliche Praxis verweist auf »Staatsgewalt«. Staat als Monopolinstanz für Gewaltandrohung und Gewalteinsatz fand in den Köpfen der Menschen vor allem deshalb Widerhall, weil »Staat« das »gemeine Wohl« darstellte und zu besorgen beanspruchte. In den Brüchen der »bürgerlichen Gesellschaft« stieß diese Staats-Figur freilich auf eine Grenze – die vermehrten (oder neuen) Ansprüche auf Privatheit.[48] Die Sphäre des Privaten bezog sich nicht nur auf den bürgerlichen oder höfischen Haushalt. Auch im kapitalisierten Gewerbebetrieb blieb »private« Verfügungsberechtigung über Eigentum in hohem Maße mit hausväterlich-herrschaftlicher Disziplinargewalt verbunden. Um so prekärer mußte es sein, wenn »moderner« Staat und »moderne« Privatherrschaft und *Privat-Polizei* einander ins Gehege kamen.

In zwei Beiträgen dieses Bandes werden Fragen zu Grenzen, Überschneidungen und Widersprüchen privater und öffentlicher Herrschaft vergleichend behandelt. Für Teile Preußens bzw. des Ruhrgebiets zeigt *Ralph Jessen*, wie sich beide im Kaiserreich »bis zur Unentwirrbarkeit vermischten«. Die Studie von *Clive Emsley* läßt für England eine Vermischung nur in Ansätzen erkennen, wohl aber eine nachdrückliche Interessengleichheit von Behörden und Unternehmern (die auch massiven Gewalteinsatz durchgehend rechtfertigte). In den USA begünstigte hingegen die lokale Struktur von Polizei und ›Staat‹ beides: brutale Gewalt der Sheriffs und enge Kooperation mit Unternehmern, aber auch unnachsichtige öffentliche Kritik und Kontrolle einer fragwürdigen Indienstnahme.

Der Blick auf staatliche, kommunale und unternehmerische Sicherungsmaßnahmen rückt auch die – relative – Heterogenität der Institutionen in den Vordergrund. Jene scheinbar fugenlose Einheit, die als »Polizei« mitunter vorgestellt oder behauptet wird, mag dem offiziösen Selbstbild des Apparates entsprechen. Studien der Handlungsweisen zeigen jedoch auch die Konflikte zwischen den Dienststellen und den Branchen, zwischen den »Unteren« und »Oberen«. Deutlich werden nicht zuletzt die erheblichen Durchsetzungschancen der Akteure ›vor Ort‹.

48 Dazu vor allem: A. Corbin u. a.: Histoire de la vie privée. Bd. 4: De la révolution à la Grande Guerre, Paris 1987.

IV. Polizei wurde erst seit dem späten 19. Jahrhundert allmählich zu jenem staatlichen Institut, dessen Gegenstand allein die »öffentliche Sicherheit« sein sollte. In welcher Weise dieser Wandel stattfand, wie zugleich »*Wohlfahrt*« von »Amts wegen« neu definiert, ob dabei der Bezug auf die (Sicherheits-)Polizei tatsächlich gelöst wurde, dies ist das Thema der drei folgenden Beiträge. *Herbert Reinke* macht für rheinische Zentren des industriellen Kapitalismus deutlich, wie sehr im kommunalen Betrieb die Interessen der Besitzenden an »Sicherheit« prägend blieben, ja angesichts der seit dem Krieg 1914-18 vermehrten (Klein-)Kriminalität sogar steigende Legitimitätsprobleme für die Polizei bedeuteten. Allerdings erweiterte sich gleichzeitig das Handlungsfeld auch um Bereiche, in denen sich auf neue Weise Sicherheit und Wohlfahrt berührten, wie bei der Verkehrspolizei. *Ursula Nienhaus* setzt an bei einer Entwicklung, die im Kaiserreich begann, aber erst in den 1920er Jahren weitere Kreise zog: dem Aufbau einer weiblichen Polizei in mehreren Großstädten. Staatliche und kommunale Vorstellungen von Ordnung als »Sittlichkeit« verknüpften sich bei den Polizistinnen mit ausgeprägt fürsorgerischen Motiven und dem Interesse an Professionalisierung. Die Absicht der Polizistinnen, Frauen und Mädchen »zu schützen« und damit vor Strafe zu bewahren, stieß allerdings bei den Kollegen auf schroffe Ablehnung.
Während bei Reinke und Nienhaus der politische Systemwandel von 1918/19 keine qualitative Zäsur bezeichnet, gibt der Befund von *David Crew* dazu ein anderes Bild. Die neuen sozialstaatlichen Verfassungsnormen und die republikanische Rechtfertigung von Herrschaft erweiterten den Bereich von (Jugend-)Wohlfahrtsverwaltung. Dabei war der Kontrollanspruch dieser neuen Behörden fast grenzenlos und ihre sozial selektive, durch Verwissenschaftlichung untermauerte Praxis bedeutete einen weitreichenden Eingriff in Haushalte und Nachbarschaften. Wenn jedoch Beamte ›vor Ort‹ bei Konflikten mit unnachgiebigen Antragstellern oder »renitenten« Klienten rasch auf Polizeigewalt zurückgriffen, wird klar, daß ältere polizeistaatliche Traditionen in der Bürokratie selbst keineswegs als überholt erschienen.

V. Bei der Frage nach den Grenzen polizeilicher Ansprüche und Eingriffe hatten liberale Kritiker spätestens im Vormärz die militärische Härte betont. Nach Überwindung des militärstaatlich ausgerichteten Kaiserreichs gab es in der Weimarer Republik die Chance, eine zivilere Form der Staatsgewalt zu entwickeln, eine »Polizei des Volkes«. *Karin Hartewig* erschließt aus der Analyse von Zusammenstößen zwischen Polizei und »Publikum« in den von Revolution und Inflation geprägten Jahren nach 1918, wie – in der Krise – die Polizisten *Gewalt modo militare* mit rigoroser Freund-Feind-Stereotypisierung als Notanker verstanden. Daß diese herkömmlichen Kennzeichen der Polizei (und der Polizeipraxis) keineswegs in Widerspruch zu deren »Modernisierung« treten mußten, sondern sich sehr wohl ergänzen konnten, ist das Thema von *Richard Bessel.*

Gewalt, d. h. physischer Zugriff und Tötungsdrohung oder Töten war nicht allein militärischen Formen von Staats- und Polizeigewalt zuzurechnen. Zumal für Minderheiten wurde dies zur schrecklich-dauerhaften Erfahrung. Die »Zigeunerpolizei« war eines der Felder, auf dem der Grundzug von *Ausgrenzung, Mißtrauen und physisch-gewalttätigen Zugriffen* sich über Jahrzehnte hin wenig veränderte. Daß diese polizeiliche Orientierung im deutschen Faschismus ohne Schwierigkeit in die Vernichtungspolitik der Nazis einbezogen werden konnte und daß dazu die (Sicherheits- und Ordnungs- wie die Kriminal-) Polizei einen aktiven Beitrag leistete, überrascht dann nicht. *Michael Zimmermann* folgt den Kontinuitätslinien, betont zugleich die erhebliche Spannweite der unterschiedlichen Ausformungen und Praktiken.

Analysen staatlicher Gewalt tendieren dazu, einen Gegensatz zwischen den Apparaten (und dessen Personal) einerseits und den Betroffenen andererseits zu unterstellen. Genutzt wie gestärkt wird die Suggestion, zwischen »Tätern« und »Opfern« ließe sich eindeutig unterscheiden. An genau dieser Stelle widerspricht *Robert Gellately*: Er verweist am Beispiel der Gestapo darauf, daß selbst in der Zuspitzung und »totalen« Erweiterung staatlich-parteilicher Herrschaftsansprüche und Terrorpraktiken, wie sie im Nationalsozialismus erfahren wurden, die »Vielen« einen *aktiven Anteil* an mörderischer Staats- und Polizeipraxis hatten.

1. Zentralisierung von Herrschaft – und keine Alternative?

Albrecht Funk/Norbert Pütter
Polizei und Miliz als »Bürgerorgane«

Im Hinblick auf die Entwicklung der Polizei nimmt Württemberg eine Sonderrolle ein. Die württembergischen Gemeinden besaßen für die Ortspolizei die originäre Zuständigkeit. Diese wurde also nicht nur, wie in den meisten anderen deutschen Staaten – allen voran Preußen –, im staatlichen Auftrag wahrgenommen. Die Konstitution der Polizei durch die Bürger galt vielmehr dem frühliberalen Bürgertum Württembergs als Garant dafür, daß dieses Organ, »den Bedingungen der bürgerlichen Freiheit gemäß, vom Volke ausgeht«.[1]

Die Ansätze und Forderungen zu einem vom Volke ausgehenden und zugleich durch dieses repräsentierte Gewaltmonopol in Form von Bürgerpolizei und Miliz mußten mit der Reichsgründung – auf liberaler wie demokratischer Seite – der Idee der allgemeinen Wehrpflicht weichen. Von den weitreichenden Plänen Lists zu einer Polizei als reinem »Bürgerorgan« blieb im Kern nur die kommunale Polizeihoheit. Und auch diese ging im Zuge der Anpassung an die vorherrschende Tradition einer landeshoheitlichen Polizeigewalt in den 20er Jahren dieses Jahrhunderts verloren, ja selbst die nach dem Krieg als Auftragsverwaltung weiter betriebenen Kommunalpolizeien wurden im Zuge der Zentralisierungswelle der 1970er Jahre vollends aufgelöst.

Im Rückblick mag deshalb die in Süddeutschland von den Früh- bis zu den Fortschrittsliberalen gegen Ende des 19. Jahrhunderts verbreitete Vorstellung einer Konstitution der Staatsgewalt durch die Bürger als bloßes Relikt einer vormodernen, in lokalen Traditionen verhafteten Ideologie erscheinen. Industrialisierung erfordert die Abstraktion von den disparaten lokalen Verhältnissen und Ordnungsvorstellungen, setzt allgemeine Normen und diese gleichförmig garantierende Vollzugsprogramme voraus – so jedenfalls die modernisierungstheoretische Begründung.[2]

1 F. List: Vorschlag zur Errichtung von Bürgerrottmeisterämtern, in: Ders.: Der Kampf und die politische und ökonomische Reform 1815-1825 (Schriften, Reden, Briefe, Bd. 1,1 und 1,2), Aalen 1971, S. 317-332, 905-909, hier S. 318.

2 Vgl. D. Langewiesche: »Staat« und »Kommune«. Zum Wandel der Staatsaufgaben in Deutschland im 19. Jahrhundert, in: Historische Zeit-

In dieser Lesart »gesellschaftlicher Vereinheitlichungsdynamik«[3] als Resultat ökonomischer und technischer Entwicklung geraten die historisch jeweils vorhandenen Organisationsformen und deren besondere Wirkung auf die Bürger nicht mehr ins Blickfeld. Das Bestehende hat allemal die Vermutung des Rationalen und historisch Überlegenen für sich. Aus der Sicht der Institutionen und ihrer Geschichte erscheint deshalb die damalige Debatte um ein »Bürgerorgan« nur noch als Fußnote der Polizeigeschichte.

Umgekehrt eignen sich jene frühliberalen Vorstellungen ebensowenig wie die »andere« Polizeiorganisation Süddeutschlands als Modell oder historisches Vorbild für die Reform des staatlichen Gewaltmonopols heute. Eine solche Argumentation müßte nicht nur die Voraussetzungen und Begrenzungen des frühliberalen Denkens unterschlagen, sondern sie müßte auch die gewaltigen Unterschiede zwischen der kleinräumlich-lokal dominierten Gesellschaft in der ersten Hälfte des 19. Jahrhunderts und den nationalen und globalen Verflechtungen am Ende des 20. Jahrhunderts ignorieren. In anderer Hinsicht besitzen die abweichenden Vorstellungen von der inneren Verfassung des Gewaltmonopols und die Auseinandersetzungen um diese jedoch eine Bedeutung, die mehr als nur historisches Lokalkolorit ausleuchtet. Sowohl die frühliberalen Forderungen, die auf die Herstellung einer bürgerlichen Basis der legitimen Zwangsinstanzen und deren Kontrolle durch die Bürger zielten, als auch die tatsächlich etablierten »Apparate«, die den Bürgern einen Teil der Polizeigewalt als eigene Aufgabe überließen, waren bedeutsam für das Selbstverständnis der Bürger. Die »Handhabung der Ortspolizei« als eigenständige, nicht bloß im Staatsauftrag wahrgenommene Aufgabe, war Ausdruck und gleichzeitig dauernde Quelle eines Selbstbewußtseins, das sich auf die Gemeinden als einen eigenen Handlungsraum stützen konnte.

Im Zentrum unseres Interesses steht dieses (im Vergleich etwa zu Preußen) »andere« Selbstbewußtsein, d.h. seine Manifestierung

schrift 248, 1989, H. 3, S. 621-635, hier S. 629; und P. Nolte: Staatsbildung als Gesellschaftsreform. Politische Reformen in Preußen und den süddeutschen Staaten 1800-1820, Frankfurt/M., New York 1990, S. 129.

3 L. Niethammer: Posthistoire. Ist die Geschichte zu Ende? Reinbek 1989, S. 166.

in den Auseinandersetzungen mit dem Staatsapparat und die Veränderungen, die es durch diese erfuhr.

1. Die Forderungen der süddeutschen Liberalen nach einer bürgerlichen Gewalt

Mit ihren Forderungen nach »Volksbewaffnung« und »Bürgerorganen« zum Erhalt der öffentlichen Sicherheit nach innen und außen konnten die süddeutschen Liberalen in der nachnapoleonischen Ära – zumindest in Württemberg – scheinbar bruchlos an ständische Traditionen anknüpfen, besaßen doch die Bürger seit dem Tübinger Vertrag von 1514 ein verbrieftes Selbstverteidigungsrecht; »das Recht, Waffen zu tragen«, zählte der »Altwürttemberger ... zu seinen vornehmsten Grundrechten«.[4]
Gleichwohl ist es falsch, die Vorstellungen der Liberalen von einem bürgerlichen Gewaltmonopol als Ausfluß einer noch vorstaatlichen, vom Dualismus landständischer und herzoglicher Rechte geprägten stadtbürgerlichen Tradition begreifen zu wollen. Die Reformen Friedrichs I. seit 1805 hatten die Landstände gründlich entmachtet und einen bürokratisch regierten Zentralstaat geschaffen, in dem für die Eigenständigkeit (gemeindlicher) Korporationen und für das Selbstverteidigungsrecht der Bürger kein Platz mehr war. Auch die Bemühungen Friedrichs und seines Nachfolgers Wilhelm (1816-64) um eine konstitutionelle Absicherung des bürokratisch-zentralistischen Staates ließen, bei allen Angeboten einer begrenzten Teilhabe der einzelnen Staatsbürger durch Wahlen, keinen Raum mehr für ein in der landständischen Gemeinde wurzelndes Denken.
Friedrich Lists Schriften zum württembergischen Verfassungskampf (1815-1819) sind von dieser Einsicht geprägt. In deutlicher Abgrenzung zur »Oligarchie« aus Schreibern und Honoratioren[5]

4 P. Sauer: Revolution und Volksbewaffnung. Die württembergischen Bürgerwehren im 19. Jahrhundert, vor allem während der Revolution von 1848/49, Ulm 1976, S. 17.

5 A. List: Der Kampf um's gute alte Recht (1815-1919) nach seiner ideen- und parteigeschichtlichen Seite, Tübingen 1912, S. 123; zur Kritik insgesamt: F. List: Kritik des Verfassungsentwurfs der Württembergischen Ständeversammlung mit besonderer Rücksicht auf Herstellung der bür-

im Lager der Altrechtler ging er in seiner Kritik des ständischen Verfassungsentwurfs ohne Abstriche von einem auf allgemeinen Gesetzen und bürokratischer Verwaltung beruhenden Staat aus. List war sich auch, lange vor seinem Wirken für einen deutschen Zollverein – sicherlich sehr viel mehr als Karl von Rotteck –, darüber im klaren, daß die überkommene soziale und ökonomische Verfassung der Gemeindekorporation zugunsten eines auf Freizügigkeit und Gewerbefreiheit beruhenden Bürgerrechts reformiert werden mußte.[6] Doch zugleich hielten List wie der süddeutsche Liberalismus insgesamt an der Kommune als intermediärer Gewalt und der unmittelbaren Beteiligung von deren Bürgern an der Herrschaftsausübung als zentralen Organisationsprinzipien des Staates fest. Wie solle – so fragte List – von dem einzelnen Individuum erwartet werden, daß es sich »um das Wohl von Millionen bekümmere, für dasselbe spreche und handele, wenn man ihm nicht einmal die Befugnis einräumt, in den Angelegenheiten, welche seinen Hausstand zunächst berühren, seine Meinung zu sagen«.[7]

Nur durch die Aktivierung der Bürger in ihrem unmittelbaren Lebenszusammenhang seien »Volkskontrolle und Volkswahlen«[8] wirklich möglich. Deshalb bedürfe es eines Staatsaufbaues von unten nach oben, bei dem »die Organe für die das Volk zunächst berührende Verwaltung aus dem Volk selbst hervorgehen«.[9] Diese Forderung umfaßte u. a. die Magistrate und deren Wahl durch die Gemeindebürger sowie die selbständige Gestaltung der inneren Ordnung der Gemeinde und damit auch die Ausübung der Polizei.

In einem Staatsverbande, der »unmittelbar alle Individuen unter

gerlichen Freiheit in den Gemeinden und Oberämtern (1817/18), in: ders.: Der Kampf (wie Anm. 1), 205-283, 860-899, insbes. S. 219 ff.

6 Dies geht so weit, daß List dem Staat sehr wohl die Oberaufsicht über die Gemeinden einräumt, um sicherzustellen, daß diese dem Staatszwecke, nämlich der Förderung der »Individualwohlfahrt«, verpflichtet bleiben, s. F. List: Gedanken über die württembergische Staatsregierung (1816), in: ders.: Der Kampf (wie Anm. 1), S. 87-148, 823-843, hier S. 106.

7 F. List: Kritik (wie Anm. 5), S. 216.

8 A. List: Der Kampf (wie Anm. 5), S. 130.

9 F. List: Vorschlag (wie Anm. 1), S. 318.

sich begreife«[10], werde der Bürger zum bloßen Objekt staatlicher Politik degradiert – durch Bürokratie, Militär und Gendarmerie. Rotteck, der seine Schrift *Über stehende Heere und Nationalmiliz* dem Präsidenten der württembergischen Ständeversammlung widmete, stellte deshalb auch die innerstaatliche Funktion des Militärs in den Mittelpunkt seiner Erörterungen, wenn er gegen die stehenden Heere als willfähriges Werkzeug der Regierung und die Gefahr des Despotismus zu Felde zog. »Wo Soldtruppen der Regierung in großer Zahl und neben einem unbewaffneten Volke sind, da mag nimmer die Freiheit bestehen«; und er fuhr dann mit Blick auf die anstehende Verfassungsfrage fort: »Ob ein feyerliches Gesetz, ob der ehrwürdigste Senat, ob eine heilige Volksrepräsentation sie schirme – was ist dieß Alles gegen die Gewalt?«[11]

Die Frontstellung gegen den bürokratischen Zentralstaat und dessen Ordnungsinstrumente – stehendes Heer, Gendarmerie, Bürokratie – ist unübersehbar. Dies heißt jedoch nicht, daß List oder Rotteck der Illusion einer unmittelbaren Vergesellschaftung aller Ordnungsfunktionen anhingen, so daß am Ende die freien, waffentragenden Bürger in einer Art Dauerdienst ihre eigene Sicherheit hätten gewährleisten müssen. Rotteck und List waren sich der wachsenden gesellschaftlichen Differenzierung und der begrenzten Aktivierbarkeit der Bürger durchaus bewußt. So schloß etwa List bei allem Beharren auf der unmittelbaren Verantwortung der Gemeindebürger für die Polizei keineswegs aus, daß die von den Bürgern für die Ausübung der Polizeifunktion bestellten »Rottmeister« für viele alltäglichen Verrichtungen bezahlte Hilfskräfte anstellten.[12] Und Rotteck zögerte nicht, trotz seiner heftigen Kritik an der Soldateska der stehenden Heere, der aus den Bürgern zu bildenden Nationalmiliz als innere Stütze für den Kriegsfall eine aus Berufsoffizieren und -soldaten bestehende Nationalwehr zur Seite zu stellen.[13]

Wie die vorgeschlagenen Institutionen konkret aussehen und

10 F. List: Kritik (wie Anm. 5), S. 215.

11 K. v. Rotteck: Ueber stehende Heere und Nationalmiliz, Freyburg 1816, S. 78.

12 F. List: Vorschlag (wie Anm. 1), S. 326, hier plädiert List auch ausdrücklich für die Weiterexistenz einer zahlenmäßig eng begrenzten, alleine für das flache Land zuständigen Gendarmerie.

13 K. v. Rotteck: Stehende Heere (wie Anm. 11), S. 134.

funktionieren sollten, blieb bei Rotteck wie bei List offen. Beide strebten mit ihren Vorschlägen auch gar nicht an, Modellinstitutionen en detail zu entwerfen. Sie zielten mit ihren Forderungen, gegenüber dem paternalistischen Anspruch der staatlichen Bürokratie, Eigentum und Freiheit der Untertanen zu sichern[14], vielmehr auf institutionelle Ansatzpunkte bürgerlicher Selbstregierung, die mit wachsender bürgerlicher Beteiligung ausgedehnt und konkretisiert werden sollten. So verzichtete etwa List bewußt auf die genaue Bestimmung aller Funktionen des »Rottmeisters« als Inhaber der gemeindlichen Polizeigewalt. Erst wenn eine solche Stelle die Zustimmung der Bevölkerung finde, könne man nach und nach alle dem öffentlichen Wohl dienenden Funktionen damit verbinden.[15] Offen ließ er auch, wieweit die Bürger (in Form von Rotten aus den einzelnen Quartieren der Gemeinde) zum Ordnungsdienst herangezogen werden sollten. Er insistierte freilich darauf, daß bei der Abhaltung von Wahlen, bei öffentlichen Versammlungen und Festen in der Gemeinde nur die Bürger selbst ihre eigene Ordnung zu repräsentieren und zu schützen befugt seien.[16]

Der aus modernisierungstheoretischer Perspektive gegen die Opposition im württembergischen Verfassungskampf erhobene Vorwurf, sich im Festhalten am Alten den notwendigen gesellschaftlichen und politischen Entwicklungen entgegengestellt zu haben[17], geht an den zentralen Intentionen von List und Rotteck vorbei.[18] Was den funktionalen Zuschnitt der intendierten Organe

14 S. exemplarisch: General-Verordnung. Die Polizei-Anstalten gegen Vaganten und andere der öffentlichen Sicherheit gefährliche Personen v. 11.9.1807, in: Königlich-württembergisches Staats- und Regierungs-Blatt Nr. 84, Beilage, S. 445-456.

15 F. List: Vorschlag (wie Anm. 1), S. 332.

16 Ebd.

17 Z. B.: D. Langewiesche: Staat (wie Anm. 2); H.-U. Wehler: Deutsche Gesellschaftsgeschichte, 2. Band: Von der Reformära bis zur industriellen und politischen »Deutschen Doppelrevolution« 1815-1845/49, München 1978, S. 330.

18 Das Argument der Dysfunktionalität der frühliberalen Vorstellungen – etwa zum kommunalen Organisationsprinzip, zum Milizsystem, Bürgerwehren etc. – ist in der Literatur weit verbreitet. Doch die behauptete Nichtkompatibilität anderer Organisationsformen mit der weiteren Entwicklung (Industrialisierung, Moderne etc.) bleibt eine bloße Unterstellung. Auch die New Police Peels wurde etwa von weiten

betraf, waren beide in hohem Maße kompromißbereit. Sie beharrten nur darauf, daß eine bürgerliche Verfassung einer spezifischen Formierung des Staates und seines Gewaltmonopols bedürfe. Ihre Forderungen waren deshalb im Kern verfassungspolitisch im institutionellen Gewande, mit denen vor allem vier Ziele verfolgt wurden:

1. Die gegenüber der staatlichen Bürokratie vereinzelten und mediatisierten Untertanen sollten durch die Selbstregierung in den Gemeinden den Status freier Bürger erlangen, die eigenverantwortlich über ihre unmittelbaren Belange bestimmen konnten.

2. Zugleich sollte sich über die Teilnahme aller Bürger an der Rechtspflege und der Polizei ein gemeinsames bürgerliches Rechts- und Ordnungsbewußtsein herstellen.

3. Ausgeschlossen werden sollte durch die direkte Rückbindung der unmittelbaren Gewaltausübung zugleich jeder Ansatz einer Verselbständigung staatlicher Instanzen, insbesondere von Militär und Gendarmerie gegenüber den Bürgern.

4. Erhofft wurde schließlich von der Beteiligung der Bürger an der Verwaltung auch eine erzieherische Wirkung; alleine durch die unmittelbare Teilnahme der Bürger an ihren Belangen – an der öffentlichen Diskussion der Gemeinderäte, an den Aufgaben der Polizei, der Rechtspflege –, und nicht nur durch periodische Wahlen zum Landtag, lasse sich »in dem Bürger ein fruchtbares Selbstgefühl (erwecken)«.[19]

Die Forderungen nach einem polizeilichen »Bürgerorgan« und einer Nationalmiliz gehörten auch nach dem Ende des Verfassungskonflikts zum Kernbestand des Programms der süddeutschen Liberalen. Die konkrete Forderung Lists nach einem Rottmeisteramt geriet – anders als die davon kaum zu trennende Milizforderung – zwar weitgehend in Vergessenheit; sie blieb aber in anderen Begriffen weiterhin Gegenstand der öffentlichen Debatte. Im Streit um selbständige »Sicherheitswehren« oder »Bür-

Teilen des englischen Bürgertums schon zum Zeitpunkt ihrer Entstehung als unzureichend empfunden. Gleichwohl war diese Einrichtung sehr wohl anpassungs- und »modernisierungsfähig«; vgl. L. Radzinowitz: A History of English Criminal Law and its Administration from 1750, Vol. 3: Cross-Currents in the Movement for the Reform of the Police, London 1956.

19 F. List: Vorschlag (wie Anm. 1), S. 330.

gergarden« wurde weitgehend das gleiche Ziel verfolgt, nämlich eine bürgerliche Aneignung des monarchisch-bürokratischen Staates zu befördern. Doch bevor die Konfliktlinien in der Auseinandersetzung zwischen bürokratischem Staat und gemeindlichem Bürgertum zwischen 1830 und 1850 näher skizziert werden, sollen zunächst die im Verfassungskompromiß und in der sich anschließenden Gesetzgebung gefundenen Strukturen staatlicher und kommunaler (Polizei-)Gewalt kurz umrissen werden.

II. Staatliches Gewaltmonopol und gemeindliche Polizei in Württemberg

Der in § 62 der württembergischen Verfassung von 1819 formulierte Grundsatz, demzufolge die Gemeinden »die Grundlage des Staatsvereins« seien, galt dem württembergischen Bürgertum in seiner typischen Mischung aus stadtbürgerlichen Honoratioren und politischen Liberalen während des gesamten 19. Jahrhunderts als Symbol und Ausdruck eigener politischer Gestaltungsmacht. Ob dieser Mythos einer näheren Prüfung standhält, ist fraglich. Doch sicher ist, daß die württembergische Gemeindeordnung den Gemeinden weit größere Freiräume konzedierte, als dies etwa in Preußen der Fall war. Dies wird an den Bestimmungen über die Handhabung der Polizeigewalt besonders deutlich. Anders als in Preußen, das zwar dem Adel in den Gutsbezirken seine eigene Herrschaftsgewalt belassen mußte, den städtischen Gemeinden gegenüber aber auf der Einheitlichkeit der Staatsgewalt beharrte, gestand das Verwaltungsedikt von 1822 den Gemeinden grundsätzlich ihre eigene Polizeihoheit zu. »Die Handhabung der Orts-Polizei ist ... sowohl in der Amts-Stadt als in den übrigen Amts-Orten ... unmittelbar den Orts-Vorstehern und Gemeinde-Räthen anvertraut.«[20] Anordnungen in Polizeiangelegenheiten mußte der Ortsvorsteher zunächst dem Gemeinderat vortragen. Nur wenn er mit den Entscheidungen des Rates nicht einverstanden war, konnte er beim staatlichen Oberamt um Unterstützung nachsuchen (das dann die letzte Entscheidung traf). Für die Ober-

20 Verwaltungs-Edikt für die Gemeinden, Oberämter und Stiftungen vom 1. 3. 1822, § 112, in: Königlich-württembergisches Staats- und Regierungs-Blatt, S. 131-198.

amtsstädte erklärte das Verwaltungsedikt auch den Oberamtmann »in wichtigeren und dringenderen Fällen unmittelbar und persönlich einzuschreiten (für) befugt und verpflichtet«. Die Ortsvorsteher dieser Städte waren zudem gehalten, »von allen mit einiger Öffentlichkeit verknüpften Vorgängen das Oberamt auf der Stelle in Kenntnis zu setzen und die etwaigen Anordnungen desselben zu befolgen«.[21]

Die von der preußischen Entwicklung wesentlich verschiedene Ausgestaltung der inneren Ordnungsorgane zeigte sich vor allem auch am Institut der Gendarmerie. Dieses wurde zu Beginn des 19. Jahrhunderts in fast allen deutschen Staaten als »starker Arm der Exekutive« installiert, mit dem der Unterordnung aller Untertanen unter die staatliche Bürokratie Nachdruck verliehen werden sollte. In Preußen gelang dies der Bürokratie jedoch nur unter Aussparung der Gutsbezirke aus dem Aufsichtsbereich der Gendarmerie und mit erheblichen Konzessionen an das Militär, das eine weitreichende, die fachliche Unterordnung unter die Zivilbehörden störende Kommandogewalt beanspruchte.[22] In Württemberg entwickelte sich demgegenüber das 1807 von Friedrich I. als Landesanstalt entwickelte militärische »Landreitercorps« zu einer den Zivilbehörden unterstellten Gendarmerie, die allein dazu bestimmt war, »unter der Leitung der ordentlichen Polizeibehörden« zu agieren.[23] Damit waren die württembergischen Landjäger auch den Ortsvorstehern gegenüber weisungsgebunden[24] – ein für Preußen undenkbarer Zustand. Zudem wurde den Landjägern in der Dienstinstruktion von 1823 eingeschärft, daß sie sich »mit der inneren Polizei in geschlossenen Ortschaften ... nicht zu befassen« hätten.[25]

Rechtlich hatten die württembergischen Gemeinden also eine

21 Ebd., § 113.

22 A. Funk: Polizei und Rechtsstaat. Die Entwicklung des staatlichen Gewaltmonopols in Preußen 1848-1914, Frankfurt/M., New York 1986, S. 41 ff.

23 Königliche Verordnung, die Organisation und die Dienst-Verhältnisse des Landjäger-Korps betreffend v. 5. 6. 1823, in: Regierungs-Blatt (wie Anm. 14) Nr. 31 v. 14. 6. 1823, S. 421-433, sowie: Dienst-Instruktion für das königliche Landjäger-Korps v. 5. 6. 1823, in: ebd., S. 434-451.

24 § 16 der Landjäger-Verordnung (wie Anm. 23).

25 § 42 der Dienst-Instruktion (wie Anm. 23).

stärkere Stellung als die preußischen. Doch angesichts der allgemeinen straffen Kontrolle der Gemeinden durch den Staat stellt sich die Frage, ob die Polizeihoheit der württembergischen Gemeinden von politischer Bedeutung war.[26] Diese Frage soll im folgenden anhand der Aspekte der realen Grenzen der ortspolizeilichen Verfügungsgewalt und der Auseinandersetzungen zwischen den weitergehenden bürgerlichen Reformforderungen und staatlichen Kalkülen untersucht werden. Blieben nicht doch »bestimmte Inseln gemeindlicher Eigenverantwortung«[27] – Inseln, die nicht nur für die politische Selbständigkeit des süddeutschen Bürgertums konstitutiv waren, sondern darüber hinaus auch Ansatzpunkte für eine andere innere Struktur des Gewaltmonopols hätten sein können?

III. Konfliktlinien

1. Staatliche Herrschaft und gemeindliche Autonomie

a) Die Polizeiverwaltung in Stuttgart und Tübingen

Einer weitverbreiteten Praxis folgend, war die Polizei der Residenzstädte in der verfassungslosen Zeit verstaatlicht worden.[28] Entgegen den Bestimmungen des Verwaltungsedikts wurde dies für Stuttgart im gesamten Vormärz beibehalten; nachdem zunächst die Tübinger Universitätsangehörigen einer staatlichen Polizei unterstellt worden waren, wurde 1828 auch die Ortspolizei der Stadt Tübingen verstaatlicht.[29]

26 H. Heffter: Die deutsche Selbstverwaltung im 19. Jahrhundert. Stuttgart 1950, S. 184.

27 M. Hettling: Reform ohne Revolution, Göttingen 1990, S. 93.

28 E. Raible: Geschichte der Polizei – ihre Entwicklung in den alten Ländern Baden und Württemberg und in dem neuen Bundesland Baden-Württemberg, Stuttgart 1963, S. 10.

29 Den Tübingern blieben als polizeiliche Aufgaben die Feld-, Wald-, Rechts-, Schul- und Sitten- sowie die Feuerpolizei. Verstaatlicht waren hingegen die Fremdenpolizei, die Verfügungen gegen den Bettel, über die Reinigung und Beleuchtung der Straßen sowie alle Vorkehrungen zur Aufrechterhaltung und Wiederherstellung von Ordnung, Ruhe und öffentliche Sicherheit. Siehe den Antrag des Abgeordneten der

Während Anfang der 20er Jahre die Stuttgarter städtischen Behörden aus Kostengründen die Verstaatlichung der Ortspolizei begrüßten, protestierten die Tübinger gegen den Entzug der Polizeigewalt.[30] 1820 war der Stuttgarter Verzicht in der Abgeordnetenkammer bei einer starken Minderheit auf Ablehnung und Kritik gestoßen. Exemplarisch für diese Stimmen gab das (indirekte) Protokoll die Meinung Ludwig Uhlands wieder: »Uhland sieht von dem Kostenpunkt ab, und findet es auffallend, daß der Gemeinde-Rath der ersten Stadt bloß wegen der Kosten auf das wichtigste Recht einer Gemeinde, die Ausübung der Polizey, verzichten möge; der Gemeinde-Rath könne nicht einmal dieses Recht seinen Bürgern vergeben«.[31] Als 1843 die Sonderstellung der Polizeiverwaltungen der beiden Städte auf eine gesetzliche Grundlage gestellt wurde[32], protestierten auch die Stuttgarter; die Stadt habe – erfolglos – anläßlich der Beratung des Gesetzes »bei dieser Kammer auf's innigste um Schutz ihres verfassungsmäßigen Rechtes der Selbstübung der Ortspolizei nachgesucht«.[33]
1849 wurde nicht nur die Verstaatlichung der beiden Ortspolizeien zurückgenommen, sondern für die Zukunft wurde allen Gemeinden ausdrücklich untersagt, »die ihr zustehenden Rechte und Pflichten der Polizei-Verwaltung im Wege des Vertrages an eine Regierungsbehörde in widerruflicher oder unwiderruflicher Weise zu übertragen«.[34] Diese Rekommunalisierung der Polizeigewalt war den Entwicklungen etwa in Preußen vollkommen ent-

Stadt Tübingen, die Zurückgabe der Polizei-Verwaltung an die Behörden dieser Stadt betreffend, in: Verhandlungen der Kammer der Abgeordneten des Königreichs Württemberg, Landtag 1848/49, Beilage 20, S. 73 f.

30 Das andere Tübingen, Tübingen 1978, S. 135.

31 Verhandlungen (wie Anm. 29), Landtag 1820, 55. Sitzung, 20. 5. 1820, S. 857-860, Zitate S. 858 und S. 859.

32 Gesetz, betreffend die Polizeiverwaltung in Stuttgart und Tübingen v. 12. 4. 1843, in: Regierungs-Blatt (wie Anm. 20) Nr. 18 v. 19. 4. 1843, S. 269 f.

33 So der Präsident der 2. Kammer bei der Beratung des 49er Gesetzes, Verhandlungen (wie Anm. 29), Landtag 1848/49, 60. Sitz., 17. 1. 1849, S. 1263 f.

34 Gesetz, betreffend einige Abänderungen und Ergänzungen der Gemeinde-Ordnung v. 6. 7. 1849, § 24, in: Regierungs-Blatt (wie Anm. 20) Nr. 38 v. 10. 7. 1849, S. 277-288.

gegengesetzt.[35] Auch alle Entwürfe der Jahre 1849/50 für die zu revidierende württembergische Verfassung hielten am Grundsatz der originären örtlichen Polizeigewalt fest; und der Reaktionsentwurf zur Gemeindeordnung, der den Rechtszustand von 1843 wiederherstellen wollte, scheiterte in der Kammer.[36] In den nächsten Jahrzehnten gab es keine weiteren Versuche der Regierung, den Gemeinden die Polizeigewalt zu entziehen.[37]
Die relativ kurze Phase des Märzministeriums und der liberalen Mehrheit in der 2. Kammer 1848/49 hatte ausgereicht, das Prinzip der Örtlichkeit der Polizei auch in den beiden politisch wichtigsten Städte des Landes, in der Hauptstadt und in der Universitätsstadt, durchzusetzen.

b) Die tatsächliche Ausübung der Polizeigewalt

Für die Handhabung der Polizei war das Verhältnis zwischen Ortsvorsteher und Oberamtmann von zentraler Bedeutung. Der Ortsvorsteher übte die Ortspolizei im Namen der Gemeinde, die Landespolizei jedoch gleichzeitig »im Namen und aus beständigem Auftrag der Regierung« aus.[38] In diesen Tätigkeiten war er dem staatlichen Oberamt unterstellt und mußte für dieses als unselbständiges Organ tätig werden. Zu den landespolizeilichen Aufgaben gehörten z. B. alle politisch relevanten Vorgänge wie die Überwachung von Vereinen und Versammlungen, der Handwerksburschen, der Presse. Faktisch wurde der Ortsvorsteher hier als Staatsbeamter tätig. Auch in den Teilen der Bau-, Gewerbe- und Gesundheitspolizei, die den Gemeinden entzogen

35 A. Funk: Polizei (wie Anm. 22), S. 56ff.
36 Entwurf eines Gesetzes betreffend einige Abänderungen und Ergänzungen der Gemeindeordnung, in: Verhandlungen (wie Anm. 29), Landtag 1854/55, 1. Beilagen-Bd., 1. Abt., Beil. 13, Art. 40; zum Gesetzgebungsprozeß s. H. Brandt: Parlamentarismus in Württemberg 1819-1870, Düsseldorf 1987, S. 657-661.
37 Eine Ausnahme gab es: 1855 wurden sogenannten »verwahrlosten Gemeinden« sämtliche Selbstverwaltungsrechte, darunter auch die Handhabung der Polizei, entzogen. S. das Gesetz, betreffend die Handhabung der Staatsaufsicht über verwahrloste Gemeinden v. 24. 1. 1855, in: Regierungs-Blatt (wie Anm. 20) Nr. 4 v. 2. 2. 1856, S. 41-45.
38 Verwaltungs-Edikt (wie Anm. 20), § 14.

und auf die staatlichen Oberämter übertragen waren[39], wurde der Ortsvorsteher als staatlicher Hilfsbeamter tätig.
Daß dem Oberamt sowohl die allgemeine Kontrolle und Aufsicht über die Gemeinden als auch für die Oberamtsstädte die Befugnis zum direkten Eingreifen in Fragen der öffentlichen Ruhe und Ordnung zustand, beeinflußte die Handhabung der Ortspolizei durch den Ortsvorsteher direkt und indirekt. Der Oberamtmann war gleichzeitig Kontrolleur und Vorgesetzter des Schultheißen, so daß dieser auf die Kooperation mit jenem angewiesen war. Umgekehrt erwartete die Regierung das direkte polizeiliche Eingreifen des Bezirksbeamten. Der Oberamtmann war der einflußreichste Mann des Oberamts, seinem – auch informellen – Einfluß konnten die Ortsvorsteher sich in der Regel nicht entziehen.
Selbst die Verfügung des Ortsvorstehers über die Ortspolizei (und deren Kontrolle durch den Gemeinderat) war nicht gleichbedeutend mit der Handhabung der Polizei durch die »Gemeinde«. Die Schultheißen wurden zwar von den Gemeindebürgern gewählt, jedoch derart, daß sie dem König einen Dreiervorschlag zur Ernennung vorlegen mußten; nur wenn ein Kandidat mehr als zwei Drittel der Stimmen erreicht hatte, mußte der König diesen bestätigen. Noch wichtiger war, daß die Wahl auf Lebenszeit erfolgte.[40]
Die Gemeinderäte wurden durch die Gemeinden direkt gewählt; bei wiederholter Wahl galt diese als lebenslänglich.[41] Da außerdem die Verhandlungen des Gemeinderates nicht öffentlich waren[42], konnten die Bürger die Gemeindebehörden nicht effektiv kontrollieren.[43]
Die Kritik an der starken Stellung des lokalen Staatsbeamten gegenüber den Gemeinden sowie an der der Gemeindebehörden gegenüber den Bürgern stand im Zentrum des vormärzlichen liberalen Programms. Seit dem Verfassungskampf ging es der bür-

39 E. Springer: Königreich Württemberg, in: Verfassung und Verwaltungsorganisation der Städte, Bd. 4, H. 2, Leipzig 1905, S. 1-113, hier S. 109.
40 Verwaltungs-Edikt (wie Anm. 20), §§ 11 f.
41 Ebd. §§ 5 u. 7.
42 Dies war definitiv festgelegt durch: Verfügung, betreffend die Öffentlichkeit der Verhandlungen der Gemeinderäthe vom 10. 3. 1846, in: Regierungs-Blatt (wie Anm. 20) Nr. 17, S. 150-152.
43 Die Rechte des Bürgerausschusses betrafen fast nur die materiellen Angelegenheiten der Gemeinde.

gerlichen Opposition Württembergs um die Herstellung einer größeren »Autonomie der Gemeinden« gegenüber den Staatsbehörden[44] sowie um die Demokratisierung der Gemeinden im Innern durch die periodische Wahl von Gemeinderäten und Ortsvorstehern[45] und durch die Öffentlichkeit der Gemeinderatsverhandlungen.[46] Alle Versuche zu mehr gemeindlicher Eigenständigkeit wurden von der Regierung (in einigen Fällen auch von der Mehrheit der Abgeordnetenkammer) abgelehnt. Um einen Teil ihrer Vorstellungen dennoch durchzusetzen, verzichteten die Liberalen in den Gemeinden auf die Wiederwahl (und damit Lebenslänglichkeit) als Gemeinderat, bzw. sie riefen zur Wahl solcher Kandidaten auf, die nach zwei Jahren nicht mehr zu kandidieren versprachen.[47]

In den ersten Monaten der Revolution wurde die Lebenslänglichkeit zum zentralen innenpolitischen Thema. Lokale Proteste führten in einer Reihe von Städten zu erzwungenen Rücktritten von Ortsvorstehern und Gemeinderäten.[48] 1848/49 wurde dann die

44 Das reichte vom umfänglichen Antrag des Abg. Wiest, in: Verhandlungen (wie Anm. 29), Landtag 1833 1, Beil. 1 z. Prot. v. 23. 1. 1833, S. 10-101, bis zu den Forderungen der Revolution: »Wirkliche Selbständigkeit und Unabhängigkeit der Gemeinden«, so die Märzpetition aus Kirchheim, zit. nach: E. Sieber: Kirchheim 1848. In: Stadt Kirchheim unter Teck: Schriftenreihe des Stadtarchivs, Band 3, 1985, S. 57-69, hier S. 57, oder in der Formulierung des Wahlausschusses der Volkspartei: Herstellung der »Selbständigkeit der Gemeinden und der Staatsbürger durch Aufhebung jeder nicht von dem allgemeinen Wohle gebotenen Einmengung und Aufsicht des Staates«, zit. nach: Der Beobachter Nr. 170, 8. 7. 1849, Beilage, S. 7.

45 Von einer Petition des Reutlinger Bürgerausschusses von 1820, s. Verhandlungen (wie Anm. 29), Landtag 1820, 33. Sitzung, Protokoll S. 413, bis zu den Märzpetitionen. S. viele Eingaben in: Hauptstaatsarchiv Stuttgart E 146 Bü 1419.

46 Zum Konflikt um die Öffentlichkeit s. insgesamt Hoffmann: Die Oeffentlichkeit der Gemeindeverhandlungen, in: Zeitschrift für die gesamte Staatswissenschaft 4. Jg., 1847, S. 89-120.

47 Exemplarisch 1844 in Hall: Hallisches Wochenblatt Nr. 106, 6. 9. 1844, S. 429.

48 Z. B. in Esslingen, s. H. Tiessen: Industrielle Entwicklung, gesellschaftlicher Wandel und politische Bewegung in einer württembergischen Fabrikstadt des 19. Jahrhunderts: Esslingen 1848-1914. Esslin-

lebenslängliche Wahl der Gemeinderäte abgeschafft und die Öffentlichkeit der Verhandlungen eingeführt. Allerdings blieb diese für Polizeifragen durch den Hinweis auf die allgemeinen gesetzlichen Bestimmungen eingeschränkt, das Verhältnis zwischen Oberamt und Gemeinde wurde nicht verändert, und vor allen Dingen: die Lebenslänglichkeit der Ortsvorsteher wurde beibehalten.
Durch die erreichten Zugeständnisse wurde zwar die Gemeindeverfassung demokratisiert, da sich aber die Stellung von Oberamtmann und Schultheiß nicht änderte, blieb die gemeindebürgerliche Beteiligung an der gemeindlichen Exekutive von deren Entscheidungen abhängig. Die Forderung nach Beseitigung der staatlichen Bevormundung der Gemeinden und nach Abschaffung der Lebenslänglichkeit der Ortsvorsteher bestimmte die liberale Programmatik der nächsten Jahrzehnte.[49]

c) Zum städtischen Einsatz der Landjäger

Obwohl die Landjäger als eine polizeiliche Einrichtung für das »flache Land« konzipiert waren, kam es immer wieder zu deren Einsatz in den Städten.[50] Zum Konfliktthema wurden diese Einsätze, wenn sie im Zusammenhang mit den Landtagswahlen erfolgten. Durch die Präsenz der staatlichen Polizei in den Wahlorten fühlten sich die Bürger in der Wahrnehmung des zentralen Rechts der ihnen zugestandenen politischen Beteiligung beeinträchtigt; daß ihnen das Wählen nur unter staatspolizeilicher Aufsicht gestattet werde, verletze die verfassungsmäßig verbürgte »Wahlfreiheit«. Die Vielzahl derartiger Wahlbeschwerden über den innerstädtischen Landjägereinsatz belegt diese Praxis für den gesamten Vormärz: in der Regel die Bewachung der Straßen, mitunter aber auch die Anwesenheit der Landjäger im Wahllokal. Die Oberamtmänner verteidigten den Einsatz damit, daß der Weg der

gen 1982, S. 85 f., oder in Rottweil, s. K. Wieland: Die 48er Revolution in Stadt und Oberamt Backnang, Tübingen 1925 (Diss.), S. 15.

49 Eine Eingabe der Volkspartei an die Kammer von 1868 formulierte in ihrer Kritik an dem vorliegenden Gesetzentwurf zur Reform der inneren Verwaltung: »... in Erwägung vor Allem, daß die Lebenslänglichkeit der Ortsvorsteher, diese Verewigung des Polizeistaates, beibehalten ist...«, Hauptstaatsarchiv Stuttgart L 15 F 1,9.

50 Vgl. den Beitrag von B. Wirsing in diesem Band, S. 65 ff.

auswärtigen Wähler zum Wahllokal gesichert werden müsse, um »Umtriebe« zu verhindern.[51] Mit Hilfe der Landjäger versuchte der örtliche Staatsbeamte, die Wähler noch in den der Wahl vorangehenden Handlungen zu isolieren, einen Austausch der Meinungen (freilich auch Bestechungsversuche, die als Vorwand dienten) zu verhindern und so das Ergebnis der Wahlen zu beeinflussen.

2. Funktionale Integration und bürgerliche Selbstbestimmung

Die Politik der Konsolidierung der inneren Ordnung des württembergischen Staates unter Friedrich fußte auf der Volksentwaffnung, die 1809 angeordnet wurde. Die Aufrechterhaltung von Ruhe und Ordnung sollte nicht dem einzelnen Bürger, sondern (Staats- oder auch Gemeinde-)Behörden obliegen. Zwar wurde das uneingeschränkte Verbot des Besitzes und Tragens einer Waffe im folgenden Jahrzehnt etwas gemildert, es blieb im Prinzip jedoch bis zur Revolution von 1848/49 bestehen.[52] Aus dieser administrativen Ausschaltung der Bürger resultierten insofern Probleme, als die Kräfte von Ortspolizei und Landjägern in außergewöhnlichen Fällen für die Aufrechterhaltung von Ruhe und Ordnung nicht ausreichten. Manifest wurde dies immer wieder in Phasen der politischen Erregung: Anfang der 1830er, in der zweiten Hälfte der 1840er und in der Revolution.
Die staatlichen Versuche, die Bürger in vorsichtiger Form an der Aufrechterhaltung der inneren Ordnung zu beteiligen, gingen Mitte 1828 zunächst vom König aus. Angeregt durch die in mehreren Orten bestehenden Bürgergarden, wies die Regierung die Oberämter an, in ihren Bezirken auf die Bildung weiterer Garden hinzuwirken. Die »nützlichen Dienste«, die diese in einigen Gemeinden »bei verschiedenen Gelegenheiten z. B. Feuersbrünsten,

51 Beispiele für die Eskortierung: in Balingen 1825, Hauptstaatsarchiv Stuttgart E 146 Bü 1422, in Welzheim und Göppingen 1833, ebd., Bü 3596 bzw. Bü 3595, in Marbach 1838, ebd., Bü 1423; für das Schreiben der Wahlzettel: in Urach 1846, ebd., E 7 Bü 99. Die Einsätze wurden von den Behörden ebensowenig bestritten wie deren Rechtmäßigkeit.

52 P. Sauer: Revolution (wie Anm. 4), S. 26-29, 38.

JahrMärkten, Volksfesten und anderen Zusammenläufen geleistet« hätten, lasse deren Verbreitung in allen größeren Orten geboten erscheinen.[53] Zwar waren keineswegs alle württembergischen Männer von dieser Einrichtung begeistert, da sie vielfach als eine zusätzliche staatlich verordnete Pflicht empfunden wurde; aber durch den Einsatz der Oberamtmänner stieg die Zahl der im Land existierenden Wehren innerhalb des folgenden Jahres von 28 auf 64.[54]

Durch die Julirevolution von 1830 bekamen die Garden eine aktuelle politische Brisanz. Ihre Gründung gelang nun auch in Städten, in denen die Versuche bislang erfolglos geblieben waren.[55] Und Bürger schlossen sich auch ohne staatliche Anleitung zu Garden oder Sicherheitsvereinen zusammen, deren Zwecksetzung auf die hilfspolizeilichen Aufgaben beschränkt war[56], während die frühen Garden auch den Wachdienst bei der Anwesenheit des Königs versehen und zur »Erhöhung« von Feierlichkeiten beitragen sollten.[57] In Württemberg kam es zu keinen nennenswerten Ordnungseinsätzen dieser Garden[58], in den meisten Orten lösten

53 Schreiben der Kreisregierung des Neckarkreises an die Oberämter v. 19.7.1828, Hauptstaatsarchiv Stuttgart E 1146 Bü 3817.

54 Mitteilung des Ministeriums des Innern an den König v. 23.5.1829, Hauptstaatsarchiv Stuttgart E 146 Bü 3817; s.a. P. Sauer: Revolution (wie Anm. 4), S. 40, 44.

55 Z. B. in Kirchheim und Heilbronn: Oberamt Kirchheim an die Kreisregierung, 14.9.1829, Hauptstaatsarchiv Stuttgart E 146 Bü 3817; Stadtratsprotokoll v. 10.8.1830, Stadtarchiv Kirchheim A 693; P. Sauer: Revolution (wie Anm. 4), S. 42. Zur Bildung von bürgerlichen Sicherheitswachen o. ä. kam es auch in anderen deutschen Staaten. S. für Preußen z. B.: A. Lüdtke: »Gemeinwohl«, Polizei und »Festungspraxis«. Staatliche Gewaltsamkeit und innere Verwaltung in Preußen 1815-1850, Göttingen 1982, S. 289 f.

56 Statuten der Kirchheimer BürgerGarde v. 1830, Stadtarchiv Kirchheim A 693; s.a. den Statutenentwurf der Stuttgarter Bürgergarde v. 1.10. 1830, Staatsarchiv Ludwigsburg F 201 Bü 217.

57 S. z. B. das Schreiben der Kreisregierung des Donaukreises an das Innenministerium v. 31.1.1929, Hauptstaatsarchiv Stuttgart E 146 Bü 3817.

58 Der einzig bekannte größere war der in Tübingen 1831. Nach nächtlichen Unruhen stellte die vom Oberamtmann gerufene Bürgergarde zusammen mit einer aus Studenten und besitzenden Bürgern gebildeten Sicherheitswache die Ruhe in der Stadt wieder her.

sie sich in den 30er Jahren wieder auf oder bestanden nur auf dem Papier fort.[59]
Das ungelöste Problem der inneren Ordnungswahrung wurde durch die sogenannten Brotkrawalle im Mai 1847 schlagartig wieder akut. Ausgelöst durch die gestiegenen Brot- und Kartoffelpreise kam es in einigen Städten, u.a. in Ulm, Stuttgart und Tübingen, zu Protesten unter- und kleinbürgerlicher Schichten, zumal von durch die Krise direkt bedrohten Kleinhandwerkern, Frauen und jüngeren (unverheirateten) Männern.[60] Da die lokalen Ordnungskräfte nicht ausreichten, bildeten einige städtische Behörden, teils als Reaktion auf die Unruhen, teils aus Angst vor deren Übergreifen in die eigene Stadt, Sicherheitswachen. Knapp zwei Wochen nach den ersten Protesten in Württemberg erließ der König eine Verordnung, durch die die Gemeinderäte ermächtigt wurden, »besondere Sicherheitswachen« zu errichten.[61] Im Einleitungstext der Verordnung wurde zwar auf das Militär verwiesen, das nun »in verstärkter Zahl in Bereitschaft gehalten« werde; aber gleichzeitig habe die Regierung »das Bedürfnis erkannt«, »auch für andere Fälle und insbesondere Orte, wo die Anwendung der militärischen Gewalt, ihrer Entfernung wegen, entweder nicht schnell genug eintreten kann, oder sonst mit größerer Schwierigkeit verbunden wäre, ein weiteres Hilfsmittel zu Erhaltung der... Ruhe und Sicherheit zu schaffen«.[62]
Erst in der Revolution der Jahre 1848/49 sah die Regierung die öffentliche Ruhe und Sicherheit erneut und nachhaltig bedroht. Als eine der ersten Maßnahmen des liberalen Märzministeriums

59 S. exemplarisch für Esslingen: K. H. S. Pfaff: Chronik der Stadt Esslingen, Esslingen 1896 (Hs.), S. 168f.
60 S. P. Sauer: Revolution (wie Anm. 4), S. 63-69. Zu den Stuttgarter Vorgängen: S. Kienitz: »Da war die Weibsperson nun eine der Ärgsten mit Schreien und Lärmen«. Der Stuttgarter Brotkrawall 1847, in: C. Lipp: (Hg.): Schimpfende Weiber und patriotische Jungfrauen, Moos, Baden-Baden 1986, S. 76-87. Zu Ulm: B. Binder: »Dort sah ich, daß das Mehl nicht verschenkt, sondern rebellt wird«. Struktur und Ablauf des Ulmer Brotkrawalls 1847, in: Ebd., S. 88-110.
61 Königliche Verordnung, betreffend die Errichtung von Sicherheitswachen zu Sicherung des Eigenthums und Lebens der Bürger vom 13. 5. 1847, § 1, in: Regierungs-Blatt (wie Anm. 20) Nr. 24 v. 15. 5. 1847, S. 183-186.
62 Ebd., Vorspann.

wurden alle Gemeinden des Landes gesetzlich verpflichtet, Bürgerwehren zu bilden, deren Zweck sein sollte, »die Wehrhaftigkeit der Staatsbürger zu befördern, die Verfassung und Gesetze zu beschützen, und die öffentliche Ruhe und Ordnung aufrecht zu erhalten.«[63] Das entsprechende Gesetz vom 1.4.1848 übernahm fast ohne Veränderungen den vormärzlichen Entwurf.[64]
Da das Bürgerwehrgesetz in seinen wesentlichen Bestimmungen den Grundlinien der alten württembergischen Regierungspolitik folgte, entzündete sich die Kritik des Bürgertums an denselben Streitpunkten, die bereits die Diskussion um die Bürgergarden nach 1830 und die Sicherheitswachen von 1847 bestimmt hatten. Diese betrafen die innere Verfassung und Selbständigkeit der Wehren, deren Unterordnung im Einsatz unter die Stadt- oder Gemeindebehörden und den sozialen Ausschluß über die Bestimmung der Mitgliedskriterien.

a) Selbständigkeit versus Staatskontrolle

Nach einer Intervention des Königs wurde Anfang 1835 die Aufsicht über die Bürgergarden vereinheitlicht. Hatte z. B. die Regierung des Donaukreises die Bestätigung der gewählten Offiziere an die Gemeindebehörden verwiesen, weil ihrer Ansicht nach »diese Miliz ein blos bürgerliches und lokales Institut, und somit den ordentlichen Polizeistellen, dem Stadt- oder Gemeinde-Rath des Ortes zunächst untergeben ist«[65], so wurde nun das Bestätigungsrecht Kreisregierungen bzw. dem Innenministerium zugewiesen, denn dies liege »in der Natur der Sache«.[66] Die Sicherheitswachenverordnung von 1847, deren wichtigste Bedeutung darin bestand, den spontan entstandenen Wachen eine bestimmte Form zu geben, räumte den einzelnen Abteilungen das Recht ein, ihre Zugführer zu wählen, aber der Obmann (Kommandant der Wache) sollte vom Ortsvorsteher bestimmt werden – unter Vorbehalt der

63 Gesetz, die Volksbewaffnung betreffend vom 1.4.1848, Art. 15, in: Regierungs-Blatt (wie Anm. 20) Nr. 17 v. 2.4.1848, S. 101-112.
64 P. Sauer: Revolution (wie Anm. 4), S. 82.
65 Kreisregierung des Donaukreises an das Innenministerium v. 6.8. 1834, Staatsarchiv Ludwigsburg E 146 Bü 3817.
66 Innenministerium an die Kreisregierung des Neckarkreises v. 10.1. 1835, Hauptstaatsarchiv Stuttgart E 173 I Bü 998.

Zustimmung des Oberamtsmanns.[67] Auch das 48er Bürgerwehrgesetz sah die Wahl des Kommandanten durch die gewählten Offiziere der Wehr vor, aber auch diese Wahl bedurfte der Bestätigung durch die Regierung, die diese ohne Grund ablehnen konnte.[68] In allen Phasen wurde das Bestreben deutlich, sich durch das Bestätigungsrecht einen Einfluß auf das Führungspersonal der Wehren und damit auf deren innere Verhältnisse zu sichern.

b) Gemeindlicher oder staatlicher Einsatz

Als Mitte 1830 die führenden Liberalen Stuttgarts eine Bürgergarde bilden wollten, sah sich das Innenministerium angesichts der vorgelegten Statuten zu der »Klarstellung« veranlaßt, daß es »sich von selbst (verstehe), daß die BürgerGarde nicht blos unter dem Stadtrath, sondern mittelbar auch unter der dem letzten vorgesetzten StadtDirektion stehe«.[69] Während die liberalen Bürger sich der politischen Vertretung der Gemeinde unterordnen wollten, bestand der Staat auf der staatsbehördlichen Zugriffsmöglichkeit (durch die staatliche Stadtverwaltung) auf die Garde. Auf dieser Linie blieben sowohl die Bestimmungen der Sicherheitswachenverordnung als auch des Bürgerwehrgesetzes. Jene band die Wache im Ordnungseinsatz an die Weisungen »ihres Obmanns, beziehungsweise des Orts-Vorstehers und des Bezirks-Polizeibeamten«. Zudem mußte der Oberamtmann (der Bezirkspolizeibeamte) der Sitzung des Gemeinderates beiwohnen, in der die Bildung der Wache beschlossen wurde, dieser Beschluß mußte ihm zur Genehmigung vorgelegt werden, und das Mitgliederverzeichnis der Wache war ihm zu übergeben.[70] Die 1848 gebildeten Bürgerwehren unterstanden ebenfalls der Bezirkspolizeibehörde im Einsatz. Die Heranziehung der Bürger zu Ordnungseinsätzen sollte unter staatlicher, nicht unter gemeindlicher Leitung erfolgen.

67 Sicherheitswachen-Verordnung (wie Anm. 61), § 6.
68 Volksbewaffnungsgesetz (wie Anm. 63), Art. 24.
69 Der Entwurf v. 1. 10. erwähnte nur die »städtische Behörde«, Staatsarchiv Ludwigsburg F 201 Bü 217; Innenminister an die Stadtdirektion Stuttgart v. 22. 10. 1830, ebd.
70 Sicherheitswachen-Verordnung (wie Anm. 61), § 2.

c) Zur Begrenzung der Mitgliedschaft

In den Statuten der frühen Bürgergarden des Königreichs war die Bestimmung der Mitgliedskriterien uneinheitlich. Zwar dominierte quantitativ die Bestimmung »Bürger« als Aufnahmevoraussetzung[71], aber es gab auch unbeanstandete Ausweitungen bis zu »jedem Mann von unbescholtenem Ruf«[72] und der Beteiligung von Minderjährigen nach Zustimmung der Eltern.[73] Erst als die Stuttgarter Liberalen bei ihrem Versuch, eine Bürgergarde in der Stadt zu bilden, den Beitritt »allen Bewohnern Stuttgarts« ermöglichen wollten, protestierte der König beim Innenministerium. Er wandte sich strikt dagegen, daß ausgerechnet in der größten Stadt des Landes auch Nichtbürger an der Aufrechterhaltung der öffentlichen Ordnung beteiligt werden sollten.[74] Die (allgemeine) Sicherheitswachenverordnung von 1847 legte die Rekrutierung der Wachen in das Ermessen des Gemeinderates, der dessen Mitglieder aus dem Kreis der »für die Erhaltung der Ruhe und Sicherheit sich interessiernden Bürger« berufen sollte; »auch ehrenwerthe(n) nichtbürgerliche(n) Einwohner(n)« sollte die Teilnahme erlaubt sein.[75]

Das Bürgerwehrgesetz von 1848 schloß faktisch alle unselbständigen, nicht auf eigene Rechnung lebenden oder nicht volljährigen Männer von den Wehren aus.[76] Da die Wehrmänner außerdem ihre Ausrüstung selbst bezahlen mußten, wurden auch ärmere Schichten von den Wehren ausgeschlossen. In den Regulierungs-

71 S. Staatsarchiv Ludwigsburg E 173 I Bü 1000.

72 Statuten der Aalener Garde v. 1829, Staatsarchiv Ludwigsburg F 151 Bü 33.

73 Statuten des Schützen-Corps Künzelsau v. 1830, Staatsarchiv Ludwigsburg E 175 I Bü 1034.

74 Das Innenministerium war in der Sache derselben Ansicht, empfahl jedoch, auf eine Änderung der Statuten zu verzichten, da die Garde erst bei 500 Mitgliedern organisiert werden solle, was vermutlich nicht erreicht werden könne, Innenministerium an den König v. 5. 3. 1831, Hauptstaatsarchiv Stuttgart E 14 Bü 997. Die Entwicklung gab dem Innenminister recht, nur 127 Mitglieder meldeten sich. Deren Bewaffnung und Organisierung wurde verboten, Innenministerium an die Stadtdirektion Stuttgart v. 15. 3. 1831, Staatsarchiv Ludwigsburg F 201 Bü 217.

75 Sicherheitswachen-Verordnung (wie Anm. 61), § 2.

76 Volksbewaffnungsgesetz (wie Anm. 63), Art. 17.

versuchen der Regierung wird in allen Phasen das Bestreben sichtbar, die Mitgliedschaft der Wehren, Wachen und Garden von unterbürgerlichen Mitgliedern freizuhalten. Die Regierung wollte eine dem Staat für Ordnungseinsätze zuverlässig zur Verfügung stehende Einsatzreserve, während die Bürger (auch) die polizeilichen Angelegenheiten in ihren Gemeinden durch eigene Institutionen erledigen wollten. Diese sollten sowohl in ihrer inneren Struktur demokratisiert sein als auch im Einsatz den Gemeinde- und nicht den Staatsbehörden unterstehen. Zu dieser Selbständigkeit gehörte auch die Entscheidung über Teilnahme oder Ausschluß, wobei die Bürger einen weniger strikten Ausschluß praktizierten, als es der Staat vorschrieb.

Die liberalen bürgerlichen Vorstellungen wurden 1847 besonders deutlich in einer Eingabe »ehrenwerter Männer« an den Stuttgarter Stadtrat. Anders als vom Stadtrat beabsichtigt, nämlich eine Sicherheitswache nach den Bestimmungen der Verordnung zu bilden, wollten diese Bürger sich nur an der Sicherheitswache beteiligen, wenn die Statuten der (nicht realisierten) Bürgergarde von 1830 zugrundegelegt würden. Als entscheidende Vorzüge wurden in der Eingabe u. a. genannt:

– Die Verordnung sehe nur Wachen für die Dauer der gegenwärtigen außerordentlichen Zeitumstände vor, die Statuten hätten jedoch auf die bleibende Bürgerbewaffnung gezielt.

– Die Bürgergarde sollte dem Gemeinderat unterstehen. Demgegenüber wurden die Wachen Ortsvorsteher und Oberamtmann unterstellt.

– Sowohl hinsichtlich der Gründung (ohne Beteiligung des Bezirksbeamten) als auch hinsichtlich der inneren Struktur (freie Offizierswahl) sei »das Statut von 1830 ... weit demokratischerer Natur« gewesen.

– Die Mitgliedschaft in der Bürgergarde habe allen Einwohnern Stuttgarts offenstehen sollen; für die Sicherheitswachen lag das Auswahlrecht beim Gemeinderat.[77]

Die Gegenüberstellung offenbart die institutionellen Bedingungen, unter denen sich das liberale Bürgertum an der Aufrechterhaltung von Ruhe und Ordnung beteiligen wollte, und sie zeigt die Differenzen zur Regierung. Auch bei Diskussion und Umsetzung des Bürgerwehrgesetzes zeigte sich dieses bürgerliche Be-

77 Abgedruckt in: Der Beobachter Nr. 144, 28. 5. 1847, S. 573-575.

harren auf einer eigenständigen Institutionalisierung der Wehren. Sowohl der Ausschluß der Unterbürgerlichen als auch das Bestätigungsrecht für die Kommandanten wurden bereits bei der Beratung des Gesetzes kritisiert.[78] Bürger unterstützten in mehreren Städten die Ausrüstung unvermögender Bürgerwehrmänner.[79] Der Göppinger Aufruf bezeichnete dies als eine der zentralen Aufgaben der zu gründenden vaterländischen Vereine.[80] Auch die Ausgeschlossenen selbst gaben sich mit diesem Zustand nicht zufrieden. In vielen Orten gründeten sich zunächst außerhalb der regulären Wehren Jugendbanner oder Sensenkompagnien genannte Zusammenschlüsse. Auch sie wollten bei der Erreichung der im Volksbewaffnungsgesetz[81] genannte Ziele mitwirken: »die Wehrhaftigkeit der Staatsbürger zu befördern, Verfassung und Gesetze zu beschützen, und die öffentliche Ordnung und Ruhe aufrecht zu erhalten«.[82]

Die Akteure interpretierten diese Bestimmung jedoch anders als die Regierung. Der Schutz der Verfassung, d.h. zunächst der Märzerrungenschaften, 1849 der Reichsverfassung, bestimmte das Engagement. Deshalb stand im Zentrum der zeitgenössischen Kritik am Bürgerwehrgesetz die ausschließlich auf die hilfspolizeiliche Funktion zugeschnittene örtliche Organisationsform der Wehren.[83] Da für viele Wehren jedoch die verfassungsmäßig ver-

78 Verhandlungen (wie Anm. 29), Landtag 1848, Beil. 35, 126f., sowie Protokoll der 20. Sitz., 22.3.1848, 193.

79 Z.B. in Esslingen (Eßlinger Schnellpost Nr. 32 v. 19.4.1848, S. 126f. und Nr. 30 v. 12.4.1848), Backnang (Der Murrthal-Bote Nr. 33 v. 25.4.1848, S. 272), Ludwigsburg (Ludwigsburger Tagblatt Nr. 146 v. 21.6.1848).

80 Abdruck des Göppinger Aufrufs bei W. Boldt: Die württembergischen Volksvereine von 1848 bis 1852, Stuttgart 1970, S. 239-241.

81 Zeitgenössisch wurden die Begriffe »Bürgerwehrgesetz« und »Volksbewaffnungsgesetz« synonym gebraucht. Formal (s. Anm. 63) und inhaltlich war letzterer korrekt, da das Gesetz in den ersten beiden Kapiteln die von der Bürgerwehr unabhängigen Bestimmungen über den Besitz und das Tragen von Waffen sowie über Schützen-Gesellschaften enthielt. Die nachfolgenden Ergänzungs- bzw. Revisionsgesetze waren hingegen als Veränderungen des »Bürgerwehrgesetzes« überschrieben.

82 Volksbewaffnungsgesetz (wie Anm. 63), Art. 15.

83 Exemplarisch F. Vischer: Das Bürgerwehr-Institut oder: Ist der Jammer noch länger zum Ansehen? Stuttgart 1849.

ankerten politischen Rechte wichtiger waren als die Aufrechterhaltung von Ruhe und Ordnung, »gefährdeten« im Verlauf der Revolution viele der Wehren die bestehende Ordnung, statt sie zu stützen.[84] Trotz der institutionell eingebauten Begrenzungen waren die Bürgerwehren vielfach nur mit militärischer Gewalt unter die Kontrolle der Regierung zu bringen.

Insofern war es konsequent, daß die Staatsregierung die Bürgerwehren in Württemberg nach der Revolution wieder beseitigte. Im dritten Versuch hatte sich dieser Weg, das Bürgertum an der Aufrechterhaltung von Ruhe und Ordnung selbst zu beteiligen, als für den Staat zu gefährlich erwiesen. Auch das liberale Bürgertum nahm die Verbindung von innerer und äußerer Gefährdung nach 1850 nicht mehr auf. Die Begründung für die immer wieder erhobene Milizforderung wurde zwar verstärkt durch die Erfahrungen mit dem Einsatz der Armee in der Revolution, aber sie blieb im wesentlichen »außenpolitisch«. Die Beteiligung an den polizeilichen Aufgaben in den Gemeinden in eigenen Zusammenschlüssen war nach der Revolution kein liberaler Programmpunkt mehr.

IV. Zwei Aspekte bürgerlichen Selbstbewußtseins

Bürgerliche Freiheit beruht im Verständnis der süddeutschen Liberalen auf der Gemeinde als einer freien Assoziation der Bürger als Genossen mit ererbten oder erworbenen (Besitz-)Rechten. Der Erhalt dieser Freiheit setzte nach ihrem Verständnis den Ausschluß der »Unselbständigen« von der politischen Teilhabe an den gemeindlichen Belangen und deren Unterordnung unter die paternalistische Herrschaft der Gemeindevertreter voraus. Durch Heiratsverbote, die drastische Bestrafung all derjenigen die gleichwohl »der Fleicheslust fröhnten«, durch die Ausweisung solcher Personen wie aller anderen »mit schlechtem Prädikat« aus der Gemeinde, wenn diese kein Bürger- oder Beisitzrecht besaßen, und eine strikte polizeiliche Aufsicht über die Armen suchten die Gemeinden »Eigentum und Freiheit« ihrer Bürger zu sichern.

84 Eine Aufstellung des Innenministeriums v. Mai 1850 listet »aufrührerische Bürgerwehren« aus 49 Gemeinden des Landes auf, Hauptstaatsarchiv Stuttgart E 146 (neu) Bü 3841.

Ausübung der Ortspolizei durch die Gemeinden bedeutete deshalb für die unterbürgerlichen Schichten ein enges polizeiliches Regiment der gemeindlichen Honoratioren, keineswegs ein Mehr an persönlicher Freiheit.
Für die staatliche Bürokratie war diese Form bürgerlicher Herrschaft in den Gemeinden kein genereller Konfliktpunkt. Im Gegenteil, im Umgang mit Vaganten, Bettlern und Straffälligen ergänzten sich staatliche und gemeindliche Formen polizeilicher Aufsicht. Auf Ablehnung des Staates mußten aber die Versuche der Gemeinde stoßen, sich als Korporation durch Aufnahmebeschränkungen abzuschließen. Der Staat drängte auf die Überwindung der geschlossenen lokalen Verhältnisse durch Gewerbefreiheit und ein freies Niederlassungsrecht für alle Staatsbürger – gegen den Widerstand der auf die zünftigen Erwerbsgrundlagen ihrer Bürger bedachten Gemeinden. Gleichzeitig suchte er Möglichkeiten, die aus den korporativen Gemeindeverbänden herausfallenden, heimatlosen Individuen in irgendeiner Form der kommunalen Armenfürsorge zuzuweisen.[85] Schließlich war die Bürokratie bestrebt, eine einseitige Begrenzung staatsbürgerlicher Freiheiten durch die Gemeinden zu unterbinden – dies galt insbesondere für die der Verehelichung.[86]
Das Verhältnis von allgemeinen Staatsbürger- und Gemeindebürgerrechten war, wie die Debatten um das Bürgerrechtsgesetz oder die Heiratsbeschränkungen in der 2. Kammer zwischen 1828 und 1848 zeigen, heftig umkämpft. In allen wichtigen Punkten – Niederlassung, Verehelichung, Kontrolle der Ortsarmen, polizeiliche Aufsicht – gelang es aber den Repräsentanten des Gemeindebürgertums, Teile ihrer sozialen und ökonomischen Machtposition gesetzlich abzusichern. Zugleich behielt sich die staatliche Bürokratie durchgängig die Kontrolle und letztendliche Entscheidung vor. Gegen die örtliche Willkür der Schultheißen drängte sie auf allgemeine Normierung und sorgte für deren generalisierte Anwendung und eine zunehmende Abstraktion von den gemeindlichen Sonderinteressen. Staat und Gemeinde waren deshalb bei

85 Der Prozeß der staatlichen Regulierungen der Gemeindeautonomie begann mit der Generalverordnung von 1807 (s. Anm. 14), die nach einem komplizierten Schlüssel die »Landesarmen« auf die Gemeinden aufzuteilen suchte.
86 Dazu: K. J. Matz: Pauperismus und Bevölkerung, Stuttgart 1980.

allen Konflikten keineswegs Antipoden, sondern bildeten ein »gemischtes System«.[87]

Die Konfliktlinien innerhalb dieses Systems waren aber nur partiell von der Differenz zwischen den bürokratischen Interessen an größerer Freizügigkeit der Staatsbürger und denen nach einer gemeindebürgerlichen Abschließung geprägt. Denn bei allen Unterschieden verband die Staats- und Gemeindeinstanzen die gemeinsame Wahrnehmung der sozial definierten Problemgruppen und deren administrative Behandlung. Bestimmt waren die Konfliktlinien in diesem gemischten System zumindest in der 1. Hälfte des 19. Jahrhunderts primär von den den staatlichen Regulierungsansprüchen diametral entgegenstehenden politischen Intentionen des liberalen Bürgertums. Sofern diese nur über die von der staatlichen Bürokratie als »staatsverträglich« definierten Formen der Beteiligung und Organisierung hinausgingen, wurden die Bürger zum Objekt der Unterdrückung. Bürgerliche Selbstorganisation wurde an diesen Punkten durch staatliche Kontrolle, Auflagen und Verbote be- oder verhindert. Konsequenterweise waren die entsprechenden exekutiven Zuständigkeiten der Landespolizei zugewiesen und damit der direkten Beteiligung des Bürgertums entzogen.

Was bedeutete aber das gemischte Herrschaftssystem für die aus der Gemeinschaft der Bürger herausfallenden Staatsbürger? Die Frauen, Knechte, Dienstboten, Gesellen, Armen erfuhren herrschaftliche Gewalt bis in die zweite Hälfte des 19. Jahrhunderts hinein vor allem über die traditionellen Autoritäten: die Herren, den Schultheißen, den Gemeinderat, den Pfarrer und die Kirchenkonvente; erst in zweiter Linie durch die staatlichen Repräsentanten. Dieser gemeindlichen Herrschaft galten deshalb auch in erster Linie die Klagen. Daß dies nicht nur in Einzelfällen geschah, zeigen die zahlreichen Beschwerden gegen gemeindliche Polizeistrafen, Aufenthaltsverweigerungen und ortspolizeiliche Verfügungen in den Akten der staatlichen Bürokratie. Die Gemeindeautoritäten, nicht das Amt waren für weite Teile der Einwohner die dauernde Quelle obrigkeitlicher Erfahrung, gegen diese wandte sich deshalb in der 48er Revolution auch der Protest in den Gemeinden zuallererst.

87 R. v. Mohl: Das Staatsrecht des Königreichs Württemberg, 2. Band, Tübingen 1840, S. 144 f.

Der repressive Charakter der gemeindebürgerlichen Handhabung der Ortspolizei relativiert das zuvor auf der Grundlage des Programms der liberalen Opposition gezeichnete Bild der württembergischen Polizeiorganisation. Für die unterbürgerlichen Schichten bedeutete die gemeindliche Selbstregierung in weiten Bereichen eher eine Verdichtung von Herrschaft denn eine Ausweitung ihrer individuellen Freiräume[88], wenngleich die Vor- und Nachteile gemeindlicher Verwaltung und Polizei für die unterbürgerlichen Schichten gegenüber strikt bürokratischen Regulierungen und staatlicher Polizei (wie etwa in Preußen) sich kaum bilanzieren lassen. Offenbleiben muß darüber hinaus die Frage, ob die Formen gemeindlicher Demokratie den davon Ausgeschlossenen nicht doch sehr viel größere Möglichkeiten boten, ihre eigenen Interessen und politischen Teilnahmeforderungen einzubringen. Denn die soziale Differenz zwischen vielen Unselbständigen und den kleinen Bauern, Handwerkern und Grundbesitzern mit Bürger- oder Beisitzrechten war vielfach gering. Sie waren auch – wie die Proteste und die zahlreichen Absetzungen von Schultheißen und Gemeinderäten im Jahre 1848 zeigten – zu gemeinsamem politischen Handeln in der Lage, das auf den Einschluß breiterer Schichten in die gemeindliche Demokratie zielte.[89]

Festzuhalten ist zugleich, daß die eigenständige Wahrnehmung polizeilicher Aufgaben das politische Selbstbewußtsein der Bürger in Württemberg geprägt und gestärkt hat. Die in Württemberg realisierten Einrichtungen haben nicht nur eigene Handlungsräume freigegeben, sie dienten zugleich auch als dauernder Bezugspunkt für die weitergehenden Forderungen nach größerer Selbständigkeit und Unabhängigkeit von staatlicher Bevormundung. Obgleich Teile dieser Forderungen 1848/49 realisiert werden konnten, schmolz in den Auseinandersetzungen mit dem Staatsapparat die Distanz zwischen bürgerlicher Programmatik und der staatlich-gesellschaftlichen Wirklichkeit tendenziell. Al-

88 Sabean konstatierte bereits für das 17. Jahrhundert, daß »die verstärkte Gemeindeorganisation nicht weniger, sondern mehr Herrschaft bedeutete«, vgl. D. W. Sabean: Das zweischneidige Schwert. Herrschaft und Widerspruch im Württemberg der frühen Neuzeit, Berlin 1986, S. 25 (Taschenbuchausgabe Frankfurt 1990, stw 888).

89 Vgl. allgemein R. Koch: Staat oder Gemeinde? Zu einem politischen Zielkonflikt in der bürgerlichen Bewegung des 19. Jahrhunderts, in: Historische Zeitschrift 236 (1983), S. 73-96.

lerdings geschah diese Hinwendung zur »Realpolitik« nicht freiwillig. Sie war vielmehr Folge eines staatlich, nicht zuletzt polizeilich erzwungenen Rückzugs des liberalen Bürgertums auf eine vorpolitisch gefaßte gemeindliche Selbstverwaltung. Doch der Bezug auf die Gemeinde und die eigenen Handlungsspielräume verschwand nicht vollkommen, sondern blieb bis ins 20. Jahrhundert eine starke Strömung im süddeutschen Liberalismus.

Bernd Wirsing

»Gleichsam mit Soldatenstrenge«: Neue Polizei in süddeutschen Städten

Zu Polizeiverhalten und Bürger-Widersetzlichkeit im Vormärz[1]

Die Reform der Polizei und die Intensivierung des staatlichen Zugriffs auf die Gesellschaft

Die Errichtung von Gendarmeriekorps im rheinbündischen Deutschland begleitete die Reform der inneren Verwaltung, insbesondere der Polizeiverwaltung. Mit diesen neuen Organen intensivierten sich der polizeiliche Zugriff auf die Untertanen, die Kontroll- und Disziplinierungschancen des Staates in einem bislang unbekannten Ausmaße. Für die Proteste gegen die landespolizeilichen Organe während des Vormärz lieferten diese Polizeireformen eine der Hauptursachen.

Nach den wahren Hintergründen für die Demonstrationen gegen die Tübinger Landjäger im Jahre 1831 gefragt, führte der Tübinger Stadtdirektor Weckherlin aus, der Grund liege

»in der Art ihrer Uniformierung (= der Landjäger, B.W.) und militärischen Organisation überhaupt, sowie darin..., daß sie allerdings ihren Dienst pünktlicher versahen, und in dessen Folge auch freilich mehr Übertretungen der bestehenden polizeilichen Gebote und Verbote zur Anzeige brachten, als dies bei den früheren Polizeidienern und Hatschieren der Fall war«.[2]

Stellvertretend auch für die Entwicklung in den Nachbarstaaten Baden und Bayern soll nun im folgenden die Reform der Polizeiverwaltung in Württemberg skizziert werden. Diese Reform hatte zunächst nur die effektivere Bekämpfung der vagierenden Unter-

1 Bei diesem Aufsatz handelt es sich um einen überarbeiteten Auszug aus meiner Konstanzer Dissertation mit dem Titel: »Die Geschichte der Gendarmeriekorps und deren Vorläuferorganisationen in Baden, Württemberg und Bayern 1750-1850«.

2 Beilage 12 zum III. Hauptbericht des Oberamtsgerichts Tübingen vom 1.5.1831; Staatsarchiv Ludwigsburg (Sta LB), E 331/Bü 35.

schichten auf dem flachen Land zum Gegenstand, denn schon aus früheren Jahrhunderten wußten die Behörden, daß sich aus diesen Gruppen kriminelle Banden rekrutieren konnten. Dem absolutistischen Staat gelang es jedoch nicht, das »liederliche Gesindel«, geschweige denn die Bandenkriminalität, dauerhaft zu bekämpfen.[3] In Fortführung der absolutistischen Verbrechensbekämpfung durch stetige Wiederholung von Strafedikten erließ der württembergische König 1807 zunächst die »General-Verordnung, die Polizei-Anstalten gegen Vaganten und andere der öffentlichen Sicherheit gefährliche Personen betr.«.[4] Neben der Verkündung der Paßpflicht und des allgemeinen Bettelverbots wurde erstmals verordnet, daß jeder Ort eigene Wächter anstellen sollte, und somit die Grundlage der Ortspolizei geschaffen. Weil aber nach den Worten der Verordnung »die Erfahrung gezeigt hat, daß alle dergleichen Lokal-Anstalten unvollständig bleiben, wenn sie nicht durch eine ins Ganze gehende Landes-Anstalt unterstützt werden«[5], verfügte der König die Aufstellung eines eigenen »Landreuter-Corps«, das zwischen 1811 und 1823 »Gendarmerie« hieß und einen Teil der Armee mit umfassenden polizeilichen Funktionen für das ganze Land bildete. Seit 1820 wurde jedoch eine lebhafte Diskussion über eine Reform der Organisation der Gendarmerie geführt, welche selbst der König als mangelhaft erachtete. Er verfügte deshalb, die Gendarmerie in ein polizeiliches Institut umzuwandeln, das den Zivilbehörden unterstellt wurde und dessen Aufgaben auf die Aufrechterhaltung der öffentlichen Sicherheit und Gefangenentransporte beschränkt waren.[6] Auch die Ständeversammlung sprach sich 1821 gegen die bisherige Organisation der Gendarmerie aus; sie knüpfte die Bewilligung des Etats für die Gendarmerie an die Bedingung, daß diese sich nicht mehr in die Ortspolizei mischen, keine Verstöße gegen die Finanzvergehen mehr anzeigen dürfe und ausschließlich der bürger-

3 C. Küther: Räuber und Gauner in Deutschland, Göttingen 1987, 2. Aufl.; E. Schubert: Arme Leute, Bettler und Gauner im Franken des 18. Jahrhunderts, Neustadt/Aisch 1983 und U. Danker: Räuberbanden im Alten Reich um 1700, Frankfurt/Main 1988.

4 Regierungsblatt für das Königreich Württemberg (Württ. R) 1807/LXXXIV (S. 445-456).

5 Württ. R 1807/LXXXIV, § 25 (S. 452).

6 Vgl. dazu das Gutachten des Geheimen Rats vom 12., 16., 19. 4. 1823; Hauptstaatsarchiv Stuttgart (Hsta S), E 150/Bü 781.

lichen Obrigkeit unterstellt werden solle. Die daraufhin eingesetzte Kommission zur Reform der Gendarmerie schlug weiterhin vor, dieses Institut in »Landjägerkorps« umzubenennen. Sie begründete dies folgendermaßen:

»Abgesehen davon, daß das Wort Gendarmerie als undeutsch und weil es von den meisten Leuten nicht einmal sprachrichtig geschrieben werden kann, verwerflich erscheint, dürfen wir nicht verhehlen, daß in Deutschland und besonders auch in Württemberg schon jener Name ziemlich allgemeines Mißtrauen gegen das Institut selbst erregt. Der Grund dieses Mißtrauens liegt hauptsächlich darin, daß man sich unter der Gendarmerie immer nur ein rein militärisches Korps denkt und daran manche unfreundliche Erinnerungen aus der Vergangenheit und Nebenbegriffe knüpft, die zum Teil in dem Mißbrauche, den man anderwärts mit der Gendarmerie getrieben, ihre Quelle haben«.[7]

1823 wurde schließlich die neue Organisation und Instruktion für das württembergische Landjägerkorps erlassen, die für das ganze 19. Jahrhundert in Kraft blieb.[8] In diesen beiden Verordnungen wurde der allgemeine Zweck des Korps mit der Erhaltung von öffentlicher Sicherheit, Ruhe und Ordnung im Innern des Königreichs umschrieben. Besondere Aufgaben des Landjägerkorps waren die Begleitung der Postwagen, Gefangenentransporte und vor allem der Streifendienst auf dem flachen Land. Hierbei sollten die Landjäger Haupt- und Nebenstraßen begehen, abgelegene Höfe, Herbergen, Mühlen als die gebräuchlichen Schlupfwinkel des »gefährlichen Gesindels« durchsuchen, letzteres aber am besten schon an den Landesgrenzen zurückweisen, insbesondere fremde Bettler, Hausierer, Korbmacher, Scherenschleifer, Trödeljuden, Krämer, Handwerksgesellen u. a., die als potentielle Kriminelle galten.

Diese Aufgaben erfüllten im 18. Jahrhundert die Husarenkorps. Jenen Militärkorps, die nur in Friedenszeiten Streifen gegen das »liederliche Gesindel« auf dem flachen Land durchführen konnten, galt der Polizeidienst analog zum Militärdienst als »kleiner Krieg« gegen die vagierenden Gruppen.

Auch die Gendarmen des 19. Jahrunderts wurden wie ihre Vorgänger, die Husaren, in den Methoden der »kleinen Kriegsfüh-

7 Kommission an das Ministerium des Innern (MdI) am 8. 6. 1822; Hsta S, E 150/Bü 781.

8 Organisationsverordnung in Württ. R 1823/XXXI (S. 421-433), Dienstinstruktion in Württ. R 1823/XXXI (S. 434-451).

rung« ausgebildet. Hierher gehörten das Aufspüren und Verfolgen von Vaganten in unwegsamem Gelände.
Die Struktur des Landjägerkorps, das als »Landespolizeianstalt« ein militärisch organisiertes und zusammenhängendes Ganzes bildete, entsprach der vierstufigen inneren Verwaltung von Innenministerium, Kreisen, Oberämtern und Gemeinden. So war dem gemeinen Landjäger ein Stationskommandant und diesem ein Bezirkskommandant, welcher schließlich dem Korpskommandeur untergeben war, vorgesetzt. Diese Struktur erlaubte, obwohl die Landjäger ihren Dienst einzeln versahen, ein rasches Zusammenziehen der Mannschaft. Auch die Finanzierung unterschied das Landjägerkorps von seinen Vorläufern; alle Kosten wurden nämlich von der Staatskasse allein aufgebracht und im Etat des Innenministeriums rubriziert.
Besondere Qualifikationen mußte auch das Personal des Korps erfüllen: Landjäger waren i.d.R. Freiwillige aus dem Linienmilitär, die dort einen ehrenvollen Abschied erhalten haben, zwischen 25 und 40 Jahre alt sein und die Fähigkeit, »fertig zu lesen und verständlich zu schreiben«[9], besitzen mußten. Nach einer sechsjährigen Kapitulationszeit hatten sie Anspruch auf Anstellung im Zivildienst und eine Pension nach den Militärgesetzen. Es war den Landjägern verboten zu heiraten; Heiratserlaubnis wurde nur in Ausnahmefällen erteilt.
Landjäger waren als Repräsentanten der Staatsgewalt gegenüber ihrer Klientel vielfach privilegiert und genossen auch im Vergleich zu den Ortspolizeidienern einen besonderen Status. So durfte ein Landjäger einzeln liegende Höfe, Mühlen und Herbergen jederzeit durchsuchen.[10] Er war ferner durch drakonische Strafen vor Widersetzung in Ausübung seiner Dienstpflicht geschützt; einfache Körperverletzung, begangen an einem Landjäger, konnte eine Haftstrafe bis zu drei Jahren im Arbeitshaus nach sich ziehen.[11] Was die Landjäger aber besonders verhaßt machte, war das Privileg, daß ihnen der »öffentliche Glaube« zustand.[12] Dies bedeutete nach Robert von Mohl, daß, wenn ein Landjäger die Wahrheit

9 Organisationsverordnung, § 39 (S. 428).
10 Dienstinstruktion, § 46 (S. 444).
11 R. von Mohl: Das Staatsrecht des Königreiches Württemberg, Bd. 2, Tübingen 1840, 2. Aufl., S. 304 f., Anm. 8.
12 Organisationsverordnung, § 15 (S. 423).

»einer von ihm selbst beobachteten Tatsache bei seinem Diensteide versichert, so wird das durch keine Beweisgründe unterstützte Leugnen des Angeschuldigten nicht beachtet, sondern derselbe für überwiesen angenommen«.[13]

Jeder Untertan war verpflichtet, den Landjäger in seinem Dienst zu unterstützen und ihm Auskunft zu geben.[14] Letzterer durfte bei tätlicher Widersetzung oder Flucht des Verbrechers von seinen Waffen, einem Säbel und einem Karabiner, Gebrauch machen.[15]
Für das Verhalten der Landjäger in geschlossenen Ortschaften galten besondere Vorschriften. Die strikte Trennung von Orts- und Landespolizei war seit der ersten Landtagssitzung ein Hauptanliegen der Liberalen. Es heißt daher in der Dienstinstruktion für die Landjäger: »Mit der inneren Polizei in geschlossenen Orten hat sich das Landjäger-Korps nicht zu befassen«.[16] Landjäger durften in geschlossenen Orten ohne amtlichen Auftrag keine Privatwohnungen betreten, geschweige denn durchsuchen[17] und sich nur so lange wie nötig auf ihren Streifen dort aufhalten. Grundsätzlich wurde kein Landjäger in dem Ort stationiert, in welchem seine Verwandtschaft wohnte.[18] Ihm wurde ferner verboten, eine Wirtschaft oder ein Gewerbe zu betreiben; selbst seine Frau durfte in seinem Stationsbezirk keine Gastwirtschaft führen.[19] Auf diese Weise wurde dafür gesorgt, daß der Landjäger seinen Dienst als Profession begriff, nicht mehr – wie die Ortspolizeidiener – zu Botendiensten und Privatgeschäften der Schultheißen oder Oberamtmänner herangezogen werden konnte[20] und von seiner Klientel außerdienstlich isoliert wurde, was seine Zugriffschancen erhöhen sollte.
Diese strikte Trennung von Landes- und (städtischer) Ortspolizei wurde für die süddeutschen Universitätsstädte jedoch bald darauf wieder aufgehoben und die Landjäger mit der Besorgung des Ortspolizeidienstes beauftragt. Auch in anderen Städten wurde

13 Mohl, Staatsrecht (wie Anm. 11), S. 302 f.
14 Organisationsverordnung, § 14 (S. 423).
15 Dienstinstruktion, § 48 (S. 444).
16 Dienstinstruktion, § 42 (S. 443).
17 Dienstinstruktion, § 44 (S. 443).
18 Organisationsverordnung, § 8 (S. 422).
19 Dienstinstruktion, § 56 (S. 446).
20 Dienstinstruktion, § 53 (S. 445).

auf Betreiben von Oberamtmännern und ordnungsliebenden Stadträten der Ortspolizeidienst nach dem Muster des Dienstes für die Landjäger reformiert.

Im Jahre 1835 klagte beispielsweise der Ulmer Oberamtmann Schumm über den Zustand der kommunalen Ortspolizeiverwaltung in Ulm. Seiner Meinung nach liege der Hauptgrund für die schlechte Ortspolizei in Ulm darin,

»daß der Stadtrat durchgängig nur abgekommene Bürger zu Polizeidienern bestellt, die nicht nur träg, indolent und unverständig, sondern was das schlimmste ist, bestechlich sind, und sich durch schmutzigen Eigennutz so verwickeln, daß sie gegen die Bürger nicht antreten können«.[21]

Schumm wies daher den Ulmer Stadtrat an, im Intelligenzblatt bekanntzumachen, »daß sich die Bürger zu enthalten haben, den Polizeidienern irgend ein Geschenk zu machen, namentlich die Wirthe, denselben umsonst einzuschenken ...«.

Die »alte« Polizei in Ulm genügte den Anforderungen des engagierten Oberamtmanns nicht mehr. Im Jahre 1841 starb der Chef der Ulmer Ortspolizeidiener, und der Stadtrat schrieb die Stelle des Polizeiwachtmeisters zur Wiederbesetzung aus. Von den 19 Bewerbern (darunter sechs Polizeidiener, fünf Handwerker und ein Fabrikarbeiter) wählte der Stadtrat den 37jährigen Landjäger Christoph Friedrich Falschebner, der vorher Stationskommandant zweiter Klasse in Heidenheim war. Falschebner, ein Vertreter der »neuen« Polizei, nämlich der Landjäger, hatte die Ulmer Ortspolizei in kürzester Zeit so weit reformiert, daß im ersten Halbjahr 1842 in Ulm 450 Personen verhaftet werden konnten, während früher nicht mehr als etwa 300 Verhaftungen im ganzen Jahr vorgenommen wurden – für Falschebner ein »abermaliger Beweis der *Faulheit* u. *Trägheit* der Mannschaft *in früherer Zeit*«.[22]

Bald darauf beschwerte sich aber die Polizeimannschaft beim Stadtrat über ihren Vorgesetzten, den ehemaligen Landjäger Falschebner.[23] Die unterzeichneten acht Polizeisoldaten führten

21 Oberamtmann Schumm an den Ulmer Stadtrat am 6. 1. 1835; Stadtarchiv Ulm (Stadta UL), B 111/2, Nr. 1.

22 Falschebner an den Stadtrat am 16. 8. 1842; Stadta UL, B 111/2, Nr. 1.

23 Beschwerdeschrift von acht Polizeisoldaten an den Ulmer Stadtrat; Stadta UL, B 111/2, Nr. 1.

an, daß Falschebner seine Polizeisoldaten nach der Instruktion für das Landjägerkorps behandle, weil es keine eigene Instruktion für die Ulmer Ortspolizei gebe. Die Polizeisoldaten könnten diese aber nicht befolgen, weil sie sich nur auf den Dienst auf dem Land und nicht auf die Stadt beziehe.
In ihrer Petition an den Stadtrat verglichen sich die Ulmer Polizeisoldaten auch mit den Landjägern: Während die Landjäger junge und gesunde Soldaten mit fester Anstellung seien, würde die Stelle des Polizeisoldaten lediglich mit Ortsarmen und älteren invaliden Exkapitulanten besetzt. Die Landjäger bekämen höheren Sold, könnten als Ersatzmann mit Einstandsgeld wieder in das Militär zurück und würden unentgeltlich montiert, während dies für die zwischen 40 und 52 Jahre alten Polizeisoldaten nicht möglich sei; sie müßten sich sogar selbst ausrüsten. Ferner warfen die Polizeisoldaten ihrem Chef vor, er gönne ihnen während einer 48stündigen Dienstzeit nur acht Stunden Freizeit, »was für Familienväter und Veteranen sehr beschwerlich« sei.
Alte und neue Polizei, kommunale Ortspolizei mit Polizeisoldaten (-dienern) und Landespolizei mit militärisch disziplinierten Landjägern waren demzufolge zwei grundverschiedene Dinge. Die Verschmelzung beider Polizeien führte nicht nur in Ulm immer wieder zu Konflikten und gelang den staatlichen Behörden in der ersten Hälfte des 19. Jahrhunderts nur vorübergehend.

Gendarmerie und studentischer Protest in Heidelberg 1836/38

Große Probleme mit der Aufrechterhaltung von Ruhe, Sicherheit und Ordnung hatten die vormärzlichen Staaten vor allem in ihren Universitätsstädten. Dort wurden Sicherheit und Ordnung jedoch nicht primär durch vermeintlich subversiv-revolutionäre studentische Organisationen gefährdet, sondern durch Konflikte zwischen standesbewußt-arroganten Studenten und der einheimischen Stadtbevölkerung, von den Studenten gerne als »Philister« bezeichnet.
In Heidelberg wurde deshalb der Ortspolizei, die schon vorher der kommunalen Selbstverwaltung entzogen war, Gendarmerie

beigegeben. Im Jahre 1834 ergab sich für die Struktur der Heidelberger Polizei folgendes Bild[24]:

a) ein Polizeiwachtmeister und sieben Polizeidiener als staatliche Ortspolizei, die großenteils staatlich finanziert und direkt vom Bezirksamtmann verwaltet wurde;

b) die selbstverwaltete Universitätspolizei mit eigenem Exekutivpersonal, den Pedellen;

c) eine Mannschaft von sechs Gendarmen, die dienstlich ebenfalls dem Bezirksamtmann untergeben waren.

Diese drei Elemente finden sich auch in den Polizeiverwaltungen der württembergischen und bayerischen Universitätsstädte wieder.

Im Jahre 1836 wurde der Personalstand der Heidelberger Gendarmerie auf zwölf Mann erhöht; gleichzeitig erhielt sie eine spezielle Instruktion, die auf Weisung des Innenministeriums am schwarzen Brett der Universität ausgehängt werden sollte, damit sie jeder Student zur Kenntnis nähme.[25] Gemäß dieser Instruktion[26] durfte die Gendarmerie jede Person ohne Ansehen des Standes nach Übertretung der Polizeigesetze verhaften; sie mußte aber verhaftete Studenten an das Universitätsamt abliefern und durfte nur »bürgerliche Personen« auf die Gendarmeriewache bringen. Ferner wurde der Gendarmerie die Befugnis eingeräumt, das Zimmer eines Studenten betreten und ihn verhaften zu dürfen, »wenn daselbst das unanständige Benehmen einer Gesellschaft die öffentliche Ruhe stört«, obwohl dazu im Normalfall ein amtlicher Auftrag erforderlich gewesen wäre.

Dadurch fühlten sich die Studenten in ihrem Standesbewußtsein tief getroffen. Veranlaßt durch angeblich willkürliche Verhaftungen und Gewalttätigkeiten von seiten der Gendarmerie richteten sie 1838/39 zwei Petitionen an den akademischen Senat. 1838 drohten sie, weil die Gendarmen »absichtlich aus bübischer Petulanz ohne alle Veranlassung zu ihren Waffen griffen, pflichtvergessen ihrer Instruktion, verletzend und verschmähend die allgemeinen Menschenrechte«, Selbstschutzmaßnahmen zu ergreifen, »um

24 Stadtarchiv Heidelberg (Stadta HD), UA 231/4.

25 MdI an Universität Heidelberg am 11.4.1836; Universitätsarchiv Heidelberg (Unia HD), VII/1, Nr. 22.

26 Instruction für das in Heidelberg aufgestellte Gendarmerie Commando vom 23.3.1836; Unia HD VII/1, Nr. 22.

nicht abermals der rohen Willkühr der in Uniform gekleideten rohen Bauernburschen preisgegeben zu sein«.[27]
Im folgenden Jahr richteten sie eine weitere Petition an den Senat, die von 365, also mehr als der Hälte der 647 Studenten[28], unterschrieben wurde. Darin lobten sie zunächst das Benehmen der Pedelle, die sie stets »wie Studenten« behandelten und wüßten, daß sie sich »eher durch anständige Behandlung als durch Grobheiten, Püffe und Säbelhiebe« leiten ließen. Dagegen beklagten sie das Vorgehen der Gendarmerie, die sie »nicht wie Studenten, sd. wie Vagabunden und liederliche Handwerksburschen« behandelte.[29]
Den Studenten galt die Gendarmerie also als eine unstandesgemäße Polizei, weil sie sich erstens aus Unterschichten (»Bauernburschen«) rekrutierte und zweitens auf studentische Lebensformen im Gegensatz zu den Pedellen keine Rücksicht nahm. Aus dem Heidelberger Fall wird aber auch deutlich, daß die Gendarmerie als erstes polizeiliches Organ wirksam gegen Studenten vorgehen konnte, nachdem die Exemtion der Studenten von den ortspolizeilichen Vorschriften teilweise aufgehoben worden war und der polizeiliche Zugriff nicht mehr allein dem ineffektiven Polizeipersonal der Universität vorbehalten blieb.

Unterschichten- und Studentenprotest gegen die Landjäger in Tübingen 1825-1831

Konflikte zwischen Studenten und Nichtakademikern (»Philistern«) lassen sich auch für die württembergische Universitätsstadt Tübingen nachweisen. Bereits im Jahre 1810 kam es wegen studentischer Exzesse, dem Einwerfen von Laternen und Fenstern in den Häusern einiger Professoren und Beamten, zu einer Übereinkunft zwischen dem Oberamtmann und der Tübinger Gerichtsdeputation, die u. a. darin bestand, die studentische Rüge-

27 Petition der Heidelberger Studenten an den akademischen Senat am 7.3.1838; Unia HD VII/1, Nr. 22.
28 Studentenzahlen bei H. Weisert: Die Verfassung der Universität Heidelberg 1386-1952, Heidelberg 1974, S. 153.
29 Petition der Heidelberger Studenten an den akademischen Senat am 25.7.1839; Unia HD VII/1, Nr. 22.

praxis des sog. »Verschißtuns«, des kollektiven Boykotts der Studenten gegen einzelne Philister, zu unterbinden. Darüber hinaus errichtete der Tübinger Oberamtmann 1810 eine eigene Stadtmiliz, die von den in vier Vermögensklassen eingeteilten Einwohnern Tübingens finanziert wurde.[30] Im Jahre 1813 genehmigte das Departement des Innern die Anstellung von zwölf Polizeisoldaten auf Kosten der Stadt.[31] Für die Anstellung der Polizeisoldaten war der Oberamtmann zuständig; dieser ernannte nur Stadtbewohner zu Polizisten, »weil es doch« – so der Oberamtmann – »auch sehr darauf ankommt, daß diesen Polizeisoldaten die Stadtangehörigen bekannt sind, und sie solche unter den Toren von Fremden eher unterscheiden können«. Unter den zwölf Polizeisoldaten befanden sich schließlich sechs Handwerker, drei Tagelöhner, zwei Weingärtner und ein Nachtwächter.[32] Die Bestrafung von Polizeivergehen durch Studenten blieb aber in Tübingen vor 1825 den akademischen Polizeibehörden, insbesondere der akademischen Disziplinarkommission aus dem Rektor, dem Kanzler und vier Ordinarien vorbehalten. Der Rektor war ferner Chef einer eigenen universitären Exekutivpolizei, die seit 1817 aus zwei Pedellen und acht nebenberuflichen Universitätshatschieren bestand, die im Hauptberuf Weingärtner und Handwerker waren.[33]

Während zwischen Studenten und akademischen Polizeibehörden wie in Heidelberg anscheinend gutes Einvernehmen in ordnungspolizeilichen Fragen herrschte, akzeptierten die Studenten die ortspolizeilichen Vorschriften des Tübinger Stadtrates, z. B. das Verbot des zu schnellen Reitens und Fahrens, das Tanzverbot an Sonntagen und das Einhalten der Polizeistunde, nicht.

Kompetenzkonflikte zwischen universitärer und städtischer Polizei waren vor 1825 die Regel. So existierte beispielsweise für die Straßen der Tübinger Altstadt ein generelles Rauchverbot, nicht aber für das Universitätsgelände, auf dem der Rektor das Rauchen

30 Protokoll über die Unterredung zwischen dem Oberamtmann und der Gerichtsdeputation Tübingens am 7. 5. 1810; Staatsarchiv Sigmaringen (Sta SIG), Wü 65/36 (F 205)/Bü 278.

31 Departement des Innern an Oberamt Tübingen am 31. 3. 1813; Sta SIG, Wü 65/36 (F 205)/Bü 278.

32 Oberamt Tübingen an Departement des Innern am 12. 4. 1813; Sta SIG, Wü 65/36 (F 205)/Bü 278.

33 Vgl. R. Müth: Studentische Emanzipation und staatliche Repression, Tübingen 1977, S. 49.

geschlossener Pfeifen erlaubte. Bald mußte auf den Protest der Stadtbewohner hin das generelle Rauchverbot für die Stadt rückgängig gemacht werden, denn die Studenten kümmerten sich unter Hinweis auf die universitären Gepflogenheiten, daß nämlich Rauchen geschlossener Pfeifen erlaubt sei, um dieses Verbot auch in der Stadt nicht. Ähnlich verhielt es sich mit dem Verbot, Wasser auf die Straße zu gießen, das im Winter gefrieren und den Verkehr beeinträchtigen konnte. Dies implizierte wohl auch das Verbot, die Nachttöpfe nach alter Gewohnheit gleich aus dem Fenster zu leeren. 1825 beschwerte sich der Stadtrat beim Oberamt in diesem Betreff, denn:

»Das längst bestehende Verbot des Wasserausgießens wird an den Stadtangehörigen bestraft, während solches von den Studierenden so wenig beobachtet wird, daß sich sogar ihre Hauseigentümer damit zu entschuldigen gesucht haben.«[34]

Was den Studenten erlaubt war resp. von den akademischen Behörden toleriert wurde, das konnte somit auch den übrigen Stadtbewohnern nicht verboten werden. Gefährdungen der öffentlichen Sicherheit, Ruhe und Ordnung konnten in den Universitätsstädten aufgrund der Konkurrenz von städtischer und universitärer Polizei bzw. Gerichtsbarkeit (die Studenten waren ja von der städtischen Gerichtsbarkeit ausgenommen) nur schwerlich bekämpft werden; sie wurden in den o. g. Fällen durch die konkurrierenden Behörden sogar selbst herbeigeführt.
Die Reorganisation der Tübinger Polizei ging schließlich mit der Reform des Hochschulrechts in Württemberg seit 1825 einher.[35] Bis dahin bestanden noch der sogenannte »Burschenverein«, die Nachfolgeorganisation der 1819 aufgelösten Burschenschaft, mit

34 Stadtrat an Oberamt Tübingen am 26.1.1825; Sta SIG, Wü 65/36 (F 205)/Bü 278.

35 Dazu wurde der souveränitätsbedachte württembergische König, der die Karlsbader Beschlüsse nach 1819 nur zögernd durchführte und die Studentenverbindungen zunächst nicht auflöste, gezwungen, nachdem Preußen im Jahre 1824 die Beteiligung Tübinger Studenten an Burschentagen und Geheimbünden nachgewiesen hatte. Am 7.8.1825 berief daher König Wilhelm eine Regierungskommission unter Innenminister Schmidlin zur Reform des Hochschulrechts. Vgl. Müth, Emanzipation (wie Anm. 33), S. 50ff. Tätliche Auseinandersetzungen zwischen den verschiedenen Studentenverbindungen ließen die Regierung jedoch im November 1825 zu Sofortmaßnahmen greifen.

69 Mitgliedern, einige Korps aus ehemaligen Landsmannschaftlern und die »Commentverbindung« als Dachorganisation aller organisierten und diesen nahestehenden Studenten, die nach Ansicht der Regierungskommission zwei Drittel bis drei Viertel aller Tübinger Studenten umfaßte.[36] Anlaß der Streitigkeiten im November 1825, die den Lehrbetrieb lahmzulegen drohten, war ein Beschluß der Commentverbindung, alle nicht in ihr organisierten Studenten für nicht satisfaktionsfähig zu erklären, also öffentlich zu ächten, um sie auf diese Weise zum Eintritt in die Commentverbindung zu zwingen. Am 24. November 1825 erließ das Innenministerium wegen der Streitigkeiten zwischen den Studenten und wegen »beharrlichen Ungehorsams gegen die bestehenden Disziplinar-Gesetze« eine Verordnung, nach welcher alle Studentenverbindungen aufgelöst werden sollten.[37] Für die Studentenschaft wurde ein generelles Versammlungsverbot verhängt, da die Studenten nach dem Wortlaut des Edikts »keine eigene Korporation, überhaupt keinen eigenen Stand in der bürgerlichen Gesellschaft bilden ...«. Bezüglich der polizeilichen Verhältnisse in Tübingen regelte § 7 der Verordnung:

»Die Studierenden sind gleich allen andern Ortsbewohnern nicht allein den allgemeinen Polizei-Gesetzen, sondern auch den für die Stadt Tübingen insbesondere getroffenen polizeilichen Anordnungen unterworfen. Sie haben hiernach den mit der Handhabung der Lokal-Polizei beauftragten Beamten und Dienern die gebührende Achtung und in der Ausübung ihres Amtes den schuldigen Gehorsam zu beweisen.«

Damit wurden die Studenten erstmals den Behörden der Ortspolizei unterstellt. Zur Verwaltung der Ortspolizei und der akademischen Polizei wurde ein außerordentlicher Regierungskommissar entsandt, der dem Schultheißen resp. dem Rektor die polizeilichen Kompetenzen abnahm. Dieser, der ehemalige Oberjustizrat am Esslinger Gerichtshof Karl Hofacker, war seit Ende November 1825 unmittelbarer Vorgesetzter der städtischen Ortspolizei mit Stadtschultheiß Bierer, Polizeiinspektor Memminger und der akademischen Polizei mit zwei Pedellen und acht Universitätshatschieren. Darüber hinaus waren ihm 20 Landjäger unter

36 Kommission zur Reorganisation der Landesuniversität an den König am 20.11.1825; Hsta S, E 33/Bü 917.

37 Verordnung des MdI vom 24.11.1825; Hsta S, E 33/Bü 917, abgedruckt bei Müth, Emanzipation (wie Anm. 33), S. 259ff.

der Leitung des Hauptmanns v. Wallbrunn, dessen Bezirkskommando extra von Reutlingen nach Tübingen verlegt worden war, zur Verwaltung der Ortspolizei beigegeben.

Die Verstaatlichung der städtischen und akademischen Polizei, die Aufhebung der studentischen Exemtion und die rigorose Exekution ortspolizeilicher Vorschriften durch Landjäger unter einem außerordentlichen Regierungskommissar provozierte bald den Protest der Studenten. Dieser äußerte sich zunächst gewaltfrei in Form von Liedern[38], Zeichnungen[39] und Briefen. So schrieb beispielsweise der Student August Fischer an seinen Bruder:

»Nun darf man sich fast nicht mehr rühren. Gleichsam mit Soldatenstrenge handelt diese neue Polizei; auch haben zum größten Ärgernis die edlen Stadtsoldaten der Stadt Tübingen Aufsicht über uns. Wer nach 10 Uhr noch in dem Wirtshaus ist, wer im Verdacht eines Rausches ist, wer im mindesten lärmt, wird unbarmherzig ins Loch gesperrt, wer eine Ohrfeige gibt, muß drei Wochen ins Karzer. Du kannst Dir denken, wie unlustig diese Einschränkungen sind, viele Studenten werden deshalb die hiesige Universität verlassen. Ohne Freiheit will der Student, der um sein Geld studiert, nicht leben.«[40]

Bereits 1826 protestierten die Kammerabgeordneten gegen die Einsetzung Hofackers und die rechtswidrige Konzentration der Polizeigewalt verschiedener Behörden in einer Person.[41] Sie führten dabei das Universitätsstatut von 1817 an, nach welchem die akademische Polizei durch den Rektor und die Disziplinarkommission verwaltet werden sollte, und das Verwaltungsedikt von 1822, das die Ortspolizei als Angelegenheit der kommunalen Selbstverwaltung unter der Führung des Ortsvorstehers definierte.[42]

38 Lied des stud. theol. Giesinger, abgedruckt bei G. Schmidgall: Der außerordentliche Regierungskommissar Hofacker in Tübingen 1825-29, in: Beiträge zur Tübinger Studentengeschichte 3, 1938, S. 65-94, hier S. 80 f.

39 Universitätsarchiv Tübingen (Unia TÜ), S 161/22.

40 Zit. nach Schmidgall, »Hofacker« (wie Anm. 38), S. 92, Anm. 11 a.

41 Präsident der Kammer der Abgeordneten an den König am 14. 2. 1826; Hsta S, E 33/Bü 917.

42 Veraltungs-Edikt für die Gemeinden, Oberämter und Stiftungen, in: Württ. R 1822/XVIII (S. 131-189), insbes. die §§ 3, 14, 44.

Zu Beginn des Jahres 1829, nachdem die 1825 eingesetzte Reformkommission ihre Beratungen abgeschlossen hatte, wurde Hofacker schließlich von Tübingen abberufen. Ihren unmittelbaren Niederschlag fanden die Beratungen im Organischen Statut für die Universität Tübingen vom 18. 1. 1829.[43] Dieses Statut beseitigte das Amt des gewählten Rektors und proklamierte den vom König ernannten Kanzler als den Vorstand der Universität und Vorsitzenden der Disziplinarkommission. Auch der Oberamtmann von Tübingen, der seither »Stadtdirektor« hieß, wurde Mitglied der Disziplinarkommission.

In bezug auf die Polizeiverhältnisse schrieb das Statut den Ausnahmezustand von 1825-29 fest. So bestimmt § 13:

»Für alle Übertretungen der *allgemeinen* Polizei-Gesetze von Seite der Universitätsangehörigen sind die ordentlichen Polizei-Behörden zuständig, deren Anordnungen und Verfügungen überhaupt von den Universitätsangehörigen, wie von andern Staatsbürgern zu befolgen sind.«

Die Einhaltung der eigens für die Studenten geltenden Ge- und Verbote wurde von nun ab allein vom Stadtdirektor kontrolliert, der in seiner Eigenschaft als oberster Polizeichef Tübingens die Nachfolge des außerordentlichen Regierungskommissars antrat. Auch die Landjäger wurden nicht aus Tübingen abgezogen, sondern weiterhin von Weckherlin zur Verwaltung der Ortspolizei eingesetzt. So geriet Stadtdirektor Weckherlin bald in das Schußfeld der öffentlichen Kritik an der reaktionären Polizeipolitik der Regierung.[44]

Die rigorose Durchsetzung ortspolizeilicher Vorschriften gegen die Studenten und sonstigen Bewohner Tübingens war Ursache für die Proteste gegen die Landjäger im Januar 1831, die in der Sekundärliteratur oft als »Tübinger Revolution« oder »Gôgenaufstand« bezeichnet wurde.[45] Beide Begriffe sind irreführend und werden deshalb im folgenden nicht wiederholt.

43 Württ. R 1829/111 (S. 19-29).

44 In einem Drohbrief an Weckherlin vom November 1830 heißt es: »...ihr (= Stadtdirektor Weckherlin, Aktuar Steinheil und Polizeiinspektor Maier, B. W.) achtet die Bürger und Fremdlinge als Hunde, ihr stürzet unser Recht als Bürger zu Boden, ihr lauert auf das Blut der Einwohner ...«; Sta SIG, Wü 65/36 (F 205)/Bü 311.

45 F. X. Frey: Die Tübinger Revolution im Jahre 1831, in: Tübinger Blät-

Den Anlaß für die Demonstrationen in der Nacht vom 22. auf den 23. Januar 1831 lieferte die Verwundung des Tübinger Weingärtners Ludwig Kost durch den Landjäger Michael Hauser am 16. Januar. Kost war an diesem Tag zusammen mit mehreren anderen Personen an einer Ruhestörung beteiligt, woraufhin der Landjäger Hauser einschritt. Da sich Kost seiner Arretierung zu entziehen suchte, zog Hauser den Säbel und verwundete Kost schwer. Stadtdirektor Weckherlin, der sich für diesen Einsatz als Dienstvorgesetzter des Landjägers zu verantworten hatte, meldete den Vorfall zwei Tage später dem Innenministerium, weil er unter den Tübingern – so Weckherlin – »eine sehr große Sensation macht, und neuen Stoff zum Schimpfen über die hiesige Polizeieinrichtung gibt«.[46] Der Landjäger Hauser wurde – dies sei hier vorweggenommen – wegen des Einsatzes, in welchem er seine Dienstbefugnisse überschritten hatte, von einem Kriegsgericht zu sechsmonatiger Festungshaft verurteilt, zum Soldaten degradiert und aus dem Landjägerkorps entlassen.[47]

Die Befürchtung Weckherlins sollte sich bald bewahrheiten. Am Freitag, den 21.Januar 1831 verbreitete sich nämlich das Gerücht in Tübingen, daß sich am Sonntag, den 23. aus Protest gegen die Verwundung Kosts eine »Partie Leute« auf dem Tübinger Marktplatz versammeln wolle, um die Landjäger aus der Stadt zu jagen.[48]

Die bevorstehende Störung der öffentlichen Sicherheit führte am 22. Januar zu einer Unterredung zwischen dem Stadtrat und dem Stadtdirektor, wobei der Stadtrat Weckherlin aufforderte, die Landjäger aus der Stadt zu entfernen, um den bevorstehenden Exzeß abzuwenden. Dies verweigerte Weckherlin; er versprach

ter 3, 1900, S. 22-26, G. Schmidgall: Der Gôgenaufstand 1831 und die Tübinger Studentenschaft, in: Beiträge zur Tübinger Studentengeschichte 5, 1952, S. 15-20; R. Müth: Tübingen und die französische Julirevolution, in: Attempto 35/36, 1970, S. 3-21.

46 Weckherlin an MdI am 18.1.1831; Sta SIG, Wü 65/36 (F 205)/Bü 311.

47 11. Hauptbericht des Oberamtsgerichts Tübingen vom 24.4.1831; Sta LB, E 331/Bü 34.

48 Kanzler Autenrieth an die Mitglieder des akademischen Senats am 22.1.1831; Unia TÜ, 117/1983.

aber, die Landjäger nicht mehr zur Verwaltung der Ortspolizei einzusetzen. Damit gab sich der Stadtrat noch nicht zufrieden. Er schickte eine Deputation nach Stuttgart, um vom König die Entfernung der Landjäger und die Reform der Polizeiorganisation in Tübingen zu erbitten. Diese Deputation wurde noch am Abend des 22. vom König empfangen, konnte aber ihr Anliegen nicht durchbringen.[49] Zur gleichen Zeit erschien eine Abordnung der Studenten beim Stadtdirektor und sicherte ihm die Loyalität aller Studenten und ihre Hilfe im Konfliktfall mit den städtischen Unterschichten zu. Die Studenten schieden somit als Protestpartei wider Erwarten aus und solidarisierten sich mit der Ordnungspartei unter Weckherlin. Die Protestpartei bestand deshalb hauptsächlich aus Tübinger Weingärtnern, die seit 19 Uhr in der Stadt demonstrierten. Nach den Angaben des akademischen Senats zogen zu dieser Zeit ca. 60 ledige Burschen »aus dem niedrigsten Pöbel«[50] unter den Parolen »Es lebe die Freiheit!«, aber auch: »Es lebe der König!« durch die Stadt und sangen Schillers Räuberlied. Der Demonstrationszug machte vor dem Haus des Stadtdirektors halt, und die Demonstranten riefen: »Das Feuer aus der Pfeife auf die Straße geblasen, den Deckel hinweg, es hat uns heute Niemand etwas zu befehlen!«.[51] Schließlich kam es um 23 Uhr auch vor den Diensträumen der Landjäger zu einer Provokation, als zehn bis zwölf Kutscher und Handwerksgesellen, umringt von Frauen und Kindern, Spalier bildeten und ebenfalls riefen: »Landjäger heraus! Man raucht Pfeife ohne Deckel!«.

Daraufhin reagierten einige Vertreter der Obrigkeit verängstigt und überstürzt; so flüchteten der Aktuar des Stadtdirektors und der Polizeiinspektor aus Tübingen, und Bezirkskommandant v. Wallbrunn zog alle Landjäger noch in derselben Nacht ab. Dies geschah, obwohl die Landjäger persönlich weder beleidigt noch bedroht worden waren. Einzelne Landjäger berichteten, daß die Demonstranten den Landjägern auf der Straße sogar Platz gemacht hatten. Stationskommandant Simmondet meldete über

49 MdI an Weckherlin am 23. 1. 1831; Unia TÜ, 117/1983.

50 Akademischer Senat an den König am 23.1.1831; Unia TÜ, 117/1983.

51 III. Hauptbericht des Oberamtsgerichts Tübingen vom 1.1.1831; Sta LB, E 331/Bü 35.

seine Patrouille um 20 Uhr auf dem Marktplatz: »Sie hörten auf zu singen, als sie mich sahen und als ich an ihnen vorüberging, zogen sie sogar die Mützen ab.«[52] Stadtdirektor Weckherlin, der in Tübingen blieb, befürchtete den eigentlichen Exzeß der Weingärtner für den darauffolgenden Tag und betrachtete die nächtlichen Demonstrationen nur als dessen Vorspiel.

Aufgrund der Flucht der Landjäger war Weckherlin gezwungen, Freiwilligenformationen aus den sog. »friedliebenden« Bürgern zu bilden. Neben den Bürgerwehren wurde er dabei von einer Studentenwehr unter der Leitung des Oberjustizprokurators Kübel unterstützt.[53] Den Studenten, die nach den Worten des akademischen Senates von »bestem Geiste beseelt«[54] waren, gelang es schließlich, gemeinsam mit den Bürgerwehren Ruhe und Ordnung wiederherzustellen und Exzesse zu verhindern.

Die Demonstrationen zogen eine aufwendige gerichtliche Untersuchung nach sich, an deren Ende der Medizinstudent Karl Kolb aus Ellwangen, der sich wegen intellektueller Miturheberschaft am »Tumult« selbst angezeigt hatte[55], zu vier Monaten Festungshaft verurteilt wurde.[56]

Dem württembergischen König, der das gerichtliche Nachspiel persönlich eingeleitet hatte[57], ging es dabei vor allem um die Gründe, die zu den Unruhen geführt hatten. Hierbei kamen der Stadtdirektor und das Gericht bei ihren Ursachenanalysen zu völlig verschiedenen Ergebnissen. Während Weckherlin den Tübinger Exzeß als Ausfluß der Pariser Julirevolution und der damit zusammenhängenden Unruhen im übrigen Deutschland betrachtete[58], betonte das Tübinger Oberamtsgericht den apolitischen

52 Ebd.
53 Akademischer Senat an das MdI am 24. 1. 1831; Unia TÜ, 117/1983.
54 Sitzungsprotokoll des akademischen Senats vom 23. 1. 1831; Unia TÜ, 47/22.
55 Oberamtsgericht Tübingen an das Kanzleramt am 29. 1. 1831; Unia TÜ, 117/1983.
56 II. Hauptbericht des Oberamtsgerichts Tübingen vom 24. 4. 1831; Sta LB, E 331/Bü 34.
57 Kriminalsenat des Gerichtshofes für den Schwarzwaldkreis an das Kanzleramt am 29. 1. 1831, abgedruckt bei Müth, Emanzipation (wie Anm. 33), S. 267.
58 Beilage 1 zum III. Hauptbericht des Oberamtsgerichts Tübingen vom 1. 1. 1831; Sta LB, E 331/Bü 35.

Charakter der Demonstration. Die Demonstranten hätten nämlich »von den neueren Weltereignissen wohl geringe oder wohl gar keine Notiz« genommen.[59] Laut Gericht sei es auch nicht die Absicht der Demonstranten gewesen, die Landjäger persönlich zu attackieren oder zu vertreiben. Sie hätten lediglich aus Vorfreude über den bevorstehenden Abzug der Landjäger ein Fest gefeiert, nachdem bekannt geworden sei, daß der Stadtrat den König um Abzug der Landjäger bitten werde, und nachdem Weckherlin am Abend des 22. aufgrund des Drucks der Straße die Zügel seines Polizeiregiments lockerer gelassen, insbesondere die Polizeistunde aufgehoben hätte. Damit seien die begrenzten Ziele der Weingärtner bereits erfüllt gewesen. Das Oberamtsgericht schrieb hierzu: »Die Menge tat, was man ihr erlaubt hatte, sie sang und trank aus Freude über die Aufhebung einer ihr seither lästig gewesenen Strenge«.

Der wahre Grund für die Unruhen lag nach Ansicht des Gerichts dennoch in der rigorosen Handhabung der Ortspolizei in Tübingen durch die Landjäger. Aufgrund der vielen Beschwerden, die einzelne Bürger seit der Zeit Hofackers gegen die Tübinger Landjäger vorgebracht hatten, veranlaßte das Oberamtsgericht das Stadtschultheißenamt, in dieser Sache eine eigene Untersuchung vorzunehmen. Dabei stand die Frage im Vordergrund, ob die »seit längerer Zeit bestehenden Klagen über die unangemessene Handhabung ihres Amtes von Seiten der in Tübingen stationierten Landjäger gegründet« seien. Bald darauf reichte der Schultheiß ein Protokoll über die Vernehmung von 65 Beschwerdeführern ein, die von den Landjägern ihrer Meinung nach zu Unrecht angezeigt worden waren, davon neun wegen unerlaubten Wasserausgießens, je sieben wegen Überschreitens der Polizeistunde und Trunkenheit und fünf wegen unterlassenen Schließens der Türe bei Nacht.[60] Es handelte sich dabei also um Verstöße gegen längst bekannte ortspolizeiliche Vorschriften, die von den städtischen Polizeisoldaten vor 1825 kaum zur Anzeige gebracht worden wa-

59 Gemeint waren wohl die revolutionären Bewegungen in Frankreich und Belgien vom Spätsommer 1830 sowie die Serie von »Tumulten« und »Exzessen« in deutschen Städten in den folgenden Wochen. III. Hauptbericht des Oberamtsgericht Tübingen vom 1. 1. 1831; Sta LB, E 331/Bü 35.

60 Beilage 3 zum III. Hauptbericht des Oberamtsgerichts Tübingen vom 1. 1. 1831; Sta LB, E 331/Bü 35.

ren, wohl aber von den ortsfremden und militärisch gedrillten Landjägern nach 1825. Bezeichnend für alle Beschwerdeführer ist, daß sie nicht von sich aus sofort nach erlittenem Unrecht den Weg des Rekurses gingen, sondern erst aufgrund der ausdrücklichen Aufforderung durch den Schultheiß nach dem Tumult.
Die folgenden Einzelfälle sollen nun beispielhaft von dem Unmut der Tübinger über das strenge Polizeiregiment der Landjäger vor 1831 zeugen.[61]
Einer der Beschwerdeführer war der 64jährige Färber Christoph Ferstbauer, der von einem Landjäger angezeigt worden war, weil er am Heiligen Abend nach 22 Uhr angeblich Wasser aus dem Fenster gegossen hatte, und daraufhin von Stadtdirektor Weckherlin zu 1 fl. 30 kr. Geldstrafe verurteilt wurde. Ferstbauer war nach seiner Aussage aber zu dieser Zeit schon im Bett, und außerdem sei das Fenster zugefroren gewesen, so daß es nicht geöffnet werden konnte; er habe damals keinen Einspruch gegen die Strafe eingelegt, weil er ihn für aussichtslos gehalten habe. Eine Woche später wurden die Ehefrau und die Magd Ferstbauers von Landjägern angezeigt, weil sie angeblich den Schnee vor ihrem Haus nicht geräumt hatten, und zu je 30 kr. Geldstrafe verurteilt. Auch in diesem Fall beschwerte sich Ferstbauer nicht sofort. Dazu gab er später vor dem Schultheiß folgende Erklärung ab:

»Ich dachte eben, es helfe nichts. Der Landjäger habe ja auf seine Pflichten genommen und ich dachte, wenn die Aussage des Landjägers, sobald er sie auf seine Pflichten nimmt, der meinigen gegenüber ... als unwiderlegbar angesehen werde, so würde mich ein weiterer Beschwerdeführer nichts helfen.«[62]

In einem ähnlich gelagerten Fall wurde die Frau des 50jährigen Hafners Friedrich Weidle an Weihnachten von einem Landjäger angezeigt und später zu 1 fl. Strafe verurteilt, weil sie den Schnee vor ihrem Haus erst um neun und nicht schon um acht Uhr geräumt hatte. Der Ehemann, der diese Vorschrift nicht kannte, legte ebenfalls keine Beschwerde ein. Dazu äußerte er sich folgendermaßen: »Was hätte es geholfen, wenn ich appelliert hätte? We-

61 Untersuchung betr. die Beschwerden gegen die Landjäger am 3. 2. 1831; Sta LB, E 331/Bü 34.

62 Zum hier angesprochenen Privileg des öffentlichen Glaubens der Landjäger (»auf seine Pflichten nehmen«) vgl. Mohl, Staatsrecht (wie Anm. 11), S. 302 f.

gen eines 1 fl. hätte ich keine Schrift machen lassen können.« Weidle war also eher bereit, die Strafe zu zahlen, als für noch höhere Kosten einen Schreiber zu engagieren, der ihm den Rekurs zu Papier gebracht hätte.

Neben diesen 65 Einzelpersonen beschwerten sich aber auch viele Vertreter der Zünfte über die Landjäger. Hierbei stellte sich heraus, daß etliche Handwerker von ihrer studentischen Kundschaft ökonomisch völlig abhängig waren und daß sich das repressive Vorgehen gegen die Studenten nach 1825 (Versammlungsverbot, Verbot des Farbentragens usw.), welches zur Abwanderung der Studenten in vermeintlich »liberalere« Universitätsstädte beitrug, geschäftsschädigend auswirkte. In diesem Sinne äußerte sich ein Vertreter der besonders hart betroffenen Bortenmacher- und Knopfmacherzunft:

»Schon oft kam ein Student und äußerte: er würde herzlich gern dieses oder jenes kaufen, aber sobald er mit der Farbe über die Straße gehe, so werde er von den Landjägern angehalten ... Als die neue Polizei eingeführt wurde, war unsere Profession wie abgeschnitten, ich wußte oft nicht, wie ich mich und meine Familie durchbringen sollte, ich habe gewiß seither 500 fl. von meinem Vermögen zugesetzt.«[63]

Von der Störung des ökonomischen Systems in Universitätsstädten durch Landjäger zeugt auch folgende Aussage eines Schusters. »Wenn die Landjäger nicht gewesen wären, so wäre die Universität um 200 Studenten aus dem Auslande stärker besetzt und es stünden wirklich keine 50-60 der schönsten Logis leer.«

Die Proteste der Tübinger gegen die Landjäger zwangen schließlich die Regierung zur Modifikation ihrer repressiven und zentralistischen Polizeipolitik. Bereits eine Woche nach den Demonstrationen unterbreitete das Innenministerium dem König Vorschläge zur Reform der Polizei in Tübingen, die noch im Februar 1831 in die Tat umgesetzt wurden.[64] Nach Ansicht des Innenministers beruhte die Unzufriedenheit der Tübinger mit den Landjägern darauf,

»daß das in der Universitätsstadt mit der polizeilichen Beaufsichtigung der Bürger und Studierenden beauftragte Landjägerkorps außerhalb dieser Stadt nur gegen Personen, welche die öffentliche Sicherheit gefährden, und

63 Untersuchung betr. die Beschwerden gegen die Landjäger am 31. 1. 31; Sta LB, E 331/Bü 34.

64 MdI an den König am 31. 1. 1831; Hsta S, E 11/Bü 55.

zur Bewachung der Strafanstalten bestimmt, und daß tätliche Widersetzlichkeit gegen einen Landjäger mit einer höheren Strafe als bei andern Polizeidienern bedroht sei«.

Tübingen bekam daraufhin nach Abzug der Landjäger eine Polizeiwache mit Polizeisoldaten nach Stuttgarter Vorbild. Die Polizeisoldaten waren Freiwillige aus dem Landjägerkorps, die in jeder Hinsicht dem Stadtdirektor unterstanden und von diesem auch eine besondere Uniform erhielten.

Die Ortspolizei blieb in Tübingen noch bis 1849 in staatlicher Hand und wurde erst nach der Revolution von 1848/49 kommunalisiert, also wieder vom Stadtdirektor auf den Schultheiß übertragen. Die Verwaltung der Universitätspolizei wurde jedoch auf Druck der Kammer bereits am 18.4.1831 den akademischen Behörden zurückgegeben; an deren Spitze stand wie früher der Rektor, und der Stadtdirektor verlor seinen Sitz in der akademischen Disziplinarkommission.[65]

Die einheitliche staatlich-zentralistische Polizeiverwaltung, wie sie in Tübingen zwischen 1825 und 1831 mit Hilfe der neuen Landespolizei, dem Landjägerkorps, praktiziert wurde, blieb nicht nur für Württemberg während des Vormärz Episode. Auch für die Nachbarstaaten gilt, daß die Intention reaktionärer Regierungspolitik, alle polizeilichen Gewalten innerhalb des Staates in der Hand einzelner staatlicher Behörden zu konzentrieren und die Reichweite landespolizeilicher Organe auszubauen, am Widerstand großer gesellschaftlicher Gruppen, v. a. des Bürgertums, gescheitert ist. Die Polizeigewalt blieb weiterhin – und in vielen Fällen bis in das 20. Jahrhundert hinein – zwischen dem Staat und selbstverwalteten Korporationen wie Gemeinden und Universitäten geteilt.

Gendarmerie und Honoratiorenprotest in Balingen 1811

Die gesellschaftliche Gruppe der Bürger, die sich im vorliegenden Fall selbstbewußt als »Honoratioren« bezeichnete, protestierte in den süddeutschen Staaten bereits seit der Gründung der Gendar-

65 Königliche Verordnung, die Revision des Organischen Statuts für die Universität vom 18. Januar 1829 betreffend am 18. 4. 1831; Württ. R 1831/XIX (S. 187-192).

merien gegen den intensivierten staatlichen Zugriff auf die Gesellschaft, durch den sie sich in ihren Freiheiten bedroht sah.
Obschon Rechtsgleichheit fordernd, begehrte das Bürgertum jedoch dann auf, als es von der neuen Gendarmerie genauso wie die anderen sozialen Schichten im Lande behandelt wurde. Dies traf insbesondere für die Städte zu, in welchen das Bürgertum durch die Verabschiedung ortspolizeilicher Verordnungen und die Auswahl des städtischen Polizeipersonals direkt in die lokale Polizeiverwaltung eingreifen konnte, in welchen aber bald Gendarmen als anonyme Agenten einer fernen Zentralgewalt, die im Gegensatz zu den Ortspolizeidienern mit dem lokalen Bürgertum keine Kompromisse schließen mußten, auftraten.
Für Württemberg wurde bereits gezeigt, daß es ein Hauptanliegen der Kammerabgeordneten in den ersten Landtagssitzungen war, die Gendarmen/Landjäger von den Städten fernzuhalten, Orts- und Landespolizei also strikt zu trennen. Dies beruhte auf Erfahrungen, die das Bürgertum vor 1823 mit der Gendarmerie, der Vorläuferorganisation der württembergischen Landjäger, gemacht hatte. Die Gendarmerie hatte nämlich auch einige traditionelle Aufgaben der Ortspolizei zu erfüllen, insbesondere die Aufsicht über die Einhaltung der Polizeistunde; sie sollte das »allzulange Wirtshaussitzen«[66] unterbinden.
Der nun folgende Fall trug sich in Balingen am 16.7.1811 zu.[67] Damals fand in der Wohnung des Bauaufsehers Niefers über der Wirtschaft »Zum Goldenen Adler« eine »vergnügte Abendstunde« mit Tanz statt. Anwesend waren der Balinger Oberamtmann, sein Aktuar Dr. Golther, der Skribent der Oberamtei Essenwein, der Advokat Dr. Hobbahn und der Handlungskommis Werner. Zur Polizeistunde um 22 Uhr erschienen die Gendarmen Maier und Gölz, um abzubieten. Brüskiert vom Auftreten der Gendarmerie verlangte der Advokat Hobbahn zunächst von Gendarm Maier, er solle den Hut vor den Anwesenden abnehmen. Als Maier dies mit der Begründung, der Dienst erfordere den aufgesetzten Hut, verweigerte, bezeichnete ihn Hobbahn als Flegel. Skribent Essenwein sagte gar zu den Gendarmen, »sie sollten sich

66 Dienstinstruktion für die Gendarmerie in: Württ. R 1811/XXXVI (S. 373-387), hier § 47 (S. 383).
67 Die folgende Schilderung wurde den Quellen im StA LB, D 71/Bü 244 entnommen.

gleich packen, weil hier allein Honoratioren seien, und weil sie vom Oberamt die Erlaubnis hätten, eine geschlossene Gesellschaft in der Wohnung des Bauaufsehers Niefers halten zu dürfen«.
Daraufhin schlug Hobbahn einen versöhnlicheren Ton an und lud die Gedarmen ein, im darunter gelegenen Wirtshaus ein Glas Wein auf seine Rechnung zu trinken, was die Gendarmen auch annahmen. Als sie gegen 24 Uhr das zweite Mal in die Wohnung kamen, drohten sie – angeblich betrunken – den Musikanten mit Waffengewalt, sie sollten sofort mit dem Spielen aufhören und die Tanzenden nach Hause schicken. Essenwein packte daraufhin Gendarm Maier am Kragen und sagte ihm: »Damit sie sehen, wie wenig er ihre Worte achte, so tanze er nun fort, und würde es nicht tun, wenn sie ihm nicht abgeboten hätten.«
Diese Widersetzung gegen die Gendarmerie hatte ein gerichtliches Nachspiel, jedoch nicht vor dem Balinger Oberamt, das in der Sache laut Quellen »nicht ganz unbefangen« (weil selbst involviert) war, sondern vor dessen vorgesetzter Behörde, der Landvogtei am oberen Neckar, die Essenwein zu zehn Tagen Arrest verurteilte.
Das Abbieten in den Wirtshäusern nach der Polizeistunde konnte während des Vormärz zur Machtprobe zwischen städtischem Bürgertum und neuer Polizei vor Ort werden, an der die alte kommunale Polizei regelmäßig gescheitert war. Als die beiden Gendarmen nach der Auseinandersetzung mit Essenwein zum städtischen Polizeiinspektor Widmann gingen und diesen baten, »die Herren im goldenen Adler zu belehren, daß sich dieselbe ebenfalls nach den Gesetzen zu richten hätten«, antwortete Widmann lakonisch, »er sei nicht im Stande, den Herren das Tanzen einzustellen, sie sollten sehen, wie sie die Sache ins Reine bringen«.
Gegen die städtischen Honoratioren wußte die Balinger Ortspolizei nichts auszurichten. Sie wagte es nicht einmal, geltende ortspolizeiliche Vorschriften wie das Einhalten der Polizeistunde gegen diese Honoratioren anzuwenden. Die Ortspolizeidiener befürchteten Sanktionen von seiten der betroffenen Bürger. Im Extremfall konnten die Honoratioren über den Gemeinderat die Entlassung allzu pflichtbewußter Polizeidiener bewirken.
Diese Sanktionsmöglichkeiten hatten sie gegenüber den Gendarmen nicht. Die Gendarmen wandten im vorliegenden Fall geltendes (ortspolizeiliches) Recht mechanisch, d. h. ohne Rücksicht auf den Stand der polizeilich Belangten, an. Die Honoratioren fühlten

sich durch dieses Auftreten der Gendarmen in ihrem Selbstverständnis als selbständige und freie Bürger verletzt. In den Beratungen des württembergischen Landtags über das Landjägeredikt konnten sie dann ihre polizeipolitischen Ziele durchsetzen und dafür sorgen, daß die Gendarmen nicht mehr in den Kommunen eingesetzt werden durften.

Die Abwehr polizeilichen Zugriffs

Die bislang geschilderten Fälle belegen, daß sich das Verhältnis zwischen einzelnen sozialen Gruppen in der Stadt und der Gendarmerie im täglichen Umgang miteinander schwierig und spannungsreich gestaltete. Letztere war dort als Agentin rigoroser staatlicher Kontrolle bereits vor dem Einsetzen der Reaktionszeit desavouiert. Dies mag für das flache Land, wo sie durch Vertreibung krimineller vagierender Unterschichten einen echten Beitrag zur Stabilisierung von Sicherheit und Ordnung in bislang »polizeifreien« Räumen leisten konnte, nicht in gleichem Maße zutreffend. In den Städten aber war die Rolle der Gendarmerie als Garantin der Ordnung gegenüber den anderen, vor allem bürgerlichen Gruppen umstritten. Dort zeigte sich auch, daß durch kollektive Aktionen der Zugriff der Gendarmerie, die personell nur unzureichend ausgestattet war, abgewehrt werden konnte. Dies belegen die in den Quellen nicht selten überlieferten Fälle von Gefangenenbefreiung, von denen hier einige dargestellt werden sollen.

Widersetzlichkeit gegen die bayerische Gendarmerie: Gefangenenbefreiung in München 1813 und 1834

Seit ihrer Gründung im Jahre 1812 hatte die bayerische Gendarmerie das Problem, sich als die neue, permanent präsente und gegenüber dem Linienmilitär weitgehend selbständige Polizei in der Öffentlichkeit zu profilieren. Gerade die Abgrenzung gegenüber dem Militär, das seit dem 19. Jh. nur bei größeren Exzessen auf besondere Requisition der Behörden, aber nicht mehr im gesellschaftlichen Alltag sozialdisziplinierend eingesetzt werden sollte, gelang ihr für die Zeit des Vormärz nur schwerlich.

Diese Problematik wird bereits in einem Fall von Gefangenenbefreiung aus dem Jahre 1813 deutlich.[68]

In München brachten am 14. Mai 1813 um 22 Uhr in der Nähe der Salzstädel drei laut Quellen »ordentlich und anständig gekleidete Männer«, nämlich drei Beamte von der General-Lotto-Administration, einem Bordellbesitzer eine Katzenmusik dar. Auf ihre Rufe hin: »Verfluchte Huren-Nation, wartet nur, wir brennen auch noch das Haus weg!«, schritt der Gendarmeriebrigadier Eberlein ein und schickte die Beamten fort. Nachdem diese ihm erwiderten, »daß dieses den Brigadier nichts angehe, und daß sie vor der Gendarmerie gar keinen Respekt hätten«, ließ sie Eberlein von drei weiteren Gendarmen abführen. Über den weiteren Verlauf des Gefangenentransportes berichtet der Rapport der Münchner Polizeidirektion folgendes:

»Als die Gendarmen mit den Arrestanten an dem Sterngarten, dem Schließhause gegenüber, vorbeigingen, riefen Letztere die Gäste, mit denen sie zuvor in Gesellschaft waren, um Hilfe, diese kamen auch sogleich, ungefähr zwölf an der Zahl, aus dem Wirtshause heraus, und entrissen den Gendarmen, welche aus Schonung nicht die äußerste Gewalt anwenden wollten, ihre Arrestanten, und gingen in die Wirtsstube zurück, mit der Drohung, daß so wie sich ein Gendarm sehen lassen werde, sie ihn aus dem Zimmer und Hause hinaus werfen werden.«

Erst nachdem der Brigadier Linienmilitär zur Verstärkung geholt hatte, gelang ihm die Verhaftung und der Abtransport der drei Beamten. Dabei äußerten letztere: »mit diesen (= den Liniensoldaten, B. W.) wollen wir jetzt gehen, aber mit euch Lumpen-Gendarmen niemals«.

Ein weiterer Fall von Gefangenenbefreiung, diesmal jedoch in Form einer solidarischen Aktion der Unterschichten, trug sich in München 1834 zu.[69]

Am 7. Juli 1834 zechte der ledige Metzgerknecht Peter Schustereder von Landau mit Bekannten im Münchner Wirtshaus »Kletzengarten«. Nachdem in dieser Zecherrunde ein Streit ausgebro-

68 Für das Folgende wurde benutzt: Auszug aus dem Tagesrapport der Königlichen Polizeidirektion München vom 15. 5. 1813; Bayerisches Hauptstaatsarchiv München, Abteilung Kriegsarchiv (Kriegsa M), A VI 10 b 20.

69 Die folgende Schilderung wurde dem Urteil des Appellationsgerichtes für den Isarkreis am 15. 11. 1834 entnommen; Bayerisches Hauptstaatsarchiv München (Hsta M), MInn 67213.

chen war, verhaftete Gendarm Popp den Unruhestifter, den Schriftgießer Abel. Schustereder riß daraufhin Abel vom Gendarmen los und ermöglichte ihm die Flucht. Der Gendarm verhaftete nun Schustereder, doch dessen Abtransport mißlang, denn: »Kaum eine Strecke gegangen versammelte sich um den Arretierten eine Menge Menschen, wovon einige denselben aufhetzten, sich nicht arretieren zu lassen.«

Schustereder riß sich vom Gendarmen los und ergriff die Flucht. Diese schien vorerst zu glücken, da Gendarm Popp von der umstehenden Menge daran gehindert wurde, Schustereder nachzusetzen. Dieser konnte erst später durch eine Verstärkung von vier Gendarmen verhaftet werden. Schließlich wurde er wegen Widersetzlichkeit gegen die Gendarmerie bei verminderter Zurechnungsfähigkeit aufgrund vorhergehenden Alkoholgenusses zu drei Monaten geschärften Arrestes verurteilt.

Widerstand gegen die Verhaftung von Bettlern in München und Stuttgart

Die konsequente Bekämpfung des Bettels durch eine extra dafür gegründete polizeiliche Organisation mit professionellem Personal blieb, obwohl obrigkeitliche Bettelverbote eine lange Geschichte haben, dem 19. Jahrhundert vorbehalten. Gerade bei der Erledigung dieser polizeilichen Aufgabe kam es immer wieder zu Widersetzlichkeiten von Angehörigen aller sozialen Schichten gegen die Gendarmerie, denn hier wurden überlieferte Volksrechte kriminalisiert.

Angelika Baumann hat in ihrer Untersuchung zur Lebenssituation verarmter Unterschichten in Bayern am Ende des 18. Jahrhunderts festgestellt, daß die Tradition des Almosengebens an Arme und Bettler in der gesamten katholischen Bevölkerung noch gegen Ende des 18. Jahrhunderts vollkommen intakt war.[70] Geldspenden an Bettler wurden nach Baumann von allen Schichten als ein »Moment aktiver Glaubensbetätigung« angesehen und von der Kirche gefördert.

Baumann beschreibt auch für ihren Untersuchungszeitraum Kon-

70 A. Baumann: »Armut muß verächtlich bleiben ...«, in: R. van Dülmen (Hg.): Kultur der einfachen Leute. München, 1983, S. 151-179.

flikte der Bevölkerung mit Polizeidienern, die Bettler arretieren wollten. Diese Konflikte waren auch noch im Vormärz typisch. Der Semestralbericht des bayerischen Gendarmerie-Korpskommandos vom 28. Juli 1832 erwähnt Widersetzlichkeiten der Münchner Bevölkerung gegen Gendarmen, die Bettler verhaften wollten:

»Die Aufgriffe von Bettlern sind allgemein mit großen Schwierigkeiten und namentlich hier (= in München, B. W.) verbunden. So sehr das Publikum geneigt ist, das Überhandnehmen des Bettels zu tadeln, so ist gerade dieses Publikum dasjenige, welches die Bettler unterstützt. Die Arretierung eines Bettlers erregt oft laute Indignation, und es ist oft für einen Gendarmen weniger beschwerlich, den größten Verbrecher, als einen Bettler zu arretieren und zu transportieren.«[71]

Die Praxis des Almosengebens scheint aber auch in protestantischen Gegenden noch im 19. Jahrhundert weit verbreitet gewesen zu sein; eine Praxis, die im Extremfall Widerstand gegen Polizisten, die einen Bettler verhaften wollten, mit einschließen konnte.

In den 1830er Jahren wurde die Stuttgarter Ortspolizei, die wie im bereits diskutierten Tübinger Fall staatlich organisiert war und aus einem Polizeiwachtmeister, drei Polizeiunteroffizieren und 24 Polizeisoldaten bestand, wiederholt auf das überhandnehmende Bettelunwesen hingewiesen. Dieses finde laut Stuttgarter Stadtdirektion hauptsächlich in der Zeit von 12 bis 13 Uhr statt, »wo die Bettler das Polizeipersonale zu Hause wissen beim Mittagessen«.[72]

1836 beschwerte sich Stadtdirektor Klett, daß der Bettel nicht abgestellt werden könnte, weil er von den Stuttgartern zu sehr gefördert würde. Er schrieb daher an das Innenministerium:

»... nicht nur weichen sie (= die Einwohner von Stuttgart, B. W.) jeder polizeilichen Nachfrage nach einem Bettler mit aller Hartnäckigkeit aus, sondern es wird meistens jedes Anhalten einer verdächtigen Person auf der Straße auf das übelwollendste aufgenommen, die angehaltenen Verdächtigen in Schutz genommen, und der Polizeisoldat allen Vorwürfen einer bald versammelten Menge preisgegeben, die gewöhnlich dann, wenn es

71 G. Döllinger (Hg.): Sammlung der im Gebiete der inneren Staats-Verwaltung des Königreichs Bayern bestehenden Verordnungen, Bd. 13, München, 1839, S. 181.

72 Erlaß der Stuttgarter Stadtdirektion am 14. 1. 1832; Hsta S, E 146 (alt)/Bü 2335.

zur Verhaftung kommt, von dem einen Ende der Stadt bis zum Polizeigebäude ein Gefolge von 2-300 Menschen bildet. Sehr häufig sind diese hausierenden Hausbettler den Hausbesitzern bekannt, keinem fällt es aber jemals ein, die Bettler zur Anzeige zu bringen ...«[73]

Zusammenfassung

Die Reform der Polizei, insbesondere der Organisation des unteren Exekutivpersonals, und die Errichtung professionalisierter landespolizeilicher Organe in den süddeutschen Rheinbundstaaten (»Landreuter« in Württemberg 1807, »Gendarmerie« in Bayern 1812, in Baden erst 1829) intendierte, alte ordnungspolitische Aufgaben zu lösen, die den absolutistischen Staat des 18. Jahrhunderts vor nahezu unüberwindbare Probleme gestellt hatten (Küther, Schubert, Danker), nämlich die Bekämpfung der Bandenkriminalität. Als deren conditio sine qua non hatte schon der absolutistische Herrscher die »Ausrottung« der vagierenden Unterschichten auf dem platten Land betrachtet. Denn diese hielt man für das Rekrutierungsreservoir der Banden. Die Gendarmerien hatten demzufolge in der »Abtreibung des liederlichen Gesindels« außerhalb der Städte ihren ursprünglichen Zweck.

Während der Reaktionszeit, v. a. nach den Karlsbader Beschlüssen von 1819, wurde dieser regional und sozial beschränkte Wirkungskreis in einigen Fällen auch auf die Städte und deren Einwohner (z. B. Tübingen 1825) ausgedehnt.

Insbesondere für Universitätsstädte sind Konflikte zwischen (nahezu allen) gesellschaftlichen Gruppen und den landespolizeilichen Organen nachweisbar. In Tübingen traten diese Konflikte auf, nachdem die Selbstverwaltungsrechte der Universität und der Stadt in Hinblick auf die Universitäts- resp. Ortspolizei vorübergehend abgeschafft und diffuse polizeiliche Kompetenzen in der Hand eines außerordentlichen Regierungsbeamten zentralisiert wurden. Die traditionelle akademische und städtische Polizei, deren Personal sich i.d.R. mit ihrer jeweiligen Klientel bereits umfassend arrangiert hatte, wurden von nun ab von ortsfremden, professionellen und militärisch gedrillten Gendarmen ausgeübt. Die Folge war, daß sich der polizeiliche Zugriff verschärfte und eine bis dahin unbekannte Härte erreichte.

73 Stadtdirektor Klett an das MdI am 30. 5. 1836; Hsta S, E 146 (alt)/Bü 2335.

Neben den Studenten und Bürgern, deren Ordnungsmodell lediglich eine standesgemäße und kommunal rekrutierte Ortspolizei nach englischem Vorbild vorsah, protestierten v. a. städtische Unterschichten gegen die Verwaltung der Ortspolizei durch Gendarmerie, welche Verstöße gegen ortspolizeiliche Vorschriften, die mit empfindlichen Geldstrafen belegt waren, erstmals rigoros zur Anzeige brachte. Durch das Vorgehen gegen die organisierte Studentenschaft und den damit verbundenen Rückgang der Zahl auswärtiger Studenten in manchen Universitätsstädten – mit Gendarmerie als Orts- und Universitätspolizei – wurde auch den Handwerkern ein Großteil ihrer zahlungskräftigen Kundschaft genommen und somit die besondere Symbiose verschiedener sozialer Schichten in diesen Städten derart gestört, daß auch Gewerbetreibende und Händler gegen die Polizei protestierten.
Weitere Konfliktfälle zwischen Gendarmerie und diversen sozialen Gruppen außerhalb der Universitätsstädte bestätigen, daß das »Projekt Landespolizei«, d. h. die Intention der Rheinbundstaaten, die staatlichen Kontrollchancen durch den Aufbau einer zentralisierten, das ganze Land und alle gesellschaftlichen Gruppen erfassenden Polizei zu erhöhen, auf erheblichen Widerstand stieß und für die Zeit des Vormärz in einigen Fällen sogar scheiterte. Nicht nur die Unterschichten wehrten sich gegen den verstärkten polizeilichen Zugriff und die Kriminalisierung alter Volksrechte (z. B. Bettel), auch das Bürgertum sah sich in seiner Bewegungsfreiheit durch eine unstandesgemäße Polizei zu stark eingeengt: Gendarmen galten den »guten Bürgern« als »rohe Bauernburschen«. Neben mangelnder gesellschaftlicher Akzeptanz scheiterte der Zugriff der Gendarmerie in der Praxis häufig an der sozialen Kohäsion einzelner gesellschaftlicher Gruppen; Fälle von Gefangenenbefreiung zeigen, daß Verhaftungen durch solidarische Aktionen sowohl der Unterschichten als auch des Bürgertums vereitelt werden konnten. Im Ausnahmefall, dem massenhaften und gewaltsamen sozialen Protest, waren die Grenzen des Einschreitens und Konfliktregulierens durch landespolizeiliche Organe v. a. aufgrund mangelnder personeller Ressourcen eng bemessen: Bei vielen Exzessen konnten Ruhe und Ordnung nur durch Militär und Bürgerwehr wiederhergestellt werden. Dennoch sollte das Entwicklungspotential bzw. die Relevanz der Gendarmerie als die »neue« Polizei des 19. Jahrhunderts nicht unterschätzt werden. In ihrer polizeilichen Praxis betrieb die

Gendarmerie nicht nur soziale Kontrolle oder Diskriminierung gegenüber den Unterschichten, sondern auch (z. B. durch das Nichtberücksichtigen der alten Standesgrenzen, das harsche Auftreten gegenüber Honoratioren und Studenten) die Durchsetzung des bürokratischen modernen Staates und dessen Regulierungsansprüchen gegenüber allen sozialen Gruppen.

11. Zur Definitionsmacht der Polizisten

Peter Becker
Vom »Haltlosen« zur »Bestie«
Das polizeiliche Bild des »Verbrechers« im 19. Jahrhundert

1. Das Verbrecherbild innerhalb der Polizeibehörde

»Mit vorgefaßter Meinung an die Sache heranzutreten, ist immer ein Fehler. In den Fällen, wo bestimmte Andeutungen für die Täterschaft fehlen, lasse sich der Beamte nicht verführen, nur vereinzelte Möglichkeiten in Betracht zu ziehen und den Nachforschungen zu Grunde zu legen ...«[1]

Mit diesen Worten skizzierte der Hamburger Polizeipräsident G. Roscher 1912 eine idealtypische Fahndungssituation, in der der »praktische Blick« (Roscher) die Ausschließlichkeit von empirischen Befunden und von Erfahrungswissen bei der »Ermittlung des Täters sowie der sicheren Feststellung seiner Persönlichkeit und seines Vorlebens ...«[2] zu garantieren hatte.
In dieser Form schien die kriminalpolizeiliche Arbeit ausschließlich durch das von C. Ginzburg beschriebene *Indizienparadigma* bestimmt.[3] Seine Anwendung setzte eine flexible und kreative Verknüpfung komplexer Wissensbestände und die Benutzung zielgerichteter Intuition bei der fall- und situationsbezogenen Aufklärung eines Problems voraus. Der Polizist folgte – idealtypisch – dem »vielleicht ältesten Gestus in der Geschichte des menschlichen Intellekts: dem des Jägers, der im Schlamm hok-

1 G. Roscher: Großstadtpolizei. Ein praktisches Handbuch der deutschen Polizei. Hamburg 1912, S. 187.
2 Roscher, Großstadtpolizei (wie Anm. 1), S. 218.
3 C. Ginzburg: Spurensicherung. In: C. Ginzburg: Spurensicherungen. Über verborgene Geschichte, Kunst und soziales Gedächtnis. 2. Aufl. München 1988, S. 87ff. u. 116f. Die Entstehung dieses Paradigmas wird einerseits auf das von M. Foucault beschriebene Modell der medizinischen Semiotik und andererseits auf das »Spurenlesen« des Jägers bezogen, wobei das Schließen von dem Beobachtbaren auf die nicht direkt wahrnehmbaren Sachverhalte das zentrale Element bildet.

kend die Spuren der Beute untersuchte«[4] und diese Spuren vorurteilsfrei interpretierte. Als Idealtyp erforderte das Indizienparadigma von dem Kriminalisten eine Interpretation der Fakten unter ausschließlicher Zuhilfenahme von sachlich bestimmten Prämissen, wie es die literarische Figur des Sherlock Holmes vorbildhaft praktizierte.[5] Für G. Roscher war diese Fiktion ein explizit genanntes Leitbild, das der einzelne Polizist freilich kaum erfüllen konnte.[6] Denn ebenso wie der »Jäger der Frühzeit« benötigte der Kriminalpolizist ein entsprechendes *Vorwissen* und spezifische *Annahmen* über die Art der »Beute«, um deren Abbild zu rekonstruieren und es in strategisch bestimmten Handlungsweisen einzusetzen.[7] Das Vorwissen und die Annahmen gestalteten sich für den Polizisten allerdings weitaus komplexer als für den »Jäger« und waren auch nicht ausschließlich empirisch-sachlicher Art, sondern enthielten u. a. eine gesellschaftlich geprägte Vorstellung von »dem Verbrecher«.[8]

Die daraus resultierende Prägung der polizeilichen Ermittlungstätigkeit durch gesellschaftliche Stereotype läßt sich mit einer detaillierten Analyse von Handbüchern für den Ausbildungs- und Dienstgebrauch von Polizeibeamten aus dem 19. und frühen 20. Jahrhundert rekonstruieren.[9] In diesen Arbeiten erscheint i.d.R.

4 Ginzburg, Spurensicherung (wie Anm. 3), S. 91.

5 A. C. Doyle: Das Zeichen der Vier. Zürich 1988 (= Neuübersetzung der Originalausgabe von 1890), S. 9 ff.: »Die Arbeit des Detektivs ist – oder sie sollte dies zumindest sein – eine exakte Wissenschaft ...« (9)

6 Roscher: Großstadtpolizei (wie Anm. 1), S. 178, 212.

7 Zum »Vorwissen« als einer notwendigen Entscheidungshilfe vgl. H. Hiebsch: Interpersonelle Wahrnehmung und Urteilsbildung. Berlin/Ost 1986, S. 251 ff.; S. L. Gilman: Difference and Pathology. Stereotypes of Sexuality, Race and Madness. Ithaca 1985, bes. S. 16 ff.

8 F. A. Wennmohs faßte in seiner Beschreibung der »Gauner« unter dem Begriff »Semiotik des Gaunertums« jene sozialen Merkmale und Verhaltensauffälligkeiten zusammen, an denen sich die Gauner untereinander als solche erkennen würden: F. A. Wennmohs: Ueber Gauner und über das zweckmäßigste, vielmehr einzige Mittel zur Vertilgung dieses Uebels. Güstrow 1823, S. 319 ff.

9 Die hier präsentierten Resultate basieren auf einer Pilotstudie für ein von der DFG finanziertes Projekt, das die Handbücher für den Ausbildungs- und Dienstgebrauch der Polizei aus dem 19. und frühen 20. Jahrhundert unter dem Gesichtspunkt des »Verbrecherbildes« analysiert. Diese Handbücher zielten auf eine direkte Verbesserung der

der Begriff des »Verbrechers« einerseits als eine abstrakte Entität, die in unscharfer Weise mehrere Gruppen der Bevölkerung gleichzeitig bezeichnet: »Asoziale« Störer der öffentlichen Ordnung ebenso, wie Personen, die Gewalt- oder Eigentumsdelikte begangen haben. Mit dieser unscharfen Begrifflichkeit operieren die Autoren immer dann, wenn sie präventive Maßnahmen begründen oder allgemeine Überlegungen zur Verbrechensbekämpfung vorstellen wollen: Erziehbarkeit des Delinquenten, Heilbarkeit des pathologischen Verbrechers sind nur zwei Beispiele aus dem breiten Spektrum dieser Diskussion.[10] Für den Autor als Praktiker ist ein solches Handbuch aber auch eine Form der Rationalisierung von Praxis. »Der Verbrecher« stellt in diesem Kontext nicht nur eine abstrakte, sondern auch eine plastisch-anschauliche Größe dar, die nach Delikten und anderen Merkmalen differenziert präsentiert wird.[11] Die Autoren modifizierten dabei gesell-

polizeilichen Praxis, indem sie Informationen über die praxisrelevanten Vorschriften und/oder Handlungsanleitungen boten. Sie befanden sich deshalb näher an der polizeilichen Praxis als die von A. Lüdtke ausgewerteten: A. Lüdtke: Polizeiverständnis preußischer Polizeihandbücher im 19. Jahrhundert. Zur Folgenlosigkeit akademischer Diskurse. In: E. V. Heyen/V. Erk (Hg.): Wissenschaft und Recht der Verwaltung seit dem Ancien Régime. Frankfurt 1984, S. 307-346.

10 Zu den theoretischen Grundlagen des Strafvollzugs vgl. D. Dölling: Kriminologie im »Dritten Reich«. In: R. Dreier/W. Sellert (Hg.): Recht und Justiz im »Dritten Reich«. Frankfurt 1989, bes. S. 200; W. Dreßen: Die pädagogische Maschine. Zur Geschichte des industrialisierten Bewußtseins in Preußen/Deutschland. Frankfurt 1982, bes. S. 9, 297 ff.; M. Foucault: Überwachen und Strafen. Die Geburt des Gefängnisses. Frankfurt/Main 1977; M. Ignatieff: State, Civil Society and Total Institutions: A Critique of Recent Social Histories of Punishment. In: S. Cohen/A. Scull (Hg.): Social Control and the State. Historical and Comparative Essays, 2. Aufl. London 1986, S. 91; R. Schulte: Das Dorf im Verhör. Brandstifter, Kindsmörderinnen und Wilderer vor den Schranken des bürgerlichen Gerichts, Oberbayern 1848-1910. Reinbek 1989, bes. S. 91 ff., 98; P. Strasser: Verbrechermenschen. Zur kriminalwissenschaftlichen Erzeugung des Bösen, Frankfurt 1984, bes. S. 14, 145 ff.

11 Vgl. F. C. B. Avé-Lallemant: Das deutsche Gaunertum in seiner sozialpolitischen, literarischen und linguistischen Ausbildung zu seinem heutigen Bestande. 2 Bde. München 1916 (= Neuausgabe der Erstauflage von 1858), Bd. 1: S. 85 ff., 101 f.; Bd. 2: S. 17, 22 f., 30 ff., 114. Ich zitiere nach der Neuauflage, da diese in den nachträglich eingefügten

schaftliche Stereotype an den Erfordernissen polizeilicher Alltagspraxis, dokumentierten aber zugleich die Verschränkung dieser Praxis mit derartigen Vorurteilen.
Die mit dem Zitat des Hamburger Polizeipräsidenten angesprochene Objektivität der polizeilichen Ermittlungstätigkeit will ich auf zwei Ebenen problematisieren. Zuerst skizziere ich den Einfluß zeitgenössischer Sicht- und Denkweisen auf die Konstitution eines polizeilichen Verbrecherbildes, der sich für den ermittelnden Beamten in einer Perspektivität des »praktischen Blicks« (Roscher) – als ein Mittel zur Flexibilisierung der polizeilichen Praxis – niederschlagen mußte. Anschließend gebe ich einige Anhaltspunkte für die Wirkungsmächtigkeit dieser Faktoren auf die Organisation der praktischen Arbeit. Ich gehe zunächst von der bereits zitierten Arbeit G. Roschers aus, denn er vertrat den Anspruch einer weitestgehenden Objektivität, durch den die Einflüsse zeitgenössischer Stereotype um so deutlicher werden. Außerdem setzte sich seine Sichtweise sowohl aus Elementen zusammen, die das polizeiliche Verbrecherbild des 19. Jahrhunderts prägten, als auch aus solchen, die bereits auf das 20. Jahrhundert verweisen.
Besonders deutlich wird dies anhand der Diskussion von Gewaltverbrechen. Roscher benannte mit den liederlichen, arbeitsscheuen und rohen Subjekten als hauptsächlichen Urhebern der Gewaltdelikte eine Personengruppe, die im Grunde aus eigenen Stücken *böse* war.[12] Es war jenes für das 19. Jahrhundert so bezeichnende Konzept der *Willensfreiheit*, deutlicher: das des moralischen Versagens, das sich in dieser Einschätzung andeutet.[13] Die

Fußnoten auch die Differenz zu der kriminologischen Lehre der Jahrhundertwende aufzeigt. J. K. Kley: Verbrecherkunde und Strafrecht. 3. erw. Aufl. Lübeck 1929, S. 18, 24 f., 71 ff. Zur Bedeutung der »Störer« bei der Bekämpfung von Verbrechen und Vergehen vgl. [o.A.] Merker: Handbuch für Polizey-Beamte im ausübenden Dienste. Erfurt 1818, bes. S. 7 ff., 19 f., 41; Wennmohs, Gauner (wie Anm. 8), bes. S. 35 ff.; G. Zimmermann: Wesen, Geschichte, Literatur, characteristische Thätigkeiten und Organisation der modernen Polizei. Ein Leitfaden für Polizisten und Juristen. Hannover 1852, bes. S. 40, 60, 110 f.

12 Roscher, Großstadtpolizei (wie Anm. 1), S. 206.

13 H. Dennstedt/W. von Wolffsburg: Preussisches Polizei-Lexikon. Berlin 1855 (Bd. 1-4), Bd. 1: S. 151; Bd. 5 (1856), S. 705 f., erwähnen diesen Aspekt im Kontext von Armenpflege und Strafmilderung.

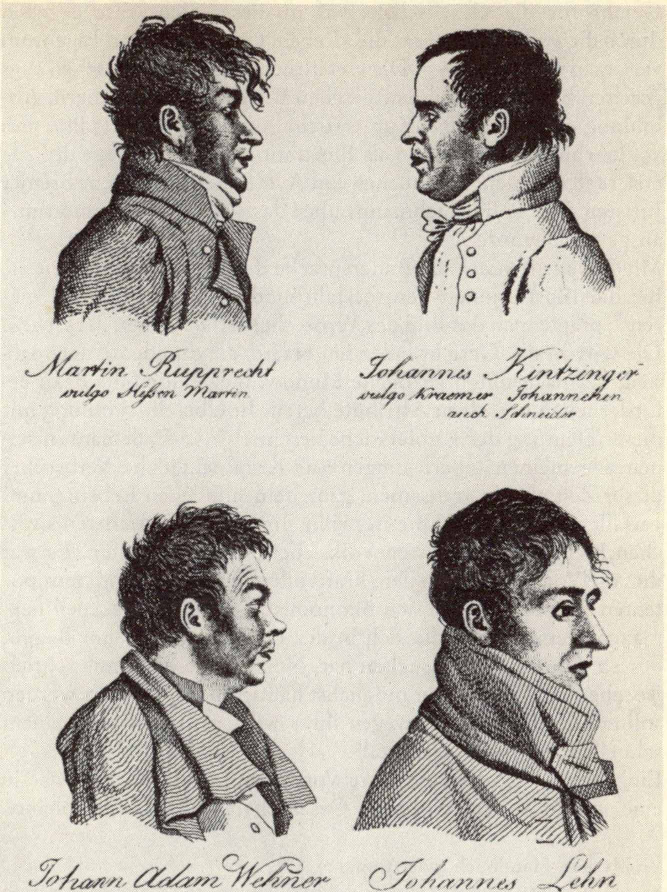

Räubertypen aus dem ersten Jahrzehnt des 19. Jahrhunderts

Abbildung 1

Gefahr für die Gesellschaft war in dieser Sichtweise gegeben durch die *bösen Menschen*, die »Leben, Gesundheit und Eigentum verletzen und rauben«.[14] Die Gefährlichkeit dieser Menschen suggerieren bereits die zeitgenössischen Bilder von Verbrechern. Abbildung 1 zeigt einige Kupferstiche aus der ersten Hälfte des 19. Jahrhunderts, die 1916 als Illustration der Neuauflage des zuerst 1858 erschienenen Buches von Avé-Lallemant, einem Bremer Juristen und Polizeifachmann, über das »Deutsche Gaunertum« ausgewählt wurden.

Mit Rückgriffen auf die Bildersprache der Physiognomie, wie sie für die Illustrationen des 19. Jahrhunderts kennzeichnend waren[15], prägte man das Bild des Verbrechers als *des bösen Menschen*. Die wirr in das Gesicht fallenden Haare, die dunklen Augenpartien, der nach unten gezogene Mundwinkel stellten die dazu erforderlichen negativen Attribute bereit. In Übereinstimmung mit dieser Deutung der Kupferstiche beschrieb Avé-Lallemant in seinen allgemeinen Überlegungen zur Kriminalität die Verbrecher dieser Zeit als die grausamen, ganz dem sinnlichen Lebensgenuß verfallenen Menschen, die freiwillig ihr Leben »im tieffsten sittlichen Elend des niedrigsten Volkslebens« gewählt hätten. Es war dies die Vorstellung von dem kraftvollen, bösartigen und omnipotenten Verbrecher, der sich ökonomisch, sozial und sexuell permanent verausgabte, die sich in der Diskussion bis zum Beginn des 20. Jahrhunderts gehalten hat. Noch in diesem Sinne schrieb Roscher, daß Verbrecher möglichst häufig photographiert werden sollten, da ihr Äußeres wegen ihrer wüsten Lebensweise einem schnellen Wandel unterliege.[16]

Eingebettet war diese negative Vorstellung vom »Verbrecher« in eine *organische* Sichtweise der Gesellschaft.[17] Das Gesamtphäno-

14 Merker, Handbuch (wie Anm. 11), S. 1.

15 J. Wechsler: A human Comedy. Physiognomy and Caricature in 19th Century Paris. Chicago 1982, S. 174.

16 Avé-Lallemant, Gaunertum (wie Anm. 11), Bd. 1: S. 101 f., Bd. 2: S. 5, 8, 22 f.; Roscher, Großstadtpolizei (wie Anm. 1), S. 231; G. Zimmermann: Die deutsche Polizei im neunzehnten Jahrhundert, 3 Bde. Hannover 1845 (Bd. 1,2); 1849 (Bd. 3), S. 594 f.

17 Zu dieser Sichtweise und ihren Konsequenzen vgl. J. F. K. Merker: Die Hauptquellen der Verbrechen gegen die Eigenthums-Sicherheit in Berlin mit Hindeutung auf die Möglichkeit der Verminderung derselben. Berlin 1839, S. 13; Lüdtke, Polizeiverständnis (wie Anm. 9), S. 322 ff.;

men der Kriminalität erschien als ein »sekundäres Übel am siechenden Körper des Bürgerthums«.[18] Davon unterschied sich die Betonung der »Ordnung« nur graduell: Erst ein Gemeinwesen ohne Ordnung gäbe dem »unordentlichen, saumseligen, schlecht denkenden Menschen ... dem Müßiggänger, ... dem Betrüger, dem Dieb ...« die Gelegenheit, seine schädliche Tätigkeit zu entfalten.[19] Sowohl bei der Betonung des organischen Prinzips als auch bei der Konzentration auf die Herstellung der Ordnung als wichtigster Präventivmaßnahme wollte man die Kriminalität nicht nur in den Verbrechern selbst bekämpfen, sondern auch jene sozialen Zustände beseitigen, die als Ursache für deren Delinquenz gesehen wurden. In beiden Vorstellungswelten hatte deshalb die Pädagogik – freilich: eine rigoros disziplinierende Pädagogik – als Mittel zur Besserung des Verbrechers und zur Prävention zentrale Bedeutung.[20] Sobald der Polizeipraktiker allerdings die theoretische Diskussion gesellschaftlicher Phänomene verließ, um zur erfahrungsgeprägten Darstellung konkreter Kriminalität zu kommen, veränderte sich auch das verwendete Verbrecherbild. Die Beschreibung der *Gaunerpraxis* präsentierte ein vielschichtigeres Bild des Delinquenten: Anstelle des grausamen und unsittlichen Wüstlings sehen wir den bürgerlich agierenden Gauner, der Verbrechen »gleichsam als seinen Beruf [betreibt]«.[21] Die negative Aufladung der theoretischen Diskussion wurde somit durch einen »praktischen Blick« relativiert, der »dem Verbrecher« differenziertere Konturen verlieh, obwohl er der Böse aus freiem Willen blieb.

Diese Vorstellung von der Willensfreiheit wurde in den Handbüchern des 19. Jahrhunderts bereits zunehmend hinterfragt. Nicht strafrechtlich, aber in der Diskussion über das Ausmaß der Eigen-

C.-E. Bärsch: Der Staatsbegriff in der neueren deutschen Staatslehre und seine theoretischen Implikationen. Berlin 1972, S. 132 ff.

18 Avé-Lallemant, Gaunertum (wie Anm. 11), Bd. 2, S. 3.

19 T. Brand: Das Dorf-Buch. Ein Volks-, Noth- und Hülfsbüchlein für Jedermann besonders aber für Dorfgemeinden, Dorffschulzen und Gutsbesitzer. Glogau 1838, S. 320.

20 Vgl. Merker, Hauptquellen (wie Anm. 17), passim. Vgl. dazu auch: Dreßen, Maschine (wie Anm. 10), S. 83 ff., 101, 271, 283 f.; M. Kaluszynski: Alphonse Bertillon et l'anthropometrie. In: Ph. Vigier et. al.: Maintien de l'ordre. Paris 1987, S. 270 ff.

21 Avé-Lallemant, Gaunertum (wie Anm. 11), Bd. 2, S. 3 f.

verantwortlichkeit von Delinquenten begann man den verhängnisvollen Beziehungen der *Männer* zum Alkohol und zu den Frauen einen Einfluß einzuräumen, der nicht nur als Auslöser von Straftaten angesehen wurde, sondern auch die bessernde und heilende Wirkung eines pädagogischen Strafvollzugs tendenziell außer Kraft setzte. In diesem Sinne argumentierte der Berliner Polizeirat Merker bei der Erklärung von Eigentumsdelikten: »Wenn junge Männer zum Umgang mit Lohndirnen sich einmal hingeneigt haben, so können sie sich davon nicht nach Willkür wieder losreißen.« Das Verhängnis einer solchen Beziehung wurde nicht einmal durch die Verbüßung einer Haftstrafe gebrochen und lieferte für Merker ein zentrales Argument, um die Beseitigung der Prostitution zumindest von den Straßen der Städte zu fordern.[22]
Dieser ursächliche Zusammenhang zwischen dem weiblichen Geschlecht und der Kriminalität wurde im Laufe des 19. Jahrhunderts erweitert und findet sich auch in späteren Polizeihandbüchern wieder. G. Roscher etwa empfahl den Ermittlungsbeamten, die Rolle zu berücksichtigen, »die in so vielen Angelegenheiten die Frau spielt«.[23] Und auch in dem »Kleinen Polizeihandbuch« des Polizeischuldirektors F. Retzlaff aus dem Jahre 1913 erschien inmitten einer streng sachlichen Auflistung einschlägiger Gesetzestexte der Rekurs auf traditonelle Formen des Wissens: »Nach einem alten Sprichwort steckt hinter jedem Verbrechen ein Weib! Es empfiehlt sich daher immer in dieser Richtung Nachschau zu halten.«[24] Systematisiert und auf biologische Weise umgedeutet wurde dieses Vorurteil in der gemeinsamen Arbeit von Lombroso und Ferrero über »Das Weib als Verbrecherin und Prostituierte«, die 1894 in deutscher Übersetzung erschien.[25]
G. Roscher relativierte das Konzept der Willensfreiheit nicht im Hinblick auf den Einfluß der Frauen, sondern für den Fall einer pathologischen Veranlagung, die er besonders bei krankhaften Sadisten und Sexualverbrechern wirksam werden sah:

22 Merker, Hauptquellen (wie Anm. 17), S. 37, 100ff., 138ff. u. 144ff.

23 Roscher, Großstadtpolizei (wie Anm. 1), S. 171.

24 F. Retzlaff: Das kleine Polizeihandbuch 1913/14. 19./20. Jahrgang. Recklinghausen [1913], S. 1272.

25 C. Lombroso/G. Ferrero: Das Weib als Verbrecherin und Prostituierte, Berlin 1894. Zur Rezeption dieser Position in Deutschland: E. Wulffen: Das Weib als Sexualverbrecherin. 3. rev. Aufl. Hamburg 1931.

»Solche Taten legen die Frage nach der Zurechnungsfähigkeit nahe. Gewiß handelt es sich dabei um intellektuell und ethisch minderwertige Individuen; aber die Annahme, daß sie alle geistig abnorm seien, ist zurückzuweisen ... Ganz mit Recht verhängt das Gesetz über den Mörder die Todesstrafe.«[26]

Der Begriff der Minderwertigkeit, der in Roschers Argumentation eine wichtige Rolle spielte, war bereits im 19. Jahrhundert in Gebrauch. Er sollte die Bedeutung sozialer und wirtschaftlicher Notlagen für die Entstehung von Kriminalität relativieren, indem man diese Rahmenbedingungen nur in Verbindung mit *moralischer Minderwertigkeit* als Ursache für delinquentes Handeln akzeptierte.[27] Bei G. Roscher erfuhr das Konzept der Minderwertigkeit eine wesentliche Erweiterung: neben die moralische, die ethische Minderwertigkeit trat die intellektuelle: Sie erlaubte dem Delinquenten eigentlich keine freie Wahl seines Schicksals. Aber trotzdem konnte er nicht der »geistig abnorme«, straffreie Rechtsbrecher sein, sondern verdiente als »Bestie« den Tod.
Unter dem Einfluß unterschiedlicher Wissenschaftsentwicklungen – genannt seien hier neben der forensischen Psychiatrie und dem Sozialdarwinismus vor allem die Erbbiologie und die kriminologische Lehre von Lombroso[28] – erhielt die »Minderwertigkeit« um die Jahrhundertwende eine deterministische Funktion

26 Roscher, Großstadtpolizei (wie Anm. 1), S. 210.
27 Vgl. Merker, Hauptquellen (wie Anm. 17), S. 15 f., 28 f., 46; Wennmohs, Gauner (wie Anm. 8), S. 24 ff., 58, 310 f.
28 Diese Entwicklung wurde bisher entweder unter dem Begriff der »Geburt des ›Verbrechermenschen‹«: Strasser, Verbrechermenschen (wie Anm. 10), oder demjenigen der »Medizinalisierung« zusammengefaßt: P. Darmon: Médecins et assassins à la Belle époque: la médicalisation du crime. Paris 1989. Die Rekonstruktion des Denkens über Kriminalität im Frankreich der Jahrhundertwende findet sich bei R. A. Nye: Crime, Madness and Politics in Modern France. Princeton 1984. Zu Sozialdarwinismus und Erbbiologie vgl. M. Dürkop: Zur Funktion der Kriminologie im Nationalsozialismus. In: U. Reifner/B.-R. Sonnen (Hg.): Strafjustiz und Polizei im Dritten Reich. Frankfurt 1984, S. 97 ff.; C. Klingemann: Ein Kapitel aus der ungeliebten Wirkungsgeschichte der Sozialwissenschaften. Sozialutopien als sozialhygienische Ordnungsmodelle. In: C. Klingemann (Hg.): Rassenmythos und Sozialwissenschaften in Deutschland. Opladen 1987, bes. S. 28 ff. Zur forensischen Psychiatrie vgl. Schulte, Dorf (wie Anm. 10), bes. S. 91 ff. u. 98 ff.

für die Entstehung von Delinquenz, die nun nicht mehr als besserungsfähig galt. Denn die Minderwertigkeit wurde in dieser Sicht zur Degeneration, zum vererbbaren Makel[29], der zusammen mit den – in biologischer Hinsicht – verhängnisvollen Auswirkungen des Alkoholismus in enger Beziehung zu einer bestimmten sozialen Schicht gesehen wurde:

»Der enge Zusammenhang von sozialen Momenten mit allen Verbrechensursachen bringt es aber auf ganz natürliche Weise mit sich, daß sich in den sozial schlechter gestellten Schichten die größere Anzahl minderwertiger befindet, bei denen die Voraussetzungen für das Verbrechen wieder besonders groß sind. Damit ist die Kette der Verbrechensursachen geschlossen, denn wir sind wieder am Ausgangspunkt, der erblichen Belastung und Abstammung, angelangt.«[30]

Der Verbrecher war in dieser Vorstellungswelt minderwertig, weil er im Sinne einer sozial gewendeten Rekapitulationstheorie *zu wenig* entwickelt war. Er galt als eine »dem rohen Naturzustand näherstehende Erscheinung, in seinen ganzen Lebensäußerungen dem Gesetz der Ursächlichkeit aller Dinge unterworfen und den ihm eingepflanzten Trieben folgend. Er ist also mehr Naturmensch als der sozial brauchbare Normale.«[31] Hinter diesem Konzept stand eine umgedeutete Vorstellung des Atavismus-Begriffes, der von C. Lombroso eigentlich als ein willkürlicher und von sozialen und erbbiologischen Kategorien unabhängiger Rückschlag in die *bösen* Anfänge des Menschengeschlechts konzipiert worden war.[32] Bei der Adaption dieser Theorie an die Interpretationsmuster der Polizeipraktiker wurde sie nutzbar gemacht für die Erklärung des engen Zusammenhanges zwischen Kriminalität und »Proletariat«, indem man die Idee des willkürlichen Rückschlags in ein erbbiologisches Modell transformierte: Das Konzept des moralischen Versagens wurde dadurch von einem biologischen Determinismus ersetzt, ohne den Begriff des »Verbrechers« von seinen sozialen Bezügen zu lösen. Die Delinquenten, gleichgültig ob sie als Landstreicher oder als Mörder

29 Vgl. D. Pick: Faces of Degeneration. Cambridge 1989.

30 Kley, Verbrecherkunde (wie Anm. 11), S. 67, bezieht sich dabei auf die Schädigung des Keimplasmas.

31 Kley, Verbrecherkunde (wie Anm. 11), S. 77f.

32 C. Lombroso: Der Verbrecher (Homo Delinquens) in anthropologischer, ärztlicher und juristischer Beziehung. 2. Aufl. des Bd. 1, Hamburg 1894, bes. S. 97.

handelten, waren für ihre Taten nicht mehr verantwortlich zu machen: Denn »die Persönlichkeit des Verbrechers ist aus Faktoren entstanden, wie Anlage, Erziehung, soziale Umgebung, welche wir nicht auf sein Schuldkonto setzen können«. Zusammengefaßt wurde diese Aussage in der prägnanten Formulierung, »daß der Verbrecher somit kraft seines Menschentums geworden ist, was er ist«.[33] Diese Position hatte erhebliche Folgen für die Rechtfertigung von Strafe oder Besserung. Das Vorgehen gegen »Verbrecher« richtete sich nicht mehr gegen ein *schuldiges* oder *fehlendes* Individuum, sondern gegen das Mitglied einer sozialen Gemeinschaft, die sich vor solchem Verhalten schützen mußte: »Der aus der Notwendigkeit geborenen Pflicht dieser Gemeinschaft (Staat), gegen das Verbrechen als ein den Staat verneinendes und in seinem Bestand gefährdendes Element zu reagieren, muß der verbrecherische Mensch geopfert werden«:[34] Das bedeutete in der Regel die Forderung nach einer lebenslänglichen Sicherungsverwahrung, wie sie im Dritten Reich weitgehend in die Tat umgesetzt worden ist.[35]
Rechtfertigen ließen sich diese Maßnahmen nicht nur durch ein biologisch, sondern auch durch ein »sozial« fundiertes Verbrecherbild, das den Delinquenten als das Produkt seiner Erziehung beziehungsweise seiner gesamten »Umwelt« sah. Trotz der teilweise gegensätzlichen Argumentationsweisen stimmten beide Lager in den grundlegenden Forderungen zur Verbrechensbekämpfung – der lebenslänglichen Sicherungsverwahrung – überein. Gemeinsam war den beiden Schulen aber auch die Art ihrer Argumentation. Sie abstrahierten »den Verbrecher« systematisch von den Ursachen seines rechtswidrigen Handelns und bewerteten die verbleibenden Informationen zu seiner Person und zu seiner *Verbrecherkarriere* in den entsprechenden Diskursen der Kriminologen neu. Beispielhaft für ein solches Verfahren war der Beitrag von Robert Heindl zum Themenbereich der *Berufsverbrecher* aus dem Jahre 1926, aus der auch Abbildung 2 entnommen ist.[36] Die zehn

33 Kley, Verbrecherkunde (wie Anm. 11), S. 75.
34 Kley, Verbrecherkunde (wie Anm. 11), S. 76.
35 Vgl. D. Dölling: Kriminologie im »Dritten Reich«. In: R. Dreier/W. Sellert (Hg.): Recht und Justiz im »Dritten Reich«. Frankfurt 1989, bes. S. 201 ff.; C. Krämer: Mehr als sieben Stunden: ein Beitrag zur Geschichte der Kriminalpolizei in Bremen. Bremen 1989, S. 102 ff.
36 R. Heindl: Der Berufsverbrecher. Ein Beitrag zur Strafrechtsreform. 3.

Abbildung 2

Berufsmäßige Einbrecher

Obere Reihe: Geldschrankeinbrecher R. G. Seine Strafliste lautet: 1883 4 Wochen wegen Diebstahls, 1885 1½ Jahre wegen Rückfallsdiebstahls. Sofort nach der Entlassung begeht er einen Geldschrankeinbruch, nun hat er – vermutlich in der Schule des Gefängnisses – seinen Spezialberuf erkannt. 1887 wird er wegen dieses Geldschrankeinbruchs zu 3½ Jahren Zuchthaus verurteilt. Nach der Entlassung übt er seine neue Spezialität zunächst einige Wochen ungehindert aus, wird aber dann wieder ertappt und 1891 zu 5 Jahren Zuchthaus wegen Geldschrankeinbruchs verurteilt. Unmittelbar nach der Entlassung, also 1896, abermals Geldschrankeinbruch und abermals auf 5 Jahre zurück ins Zuchthaus. 1901 entlassen. 1902 wieder wegen Geldschrankeinbruchs verurteilt. 1905 begeht der wieder Entlassene schleunigst einen neuen Geldschrankeinbruch, für den er diesmal nur 2 Jahre Zuchthaus erhält. Nun scheint er glücklich einen derartigen Grad von Routine und Vorsicht erreicht zu haben, daß er zwischen 1907 und 1913 zwar wiederholt in Berlin, Posen usw. wegen des Verdachts des Geldschrankeinbruchs verhaftet wird, aber stets vom Gericht mangels hinreichender Beweise freigesprochen werden muß. Wo ein großer Geldschrankeinbruch im Reich erfolgte, wurde er am Tatort zur kritischen Zeit gesehen, aber man konnte ihm nichts beweisen. Erst 1913 gelang wieder der Nachweis seiner Täterschaft und er erhielt wieder wegen Geldschrankeinbruchs seine traditionellen 5 Jahre Zuchthaus. Dann machte der Tod seiner Karriere ein Ende.

Aufl. Berlin 1926, S. 160 ff., 373 ff.; Dölling, Kriminologie (wie Anm. 35), S. 198 ff., verweist auf dieses Nebeneinander soziologischer und biologischer Erklärungsansätze.

Geldschrankknacker H. B. Seine Spezialisierung war noch präzisierter: Am 26. 5. 08 erhielt er wegen eines Geldschrankeinbruchs in die Ortskrankenkasse von Frankfurt a. M. 4 Jahre Zuchthaus. Unmittelbar nach der Entlassung beging er einen Geldschrankeinbruch in Potsdam und zwar wieder bei einer Ortskrankenkasse. Dafür erhielt er 3 Jahre Zuchthaus. 1916 entlassen führte er sofort wieder gleichartige Geldschrankeinbrüche in Schwerin und Wismar aus, wurde zu 8 Jahren Zuchthaus verurteilt und starb 1924, ungefähr zur selben Zeit, als er wieder die Möglichkeit zu neuen Geldschrankeinbrüchen in Ortskrankenkassen erlangen sollte.
Der Einbrecher B. D. beging zahllose Geschäftseinbrüche. Sein Operationsfeld waren ausschließlich Goldwaren- und Juwelenläden. Er wanderte nach jeder Entlassung immer wieder wegen derselben Sache in die Gefangenschaft zurück, bis er verstarb.
Der Einbrecher J. B. war von 1864-1909, also 45 Jahre, ununterbrochen als Dieb und Einbrecher tätig. Arbeitspausen kannte er nur, soweit er eingesperrt war. Die Höchststrafe betrug 5 Jahre Zuchthaus, als er zum neuntenmal vor Gericht stand. Damit hatte er den Zenith seiner Laufbahn überschritten. Mit zunehmendem Alter ließen seine Angriffe auf fremdes Eigentum zwar nicht an Häufigkeit, wohl aber an Elan der Ausführung nach, so daß die Strafen, obwohl es sich auch um Einbrüche handelte, bis auf 1 Jahr Zuchthaus wieder herabsanken. Schließlich schloß der Tod diesen Niedergang ab.
Der Villeneinbrecher R. W., ein systematisch arbeitender Professioneller, der schließlich – um auch den Hehlergewinn in die eigene Tasche zu stekken – ein Altwarengeschäft nebenbei betrieb, wo er seine Beute verhandelte.
Untere Reihe: Aus dem Strafregister des ersten, des reisenden Geschäftseinbrechers F. K., sei als Probe nur der Abschnitt über das Jahr 1922 angeführt: Am 15. 2. 22 Einbruch 6 Monate, 1. 3. 22 Einbruch 4 Monate, 22. 3. 22 Einbruch 6 Monate, 11. 4. 22 Einbruch 1 Jahr Gefängnis. Die Strafen sind von verschiedenen Gerichten des Reichs verhängt. Eine Wiederentlassung wurde durch den Tod des Bestraften verhindert. Der nächste, der Einbrecher C. L. zog sich in 3½ Jahren, während deren er stets zwischen Gefängnis und Freiheit pendelte, nicht weniger als 8 Freiheitsstrafen zu. Der dritte, der Einbrecher R. R., kam binnen 7 Jahren zehnmal ins Gefängnis wegen Rückfalldiebstahls und wurde neunmal entlassen. Auch bei diesen beiden fand die kriminelle Laufbahn durch den frühen Tod ihr Ende. Sie waren aber trotz ihrer Jugend bereits typische Berufsverbrecher. Die niederen Strafen hatten sie nur ihrer Jugendlichkeit zu danken. Der vierte ist der englische Bankeinbrecher L. M., der fünfte der italienische Bandeneinbrecher G. F.

dargestellten Individuen waren hier als Persönlichkeiten nicht mehr von zentralem Interesse. Sogar das Äußere unterlag einer gewissen Beliebigkeit. Von Bedeutung war aber der erläuternde Text – das kommentierte Vorstrafenregister –, der deshalb mehr als die Hälfte der Seite einnahm. Vorgeführt wurde somit eine Gruppe von Menschen, deren Identität man auf den *unverbesserlichen* Hang zu Einbrüchen reduzierte. Ein ähnliches methodisches Vorgehen erkennt man auf Abbildung 3, die eine Bildtafel aus dem Buch von Lombroso und Ferrero über »Das Weib als Verbrecherin und Prostituierte«[37] wiedergibt. Sie zeigt die Gesichter von 25 verschiedenen Frauen, die zu einer monotonen Collage zusammengeführt sind. Losgelöst von jedem *identitätsstiftenden* Merkmal verkündeten sie die Botschaft Lombrosos von den Verbrechern als einer »besonderen Varietät der menschlichen Art«.[38] Die uniformen Erscheinungen der Delinquenten bildeten dabei die wichtigste Basis einer solchen Theorie der anthropologisch bedingten Ähnlichkeit.

Das *physiognomische Prinzip* hatte also am Ende des 19. Jahrhunderts eine Renaissance erfahren. Die als Beweismittel verwendeten Datenreihen und Bildtafeln spiegelten und evozierten die Vorstellung einer (natur-)wissenschaftlichen Eindeutigkeit. Trotzdem entsprachen die zugrundeliegenden Absichten nur dem lang gehegten Wunsch der Kriminologen, umfassend und präventiv jene Personen erkennen zu können, die im Laufe ihres Lebens verbrecherische Handlungen begehen würden.[39] Dieser Aspekt der Thesen Lombrosos wurde von der »Polizeiwissenschaft« der Jahrhundertwende vehement abgelehnt. Bezeichnenderweise wandte sich G. Roscher in scharfem Ton gegen diese *Totalisierung* des physiognomischen Denkens bei Lombroso. Ungeachtet dieser Deklaration benutzte er selbst das dahinterstehende Prinzip der Erkennbarkeit des Charakters durch die Interpretation des Körpers. Denn körperliche Degenerationszeichen bewiesen für ihn zwar keine geistige Minderwertigkeit, waren aber für die Diagnose charakterlicher Zustände durchaus von Wert.[40] Damit trat er in entschiedenen Widerspruch zu den Auffassungen der Poli-

37 Lombroso/Ferrero, Weib (wie Anm. 25).

38 E. Ferri: Das Verbrechen als sociale Erscheinung. Grundzüge der Kriminal-Sociologie. Leipzig 1896, S. 21.

39 Vgl. Strasser, Verbrechermenschen (wie Anm. 10), S. 50ff.; A. Lichem: Die Kriminalpolizei. Handbuch für den kriminellen Polizeidienst. 2. Aufl. Graz 1935, S. 62.

40 Roscher, Großstadtpolizei (wie Anm. 1), S. 213.

Abbildung 3

zeipraktiker des 19. Jahrhunderts, die – wie Avé-Lallemant – den Nutzen der Physiognomik für die Polizei- und Richterpraxis dezidiert ablehnten.[41]

41 Vgl. Avé-Lallemant, Gaunertum (wie Anm. 11), Bd. 2: S. 5; Zimmermann, Polizei (wie Anm. 16), S. 416 f.

Solche Vorstellungen von »dem Verbrecher« waren keinesfalls auf den Bereich der Polizeiverwaltung beschränkt, sondern in komplexer Weise mit zeitgenössischen Sicht- und Denkweisen verschränkt.[42] Diese Parallelen zeigen sich beispielhaft in der Sorge der Bürgerschaft um die mangelnde »Sicherheit«, die nicht nur in der zweiten Hälfte des 19. Jahrhunderts zur Forderung nach einer personellen Aufstockung der Polizeiverwaltungen führte. Doch mit der Konzeption einer kriminellen Klasse, die man in engem Zusammenhang mit der Arbeiterklasse dachte, erfolgte zu dieser Zeit eine Ausweitung der »Feindbilder«, die die Beunruhigung des Bürgertums steigerte.[43] Es wäre aber verfehlt, die Expansion der Polizeiverwaltungen ausschließlich als Produkt des Antagonismus von Bürgertum und Arbeiterklasse, somit in der Terminologie des Klassenkampfes zu interpretieren.[44] Denn der Ruf nach einem quantitativen und qualitativen Ausbau der Polizei war das Resultat vielfältiger Interessen.[45] Von der Bürokratie wurde er mit Nachdruck (und aus Eigeninteresse) aufgegriffen und als Lösungsweg zur Bekämpfung der Kriminalität vorgeschlagen.[46] Man argumentierte mit der Bedrohung der Bevölkerung durch profes-

42 Vgl. H.-J. Lüsebrink: Kriminalität und Literatur im Frankreich des 18. Jahrhunderts. München 1983; P. MacNaughton-Smith: Der zweite Code. In: K. Lüderssen/F. Sack (Hg.): Seminar: Abweichendes Verhalten II. Bd. 1: Strafgesetzgebung und Strafrechtsdogmatik. Frankfurt 1975, S. 197ff.

43 A. Lüdtke: »Gemeinwohl«, Polizei und »Festungspraxis«. Staatliche Gewaltsamkeit und innere Verwaltung in Preußen, 1815-1850. Göttingen 1982, S. 206; W. Obenaus: Die Entwicklung der preussischen Sicherheitspolizei. Bis zum Ende der Reaktionszeit. Berlin 1940 (Nachdruck 1978), S. 151 f.; A. Funk: Polizei und Rechtsstaat: die Entwicklung des staatlichen Gewaltmonopols in Preußen 1848-1918. Frankfurt 1986, S. 204, 209, 250.

44 Denn die Arbeiterschaft nahm die angebotenen Dienstleistungen und Sicherheitsgarantien durchaus an: R. Reiner: The Politics of the Police. New York 1985, S. 40ff., 59f.

45 C. Emsley: Policing and its Context 1750-1870. London 1983, S. 162.

46 Funk, Polizei (wie Anm. 43), S. 210ff. u. 420f.; W. Siemann: Polizei in Deutschland im 19. Jahrhundert. In: J. Schönert (Hg.): Literatur und Kriminalität. Tübingen 1983, S. 73.

sionelle Gauner und versuchte somit, das zeitgenössische Verbrecherbild zur Rechtfertigung der eigenen Pläne einzusetzen.[47] Die Zusammenhänge zwischen den zeitgenössischen Vorstellungen vom »Verbrecher« und der polizeilichen Organisation sowie der polizeilichen Praxis gehen aber weit darüber hinaus: »Verbrecherbilder« begründeten, rechtfertigten und orientierten jede Organisation und Praxis polizeilichen Handelns.

Die Methodik polizeilichen Arbeitens

Ein erster Anhaltspunkt dafür, daß die Perspektivität des »praktischen Blicks« (Roscher) durch die zeitgenössischen »Verbrecherbilder« geprägt war, ergab sich aus der Widersprüchlichkeit der Argumentationsführung G. Roschers. Während er einerseits die vorurteilsfreie Orientierung der Ermittlungstätigkeit an den Indizien forderte, machte er andererseits die physiognomische Interpretation des Gesichtes zu einem solchen Indiz.[48] Diese Erweiterung der Indizien um die Aspekte der Physiognomie muß im Kontext der Veränderungen gesehen werden, die die moderne Kriminalistik um die Jahrhundertwende mit sich brachte. Neue naturwissenschaftliche Verfahren erschlossen viele verdeckte Wirklichkeitsbereiche durch eine Ausweitung des »Beobachtbaren«, die auch die Polizei nutzte.[49] Unter dem Einfluß dieser wissenschaftlichen Erkenntnisse konnten aber nicht nur die Realien in veränderter Weise gelesen werden; Entsprechendes galt für den Körper des Delinquenten[50], der zur empirischen Grundlage für die Erschließung einer kriminellen »Anlage« wurde, indem man die Maße und besonderen Zeichen des Körpers vor dem Hinter-

47 Vgl. Obenaus, Entwicklung (wie Anm. 43), S. 57.

48 Damit orientierte sich G. Roscher an der Position von G. Tarde, einem französischen Kriminologen der Jahrhundertwende: C. Phéline: L'image accusatrice. Brax 1985, S. 58 f.

49 Vgl. H. Gross: Handbuch für Untersuchungsrichter. Graz 1893; [o.A.] Loock: Chemie und Photographie bei Kriminalforschungen. Düsseldorf 1910. Auf die Tradition von Sachverständigengutachten zur Ausweitung des »Beobachtbaren« vgl. W. T. Richter: Grundsätze der Untersuchungsführung in Criminalsachen. Dresden 1855, S. 33.

50 M. Foucault: Die Geburt der Klinik. Eine Archäologie des ärztlichen Blicks. München 1973.

grund kriminologischer und medizinisch-naturwissenschaftlicher Theorien deutete. Dieses Verfahren bildete das epistemologische Modell sowohl für die Lehren der Kriminalbiologen als auch für die physiognomischen Beobachtungen G. Roschers.[51] Beobachten bedeutete in diesen Fällen ganz offensichtlich nicht nur das Wahrnehmen eines Sachverhaltes, sondern auch dessen gleichzeitige Zuordnung zu vorgegebenen Wissensbeständen.[52]

Damit läßt sich aber keinesfalls ein Gegensatz zwischen einer scheinbar vorurteilsfreien Kriminalistik des 19. Jahrhunderts und einer offenbar ideologisch geprägten des 20. Jahrhunderts konstruieren. Das zeigen beispielhaft die 1833 publizierten Vorschläge des Professors für psychische Therapie an der Universität Leipzig, J. Ch. A. Heinroth, zur Einführung einer regelgebundenen Beobachtung von »Verbrechern« während der gerichtlichen Untersuchung. Dabei sollte man »aus den Worten und Werken eines Menschen ... aus seinem ganzen äußerlich erscheinenden Leben auf sein Inneres ...« schließen. Als Ziel dieser »criminalpsychologischen« Begutachtung nannte Heinroth die Ermittlung der tatsächlichen Schuld eines Angeklagten durch die abstrahierte Bewertung seines Lebens, die dem Gutachter als Maßstab für Schuld oder Unschuld dienen sollte.[53] Nicht biologische Daten, sondern sozio-biographische Fakten sollten hier bewertet und zu Aussagen über eine schuldhafte Verstrickung verarbeitet werden.

Trotz des epistemologischen Bruchs am Ende des 19. Jahrhunderts, der die sukzessive Ersetzung sozio-biographischer durch biologische Kriterien in der polizeilichen Arbeit ermöglichte[54], operierten beide Zugangsweisen letztlich mit der Methode einer zielgerichteten Beobachtung, die sich an den zeitgenössischen

51 U. Reifner: Justiz und Faschismus. In: U. Reifner/B.-R. Sonnen (Hg.): Strafjustiz und Polizei im Dritten Reich. Frankfurt 1984, S. 99; Strasser, Verbrechermenschen (wie Anm. 10), S. 62.

52 Vgl. dazu auch: Hiebsch, Wahrnehmung (wie Anm. 7), S. 255 ff.

53 J. Ch. Heinroth: Grundzüge der Criminal Psychologie; oder: Die Theorie des Bösen in ihrer Anwendung auf die Criminal-Rechtspflege. Berlin 1833, S. XIV, 212 ff., 347 ff.

54 Trotz der Dominanz der biologischen Erklärungsmodelle berücksichtigte das kriminalistische Alltagswissen des 20. Jahrhunderts weiterhin soziale Faktoren. Vgl. exemplarisch: Roscher, Großstadtpolizei (wie Anm. 1), S. 170.

Vorstellungen von »dem Verbrecher« orientierte (biologisch-sozial) und die auch Teil der polizeilichen Methodik war.

Die polizeiliche Beobachtung

Ungeachtet der Veränderungen, die die Verwissenschaftlichung und Professionalisierung der kriminalpolizeilichen Arbeit am Ende des 19. Jahrhunderts mit sich brachte[55], dominierte die *Beobachtung* auch im 20. Jahrhundert den Dienstalltag des Polizisten. Ganz in diesem Sinne schrieb ein österreichischer Handbuchautor im Jahre 1935:

> »Der normale Dienst eines Sicherheitsorgans besteht bei richtiger Auffassung in nichts anderem als in einer gewöhnlichen Beobachtung ... Die Beobachtung hat sich ganz besonders auf Menschen zu erstrecken, die sicherheitsgefährlich waren, noch sind oder es zu werden drohen. Diese Menschen muß jedes Sicherheitsorgan kennen.«[56]

Bis zum Ende des 19. Jahrhunderts war die Beobachtung nicht nur das bevorzugte, sondern im Grunde das einzige polizeiliche Verfahren.[57] Von einem Handbuchautor aus der Mitte des 19. Jahrhunderts, dem Königlichen Archivsekretär G. Zimmermann aus Hannover, wurde sie als ein »planmäßiger, feiner, künstlicher Arbeitstheil« beschrieben und als diejenige Methode vorgestellt, die polizeiliches Handeln konstituierte und es von anderen Behördentätigkeiten abgrenzte.[58] Er definierte sie als »das unausge-

55 Auch bis zum Ende des 19. Jahrhunderts gab es eine »Polizeiwissenschaft«, die sich aber als psychologisch vertieftes und um juristische Kenntnisse erweiteres Erfahrungswissen verstand: Wennmohs, Gauner (wie Anm. 8), S. 319 ff. Eine *neue* Auffassung von Wissenschaftlichkeit entstand mit der Übernahme der methodischen Prinzipien der Naturwissenschaften, die sich auch im Bereich der psychologischen Kenntnisse artikulierte: H.-H. Liang: Die Berliner Polizei in der Weimarer Republik. Berlin 1977, S. 144 f.; Obenaus, Entwicklung (wie Anm. 43), S. 40 u. 77; H. Gross: Criminalpsychologie, Graz 1898.

56 Lichem, Kriminalpolizei (wie Anm. 39), S. 62.

57 A. Faure: Nos intentions ... et quelques résultats. In: Ph. Vigier et. al.: Maintien de l'ordre. Paris 1987, S. 15 f.

58 Zimmermann war einer der ersten, der die Abgrenzung zwischen der Polizei und den anderen Bereichen der Staats- und Justizverwaltung nicht durch Kompetenzgrenzen, sondern durch eine der Polizei eigene Verfahrensweise darstellte. Auf der sehr ausführlichen Schilderung die-

setzte, organisierte, systematische Bemühen der Polizeibehörden, von allen Zuständen und Vorfällen ihres Kreises, welche die öffentliche oder bürgerliche Ordnung verletzen oder Störung drohen, so wie von deren Ursachen oder Thätern, schon vor Eintritt der Verletzung, oder wenigstens gleichzeitig mit ihr, Kenntnis zu haben«. Den Begriff »Beobachtung« wählte G. Zimmermann bewußt zur Beschreibung dieser Methode, weil er neben dem Wahrnehmen der Sachverhalte auch deren Ordnen und Zusammenstellen beschrieb.

Der Begriff »Beobachtung« unterschied sich somit vom Terminus der »Wahrnehmung« darin, daß nicht ein individueller Akt, sondern ein Modell der Prävention gemeint war.[59] Beobachtet wurde nämlich nicht von einzelnen Individuen, sondern von dem Leiter einer Polizeibehörde. Die einzelnen Polizisten waren nur Mittel, Instrument, Sehwerkzeug des Direktors. In den Anzeigen und vertraulichen Mitteilungen von Privatpersonen verlängerte sich dieses »Auge der Polizei« in die private Sphäre hinein[60]; dennoch blieben die Beamten für den Leiter der Behörde die wichtigsten Hilfskräfte zur Erfassung der Realität. Die Brauchbarkeit ihrer Wahrnehmungen war allerdings vom individuellen Kenntnisstand abhängig: Die Mehrzahl der im Außendienst tätigen Beamten, wie die Gendarmen, die Polizeisergeanten, die Wachtmeister etc., konnte kaum mehr als »die einfache Operation des Zusehens und Wahrnehmens verrichten, hauptsächlich durch die sinnlichen Werkzeuge ... und an die Zeichen sich vorzüglich haltend, welche mit natürlichen Augen bemerkt werden ...« Die zweite Gruppe setzte sich aus den besser geschulten Beamten zusammen, an denen es laut G. Zimmermann um die Mitte des 19. Jahrhunderts in Deutschland aber noch mangelte und die über eine differenziertere Wahrnehmung verfügten; »deren Sehorgan feiner gebildet ist; die mit Schluß und Combination wahrnehmen; an Gegenständen Beobachtungen zu machen verstehen, zu welchen theils das beobachtende Auge nur durch besondere Geschicklichkeit des Mannes zu dringen vermag, theils scharfe Kraft des Auges fordern, um an ihnen wahrzunehmen ...« Hier erfolgte

ser Methode beruht im wesentlichen die folgende Diskussion: Zimmermann, Wesen (wie Anm. 11), bes. S. 36-67; Zimmermann, Polizei (wie Anm. 16), S. 413 ff.

59 Die präventive Wirkung der »Beobachtung« wurde durch die permanente Präsenz der Polizei in der Öffentlichkeit noch gesteigert: Zimmermann, Wesen (wie Anm. 11), S. 41, 66.

60 Das Bild von der Beobachtung als der Tätigkeit des »polizeilichen Auges« stammt von G. Zimmermann selbst. Er verwendete dieses Bild zur Abgrenzung der »Beobachtung« von der »Prävention«: Zimmermann, Wesen (wie Anm. 11), S. 42.

die Rezeption der gesellschaftlichen Verhältnisse bereits mit einer größeren Tiefenschärfe, als sie die weniger geschulten Beamten mit ihrem ausschließlichen Bezug auf den manifesten Gehalt der Erscheinungen leisten konnten. Das aber bedingte eine interpretative Zugangsweise, die in der Vorstellung G. Zimmermanns vor allem die »allgemeine Kenntniß der menschlichen Natur«, die Lokalkenntnisse und die Zeichen des Mienenspiels einbezog.
Diese Wahrnehmungen der Beamten sollten im nächsten Schritt durch die Behörde »eingesaugt«, geordnet und im Rekurs auf das umfassende Wissen des Chefs analysiert werden. Mit der Zentralisierung der Informationen an einem »Sammelpunct« und deren Systematisierung in Rapporten und Karteien erreichte man schließlich jene Stufe der polizeilichen Beobachtung, die »der polizeilichen Wachsamkeit den Charakter der Kunst und des Systems verleiht«. Spezielle Karteien sollten über die Täter und deren Gehilfen, über die Verurteilten sowie über steckbrieflich gesuchte Personen geführt werden.[61] Außerdem schlug G. Zimmermann die Anlage allgemeiner Informationssysteme vor, die – ganz in enzyklopädischer Tradition – die gemachten Wahrnehmungen als Wissen und Kenntnisse auch für spätere Untersuchungen zur Verfügung stellen könnten. Als Resultat sollte ein Informationsbestand entstehen, der »die Kenntniß der polizeilichen Erfahrungen überhaupt« enthielte.

Für G. Zimmermann waren es neben diesen beiden Faktoren – der »Beobachtung« als Verfahrensprinzip und dem Aufbau von Datenbeständen über Personen und andere sicherheitsrelevante Sachverhalte – auch die größere Flexibilität, die die Überlegenheit der Polizei über die Justiz bei der Aufklärung von Verbrechen und Vergehen begründete: Durch die tägliche Routine waren die Polizeibeamten – bei gleicher Intelligenz – dem Untersuchungsrichter bei der Interpretation von Spuren deutlich überlegen. Denn ihr »geübter Blick faßt hunderterlei Umstände auf, die dem gewöhnlichen Auge entgehen ...«, die aber für die Rekonstruktion von Tat und Täter von wesentlicher Bedeutung waren.[62] Dieses spezialisierte Verfahren der Polizei bei der Deutung von Spuren und

61 Vgl. dazu auch: Circular-Rescript des Preußischen Ministeriums des Innern vom 10. August 1840, zitiert nach: Dennstedt/Wolffsburg, Polizei-Lexikon (wie Anm. 13), Bd. 4: S. 627ff.; Merker, Handbuch (wie Anm. 11), Anhang. Die zeitgenössische Kriminalistik schrieb diesen Datenbeständen auch eine abschreckende Wirkung zu: Wennmohs, Gauner (wie Anm. 8), S. 46f. u. 55.

62 Zimmermann, Polizei (wie Anm. 16), S. 58 u. 581f. – Avé-Lallemant, Gaunertum (wie Anm. 11), Bd. 2, S. 289. – Wennmohs, Gauner (wie Anm. 8), S. 57.

anderen Hinweisen, der ganz im Sinne des von C. Ginzburg beschriebenen »Indizienparadigmas« erfolgte[63], war für G. Zimmermann vor allem dann erforderlich, wenn kein bestimmter Verdacht vorhanden war. In einem solchen Fall mußte man versuchen, von dem Motiv und der »Specialität« des Verbrechers darauf zu schließen, »unter welcher Rubrik von Menschen [man] den Thäter zu suchen hat, zunächst dabei stets die entlassenen Bestraften in das Auge fassend ...« Dabei verwendete man einerseits die vorhandenen Datenbestände und andererseits auch die spezielle Beobachtung einer bestimmten Personengruppe als Ausgangspunkt der weiteren Ermittlung. Die größtmögliche Flexibilität zwischen Beobachten, Akkumulation von Informationen, neuem Beobachten und schließlich Verhaften war für G. Zimmermann eine unabdingbare Voraussetzung des möglichen Erfolgs.[64]
Eine Verbindung zwischen diesem Modell der »Beobachtung« als umfassender Prävention und dem zeitgenössischen Verbrecherbild ergab sich vor allem aus der Perspektivität der Beobachtung. Sie mußte – in der Konzeption G. Zimmermanns – *zielgerichtet* erfolgen, um für die Polizei handhabbar zu sein: »Die Polizei jage nicht darnach, alles zu wissen und einzusammeln, sondern nur das, was sie wirklich für den Ordnungszweck braucht.«[65] Das entscheidende Kriterium der Verdächtigkeit war vor allem auf jene »Menschenclassen« bezogen, in denen Laster, Leidenschaften und verbrecherische Absichten am häufigsten entstünden. Es handelte sich um die bereits genannten »schlechten Subjecte« und die verdächtigen Häuser und Plätze als deren Treffpunkte.[66] In anderen Arbeiten wurden die entsprechenden Personengruppen detaillierter beschrieben. Es waren dies die Vorbestraften oder die eines Verbrechens zwar verdächtigen, aber noch nicht überführten Personen, die Vagabunden, die steckbrieflich gesuchten Personen, die Bettler, die Prostituierten, die Hausierer, die Scherenschleifer, die fremden Juden und ähnliche »Umzügler«.[67] Die Verdächtigkeit

63 Ginzburg, Spurensicherung (wie Anm. 3), S. 78 ff.
64 Zimmermann, Wesen (wie Anm. 11), S. 106 f.
65 Ebda, S. 61.
66 Vgl. Zimmermann, Polizei (wie Anm. 16), S. 413; Zimmermann, Wesen (wie Anm. 11), S. 40.
67 Vgl. Brand, Dorf-Buch (wie Anm. 19), S. 489; Merker, Handbuch (wie Anm. 11), S. 24 ff. u. 79; J. Konrad, Die Polizeyverfassung oder Theorie, Praxis und Geschichte der Polizey in ihrer allgemeinsten Bedeu-

der mobilen Personen »geringeren Standes«[68], die sich in dieser Aufzählung deutlich zeigt, erklärte sich vor allem mit dem Versuch der Polizei des 19. Jahrhunderts, die Problematik der *Rückfälligkeit* durch eine intensive Kontrolle und Überwachung – in der Begrifflichkeit von G. Zimmermann durch eine »specielle Beobachtung«[69] – dieser Personengruppe zu lösen. Da man glaubte, die »arbeitsscheuen und mittellosen« Individuen nur an ihrem Heimatort entsprechend beaufsichtigen zu können, wo ihre Vorstrafen mühelos greifbar waren[70] und sie zudem unter sozialer Kontrolle standen[71], erschienen die Vaganten auch unter diesem Gesichtspunkt als ein potentielles Ordnungsproblem und somit als allgemein verdächtig.[72]
Die Perspektivität des »praktischen Blicks« als das wesentliche Resultat der zielgerichteten Beobachtung hatte seine Entsprechung in der Perspektivität der verfügbaren Informationssysteme, die auch bei dem – im eigenen Verständnis – möglichst objektiv ermittelnden Kriminalbeamten zu einer Orientierung am zeitgenössischen Verbrecherbild führten. Denn das Suchen des Kriminalisten benötigte eine bestimmte Richtung, um zum Erfolg zu führen. Oder mit den Worten des Handbuchautors A. Lichem, 1935: »Das Spüren setzt ein Beobachten, und zwar ein gesammeltes Beobachten in einer bestimmten Richtung voraus.«[73] Konkreter: Die polizeiliche *Neugierde* konzentrierte sich sowohl im 19. als auch im frühen 20. Jahrhundert auf eine Gruppe von Verdäch-

tung, mit vorzüglicher Rücksicht auf den österreichischen Kaiserstaat. Ein Handbuch für Regierungs-, Polizey- und Justizbeamte. Prag 1817, S. 52 f. Zu einschlägigen Verordnungen vgl. Dennstedt/Wolffsburg, Polizei-Lexikon (wie Anm. 13), Bd. 2: S. 428; Bd. 4: S. 625. L. v. Rönne/H. Simon: Das Polizeiwesen des Preußischen Staates. Breslau 1840, S. 496 ff.

68 Circular des Polizei-Ministers vom 12. 7. 1817 betreffend die Fremdenmeldungen und die polizeilichen An- und Abmeldungen: Dennstedt/Wolffsburg, Polizei-Lexikon (wie Anm. 13), Bd. 2: S. 339.

69 Zimmermann, Wesen (wie Anm. 11), S. 40.

70 Vgl. Brand, Dorf-Buch (wie Anm. 19), S. 489; Dennstedt/Wolffsburg, Polizei-Lexikon (wie Anm. 13), Bd. 4: S. 625, Bd. 5: S. 213 f.; Kaluszynski, Bertillon (wie Anm. 20), S. 270 ff.

71 Wennmohs, Gauner (wie Anm. 8), S. 39 f.

72 L. v. Rönne/H. Simon: Das Polizeiwesen des Preußischen Staates. Breslau 1840, S. 290 u. 527.

73 Lichem, Kriminalpolizei (wie Anm. 39), S. 43.

tigen, die vor allem sozial und durch das Etikett »des Vorbestraften« definiert war. Damit läßt sie sich mit dem von G. Ortmann bei der Analyse moderner Personalinformationssysteme verwendeten Begriff des *focussierten Sehens* beschreiben, das den Blick gezielt auf »Sehdinge« lenkt, denen bestimmte Suchbilder entsprechen sollten.[74] Die Polizei orientierte ihre »Neugierde« an solchen »Bildern« – nämlich an den Vorstellungen vom »Verbrecher« – und begann, zu den entsprechenden Personen eine Fülle von Informationen zu sammeln.[75]

Die in Karteikästen und Aktenschränken gespeicherten Resultate dieses focussierten Sehens erlangten für die Betroffenen in zwei Bereichen Relevanz. Zuerst motivierte es verstärkte Aufmerksamkeit und schaffte damit im Sinne des »labeling-approach« Delinquenz oder verhinderte zumindest die Wiedereingliederung der Haftentlassenen.[76] Zum zweiten hatten die polizeilich dokumentierten Angaben über das Vorleben einer Person verfahrensrelevanten Einfluß auf die Beurteilung der Persönlichkeit eines Angeklagten. Instrumentalisiert wurde diese Wirkung durch die polizeilichen Führungsatteste, die laut einem Kommentar des Preußischen Innenministeriums vom 11. Juni 1842 die Tatsachen bekunden sollten, die Einfluß auf das Urteil über den moralischen Wert einer Person hätten.[77]

Diese Aufzeichnungen begannen also lange vor dem Ende des 19. Jahrhunderts jenes Netz kapillarer Kontrolle zu knüpfen, das C. Ginzburg erst zu dieser Zeit als Konsequenz der neuen Identifi-

74 G. Ortmann: Der zwingende Blick. Personalinformationssysteme – Architektur der Disziplin. Frankfurt 1984, S. 186.

75 Vgl. J. Tagg: Power and Photography – A Means of Surveillance: The Photograph as Evidence in Law. In: T. Benett u. a. (Hg.): Culture, Ideology and Social Process. Batsford 1987, S. 291.

76 Vgl. A. V. Cicourel: Mark. In: M. Kohli (Hg.): Soziologie des Lebenslaufs. Darmstadt 1978, S. 295 ff.; Edwin M. Lemert: Der Begriff der sekundären Devianz. In: K. Lüderssen/F. Sack (Hg.): Seminar: Abweichendes Verhalten 1. 2. Aufl. Frankfurt 1982. S. 433 ff.; Lüdtke, Gemeinwohl (wie Anm. 43), S. 233 ff.; M. Leuenberger: Mitgegangen – mitgehangen. »Jugendkriminalität« in Basel 1873-1893. Zürich 1989, S. 70; W. Stieber: Practisches Handbuch der Criminal-Polizei, Berlin 1860.

77 Dennstedt/Wolffsburg, Polizei-Lexikon (wie Anm. 13), Bd. 2: S. 349; Rönne/Simon, Polizeiwesen (wie Anm. 72), S. 662.

kationsmethoden entstehen sieht.[78] Da sie eine systematische Kumulation aller verfügbaren Angaben zur *sozialen Identität* verdächtiger Personen beinhalteten, ließen sich bei einer entsprechend zentralisierten Untersuchungsführung damit auch einige jener Delikte aufklären, bei denen die Täter außerhalb ihres Heimatortes straffällig geworden waren, sofern die Beamten von Lokalbehörden eine entsprechende Ausbildung in der *Semiotik des Gaunertums* und ihrer Anwendung hatten.[79] Dennoch versagte dieses Verfahren bei der Lösung des Problems der »Rückfälligkeit«. Die von der juristischen Praxis zur Verwaltung dieses Kriteriums benötigte sichere Kenntnis darüber, ob ein Angeklagter bereits vorbestraft und ob der Verdächtige mit diesem Vorbestraften identisch sei, konnte man nicht beibringen.[80] Denn außer den verfügbaren Datenbeständen, die als soziale Merkmale nur solche enthielten, die einfach manipulierbar waren, konnte man zum Nachweis der Identität nur auf ein Geständnis, auf die Aussagen von Spitzeln und auf das Wiedererkennen durch Polizeibeamte zurückgreifen.[81] Diese Hilfsmittel versagten in der Regel bei Auswärtigen, deren soziale Identität man nur mittels der Steckbriefe erschließen konnte. Ihre Effizienz aber wurde bereits von den zeitgenössischen Polizeipraktikern als ungenügend betrachtet.[82]

Die Stimmigkeit dieser praktischen Erfahrungen hat die moderne Psychologie in den letzten Jahren nachgewiesen. Ausgehend von

78 Ginzburg, Spurensicherung (wie Anm. 3), S. 115.

79 Wennmohs, Gauner (wie Anm. 8), S. 46 ff., 192 ff., 322; Zimmermann, Polizei (wie Anm. 16), S. 417, bezeichnet es als sehr nützlich, aus den Merkmalen des Gesichtes die Beschäftigungsart der Personen erschließen zu können, um die Aussagen der Verdächtigen über deren Vorleben kritisch zu reflektieren. Vgl. dazu auch Roscher, Großstadtpolizei (wie Anm. 1), S. 212.

80 Für C. Ginzburg bildete »das Problem der Identifizierung von Rückfälligen, das sich in jenen Jahren stellte, praktisch den Brückenkopf eines komplexen, mehr oder weniger bewußten Projektes zur allgemeinen und subtilen Kontrolle der Gesellschaft«: Ginzburg, Spurensicherung (wie Anm. 3), S. 110.

81 Vgl. P. Darmon: Bertillon. Le Fondateur de la Police Scientifique. In: L'Histoire 105 (1987), S. 44; Dreßen, Maschine (wie Anm. 10), S. 80 ff.; Kaluszynski, Bertillon (wie Anm. 20), S. 270 ff.

82 Dennstedt/Wolffsburg, Polizei-Lexikon (wie Anm. 13), Bd. 4: S. 625 ff. – Wennmohs, Gauner (wie Anm. 8), bes. S. 181.

der Erforschung der Fähigkeit, Gesichter zu beschreiben und wiederzuerkennen, entdeckte man das Paradoxon, daß der Mensch zwar Tausende von Gesichtern unterscheiden und auch wiedererkennen kann, daß dieser Fähigkeit aber keine korrespondierende Differenziertheit im sprachlichen Ausdruck zum Beschreiben, Erinnern oder Identifizieren der Gesichter entspräche. Das Gesicht gilt daher als ein Prototyp für die Komplexität nonverbaler Stimuli.[83] Deshalb konnten die Personenbeschreibungen auf den Signalements weder als ein – auch für Dritte eindeutiges – Erkennungszeichen noch als zuverlässiger Ansatzpunkt für die Recherche in den personenbezogenen Datenbeständen Verwendung finden. Relativ früh zog man daher die Anfertigung von Bildern verurteilter Delinquenten als einen möglichen Ausweg in Betracht. Neben den Kupferstichen, die man auch in deutschen Polizeiblättern zu Fahndungszwecken einsetzte[84], entstand in Frankreich ab 1819 eine Sammlung von Portraitzeichnungen bestrafter Verbrecher. Seit der Erfindung der Photographie wurde dort die Verbindung von Signalement und Photographie obligatorisch. Als Hilfsmittel der polizeilichen Personenfahndung bekamen die Bilder der Verbrecher eine wichtige Rolle, die sie auch im 20. Jahrhundert behielten. Vor allem in Verbindung mit den neuen Medien konnte man die gesuchten Personen einer beinahe »panoptischen« Beobachtung aussetzen.[85] Dennoch blieben sie für

83 R. Bruyer: Les mécanismes de reconnaissance des visages. Un bilan des modéles théoriques. Grenoble 1987, S. 7f. u. 87.

84 Vgl. exemplarisch Hannoversches Polizeiblatt. Band 7. 1853. Stück 72 und 92 (NSUB Göttingen).

85 Liang, Polizei (wie Anm. 55), S. 132f.; E. Goffman: Stigma. 8. Aufl. Frankfurt 1988, S. 90ff. Zur polizeilichen Photographie vgl. ausführlich Phéline, L'image (wie Anm. 48), bes. S. 14ff., 32f. Der Erfolg dieser Strategie dürfte aber nicht allzu groß gewesen sein. Denn das Identifizieren eines Delinquenten mit einem standardisierten Fahndungsphoto war selbst für einen geschulten Kriminalisten schwierig: Lichem, Kriminalpolizei (wie Anm. 39), S. 124. Die Anwendung der Photographie im Rahmen der kriminalpolizeilichen Ermittlungstätigkeit beschränkte sich aber nicht auf den Bereich der Personenfahndung. Ebenso wie in der Medizin und der Psychiatrie erhielten die Photographien als die scheinbar getreuen Abbilder von Sachverhalten einen erheblichen Beweiswert: D. M. Lowe: History of Bourgeois Perception. Brighton 1982, S. 8f.; Tagg, Power (wie Anm. 75), S. 294. Durch die Dokumentation einzelner Ausschnitte wurden sie zum

eine systematische Lösung des Problems der Wiederholungstäter unbrauchbar, da es neben der Einteilung nach Namen beziehungsweise Deliktgruppe keine brauchbaren Ordnungskriterien gab.[86] Die Photographien systematisierten und reduzierten die Komplexität der Informationen nicht, sondern konservierten diese eben nur.

Die Anthropometrie

Als sicheres Mittel zur Erschließung der *sozialen Identität* verwendete man gegen Ende des 19. Jahrhunderts schließlich die wissenschaftlich fundierte Singularisierung der Person durch die gezielte Erfassung körperlicher, somit biologischer Merkmale. Das erste Verfahren, das eine solche *biologische Identität* verwendete, wurde von A. Bertillon im Jahre 1879 unter dem Namen Anthropometrie präsentiert.[87]

Die Anthropometrie wurde 1883 erstmals in Frankreich erprobt, 1885 wurde die anthropometrische Erhebung in allen französischen Gefängnissen obligatorisch, und 1896 war sie auch bei ausländischen Polizeiapparaten eingeführt. Dieses Verfahren, das mit einer systematischen Anordnung körperlicher Maßzahlen eine Person eindeutig bezeichnete, hat aber auch deshalb polizeigeschichtliche Relevanz, weil es erstmals eine kriminalistische Methode ausschließlich auf naturwissenschaftlicher Grundlage aufbaute. Abbildung 4 zeigt die anthropometrische Prozedur am Beispiel der Ohrform. Zuerst erhob man die entsprechenden Werte am Ohr des Verurteilten und trug die Resultate in ein Formblatt ein. Anschließend wurden die Daten von den Erhebungsbögen auf Karteikarten übertragen und nach den einzelnen Maßzahlen sortiert in Karteikästen eingeordnet, die auch Verweise auf das Vorstrafenregister und die Meldekartei enthielten. Durch diese rationelle Anordnung der Informationen konnte die Identifizierungsarbeit unabhängig von der Größe des Datenbestandes innerhalb kürzester Zeit erfolgen.

wichtigen Mittel der Beobachtung und der Rekonstruktion des Geschehens. Als solche standen sie in der Tradition der von den Kriminalbeamten und den Untersuchungsrichtern angefertigten Tatortskizzen.

86 Vgl. Funk, Polizei (wie Anm. 43), S. 249; Kaluszynski, Bertillon (wie Anm. 20), S. 271 f.

87 Vgl. zur Anthropometrie: Darmon, Bertillon (wie Anm. 81), S. 44 ff.; Ginzburg, Spurensicherung (wie Anm. 3), S. 109 ff.; Kaluszynski, Bertillon (wie Anm. 20), S. 169, 270 ff., 281.

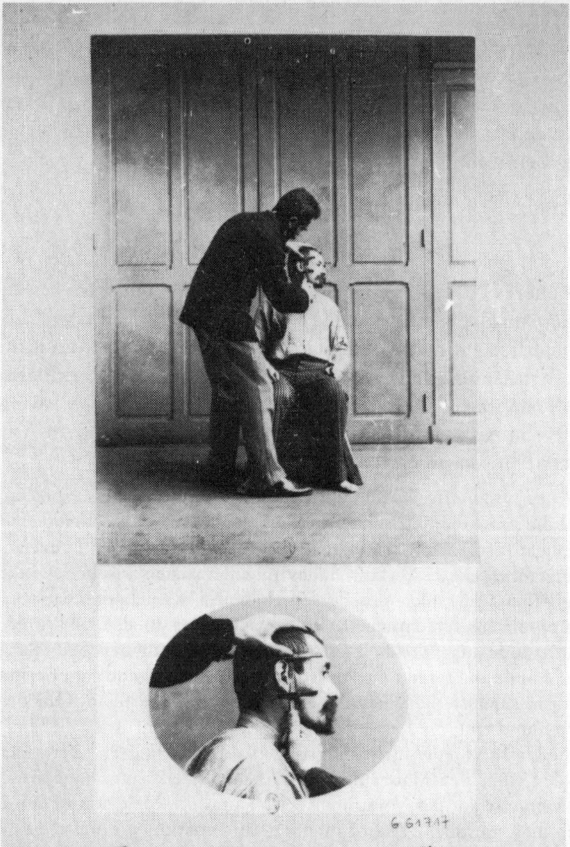

Mensuration de la longueur de l'oreille.

Abbildung 4

In der Praxis löste die anthropometrische Methode die »Rückfälligkeit« nur auf negativem Weg – durch das Ausscheiden der Nicht-Rückfälligen. Mit dem Fehlen übereinstimmender Messungen in einer Zentralkartei konnte man nämlich eindeutig nachweisen, daß der Verdächtige noch niemals anthropometrisch erfaßt worden war. Hingegen bewies das Vorliegen identischer Maße keinesfalls mit *absoluter* Sicherheit, daß es sich um einen Rückfalltäter handelte. Denn mit einer sehr geringen Wahrscheinlichkeit konnten sich die Angaben zu zwei unterschiedlichen Personen gleichen. Zur Verbesserung der gerichtlichen Beweisführung ergänzte A. Bertillon deshalb seine Erhebung um das »portrait parlé«, in dem eine detaillierte Deskription des Gesichtes erfolgte. Vor allem die Berücksichtigung der besonderen Kennzeichen sollte die exakte Identifizierung ermöglichen. Ergänzt wurde diese Form der Aufnahme durch ein weitgehend standardisiertes Portraitphoto. Diese Vereinheitlichung von Beschreibung und photographischem Abbild war die wesentlichste Innovation gegenüber den bisherigen Signalements. Sie sollte das bereits erwähnte Paradoxon in den Griff bekommen, indem sie die Beamten mit einem hinreichend präzisen und umfangreichen Vokabular zur exakten Beschreibung von Gesichtern ausrüstete.[88]

Als wichtige Konsequenz der systematischen anthropometrischen Vermessung aller Verurteilter kann man die Forderung nach einer weitgehenden Zentralisierung der Datenbestände nennen, die als Voraussetzung für die Durchführung gezielter Recherchen bezeichnet wurde; sie wurde erstmals mit der 1893 gegründeten Arbeitsstelle »Service d'identité judicaire« in Frankreich realisiert.

Die Daktyloskopie

Als alternatives Verfahren zur Anthropometrie wird die Daktyloskopie auch heute noch verwendet. Ausgehend von dem philosophischen Problem der Individualisierung entdeckte der Mediziner J. E. Purkyne im Jahre 1823, daß die *Papillarlinien* (Linien der Fingerkuppe) *das* geheime Kennzeichen der Individualität darstellten, da es keine zwei Personen mit derselben Linienführung gäbe. Der Daumenabdruck als identitätsstiftendes Merkmal war aber schon lange Zeit vor seiner theoretischen Entdekkung durch Purkyne in Bengalen als Ersatz für die Unterschrift in Gebrauch. Die daraus abzuleitenden Möglichkeiten, auch analphabetische Eingeborene einer rigideren Kontrolle unterwerfen zu können, motivierte die Übernahme dieser Methode in die Verwaltungspraxis der britischen Kolonialherren. Ausgehend von diesen Erfahrungen wurden die Fingerabdrücke unter dem Begriff der Daktyloskopie als Identifikationsmittel in die polizeiliche Praxis übernommen, wobei auch hier eine rationelle Anordnung der klassifizierten Informationen die Voraussetzung für den schnellen Zugriff auf die personenbezogenen Angaben war.[89]

88 Bruyer, Mécanismes (wie Anm. 83), S. 8; Phéline, L'image (wie Anm. 48), S. 11; vgl. auch: Lichem, Kriminalpolizei (wie Anm. 39), S. 95.
89 Ginzburg, Spurensicherung (wie Anm. 3), S. 112 ff.

Von A. Bertillon waren die Fingerabdrücke anfangs als reine Ergänzung zum »portrait parlé« gedacht. Wegen ihrer einfacheren Handhabung bei der Datenaufnahme, ihrer größeren Zuverlässigkeit und ihrer Einsatzmöglichkeit bei der Verbrechensaufklärung verdrängte die Daktyloskopie aber das Verfahren der Anthropometrie sukzessive aus der polizeilichen Praxis. Wenn die Täter nämlich ihre Fingerabdrücke am Tatort zurückgelassen hatten, konnte man diese mit Hilfe einer speziellen Technik photographisch dokumentieren und als wichtiges Indiz gegen verdächtige Personen verwenden.[90]

Die Organisation der polizeilichen Arbeit

Die Umsetzung der kriminalistischen Methoden, von der Beobachtung bis hin zur Daktyloskopie, erforderte entsprechende strukturelle Rahmenbedingungen, die aber nicht erst im Gefolge von Innovationen diskutiert wurden. Die Zentralisierung als eine wichtige Vorbedingung für einen erfolgreichen Einsatz der neuen Identifikationsmethoden wurde schon lange vor der Einführung von Anthropometrie und Daktyloskopie als organisatorische Grundlage einer effizient tätigen Polizeibehörde verlangt.[91] Die Forderung nach einer entsprechenden Schulung und Ausbildung, die G. Zimmermann und F. C. B. Avé-Lallemant in der Mitte des 19. Jahrhunderts zur Verbesserung der polizeilichen Praxis gestellt hatten, orientierte sich an der »Professionalität« als einem weiteren Bestandteil dieser »modernen« Behördenkonzeption. Zusammen mit anderen Elementen, wie der Schriftlichkeit und Aktenmäßigkeit der Verwaltung, verweisen diese Faktoren nicht nur auf wesentliche Voraussetzungen zur Verwendung innovativer Verfahren, sondern auch auf den von M. Weber erstmals vorgestellten Idealtypus der *bürokratischen* Verwaltung.[92] Für die Zeit des 19.

90 Kaluszynski, Bertillon (wie Anm. 20), S. 281 f.

91 Vgl. Roscher, Großstadtpolizei (wie Anm. 1), S. 160 f.; Wennmohs, Gauner (wie Anm. 8), S. 55 u. 159 ff.

92 Vgl. M. Weber: Wirtschaft und Gesellschaft: Grundriß der verstehenden Soziologie. 5. rev. Aufl. 1976, Bd. 1: S. 124 ff. Die Verbindungslinie zwischen der von ihm skizzierten bürokratischen Herrschaft und der Verwaltungstätigkeit charakterisiert M. Weber in dem folgenden

Jahrhunderts kann man aber keinesfalls davon ausgehen, daß sich die Polizeiverwaltungen systematisch an diesem Idealtypus ausgerichtet hätten. Die Ungleichzeitigkeiten, Widerstände und Brechungen waren vielmehr erheblich.[93]
Die Personalressourcen der Polizeidirektionen größerer Städte ermöglichten zuerst die Ausbildung einer systematischen Aufgabenverteilung. Parallel zu der steigenden Differenzierung der gesamten Verwaltungstätigkeit setzte sich dieser Prozeß seit den 1870er Jahren verstärkt fort, begleitet von einer deutlichen personellen Expansion. Diese führte etwa zu einer Verdreifachung der Berliner Beamten und einer deutlichen Zunahme der Zahl von Polizisten in anderen Städten.[94] Eine Begleiterscheinung dieser Entwicklung war die beginnende Zentralisierung der regionalen und überregionalen Kommunikation zwischen den Behörden[95], die mit der Einrichtung des Reichskriminalpolizeiamtes im Dritten Reich (1936) abgeschlossen wurde.[96] Die Voraussetzung für eine solche überregionale Zentralisierung der Informationen war die weitgehende Hierarchisierung der einzelnen Behörden und, damit zusammenhängend, die Systematisierung des innerbehördlichen Informationsflusses. Die Polizeikonzeption von G. Zimmermann artikulierte derartige Vorstellungen bereits um die Mitte

Satz sehr treffend: »Herrschaft ist im Alltag primär: Verwaltung«. (126)

93 Vgl. Ignatieff, State (wie Anm. 10), S. 83; T. Süle: Preussische Bürokratietradition: Zur Entwicklung von Verwaltung und Beamtenschaft in Deutschland 1871-1918. Göttingen 1988, S. 36.

94 Vgl. Funk, Polizei (wie Anm. 43), S. 211 ff. u. 296 f.; Süle, Bürokratietradition (wie Anm. 93), S. 25 ff. u. 31. Die Entwicklung in Bremen beschreibt: Krämer, Stunden (wie Anm. 35), S. 29 ff. u. 52. Zur Lage im Ruhrgebiet vgl.: R. Jessen: Polizei im Industrierevier. Göttingen 1991, S. 75 ff.

95 Vgl. Siemann, Polizei (wie Anm. 46), S. 73 ff.; J. F. Richardson: Berlin Police in the Weimar Republic. In: G. L. Mosse (Hg.): Police Forces in History. London 1975, 87 f.

96 Vgl. Ch. Graf: Politische Polizei zwischen Demokratie und Diktatur. Berlin 1983, S. 27; Krämer, Stunden (wie Anm. 35), S. 93. Diese Kontinuität zwischen dem Kaiserreich und der Weimarer Republik blieb allerdings auf den Bereich der Kriminalpolizei beschränkt: P. Leßmann: Die preußische Schutzpolizei in der Weimarer Republik. Düsseldorf 1989, S. 296 f.

des 19. Jahrhunderts[97]; die Berliner Schutzmannschaft setzte sie erstmals in die organisatorische Realität um. Das Personal der 1848 gegründeten Schutzmannschaft bestand in der Regel aus ehemaligen Unteroffizieren, die auf 36 Bezirke verteilt waren. Zusätzlich zu diesen Revieren gab es ein systematisch in Abteilungen gegliedertes Präsidium, dessen hierarchische Aufteilung den Informationsaustausch zwischen mehreren Abteilungen – etwa zwischen der Kriminalpolizei und dem Meldeamt – erleichterte.[98] Von Berlin ausgehend setzte sich diese Polizeikonzeption schließlich auch in anderen deutschen Großstädten durch.[99]

Neben dem Aspekt der Hierarchisierung werden in dieser knappen Charakteristik der Berliner Schutzmannschaft zwei zusätzliche Faktoren angesprochen: die Durchdringung des städtischen Raumes mittels dezentralisierter Reviere und die Vernetzung der Informationen mit den Datenbeständen anderer Abteilungen. Der dezentrale Einsatz der Polizisten sollte nicht nur den polizeilichen Herrschaftsanspruch vor Ort repräsentieren, sondern auch die Vorteile kleinräumiger Beobachtung und Kontrolle perpetuieren.[100] Denn die Kenntnis der lokalen Umstände und der persönlichen Verhältnisse der Bewohner eines Reviers war noch für die Ermittlungstätigkeit des 20. Jahrhunderts von ebensolcher Bedeutung wie die gewissenhafte Durchführung des »ersten Angriffs« nach geschehener Tat, der »meistens über das Schicksal der Sache entscheidet«.[101]

Durch die Systematisierung des Informationsflusses vom Revierpolizisten über den Reviervorstand bis zum Polizeipräsidium konnten die Wahrnehmungen der Exekutivbeamten effizient für die *Beobachtungen* der Kriminalbeamten genutzt werden.[102]

97 Zimmermann, Wesen (wie Anm. 11), S. 44 f.

98 Vgl. Funk, Polizei (wie Anm. 43), S. 61 ff., 69 u. 72; Siemann, Polizei (wie Anm. 46), S. 73.

99 Vgl. Krämer, Stunden (wie Anm. 35), S. 29 ff. (Bremen); Roscher, Großstadtpolizei (wie Anm. 1), S. 56 ff. (Hamburg).

100 Vgl. Faure, Intentions (wie Anm. 57), S. 16. Vgl. dazu auch die Kabinetts-Ordre vom 23. Juni 1848, die die Einrichtung der Schutzmannschaft in Berlin verfügte: Dennstedt/Wolffsburg, Polizei-Lexikon (wie Anm. 13), Bd. 5: S. 395 f.

101 Roscher, Großstadtpolizei (wie Anm. 1), S. 163 f.

102 Vgl. Dennstedt/Wolffsburg, Polizei-Lexikon (wie Anm. 13), Bd. 1: S. 108.

Denn die eigentliche Ermittlungstätigkeit erfolgte in den spezialisierten Kommissariaten der Polizeidirektionen. Dort hatten die Beamten bereits im 19. Jahrhundert Zugriff auf die Datenbestände anderer Abteilungen. Als Schaltstelle einer städtischen Polizeibehörde bezeichnete deshalb G. Roscher das Meldeamt, in dem die unterschiedlichen lokalen Informationsstränge zusammenliefen. Dazu gehörten die alphabetisch geordneten und als Karteiregister geführten Datenbestände, wie das Hauptregister, das Hausregister, das Steckbriefregister und das Strafregister sowie die Informationen des Erkennungsamtes. Dadurch, daß diese Informationsbestände aufeinander verwiesen, konnten sie zur schnellen und effizienten Rekonstruktion der *sozialen Identität* verwendet werden.[103] Die Handhabung dieser neuen Informationsbestände schien bereits in den Augen der Zeitgenossen neue Anforderungen an die Professionalität der Beamten zu stellen. Eine spezialisierte Ausbildung war in dieser Perspektive eine wesentliche Voraussetzung für einen effizienten Einsatz der Kriminalbeamten.[104]
Diese Skizze der polizeilichen Organisation zeigt das Entstehen eines immer dichter werdenden Netzes miteinander verknüpfter Informationsbestände, in dem die Meldedaten ebenso enthalten waren, wie die Wahrnehmungen der Revierpolizisten und die anthropometrischen beziehungsweise daktyloskopischen Erhebungen. Dieses personenbezogene Wissen resultierte aus der Anwendung der *Beobachtung* als methodischem Prinzip. Der dabei relevante »praktische« und zielgerichtete Blick orientierte die Infor-

103 Zur Organisation des Meldeamtes in Berlin vgl.: Dennstedt/Wolffsburg, Polizei-Lexikon (wie Anm. 13), Bd. 1: S. 774 ff. Eine Beschreibung der Hamburger Verhältnisse findet sich bei: Roscher, Großstadtpolizei (wie Anm. 1), S. 71, 90, 219 f. Die Verwendung von Karteikarten ermöglichte erst den Aufbau effizienter und aufeinander verweisender Informationssysteme; sie sollte deshalb in ihren Auswirkungen auf die polizeiliche Praxis nicht unterschätzt werden.

104 Krämer, Stunden (wie Anm. 35), S. 38, 40 f., 52. Die Forderung nach einer wissenschaftlichen Ausbildung der Kriminalbeamten findet sich auch in den Handbüchern der Jahrhundertmitte: Zimmermann, Polizei (wie Anm. 16), S. 1160 ff.; Zimmermann, Wesen (wie Anm. 11), S. 67; J. C. B. Avé-Lallemant: Die Krise der Polizei. Leipzig 1861, S. 67; C. A. Ackermann: Für die deutsche Polizei. Schwerin 1861, S. 42 f; vgl. auch: Funk, Polizei (wie Anm. 43), S. 214 f., 245 f., 287 ff.; Leßmann, Schutzpolizei (wie Anm. 96), S. 224 ff.; Liang, Polizei (wie Anm. 55), S. 144 f.

mationsgewinnung trotz Verwissenschaftlichung und Verschriftlichung des polizeilichen Alltags weiterhin an dem Personenkreis, der aufgrund des zeitgenössischen »Verbrecherbildes« die bevorzugte Zielgruppe polizeilicher Aufmerksamkeit war. Um die Jahrhundertwende begann sich zwar die Vorstellung von »dem Verbrecher« deutlich zu verändern. Doch die Adaption der zeitgenössischen Theorien an die Erfordernisse der polizeilichen Praxis und an das polizeiliche Erfahrungswissen beließ diesen weiterhin innerhalb der sozialen Randgruppen.

Bei diesem Perspektivenwechsel im Denken über »den Verbrecher« bezog man sich auf jene zeitgenössischen Diskurse, auf denen auch die Identifikationstechniken des späten 19. Jahrhunderts beruhten. Mittels der »neuen Lesbarkeit des Körpers«[105] versuchte man den »geborenen Verbrecher« zu erkennen. Dieselben Informationen, die A. Bertillon als Hilfsmittel zur Re-Identifikation von Wiederholungstätern konzipiert hatte, konstituierten eine biologisch definierte Gruppe anlagebedingter Delinquenten.[106] In der Weimarer Republik gewannen diese Merkmale und ihre wissenschaftliche Meß- und Interpretierbarkeit auch in den Augen der »Polizeiwissenschaft« immer mehr Relevanz als ein geeignetes Konzept zur umfassenden Prävention[107]; die entsprechenden kriminologischen Theorien fanden daher deutliche Resonanz unter den Angehörigen der Kriminalpolizei.[108] Und es ist gerade auch diese theoretische Orientierung, die man nicht unterschätzen darf, als Vorbedingung für eine personale und instru-

105 Strasser, Verbrechermenschen (wie Anm. 10), S. 47.

106 Phéline, L'image (wie Anm. 48), S. 19 ff., 47 ff., 72, diskutiert die Verbindungen zwischen den polizeilichen Methoden der Identitätsfindung und den zeitgenössischen Diskursen über die Definition, Ermittlung und Ausgrenzung von »Marginalisierten«: Er beschreibt diese Nähe als Resultat sowohl persönlicher Beziehungen, als auch des Austausches von Methoden und Datenbeständen. Vgl. auch: Strasser, Verbrechermenschen (wie Anm. 10), S. 62. Institutionalisiert wurde diese Sichtweise im Kriminalbiologischen Dienst, der 1937 eingerichtet wurde: Reifner, Justiz (wie Anm. 51), S. 99. Vgl. zu diesem Problem auch: R. Harris: Murders and Madness: Medicine, Law and Society in the Fin de Siècle. Oxford 1989, bes. S. 121.

107 Bereits Zimmermann, Polizei (wie Anm. 16), S. 419, sah in einer deutlich verbesserten Phrenologie ein zukünftiges Mittel für eine umfassende Prävention.

108 Liang, Polizei (wie Anm. 55), S. 151 f.

mentale Kontinuität der Polizeiarbeit zwischen der Weimarer Republik und dem Dritten Reich, in dem diese kriminologischen Theorien zur polizeilichen Handlungsmaxime erhoben wurden.[109]

109 R. Angermund: Deutsche Richterschaft 1919-1945. Krisenerfahrung, Illusion, politische Rechtsprechung. Frankfurt 1990, bes. S. 38, bezieht sich vor allem auf die Kontinuität von Weltanschauungen und blendet den Aspekt der theoretischen Orientierung weitgehend aus.

Abbildungsnachweis

Abb. 1: Räuber aus dem ersten Jahrzehnt des 19. Jahrhunderts. In: Avé-Lallemant: Das deutsche Gaunertum, Bd. 2 (wie Anm. 11).

Abb. 2: Berufsmäßige Einbrecher. In: Heindl: Der Berufsverbrecher, (wie Anm. 36), S. 265.

Abb. 3: Physiognomie russischer Verbrecherinnen. In: G. Lombroso/C. Ferrero: La donna delinquente, la prostituta e la donna normale. Torino 1893.

Abb. 4: Service d'identification. Exposition universelle de Chicago. Préfecture de Police 1893. Paris, Bibliothèque nationale, G61717.

Martin Leuenberger

Zur Kriminalisierung der Normalität: Die Definitionsgewalt von Polizisten gegenüber Jugendlichen Ende des 19. Jahrhunderts

»Gestern Nachmittags 1/2 3Uhr kam der in Allschwyl stationirte basellandschaftliche Landjäger W. auf die Bureauwache und meldete, dass er nach der entwendeten Uhr in der Wohnung der Eltern D.s gesucht und die Mutter D. ihm dieselbe gleich übergeben habe; die Uhr sei in der Kommodenschublade gelegen. Im weitern fügte W. noch bei, dass er durch die Mutter D.s erfahren habe, deren Knabe werde im Restaurant zum Schweizerhaus sich befinden; ... gez. L.«[1]

Verhaftungen von jugendlichen »Gesetzesbrechern« sowie die Suche nach den entwendeten Gegenständen machten in der Stadt Basel des ausgehenden 19. Jahrhunderts und den umliegenden Dörfern scheinbar keine großen Mühen. Die Polizisten brauchten bloß die Familienangehörigen oder gleichaltrige Jugendliche zu befragen. Oder sie konnten auf Personen zurückgreifen, die mit Jugendlichen in Kontakt kamen: Trödler und Händler, Wirte und Ladenbesitzer. Genau aus diesen Gründen aber tritt in Gerichtsakten immer wieder der Alltag der Jugendlichen hervor.[2] Ihre von

1 Dieses und alle folgenden Zitate stammen aus Fallbeispielen des Staatsarchives Basel-Stadt (StaBS).
Ohne besondere Anmerkungen sind dies die folgenden aus StaBS Gerichtsarchiv JJ:
Carl Benjamin D., 13. 5. 1876;
Emil H. & Cons., 22. 3. 1892;
Carl Ha. & Cons., 2. 11. 1880;
Theobald J. & Cons., 6. 8. 1892.
Elise M., 3. 7. 1886 (s. v. Carl Friedrich E. & Cons.);
Carl R. & Cons., 6. 12. 1876;
Gottlieb St. & Cons., 12. 5. 1883.

2 Für das Folgende gehe ich von meiner Untersuchung über »Jugendkriminalität« in Basel zwischen 1873 und 1893 aus. Martin Leuenberger: ›Mitgegangen – Mitgehangen‹. ›Jugendkriminalität‹ in Basel 1873-1893. Zürich 1989. Dieser Untersuchung lagen 703 Gerichtsprotokolle mit

der Obrigkeit als Delikte qualifizierten Handlungen waren in der Regel keine spektakulären Fälle. Im Gegenteil: Meistens handelte es sich um wenig außerordentliche Begebenheiten jugendlicher »Kleinkriminalität«. Das Besondere daran liegt allein darin, daß mit der Strafanzeige der »Polizei« die Jugendlichen zu »Angeklagten« wurden, daß ihre Handlungen registriert, aktenkundig wurden.

Im folgenden geht es um die Analyse des polizeilichen Handelns. Dazu scheint es mir sinnvoll, vom Handeln des einzelnen Polizisten auszugehen. Ich wähle somit einen mikrologischen Zugang zur Interpretation: die soziale Interaktion zwischen Polizist und beschuldigten Jugendlichen. Natürlich waren Landjäger Angehörige des Polizeikorps.[3] Und zweifellos gehörten sie dadurch zum »Apparat der Strafverfolgung«.[4] An der Bestimmung dessen, was letzten Endes als »kriminell« zu gelten hatte, hatten alle beteiligten Instanzen ihren Anteil. Doch stellt sich die Frage, wieweit sie diesen mit unterschiedlichen Interessen und unterschiedlichen Deutungsweisen wahrnahmen. Ich glaube deshalb, indem ich die Polizisten vom übrigen »Apparat der Strafverfolgungsbehörden« gesondert betrachte, historische Tiefenschärfe gewinnen zu können.[5] Stützte ihre Sicht der Dinge nur die der Strafrichter? Diese verharrten oft bei einem Menschenbild, das Angeklagte der Kategorie der »Verwahrlosten«, der »Verkommenen«, der »krankhaft Veranlagten«, kurz der Welt des Anormalen zuordnete. Landjäger und Polizisten hatten in den Stadtteilen im Gegensatz zu den Richtern fast täglich mit Jugendlichen, nicht einmal notwendiger-

899 Nennungen von jugendlichen Angeklagten und zehn ausgewählte Dossiers eigentlicher Gerichtsakten zugrunde.

3 Die zeitgenössische Bezeichnung »Landjäger« und die modernere Bezeichnung »Polizist« werden synonym verwendet. Gerichtsweibel dagegen sind nicht Angehörige des Polizeikorps, sondern Hilfskräfte des Strafgerichts.

4 Im Grunde genommen sind Justiz und Polizei zwei verschiedene Verwaltungsinstitutionen. Vgl. dazu Robert Heuß: Das Ermittlungsverfahren nach der Basler Strafprozeßordnung unter besonderer Berücksichtigung der behördlichen Organisation. Basel 1980, S. 94 ff.

5 Vgl. Peter Malinowski/Manfred Brusten: Strategie und Taktik der polizeilichen Vernehmung. In: Klaus Lüderssen/Fritz Sack (Hg.): Seminar. Abweichendes Verhalten III. Frankfurt a. M. 1977, S. 118. Sie beurteilen ein derartiges Vorgehen als »grobe theoretische Verkürzung«.

weise mit delinquenten, zu schaffen. Ihnen müßte also daran gelegen gewesen sein, im Umgang mit »Kriminalität« eine andere, eine pragmatischere Strategie zu entwickeln als die Richter. Mit anderen Worten: Mich interessiert, welche Wirklichkeitssicht die Gerichtsakten von der untersten Ebene des Institutionengefüges der Strafverfolgung, von den Landjägern und Polizisten, vermitteln.

Das Strafgesetz drohte nicht nur für die Verletzung seiner Regelvorschriften Sanktionen an, sondern durch das Strafgesetz wurden auch die Felder vorgegeben, in welchen bestimmte »Verbrechen« zu suchen waren. Das Strafgesetz diente so zur Konstruktion kriminogener Milieus.[6] Die Auswahl innerhalb dieser Milieus war jedoch Sache der örtlichen Polizei. Dadurch erhielt sie ein selektiv zu behandelndes Betätigungsfeld. Durch ihre wichtige Stellung bei der Einleitung eines Verfahrens kam den Polizei-Rapporten eine prägende Kraft zu. Letztlich waren es die Polizisten, die durch ihre Anzeigen und Rapporte mitbestimmten, was letztendlich durch ein Gerichtsurteil als »kriminell« bezeichnet wurde. Die Landjäger spielten bei der Stigmatisierung eine zentrale Rolle. Auf der »unteren« Ebene der Polizisten blieben Handlungsräume offen. Polizisten waren nicht bloß ausführende Organe ohne Eigenständigkeit und ohne eigenen Handlungsspielraum. In bestimmter Weise konnten sie durch ihre Einordnung, durch die Form ihrer Beschreibung und Zugriffe den weiteren Verlauf der Untersuchungsverfahren vorausbestimmen. Sie besaßen Definitionskraft.[7] Wie sich Landjäger und Polizisten in bestimmten Situationen verhielten, hing wohl eng mit ihrer individuellen Wahrnehmung zusammen und im Besonderen mit ihren Vorstellungen über die Wirkungen ihres Handelns. Diese wie-

6 Ich verwende bewußt nicht den Ausdruck unterschichtspezifisch, weil Strafgesetze in den Deliktkatalogen auch Handlungen enthalten, die weder auf die Unterschicht noch auf Jugendliche zutreffen. So enthält das Strafgesetz Basel-Stadt von 1873 einige Paragraphen, die sich auf Wirtschaftsverbrechen beziehen, die meiner Ansicht kaum in der Unterschicht anzutreffen sind. (StG BS »Strafbare Handlungen im Verkehr mit Wertpapieren« § 152.)

7 Ein noch auszuführender diachroner Vergleich verschiedener Fassungen der Strafgesetze und der Polizeistrafgesetze könnte Hinweise darauf geben, wieweit diese Definitionskraft der Landjäger wieder in die gesetzliche Normierung einfloß.

derum waren Ausdruck ihres Orientierungsvermögens innerhalb des institutionell vorgegebenen Rahmens. Die Landjäger und Ermittlungsbeamten als ausführende Organe des Rechtsapparates verfolgten in der raschen, möglichst reibungslosen und unkomplizierten Durchführung von Vernehmungen und Verhaftungen ein in dieser spezifischen Absicht anderes Interesse als die Untersuchungsrichter und Staatsanwälte, denen mehr an umfangreichen Recherchen und manchmal geradezu filigraner Ermittlungsarbeit gelegen war zugunsten der Entscheidungsfindung des Strafgerichts. Bei jedem Ermittlungs- und Untersuchungsverfahren handelte es sich um einen Rekonstruktionsvorgang, in dem die mit der Untersuchung befaßten Personen verschiedene Informationen anhörten (oder visuell auswerteten) und dann eine Wirklichkeit konstruierten. Um diese Wirklichkeitskonstruktion überhaupt anpacken zu können, machten sie sich verschiedene Strategien zunutze.[8]

Institutionelle Rahmenbedingungen polizeilichen Handelns

Bis ins Jahr 1816 gab es in Basel ein aus Soldaten der Stadtgarnison besetztes »Harschiererkorps«, das zur Aufgabe hatte, das »Gesindel wegzuschaffen«.[9] Daneben begann mit dem »Gesetz wegen Einrichtung einer Kantonspolizey« 1826 die Einrichtung eines eigentlichen Polizeikorps, welches zunächst mit einem Leutnant, acht Unteroffizieren und 26 Landjägern besetzt war. Es gab 15 Posten im ganzen Kantonsgebiet, das – bis zur Trennung in zwei Halbkantone 1833 – allerdings noch die Stadt und Landschaft Basel umfaßte. Eine eigentliche Kriminalpolizei wurde 1871 geschaffen. Sie bekam neu auch die Aufgabe, »polizeiliche Voruntersuchung zu führen«.[10] 1872 wurden ein neues Straf- und ein neues Polizeistrafgesetz verwirklicht, die 1873 in Kraft traten. Maßgebend für das Vorgehen der Strafverfolgungsbehörden und damit auch der Polizei war die 1862 verabschiedete Strafprozeßordnung, die zum ersten Mal die Mündlichkeit und Öffentlichkeit

8 Vgl. Malinowski/Brusten, Strategie (wie Anm. 5), S. 112 ff.
9 Heuß, Ermittlungsverfahren (wie Anm. 4), S. 75.
10 Heuß, Ermittlungsverfahren (wie Anm. 4), S. 81.

des Hauptverfahrens sowie das Anklageverfahren zu Grundprinzipien erhob. Gerichtsverfahren setzten sich aus verschiedenen einzelnen Abschnitten zusammen. Stets am Beginn eines Strafverfahrens stand die »polizeiliche Prozeßeinleitung«. Durch den Rapport eines Polizisten oder die Anzeige von Drittpersonen wurde eine Strafuntersuchung eingeleitet. Ihr folgten die vom Untersuchungsrichter verantwortete »richterliche Voruntersuchung«, dann der sogenannte »Überweisungsbeschluß«, das heißt der Beschluß, das Verfahren entweder dem Strafgericht zu überantworten oder es zu sistieren. Den Abschluß eines Gerichtsverfahrens beziehungsweise einer Gerichtsakte bildeten die Anklage(schrift) und das Urteil durch das Strafgericht. Weiter wurde in der Strafprozeßordnung festgehalten, daß eine Anhörung der Verdächtigen und eventueller Zeugen vorzunehmen sei. Die Strafprozeßordnung von 1862 wurde erst 1931 einer Totalrevision unterzogen.[11] Allerdings gab es im Laufe der Zeit aufgrund der veränderten Lebensverhältnisse in Basel verschiedene partielle Veränderungen. Damit ist einerseits der politische Wandel vom alten konservativen »Ratsherrenregiment« zum neuen, weit professionelleren Departementssystem der »Freisinnigen« gemeint.[12] Andererseits wird damit auch auf das enorme Bevölkerungswachstum Bezug genommen, das Basel in der zweiten Hälfte des 19. Jahrhunderts durchlief.[13] Auf etwa 80 000 Einwohnerinnen und Einwohner kamen zwei Offiziere und 88 Landjäger im Polizeikorps.[14]

11 Heuß, Ermittlungsverfahren (wie Anm. 4), S. 105.

12 Vgl. Martin Schaffner: Geschichte des politischen Systems von 1833 bis 1905. In: Lukas Burckhardt et al. (Hg.): Das politische System Basel-Stadt. Basel 1984.

13 Der »Ratschlag und Gesetzesentwurf über Organisation der Polizei« vom 26. Oktober 1891 nannte folgende Zahlen: »Statt der 64 000 Seelen laut der Volkszählung von 1880 ... hat die seitherige Volkszählung von 1888 eine Gesamtzahl von 76 491 Einwohnern ergeben.« StaBS Straf & Polizei J 1. Zum Bevölkerungswachstum der Stadt Basel speziell zu Ende des 19. Jahrhunderts vgl. Philipp Sarasin: Stadt der Bürger. Struktureller Wandel und bürgerliche Lebenswelt. Basel 1990.

14 Diese 88 Mann waren folgendermaßen verteilt: 71 für den eigentlichen Ortspolizeidienst. 17 für Bureauarbeiten, Transporte, für das Fahndungswesen oder als »frisch eingestellte Mannschaft«. Während des Nachtdienstes war das Korps um 25% schwächer besetzt: »Von den 88 Landjägern fallen für den Nachtdienst in der Stadt aus: 7 ältere Unteroffiziere, 4 Mann in den Landgemeinden, 3 an den Bahnhöfen, 5

Mittels der im parlamentarischen »Ratschlag und Entwurf über Organisation der Polizei« vom 26. Oktober 1891 vorgeschlagenen Erhöhung sollte eine Zahl von 116 Landjägern erreicht werden. Neu zu regeln war auch die Besoldung der Landjäger. Für einen Landjäger 1. Klasse sollte der Tagessold von Fr. 4,60 auf Fr. 5,20 angehoben werden. Damit würde der Jahresverdienst um etwa 200 Franken auf knapp 1900 Franken steigen.[15]
Aufschlußreich ist die im Ratschlag des Parlaments angegebene topographische Verteilung der Landjäger in der Stadt deshalb, weil sie deutlich werden läßt, daß durch die Postierung von 26 Mann auf den beiden Posten »Rathaus« und »St. Klara« das Schwergewicht der Kontrolle und Beargwöhnung auf den engbesiedelten, typischen Quartieren der Unterschicht lag.
Ich wähle für das Folgende einen bestimmten Abschnitt im Strafverfahren aus, jenen der »polizeilichen Prozeßeinleitung«. Innerhalb des von der Strafprozeßordnung sowie dem Gesetz über die Organisation der Polizei vorgegebenen, institutionellen Rahmens war der Handlungsfreiraum der Langjäger und Polizisten bei der »polizeilichen Prozeßeinleitung« am größten. Später im Verlauf des Verfahrens hatten sie diese führende Rolle den Untersuchungsrichtern abzutreten und wurden zu deren Handlungsgehilfen.

Polizeiliche Praxis

Die polizeiliche Praxis läßt sich nicht in einzelne, klar gegeneinander abzugrenzende Phasen unterteilen. Die einzelnen Handlungsabläufe überlagerten sich gegenseitig. Der Landjäger hatte in

ärztlich dispensirte und 3 wegen anderer Dienstanforderungen, zusammen 22 Mann«.

15 Zum Vergleich siehe Philipp Sarasin, Stadt der Bürger (wie Anm. 13), S. 122: »Die große Mehrheit, genau 76,3% aller der städtischen Gemeindesteuer unterworfenen Lohnempfänger, resp. als Steuersubjekt geltenden Familienvorstände verdienten 1892 denn auch weniger als 2000 Franken; 51,3% aller Einkommen lagen gar nur zwischen 800 und 1200 Franken.« Offenbar gab es Schwierigkeiten, genügend »tüchtige Leute« für den Polizeidienst zu rekrutieren. Hinsichtlich der Löhne können Polizisten wohl am ehesten mit Vorarbeitern in den Fabriken verglichen werden.

der Regel einer Anzeige nachzugehen oder von seinen eigenen Beobachtungen ausgehend Delinquentinnen und Delinquenten »dingfest« zu machen. Dieser Arbeitsschritt war die »Ermittlung von Personen«. Ein anderes Betätigungsfeld betraf die »Ermittlung der Sache«. Es mußte abgeklärt werden, worum es ging, welcher Paragraph des Strafgesetzes in Anwendung kommen würde. Das schriftliche Verfassen der Polizei-Rapporte durch einen Schreiber könnte man als dritten Arbeitsschritt bezeichnen. Er gliedert die Wiedergabe der beiden ersten durch die formale Anordnung »zur Person« und »zur Sache«. Die wichtigste Form der Arbeit war diejenige des Verhörs oder der Einvernahme.

1. Verhör

In den in die Ermittlungen eingebetteten Verhören benutzten die Landjäger bestimmte Strategien der Gesprächsführung. Um diese Taktiken deutlich zu machen, beziehe ich mich auf ein einzelnes Fallbeispiel.

Das Fallbeispiel Elise M.

Landjäger Cäsar B. rapportierte unter dem Datum des 29. Juni 1886 folgenden Sachverhalt:

»Heute Mittag um 12 Uhr bin ich vom Spezereihändler G., St. Johannsvorstadt No. 65, darauf aufmerksam gemacht worden, dass hinter dem Schlachthaus beim Rhein unten ein junges Mädchen von 2 Burschen in unsittlicher Weise herumgedrückt werde. Ich begab mich schnell dorthin und erkannte in dem Mädchen die mir als leichtsinnig bekannte 13 Jahre alte E. M., welcher von einem der Burschen unter den Rock gegriffen wurde. Ich veranlasste das Mädchen, welches ich schon öfters auf dem Strich gesehen habe, und das mir auch von vielen Frauenspersonen als eine Dirne bezeichnet worden ist, auf den Posten zu kommen, nahm den beiden Burschen die Uhren ab und verbrachte alle 3 Personen Nachmittags um 2 Uhr auf den Lohnhof. Die Uhren habe ich den Burschen wieder zurückgegeben. Die Mutter des Mädchens ist auch auf dem Lohnhof erschienen, um sich über das Kind zu beklagen. Die Elise M. soll seit 3 Wochen die Schule nicht mehr besucht haben. Andere Zeugen des öffentlichen Ärgernisses, das die 3 Personen gegeben haben, sind nicht zugegen gewesen.«

»Hierauf wird vorgeführt: Elise M. von Alberswyl, Kt. Luzern, geb. 1. Februar 1873, Schülerin der 5. Kl. der Sekundarschule im Steinenschulhaus, bei ihrer (überschrieben mit: seiner) Mutter Frau A., Elsässerstrasse No. 1, dahier wohnhaft, nie bestraft, Eltern beziehungsweise ausserehel. Mutter Katharina A., geb. M.«

Elise M. machte zur Sache folgende Aussage. So steht es im Protokoll:

»Ich bin heute vormittags an den Rhein hinunter gegangen, um Binsen zu suchen, dabei sind mir die beiden Burschen, welche fischen wollten, entgegen gekommen und haben mich trotzdem ich schrie mit Gewalt veranlasst, zwischen sie auf ein Bänkchen zu sitzen; dort küssten sie mich, und einer, der jüngere, versuchte mir unter den Rock zu greifen, woran mein Sträuben ihn jedoch hinderte. Es ist nichts Unsittliches gegangen. Als uns Ldj. B. sah, sind wir zusammen auf dem Bänkchen gesessen, und es geschah ebensowenig etwas Unsittliches. Es ist nicht wahr, dass ich in sittlicher Beziehung leichtsinnig sei und mit Herren geschlechtlichen Umgang suche; ich habe so etwas noch gar nicht getan; man kann mich ärztlich untersuchen lassen. Es ist allerdings wahr, dass ich einige Male mich in schlechter Gesellschaft, z. B. der beiden Schwestern Elise und Lina B. am Trillen, sage Imbergässlein, ferner der erst 12 Jahre alten Rosa H., St. Johannvorstadt No. 78, welche, wie sie mir gesagt hat, nicht nur mit anderen Knaben, sondern auch mit ihrem 13 Jahre alten Bruder Unsittlichkeiten treibt, befunden habe, aber desswegen habe ich mich noch nie verführen lassen, trotzdem mir es namentlich die beiden B. schon zugeredet haben.«

Die bei der Einvernahme der Elise anwesende Mutter entlastete ihre Tochter. Sie signalisierte aber auch, daß sie mit der Kontrolle über Elise Mühe hatte, weil sie ja den ganzen Tag in der Fabrik arbeiten mußte. Auf die Idee, daß »das Mächen mit Herren Umgang haben könnte«, sei sie noch nie gekommen, weil es »noch gar jung ist«. Nun war der Mutter nicht verborgen geblieben, daß Elise oft recht spät am Abend nach Hause kam, doch hatte sie Elise stets in der Gesellschaft von Mädchen beobachtet, sie »nie bei Knaben getroffen«. »Sollte von Seiten der beiden mit dem Mädchen verhafteten Burschen etwas Unsittliches an meiner Tochter begangen worden sein«, so stelle sie, die Mutter der Elise M., »Strafantrag«. Hinsichtlich des von Landjäger B. erhobenen Vorwurfs des nachlässigen Schulbesuchs entschuldigte die Mutter ihre Tochter dadurch, daß diese »wegen Lungenleidens 10 Tage lang im Spital und dann noch einige Tage zu Hause verpflegt worden sei«. Erst seit kurzem schicke sie die Tochter »wieder zur

Schule«, was Elise M. »scheints« nicht befolgte. Dann wurde der 21 Jahre alte Karl Friedrich E. vorgeführt:

»Ich bin heute vormittags mit meinem Kameraden Konrad G. an den Rhein zu dem Schlachthaus hinuntergegangen um zu fischen. Als wir um 1/2 12 Uhr nach Hause gehen wollten, trafen wir das Mädchen an, welches am Rheinufer umherlief. Wir hielten es an, und setzten uns dann miteinander auf ein Bänkchen, wo wir miteinander redeten, sie wollte meinen Kameraden beim Tanz im Klarabad schon gesehen haben. Es ist nicht wahr, dass wir das Mädchen küssten und ihm unter den Rock griffen, wenigstens ich habe es nicht gethan.«

Nach ihm wurde gleich Konrad G. einvernommen. Berief sich Karl Friedrich E. hinsichtlich des Ansprechens noch auf gemeinsames Handeln, so behauptete der 26jährige Konrad G. bereits am Anfang seiner Aussage: »E. hat das Mädchen zuerst angesprochen und ist mit demselben dem Bänkchen zugegangen, wo es sich freiwillig zu ihm setzte.« Elise M. hatte behauptet, den Konrad G. beim Tanzen gesehen zu haben. Jedoch stritt er unsittliche Redensarten oder gar unsittliche Handlungen ab:

»Es ist nicht wahr, dass ich ihr unter den Rock gegriffen habe, der andere hat das gethan, ich habe es gesehn; das Mädchen sträubte sich dabei, so dass er ihr nur an den Unterschenkel greifen konnte. Das Mädchen setzte sich aber immer wieder zu meinem Kameraden, wenn derselbe versucht hatte, ihr zwischen die Beine zu greifen.«

Während Konrad G. im Strafenauszug, im »Journal«, nicht vorkam, war Karl Friedrich E. 1884 polizeigerichtlich wegen Unfug zu 6 Tagen Haft verurteilt worden. In der Anklageschrift, die aufgrund der »richterlichen Voruntersuchung« erstellt wurde, wurde den Angeklagten E. und G. vorgeworfen, daß sie in unsittlicher Weise die mitangeklagte Elise M. längere Zeit herumdrückten. Dies taten sie laut Anklageschrift mit deren Einverständnis. Das Urteil des Strafgerichts übernahm diese Argumentation fast wortwörtlich. Alle drei Angeklagten wurden für schuldig befunden und bestraft.

Ähnlich wie in zahlreichen anderen »Fällen« sind im Verhalten der Elise M. und demjenigen der beiden jungen Männer häufig vorkommende Handlungsweisen zu sehen. Daß aus ihrem Zusammentreffen ein »Sexualdelikt« entstand, ist daher eine Frage der Wahrnehmung von Fremdpersonen. Es ist kennzeichnend, daß der als Zeuge aufgeführte Spezereihändler G. laut seiner eige-

nen späteren Aussage erst beim gemeinsamen Mittagstisch mit seiner Frau den Entschluß faßte, das vormittägliche Vorkommnis doch noch der Polizei zu melden.
Die narrative Erzählung, als die die Aussage der Elise M. im Rapport erschien, war vom Vorgehen des Polizisten sowie vom schriftlichen Verfassen eines Textes durch einen Schreibenden bestimmt.[16] Wie sollte eine jugendliche Angeklagte ihre Aussage mit dem Satz »Es ist nicht wahr, daß ...« beginnen, wenn ihr nicht eine entsprechende Aussage vorgehalten worden war? In der Regel wurde der Wortlaut der polizeilichen Fragen beim Protokollieren nicht notiert.[17] Das Interesse des Schreibers und des Landjägers lag am Dokumentationscharakter der Aussagen. An den Ausflüchten und Umwegen der Elise M. waren sie erst dann interessiert, wenn die Namen anderer Jugendlicher, möglicher Delinquentinnen und Delinquenten, auftauchten. Zum Beispiel wurde deshalb die für Elise M. wohl eher belanglose und ganz nebensächliche Frage wichtig, wie alt die Rosa H. sei. Jugendliche unter zwölf Jahren konnten nicht angeklagt werden!
Bevor die verschiedenen Taktiken der Verhörführung besprochen werden, möchte ich anhand des Fallbeispiels eine Verhörsituation nachträglich wieder als Dialog kenntlich machen. Für dieses Gedankenspiel verwende ich den originalen Wortlaut der Prozeßeinleitung (vgl. vorne S. 140) und gebe den kursiv gesetzten Zitaten Konjekturen hinzu, die ich für vertretbar halte.[18]

16 Es ist nicht ganz eindeutig, wer das Protokoll der Einvernahme schrieb. Die verschiedenen Handschriften deuten darauf hin, daß es nicht ein professioneller Schreiber, sondern ein anderer Polizist gewesen sein könnte. Ganz sicher kann es aufgrund der Unterschrift nicht der anzeigende Polizist selbst gewesen sein. Über einen Schreiber verfügten aber nur Untersuchungs- und Strafrichter.

17 Ich fand jedoch einige Ausnahmen, in welchen die Fragen zwar nicht explizit protokolliert wurden, die narrative Struktur der protokollierten Aussagen von verhörten Personen aber immerhin mittels Nummer (Frage 1, Frage 2 etc.) durchbrochen wurde.

18 Dieser Rekonstruktionsversuch wurde u. a. auch angeregt durch Eindrücke während des Strafprozesses gegen einen Jugendlichen vor dem Jugendgericht Baselland vom April 1987, an dem ich als Beobachter teilnahm. Aufgrund dieser Beobachtungen halte ich es für unwahrscheinlich, daß Jugendliche in der Regel ausführliche und längere Erzählmonologe halten. Das Gegenteil ist wahrscheinlicher: Sie antworteten kurz und unpräzis.

Nach der Aufnahme der Personalien könnte der Polizist das Verhör mit den Worten begonnen haben:
Polizist: »Erzähle, was sich zugetragen hat.«
Elise M.: *»Ich bin heute vormittags an den Rhein hinunter gegangen, um Binsen zu suchen. Dabei sind mir die beiden Burschen entgegen gekommen.* Sie wollten, daß ich mich aufs Bänkchen setze.«
Polizist: »Du bist stehengeblieben?«
Elise M.: »Ich wollte nicht bleiben, aber sie haben mich *mit Gewalt* gezwungen, *zwischen sie auf das Bänkchen zu sitzen.*«
Polizist: »Und du hast ihnen gehorcht?«
Elise M.: »Ich habe *geschrieen*, aber sie haben mich gezwungen.«
Polizist: »Und?«
Elise M.: *»Dort küssten sie mich, und einer versuchte, mir unter den Rock zu greifen.«*
Polizist: »Welcher?«
Elise M.: *»Der jüngere.«*
Polizist: »Was heißt hier ›versuchte‹? Er hat dir doch unter den Rock gegriffen! Oder?«
Elise M.: »Ich habe mich gewehrt und ihn daran gehindert.«
Polizist: »Du behauptest also, er habe dir nicht unter den Rock gegriffen.«
Elise M.: »Ah, *es ist nichts Unsittliches gegangen.*«
Polizist: »Du kommst nicht drum herum, der Landjäger hat's gesehen.«
Elise M.: *»Als der Landjäger uns sah, sind wir zusammen auf dem Bänkchen gesessen.* Es ist *nichts Unsittliches gegangen.*«
Polizist: »Jetzt hör mir mal zu. Du bist ein ganz liederliches Mädchen. Und das wissen alle. Alle wissen, daß du leichtsinnig bist, daß du in sittlichen Sachen verkommen bist und immer wieder den Männern nachläufst und mit ihnen geschlechtlichen Umgang hast. Das haben uns andere Leute gesagt, die dich kennen. Wir wissen das!«
Elise M.: »Das ist nicht wahr.«
Polizist: »Was, daß du ein leichtsinniges, liederliches Mädchen bist?«
Elise M.: *»Es ist nicht wahr, dass ich in sittlicher Beziehung leichtsinnig sei und mit Herren geschlechtlichen Umgang suche. So etwas habe ich noch nie getan.«*

Polizist: »Das kann jede sagen. Aber wir können dich ja *ärztlich untersuchen lassen.*«
Elise M.: »Das *kann man.*«
Polizist: »Und dann stellt sich doch heraus, daß du ein verkommenes Geschöpf bist. Solche wie dich gibt's mehr als genug. Du treibst dich dauernd in schlechter Gesellschaft 'rum und behauptest dann hier, du wüßtest von allem nichts.«
Elise M.: »*Dass ich einige Male in schlechter Gesellschaft war, ist* schon *wahr*, aber nur ein paar Mal.«
Polizist: »So, also doch, und wer war das?«
Elise M.: Schweigt. – »Mmmh, *die Schwestern Elise und Lina B. am Trillen.*«
Polizist: »Du meinst das *Imbergässlein.* – Wer noch?«
Elise M.: »*Rosa H.*«
Polizist: »Wo wohnt die?«
Elise M.: »Sie ist *erst 12* und *wohnt an der St. Johannsvorstadt 78.* Sie hat mir gesagt, *dass sie nicht nur mit anderen Knaben, sondern auch mit ihrem Bruder, der 13 ist, Unsittlichkeiten treibt.*«
Polizist: »Und von ihnen hast du deine eigene Unsittlichkeit gelernt?«
Elise M.: »*Ich habe mich noch nie verführen lassen, trotzdem es mir die beiden Schwestern B. schon zugeredet haben.*«

Folgende Taktiken der Verhörführung lassen sich an diesem Beispiel verdeutlichen.[19]

1) Die Landjäger oder Untersuchungsrichter stellten Fragen; die verhörten Personen hatten darauf zu antworten. Die Beschuldigten wurden so in die Rolle der reagierenden, verunsicherten Erzählerinnen und Erzähler gezwungen. Darauf deutet die Formulierung hin: »Es ist nicht wahr, dass ich in sittlicher Beziehung leichtsinnig sei ...«

Das beschuldigte, immerhin erst 13 Jahre alte Mädchen gebrauchte das Wort »leichtsinnig«, welches bereits vorher im Rapport verwendet worden war. Es handelte sich also lediglich um eine Wiederholung, und es ist wahrscheinlich, daß das Wort »leichtsinnig« in dieser Konnotation nicht dem Wortschatz des Mädchens entstammte. Genauso ist das der Fall beim Ausdruck »geschlechtlicher Umgang«. Für Geschlechtsverkehr verwendete Elise M. »etwas Unsittliches« oder »Unsittlichkeiten«. Daraus läßt sich auch

19 Vgl. Malinowski/Brusten: Strategie (wie Anm. 5), S. 112 ff.

Einblick in die Wertskala von Elise M. gewinnen, was ihre Unterscheidung von »sittlich« und »unsittlich« anbelangt.

2) Die Angeklagten wurden durch Aufdecken von Widersprüchlichkeiten oder suggestive, allenfalls spekulative Vorhaltungen dazu gebracht, ihre eigenen Aussagen zu vervollständigen oder andere belastende Aussagen zu machen: »Es ist allerdings wahr, dass ich einige Male mich in schlechter Gesellschaft, zum Beispiel der Schwestern Elise und Lina B. ... mich befunden habe.« Auch hier muß eine Unterstellung vorausgegangen sein, der das verhörte Mädchen nachgab, und so zwar nicht ein Teilgeständnis ablegte, aber doch in die Konstruktion seiner »Liederlichkeit« einwilligte.

3) Die Ermittlungen liefen darauf hinaus, das Vorleben der Angeklagten aufzuspüren und einen kausalen Zusammenhang zur delinquenten Handlung herzustellen: »Ich veranlasste das Mädchen, welches ich schon öfters auf dem Strich gesehen habe, und das mir von vielen Frauenspersonen als eine Dirne bezeichnet wurde ...« War sich der Landjäger da sicher? Immerhin unterstellte er dem Mädchen Straßenprostitution. Dieses Zitat belegt deutlich die Vorurteilsstruktur. Ein paar Zeilen vorher war das Wort »leichtsinnig« verwendet worden, und nun wurde daraus bereits eine »Dirne«.

In anderen Fällen wurde diese retrospektive Konstruktion der Biographien mittels Auszügen aus dem Vorstrafenregister und den Angaben der Jugendlichen »zur Person« bewerkstelligt.

4) Ermessensspielraum und Definitionsmacht wurden ausgenützt, um die Angeklagten zu diskreditieren.[20] Neben dem eben zitierten Passus signalisierte der Landjäger mit den Worten: »... und erkannte die mir als leichtsinnig bekannte 13 Jahre alte Elise M.«, auch, daß er die Verhörte bereits kannte. Durch das Einbringen negativer Erfahrungen schrieb er den neuerlichen Ereignissen einen ebenfalls negativen Objektivitätsgehalt zu. »Andere Zeugen des öffentlichen Ärgernisses, das die drei Personen gegeben haben, sind nicht zugegen gewesen.« Der Landjäger nannte gleich das vorgesehene Delikt der »Erregung öffentlichen

20 Vgl. Harold Garfinkel: Bedingungen für den Erfolg von Degradierungszeremonien. (1974) In: Klaus Lüderssen/Fritz Sack (Hg.): Seminar: Abweichendes Verhalten III, a.a.O., S. 31 ff., und Erving Goffman: Stigma. Frankfurt a.M. 1975, S. 56 ff.

Ärgernisses«. Dadurch definierte er die »Straftat«. Ähnliches läßt sich für das Delikt »Unfug« feststellen. Im Verständnis der Polizisten entbehrten die jugendlichen Handlungen dieser Deliktkategorie jeglichen »Sinngehalts«, sie waren sinnlos. Hier zeigt sich die Logik einer Gesellschaft, die allenfalls in einem Diebstahl einen Sinn sehen konnte, nämlich die (wenn auch falsche) Beschaffungsart materieller Mittel. Das Einwerfen von Fensterscheiben hingegen machte in diesem Verständnis keinen Sinn.[21]

5) Um ihre eigene Optik durchzusetzen, legten die Landjäger auch die Aussagen von Eltern oder von Angehörigen in ihrem Sinne aus: »Die Mutter des Mädchens ist auch auf dem Lohnhof erschienen, um sich über das Mädchen zu beklagen.« Diese Aussage widerlegte die Mutter selbst. Sie sei erschienen, um sich zu erkundigen, was vorgefallen sei, gab sie zur Aussage und ließ sich dadurch nicht einfach in den Dienst des Landjägers stellen.

2. Ermittlung

Den Landjägern kamen neben der polizeilichen auch einige sozialfürsorgerische Funktionen zu. Dies äußerte sich darin, daß im Ratschlag für eine neue Polizeiorganisation vom Oktober 1891 nicht nur von einer notwendigen Aufrüstung des Korps-Bestandes und besseren Besoldung die Rede war, sondern daß es darin explizit hieß:

> »Die Polizei hat in solchen Fällen (von Spitaleinweisungen und Heimbeförderung von Kranken, M. L.) vielfach die Aufgabe einer Armenbehörde zu übernehmen.«[22]

Diese Spannweite der Aufgaben von »Sicherheit und Wohlfahrt« dürften ein Stück weit die Schwierigkeiten des Polizistendaseins ausgemacht haben. Es war eben nicht immer leicht zu unterscheiden zwischen Hilfsbedürftigkeit und dem durch das Strafgesetz als delinquentes Handeln bestimmten Verhalten, wie etwa dem

21 Wie Chris Cunneen: Arbeiterjungen und »Verbrechen«. Ein Versuch, das Durcheinander von Klasse und Geschlecht zu ordnen. In: Das Argument 167, 1986, S. 368-377, richtig festhält.

22 Ratschlag und Gesetzesentwurf über Organisation der Polizei. Dem Grossen Rate vorgelegt den 26. Oktober 1891. StaBS Straf & Polizei J1.

Betteln. Umgekehrt liegt es an diesem Handlungsspielraum der Landjäger, daß in ihrem Verhalten Selektivität und Willkür als Regelhaftigkeit zu erkennen sind. Vor allem Verhaftungen erscheinen bisweilen als Willkürakte. Da wurde zum Beispiel eine schon mehrfach angezeigte und bestrafte Frau von einem Landjäger, der sie kannte, einfach von der Straße weg verhaftet, ohne daß er ihr etwas Bestimmtes vorzuwerfen gehabt hätte. In einem anderen Fall wurde eine Gruppe von Leuten offenbar ziemlich rüde angefahren, sie hätten Platz zu machen. Die eine Person, die der Landjäger zur Seite stieß, wehrte sich jedoch, worauf er sie auf der Stelle verhaftete. Anläßlich von Verhaftungen kamen hin und wieder auch Schlägereien mit den Landjägern vor. Die Beschwerden, die vom Vorhandensein derartiger Konflikte zeugen, sprechen fast immer die Prahlerei und Großtuerei der Landjäger an.[23]

»Basel, den 4. November (18)77
Titl. Herrn Vorsteher des Polizeidepartements dahier
Hochgeachteter Herr!
Hiermit sehe ich mich veranlasst mich zu beschweren, sei es über den Landjgr. H. oder gegen den Herrn Sekretär L. selbst.
(H. hatte nach einer Familie E. gesucht, die im Hause des Beschwerdeführers bei der Familie B. zur Untermiete wohnte, M. L.)
H. machte sich sowohl bei mir wie auch bei Frau B. mit grosser Geheimnisthuerei breit, so dass weder ich noch sie wussten, um was es sich eigentlich handle ... Nun kam H. nachts 1/2 9 Uhr wieder ins Haus und verfügte sich mir nichts dir nichts, ohne ein Wort, weder mir als Hauseigentümer, noch den Leuten B. zu sagen, in die Mansardenkammer der Leute E. hinauf, klopfte an derselben, machte dieselben, die schon lange im Bett waren, aufstehen und arretirte den E., dass er mit ihm sofort auf die Polizei zu folgen habe. Nb. H. war in angetrunkenem Zustande. – Dieser Auftritt, von dem ich, wie gesagt, rein nichts wusste, und der mir erst nachher zu Ohren kam, machte im ganzen Haus so wie auch in der Nachbarschaft grosses Aufsehen, als handle es sich um ein schweres Verbrechen ... Heute Nachmittags kam E. wieder ins Haus, und er erklärte nun, dass sein ganzes Verbrechen darin bestehe, dass sein Knabe von seinen Verwandten weggelaufen sei, worüber man ihn einfach vor der hochlöbl. Polizei zur Rede gestellt und nachher wieder gehen gelassen habe; die Nacht durch habe er im kalten Arrestlokal auf dem Claraposten zubringen müssen, wo er es kaum habe aushalten können; das sei jetzt die ganze Geschichte. Nicht lange darauf kam auch Ldjgr H. wieder zu dem E. in die Mansardenkammer, um ihn neuerdings zu quästioniren, und als ich

23 Fallbeispiele von Beschwerden aus StaBS Straf & Polizei J2.

ihm dann beim Fortgehen, dieses widerrechtliche Verfahren vorhielt, dass ich mich hierüber beim zuständigen Ort beklagen werde, so erwiderte er mir einfach, ›ich soll machen, was ich wolle‹, ›er habe nur im Auftrag des Herrn L. gehandelt‹ und damit pasta ...«

Den Beschwerden zufolge konnten Polizisten nicht ohne weiteres mit großer Akzeptanz in den Wohnvierteln der Unterschicht rechnen. Die große Mehrzahl der vor Gericht Gezogenen waren Angehörige der Unterschicht.[24] Diese stand im Zentrum des polizeilichen Mißtrauens und Argwohns. Deshalb stieß der Polizeidienst auch auf etliche Schwierigkeiten. Die oft groben Reaktionsweisen sind Ausdruck solcher Spannungen. Polizisten sahen sich nur selten einer Person allein gegenüber, sondern weit häufiger einer ganzen Gruppe von auf sie einstürmenden Menschen. Daß es bei Verhaftungen zu verbalen oder auch tätlichen Auseinandersetzungen kam, muß jedoch nicht a priori an der Überheblichkeit der Polizisten gelegen haben, sondern kann zum Teil auch als deren Rollenunsicherheit interpretiert werden. Dabei verfügten die beteiligten Interaktionspartner über eine ganze Anzahl stereotyper Vorwürfe. Auf Seite der Polizei werden diese in den Protokollen erkennbar. Aber auch Beschwerdeführer und -führerinnen waren mit dem Vorurteil des schlechten Polizisten rasch bei der Hand. Durch einen Vorwurf wie zum Beispiel, der Landjäger sei stark alkoholisiert gewesen, wurden die strukturellen Schwierigkeiten auf eine emotionale und persönliche Ebene projiziert. Die Rechtfertigung des eben erwähnten Landjägers H. vermittelt etwas Aufschluß darüber, wieviel letztlich auf einer personalisierten Konfliktebene ausgetragen wurde.

»Dass ich bei diesem Anlass betrunken gewesen, stelle ich entschieden in Abrede & hat R. mich gar nicht gesehen. Er hatte schon früher, als er noch Polizeifourier war, einen Hass auf mich und glaubt nun wahrscheinlich, sein Müthchen wieder einmal an mir kühlen zu können & ist es ihm jedenfalls weniger darum zu thun, dem E. zu helfen, als mit der Sache ungerechtfertigter Weise einen Scandal zu machen.«

Nichtsdestoweniger erscheinen die Maßnahmen, die bei der Ermittlung helfen sollten, oft als unangemessen repressiv. Damit meine ich, daß die Ermittlungen notfalls auch durch Zwangsmittel vorangebracht wurden. Die Landjäger kannten solche Gepflogenheiten genau. Einer zum Beispiel »nahm den Burschen die Uhren

24 Vgl. vorne Anm. 2.

ab und verbrachte alle drei Personen nachmittags auf den Lohnhof«. Die Uhren, teuer genug und von hohem Wert, dienten als Pfand.[25] Die Landjäger wußten ganz genau, welche Wertgegenstände bei den Jugendlichen hohes Ansehen genossen. Ein jugendlicher Beschuldigter weigerte sich sogar, seine Uhr als Pfand herzugeben. Er erklärte, er bleibe lieber auf dem Polizeiposten. Der Landjäger erschien ihm nicht vertrauenswürdig genug.

Und die Landjäger wußten auch, daß sie den delinquenten Jugendlichen einfach vor der Wohnungstür aufzulauern brauchten, um diese verhaften zu können.[26] Fanden sie den betreffenden Jugendlichen nicht in der elterlichen Wohnung, so mußten sie nur die umliegenden Kneipen aufsuchen. In einer von ihnen war der Betreffende ziemlich sicher zu finden. Oder sie gingen zu seiner Schule bzw. befragten andere Jugendliche. Dabei oblag es ihnen nicht zu fragen, weshalb Jugendliche sich in Kneipen oder auf der Gasse herumtrieben. Sie hatten schließlich nicht darüber ein Urteil abzugeben, ob jemand arm oder reich sei. Sie nutzten bloß ihre Kenntnisse über das Funktionieren jugendlichen Lebens in einem Stadtteil: Familie und Kneipe, Gleichaltrigengruppe und Straße, Schul- und Arbeitswege. Landjäger L., beauftragt Jugendliche zu verhaften, die in einen Schießstand eingebrochen waren, nutzte seine informellen Netze von Bekanntschaften, fragte nach und konnte zunächst nichts Genaues herausfinden. Er erhielt dann aber doch eine Anschrift, begab sich schnurstracks dorthin, führte eine Haussuchung durch, deren Legalität für mich in Frage steht, konnte aber nur feststellen, daß der von ihm gesuchte Jugendliche nicht zu Hause war. An seiner Stelle nahm er dessen jüngeren Bruder mit zum Verhör, »wozu er keinen Auftrag hatte«. Er spielte – ebenso wie seine Kollegen – die stark hierarchisch bestimmten Geschwisterbeziehungen aus.[27] Doch nicht immer hatte man es mit einer Verhaftung derart eilig. Die Sicherheit, den Gesuchten ohnehin zu bekommen, ließ einen anderen

25 Das Abnehmen von Uhren als Pfand findet sich auch in anderen Fallbeispielen.

26 Was sich bis heute nicht geändert hat. Heimerzieher und Sozialarbeiter haben mir im Gespräch bestätigt, daß Jugendliche, die nicht mehr ins Heim zurückkehren, regelmäßig zu Hause auftauchen. Vgl. Prodosh Aich (Hg.): Da weitere Verwahrlosung droht. Reinbek 1973.

27 Vgl. Michael Mitterauer: Sozialgeschichte der Jugend. Frankfurt a. M. 1986, S. 105.

Landjäger sehr vertraulich gegenüber der Zimmervermieterin des Gesuchten werden:

»Frau B. bestätigte mir, ihr Untermiether sei der gesuchte E., sei jedoch nicht daheim, sondern kehre erst nachts um 7 Uhr nach Hause zurück. Ich theilte Frau B. mit, dass ich Ordre habe, den E. zu verhaften und dass ich desshalb gegen 8 Uhr wieder kommen werde, ...«

Im Falle einiger Knaben, die aus einem Schaukasten ein paar Flaschen Wein entwendet hatten, wurden vom Landjäger andere, unbeteiligte Knaben verhaftet. Erst als ein Geständnis der ebenfalls gefaßten »Schuldigen« vorlag, ließ er die zuerst Verhafteten wieder frei. Es scheint, als hätten Landjäger und Polizisten manchmal ziemlich rasch zugegriffen. Ob ihr Zugriff präzis war, interessierte sie nicht so sehr; irgendeiner der Unterschichtjugendlichen würde irgendwann schon einen »echten Schuldigen« nennen können. Dies war auch die Strategie des Landjägers in einem anderen Beispiel. Unzählige Buben spielten in der als Baustelle abgesperrten, leeren Kirche am Barfüsserplatz. Der Landjäger, der gerade beim Friseur saß, wurde informiert und brauchte nur dessen Sohn zu befragen, um den Schneeballeffekt des Denunzierens in Gang zu setzen. Über 50 Jugendliche wurden so ermittelt. Im Ermessen der unteren Polizeibeamten lag auch, welche Zeuginnen oder Zeugen sie in ihren Rapporten zu Wort kommen ließen:

»Basel, Mittwoch den 30. Juni 1886
Bericht:
Auftragsgemäss begab sich Unterzeichneter behufs Erkundigung über den Leumund des Mädchen Elise M., wohnhaft Elsässerstrasse No. 1, ... an folgende Orte.
1. An der Elsässerstrasse 1, gibt Frau S., des Wirts, folgendes an. ›Elise M. sei ein verdorbenes ungezogenes Mädchen, das selten vor 10-11 Uhr nach Hause komme. Sie habe verschiedenes über Elise vernommen. Frau Sch., im gleichen Hause wohnhaft, könne Auskunft geben.‹
2. Frau Sch. gibt an: ›Sie habe unlängst Elise M. gefragt, warum es solange ausbleibe, es habe geantwortet: Ein Weinreisender aus Zürich hat mit mir in den Anlagen geschlechtlichen Umgang gehabt und mir dafür 2 Franken gegeben. Es habe nur kurz gesagt: Er hat es mir gemacht. Sie habe dem Mädchen gesagt. Wenn Du jetzt ein Kind bekommst, was willst du dann machen? Es habe nur geantwortet: der betreffende Herr habe gesagt, es solle sich die Geschlechtsteile auswaschen, dann könne es kein Kind geben. Auf den Vorhalt, was seine Mutter dazu sagen werde, habe es kurz geantwortet: die kann ihr Maul halten, sonst sage ich es auch, dass ein Herr bei ihr geschlafen und ich auf dem Boden schlafen musste.‹

3. Frau H. im gleichen Hause macht die gleichen Angaben, sie will die ganze Geschichte von Frau Sch. erzählt erhalten haben.«

Letztlich wurde da die gleiche und einzige Version zum Nachteil von Elise M. dreimal angeführt. In einem anderen Fall wird deutlich, wie mittels einfacher, scheinbar unverfänglicher Bemerkungen Vorurteile weitergegeben wurden. Von zwei Vätern, die im Untersuchungsgefängnis nach ihren verhafteten Söhnen fragten, heißt es: »von denen keiner gerade einen ungünstigen Eindruck macht«. Wäre also zu erwarten gewesen, daß die Väter wie die Söhne einen schlechten Eindruck machten? Auch die implizite, stille Interpretation von Aussagen in einem anderen Sinn war eine gebräuchliche Ausnützung der Machtposition. »Die Elise M. soll seit drei Wochen die Schule nicht mehr besucht haben.« Aber Elise M. war, so die Aussage der Mutter, lungenkrank und konnte deshalb nicht zur Schule gehen. Da die Gründe im Rapport nicht genannt werden, läßt sich dieser Passus mit dem »leichtsinnigen« Vorleben der Elise M. verknüpfen, als liege dem Fernbleiben allein willentliche Bösartigkeit zugrunde.
Mißtrauen legten Landjäger und Polizisten nicht nur gegenüber beschuldigten Jugendlichen und deren Eltern an den Tag, sondern auch gegenüber Trödlern und Altwarenhändlern. Diese pflegten den Jugendlichen »Diebesgut« abzukaufen und sich bei den polizeilichen Ermittlungen auf »Treu und Glauben« zu berufen. Sie hätten ja nicht ahnen können, daß die betreffende Sache gestohlen gewesen sei. Mißtrauen schien also angebracht, denn: »Doch auch dieser wird eine gewählte Ausrede für die Nichtherausgabe (von beizubringenden, gestohlenen Gewehrpatronen, M. L.) parat haben.« Jedoch nicht alles, was Landjäger als »Straftatbestand« taxierten, war von vornherein auch tatsächlich ein solcher. Gerade bei Schlägereien und Streitigkeiten zeigte sich, daß Landjäger Gefahr liefen, als eigentliche »Störenfriede« des Streits zum gemeinsamen Gegner als Beteiligten zu werden. Schnell konnte sich der Zorn gegen den Landjäger richten, der einen Beteiligten verhaften wollte. Er befand sich dann bald in einer sehr »mißlichen Lage«, verlor beim Wiederherstellen von Ruhe und Ordnung bezeichnenderweise die Insignien seiner Autorität, seinen Hut, seine Trillerpfeife und seine Schulterklappe. Geradezu wie ein Hohn auf den sehr dramatisch gehaltenen Rapport des Landjägers wirkt, daß ein Zeuge des Vorfalls aussagte, er hätte wohl den Lärm ge-

hört, sei aber nicht einmal aus seinem Bett aufgestanden. Es kam hin und wieder auch vor, daß die von den Polizisten rapportierten Vergehen der Untersuchung nicht standhielten und dann von den oberen Behörden geändert wurden, um eine erfolgreiche Bestrafung durchführen zu können. Im Fall der Knaben St. und V. sollte zuerst wegen Gefährdung des Eisenbahnverkehrs ermittelt werden. Sie hatten mit Steinen nach der Laterne einer Weiche geworfen. Als sich diese Deliktkategorie durch ein Gutachten der Direktion der Schweizerischen Zentralbahn als nicht haltbar erwies, wurde das Verfahren unter dem Vorwurf »Diebstahl einer Bahnglocke« weitergeführt.[28]

Häufiger befanden sich die Landjäger jedoch im Bündnis mit den einvernommenen Zeugen, mit einer ganzen Handvoll anderer Überwacher, insbesondere mit Lehrern, Magazinern, Schrankenwärtern oder Munitionsverwaltern, um nur einige zu nennen. Daß ein Landjäger von privater Seite eine Geldprämie bekam, war zwar eine Ausnahme, aber es deutet meiner Meinung nach darauf hin, daß Landjäger in diesen Bereichen ihres Handelns zuweilen auch am Rande der Legalität operierten.

Für die Rapporte wesentlich war die Beschreibung des »Tatverlaufs« durch den Landjäger. Zu dessen Erklärung wurden bisweilen minutiöse »Situationspläne« angefertigt. So wurde nicht nur im Falle Elise M. die Parkbank genau verzeichnet, auch der Weg von ein paar jugendlichen Einbrechern in einen Schießstand wurde in einem doppelseitigen Plan festgehalten. Durch solcherlei Praktiken dokumentieren die Polizisten einen Hang zu aufwendigen Verfahren. Daß Landjäger und Gerichtsweibel[29] auch die gestohlenen Gegenstände und Objekte suchen und beibringen mußten, konnte ein mühseliges und zeitraubendes Unterfangen sein. Geradezu grotesk mutet es an, wenn ein Weibel in einer Küche nach einem gestohlenen Kochlöffel und einem Messer zu forschen hatte. Ihren Niederschlag fand diese Praxis auch in peinlich genau geführten

28 Ein ähnliches Vorgehen findet sich auch in einem Fall von Abschiebung. Ein Mann wurde unter dem Vorwurf der »Geistesschwäche« polizeilich in die psychiatrische Klinik eingewiesen. Um ihn aber in seine ausländische Heimatgemeinde abschieben zu können, wurde aus der Diagnose »Geistesschwäche« flugs eine »simulierte Geistesschwäche«. Vgl. Beat Gnädinger: Männliche Irre in Basel um 1890. Basel 1990 (unveröff. Typoskript).

29 Vgl. vorne Anm. 3.

»Effectenverzeichnissen«. In der Auflistung von den jugendlichen Angeklagten abgenommenen Gegenständen war alles verzeichnet, was jene in ihren Hosentaschen aufbewahrten.
Noch deutlicher kommt die Aufwendigkeit der Verfahren in den »Expertengutachten« zum Ausdruck. Es lag aber eindeutig nicht in der Kompetenz der Polizisten, diese in Auftrag zu geben.[30] Deshalb scheint der große Aufwand, der die Strafverfahren gegen Jugendliche zu Ende des 19. Jahrhunderts kennzeichnet, eher auf die Interessen der Untersuchungs- und Strafrichter zurückzugehen als auf die Eigeninitiative der Polizisten. Letztere waren aus arbeitsökonomischen Gründen an einem beförderlichen Ablauf interessiert, wollten die »Sache« erledigt haben. Hier zeigt sich eine ganz unterschiedliche Rhythmik in der Entwicklung von Polizei und Justiz. Der große administrative Ermittlungs- und Beweisaufwand sollte den Verfahren im Verständnis der Richter den Anschein von Akribie und nicht zuletzt auch von Wissenschaftlichkeit verleihen. Im Verlauf des 19. Jahrhunderts nahmen die wissenschaftlichen Disziplinen allesamt einen enormen Aufschwung. Für den kriminalpolitischen Diskurs bedeutete dies, daß sich eine eng an die Naturwissenschaften angelehnte positivistische Kriminologie durchsetzte. »Sorgfalt«, »Wahrheitsfindung«, »Gerechtigkeit«, »Objektivität« oder »objektive Tatbestände« sind nur einige der Wertsetzungen, die die Strafrechtsdiskussion prägten.[31]

30 Für Elise M. wurde ein ärztliches Gutachten eingeholt, sie wurde untersucht und der an sich normale medizinische Befund in ein haarsträubendes Urteil über ihr Vorleben gewendet. In einem anderen Fall taucht plötzlich das Stigma »Epileptiker« auf. Vgl. dazu Peter Strasser: Verbrechermenschen. Zur kriminalwissenschaftlichen Erzeugung des Bösen. Frankfurt a. M./New York 1984, S. 86 ff.

31 Vgl. Albert Meyer: Die Verbrechen im Kanton Zürich. Jena 1895, der zu den Reformern zu zählen ist, da er Kriminalität im Sinne Durkheims als »Lebensbethätigung eines Volkes« ansieht (S. 1). Für die rechtsphilosophische Diskussion, insbesondere für das Jugendstrafrecht interessant ist, obwohl mehr der Entwicklung in Deutschland zugewendet, Olaf Miehe: Die Anfänge der Diskussion über eine strafrechtliche Sonderbehandlung junger Täter. (1966) In: Friedrich Schaffstein (Hg.): Weg und Aufgabe des Jugendstrafrechts. Darmstadt 1975, S. 1 ff. Einen guten theoretischen Überblick geben auch Ulfrid Neumann/Ulrich Schroth: Neuere Theorien von Kriminalität und Strafe. Darmstadt 1980.

Daß sich bei der Arbeitsbelastung der Polizisten auch Konflikte mit den übergeordneten Instanzen, den Untersuchungsrichtern, ergaben, läßt sich an einem Beispiel verdeutlichen. Im Verlauf der Strafuntersuchung gegen den Jugendlichen Carl Benjamin D. kam man nicht voran. Um die Untersuchung weiterführen zu können, hätte man des Landjägers Caspar S. aus Kleinhüningen bedurft, der aber zunächst nicht erschien. Auf Nachfrage beim Polizeidepartement erhielt der Untersuchungsrichter die Antwort, »daß der Landjäger S. nicht Mittwoch, sondern erst Freitag nach Basel zum Rapport kommt«. Besagter Landjäger erschien dann aber »unvorgeladen« dennoch und verkündete: »er komme immer noch Mittwoch und Samstag zum Berichtmachen in die Stadt«. Der Wunsch der Untersuchungsrichter, nach Belieben Landjäger herzubeordern, konnte am Autonomiestreben und Machtbewußtsein der einfachen Polizisten durchaus scheitern.

»Jugenddelinquenz« war normal

Für einen außenstehenden Betrachter manifestieren sich in den Gerichtsakten und -protokollen vor allem alltägliche Verhaltensformen von Jugendlichen: Jugenddelinquenz war normal. Was aber heißt »normal«? Vier verschiedene Bedeutungen scheinen mir wichtig.[32]

1) »Normal« als Quantitätsangabe:
Schon von ihrem zahlenmäßigen Auftreten her waren Handlungen wie Diebstahl, Bettel oder Alkoholismus weder singuläre Erscheinungen noch ein marginales soziales Problem. Sie sind in dem Bereich zwischen Randständigkeit und Massenphänomen anzusiedeln. In diesem, auf die soziale Praxis bezogenen Sinn waren sie ebenso »normal« wie konformes Verhalten.

2) »Normal« als Bewertung der »Schadensgröße«:
Der durch die Delinquenz Jugendlicher verursachte materielle Schaden war meist gering. Diebstahl oder die Unterschlagung von geringen Geldbeträgen waren am häufigsten. Dennoch sollte der symbolische Wert gestohlener Sachen nicht unterschätzt werden.

32 Vgl. Karl Bruckmeier/Olaf Donner/Claudius Ohder/Brigitte Thiem-Schräder: Jugenddelinquenz in der Wahrnehmung von Sozialarbeitern und Polizeibeamten. Weinheim/Basel 1984, S. 74ff.

Anders: Es gibt keinen festlegbaren Betrag, bei dem Diebstähle aufhören, »normal« zu sein. Aber »Normalität« in diesem Sinn ist keinesfalls mit Konformität zu verwechseln.

3) »Normal« in bezug auf die »Jugend« als biographische Durchgangsphase:

Jugendliche Unterschichtsangehörige verhielten sich vielfach anders, als der bürgerlich bestimmte Erwachsenen-Kodex es verlangte. Jugendliche probierten aus, suchten Grenzen und begingen dabei delinquente Handlungen. Damit wird nicht ausgeschlossen, daß es faktisch »Kriminalität« geben kann. Durch diesen Begriff von Normalität werden die Grenzen der Strafbarkeit verschoben. Seine Verwendung schafft einen größeren Toleranzbereich.

4) »Normal« in Bezug auf die Wirkungslosigkeit von Rechtsvorschriften:

Im sozialen Zusammenleben spielten oftmals ganz andere normative Ansprüche als strafrechtliche eine Rolle: Im Konkurrenzfall war die Verhaltensnorm des Alltags die stärkere. Das heißt, ein rechtliches Verbot galt zwar weiterhin und seine Gültigkeit wurde akzeptiert, es vermochte aber keine Wirkung zu entfalten. Die vermeintliche Eindeutigkeit juristischer Normen war wenig zwingend. In ihren Handlungen orientierten sich Jugendliche oder zum Beispiel auch die Trödler wenig an gesetzlichen Vorschriften.

In der Praxis der Landjäger und Polizisten klingt immer wieder ihr Bezug zu allen möglichen Formen abweichenden Verhaltens an. Nun sind aber »abweichendes Verhalten« und »Kriminalität« nicht gleichzusetzen. »Kriminalität« wird in den Gerichtsakten unschwer als das Produkt der Registrierung erkennbar. Ohne erfolgte Anzeige, ohne Untersuchung und ohne Urteil ist niemand »kriminell«. Abweichende, das heißt potentiell »kriminelle« Jugendliche aber gab es zu Hauf.

Zwei Umstände bestimmten maßgebend das Handeln der Landjäger: einerseits die Erfordernis der verfahrenstechnischen zügigen Abwicklung.[33] Diese war durch die Verpflichtung bedingt, Erfolg nachzuweisen. Letzterer wiederum wurde sowohl von der behördlichen Hierarchie als auch von gesellschaftlichen Erwartungen gefordert. Anderseits ist in Rechnung zu stellen, daß Polizisten in der damaligen engbevölkerten Innenstadt Basels nicht einfach beliebig schalten und walten konnten, ohne die Interessen der Unterschicht zu berücksichtigen. Landjäger insistierten nicht auf Anzeigen der Geschädigten, wenn diese darauf verzichten wollten. Sie hielten dazu an, Delikthandlungen untereinander »gütlich«, das heißt finanziell, zu regeln. Sie taten dies besonders bei den von ihnen als »nicht-hauptschuldig« bezeichneten Jugendlichen. Was für heutige Betrachterinnen und Betrachter als klare Individualisierungsstrategie und Rädelsführertaktik erscheinen mag, nämlich einen einzigen »Schuldigen« auszugrenzen, könnte auf der Ebene der einfachen Polizisten auch ein Schutzmechanismus gewesen sein. Es war für sie wohl von Vorteil, »Kriminalität« über die Ausgrenzung einzelner, individueller Fälle zu konstruieren. Dadurch machten sich die Polizisten nicht vorschnell als »Klassengegner« unbeliebt und angreifbar.[34]

Besonders hervorhebenswert scheinen mir zwei Punkte: Zum einen ist es gerade die stete Präsenz von nicht-kriminellen oder nicht kriminalisierten Handlungen von Jugendlichen in den Akten, die es als plausibel erscheinen läßt, daß nicht nur aus der Optik der Handelnden, sondern auch in der Sichtweise der Landjäger Jugenddelinquenz zu Ende des 19. Jahrhunderts »normal« war. Für die einen gehörten die Handlungen zum Alltag der Unterschicht und waren dem Repertoire befreundeter, nicht bestrafter Gleichaltriger entnommen; für die anderen war das Aufspüren

33 Dafür gibt es einige Hinweise: Verschiebung der Untersuchung (Emil H.), Extrabestellung von Staatsanwälten (Jacob B.), mündliche Einvernahmen statt Verhöre (Emil H.).

34 Es wäre eine spannende und interessante Arbeit, einmal den Fragen nachzuspüren: Aus welchen sozialen Schichten stammten Polizisten? Wie und aufgrund welcher Kriterien wurden sie rekrutiert? Für den vorliegenden Beitrag konnte ich diesen Aufwand nicht erbringen. Vgl. auch Anm. 15.

und Dingfestmachen möglicher Delinquenten oft strapaziöser Teil ihres Berufsalltags. Wichtig ist in diesem Zusammenhang aber, daß die Wiederholung von Delikten zum Maßstab der Beurteilung wurde. Die Rekonstruktion des Vorlebens war für Untersuchungs- und Strafrichter wichtig, weil es ihnen darum zu tun war, »verwahrloste«, »herabgekommene«, kurz »kriminelle« Lebensläufe und Individuen zu selektieren und zu verurteilen. Die wissenschaftliche Beschäftigung mit Physiologie und Pathologie führte im 19. Jahrhundert dazu, daß das »Besondere« anormal wurde. Abweichendes Verhalten war in dieser Logik nur als krankhaft zu begreifen und zu behandeln.[35] Ohne den Landjägern diese Sichtweise ganz abzusprechen, waren sie doch recht häufig willens, bei einmaligen Verfehlungen ein Auge zuzudrücken und auf eine Anzeige zu verzichten. Dies geschah wohl nicht zuletzt auch, um die anfallende Arbeit in Grenzen zu halten. Dieses Argument erklärt den steten Bezug auf das Vorleben der Beschuldigten aus einer sehr pragmatischen, am Alltag orientierten Sichtweise.

Die Delinquenz der Jugendlichen hatte für die Landjäger offenbar einen Aspekt von Insubordination, Auflehnung. Die Jugendlichen wollten jedoch die gesellschaftliche Ordnung insgesamt nicht in Frage stellen, ihr Referenzpunkt waren die herrschenden Verhältnisse, denen sie sich ohne Frage unterwarfen. Dem jugendlichen delinquenten Verhalten fehlte die »Attraktivität« des politischen Protestes.[36] Immer wieder griffen Jugendliche – regressiv und beharrlich – auf alte Verhaltensformen zurück. Genau deshalb konnten die Landjäger die einzelnen delinquenten Verhaltensformen auch relativ leicht in den Griff bekommen. Bezeichnenderweise zeigten sich Konflikte mit den vorgesetzten Behörden denn auch stets im Einzelfall. Polizisten waren keine Akademiker, sie waren keine studierten Juristen. In den Rapporten und in ihrem Verhalten scheint immer wieder durch, wie nahe sie in ihrer Praxis am Alltag derer waren, die sie anzeigten oder anzeigen mußten.

35 Vgl. Jeannine Blackwell: Die nervöse Kunst des Frauenromans im 19. Jahrhundert – oder Der geistige Tod durch kränkende Handlung. In: Renate Berger et al. (Hg.): Frauen – Weiblichkeit – Schrift. Berlin 1985, S. 148.

36 Vgl. Hans Magnus Enzensberger: Zur Verteidigung der Normalität. In: Ders.: Der fliegende Robert. Frankfurt a. M. 1989.

Der eine Aufgabenbereich der Landjäger betraf die direkte Sanktion. Aber in gleichem Maße hatten sie auch die Maßstäbe des »anständigen Lebens«, die »gesamtgesellschaftliche Disziplin« im Sinne von Michel Foucault durchzusetzen.[37] Sie hatten jugendliches Treiben zu überwachen, mußten unterscheiden zwischen Spiel und Straftat. Sie hatten, mit anderen Worten, die Allgemeinheit zu kontrollieren. Dabei fanden sie einen gewissen Handlungsspielraum vor: Sie konnten sich großzügig oder engherzig zeigen. Aus den häufigen Verstößen gegen ihren eigentlichen Auftrag geht hervor, daß die Aufgabe der Durchsetzung gesamtgesellschaftlicher Disziplin nicht immer voll akzeptiert und nicht flächendeckend realisiert wurde. Dennoch: Die Erfüllung des Auftrags, »Kontrolle« auszuüben, wurde erreicht über den Zugriff auf einzelne, individuelle Fälle. Wie weit dieser Zugriff unter Umständen gehen mochte, dokumentiert ein Schreiben des Polizeigerichtspräsidenten Bischoff.[38] Er hielt darin fest, daß es am einfachsten wäre, wenn statt der delinquenten Kinder im Bedarfsfall gleich deren Eltern angezeigt werden könnten. Diese Erweiterung der Ermessensgewalt hätte die Aufhebung des Tat- und Täterprinzips bedeutet, die Hinwendung zur »Sippenhaft«. Anderseits schlug dieses Schreiben nur den Vollzug dessen vor, was in der Realität schon praktiziert wurde: Die Kriminalisierung von Normalität. Polizei wurde in den hier geschilderten Fällen im Rahmen der Rechtsformen des Strafprozeßverfahrens als Ermittlungshilfe eingesetzt. Zum einen sollte individuelles Fehlverhalten sanktioniert werden. Die Praxis der Polizei leistete darüber hinaus aber auch etwas anderes: Sie definierte – oder bestätigte zumindest – durch die Formen ihres Zugreifens und Etikettierens eine soziale Stigmatisierung der Alltagskultur der Unterschicht.

37 Michel Foucault: Überwachen und Strafen. Frankfurt a. M. 1977.
38 StaBS Straf & Polizei J2.

III. Staatliche Polizei, private Herrschaft und Industriearbeiterschaft

Ralph Jessen
Unternehmerherrschaft und staatliches Gewaltmonopol

Hüttenpolizisten und Zechenwehren im Ruhrgebiet (1870-1914)

Am 11. August 1894 leitete die Dortmunder »Arbeiter-Zeitung« ihren Regionalbericht mit einer alarmierenden Nachricht ein: »Pinkertons im Ruhrrevier!« Nach amerikanischem Vorbild hätten die Bergbauunternehmen in Dortmund damit begonnen, aus dem Kreis ihrer Belegschaften bewaffnete und uniformierte Schutztruppen zu formieren, die während eines Streiks das Zechengelände sichern sollten. Bis zum Zeitpunkt ihres unverdeckten Auftretens sei beabsichtigt, die Wehrmänner als »Geheimpolizisten« und »Spione unter ihren Kameraden« einzusetzen, die den Interessen der Werksleitung zuzuarbeiten hätten.[1]

Aus doppeltem Grund konnte sich das sozialdemokratische Blatt mit dieser Meldung der Aufmerksamkeit seiner Leser sicher sein. Einmal war das Ruhrrevier seit dem großen Bergarbeiterstreik von 1889 nicht wieder zur Ruhe gekommen. Etliche kleinere Ausstände erinnerten seither immer wieder an die Möglichkeit eines allgemeinen Arbeitskampfes im Montangebiet.[2] Zum anderen war es gerade zwei Jahre her, daß die amerikanische »Pinkerton National Detective Agency« mit ihrem harten Vorgehen gegen Streikende weltweit Schlagzeilen gemacht hatte. Diese 1855 gegründete Privatpolizei war zwischen 1877 und 1892 bei 70 Streiks als professionelle, bewaffnete Privattruppe auf seiten der Unternehmer aktiv geworden. Am 4. Juli 1892 kam es in Homestead nahe Pittsburgh zu einer blutigen Schlacht zwischen 376 Pinker-

1 Arbeiter-Zeitung. Sozialdemokratisches Organ für das Rheinisch-Westfälische Industriegebiet. Dortmund (AZ), v. 11. 8. 1894 u. 16. 8. 1894.

2 Zum Streik von 1889: F.-J. Brüggemeier: Leben vor Ort. Ruhrbergleute und Ruhrbergbau 1889-1919. München 1983, S. 182-202; K. Tenfelde: Sozialgeschichte der Bergarbeiter an der Ruhr im 19. Jahrhundert. 2. Aufl. Bonn 1981, S. 573-597.

ton-Agenten und streikenden Stahlarbeitern, an deren Ende dreizehn Tote gezählt wurden.[3] Spätestens seit diesem Zusammenstoß war der Name Pinkerton nicht nur unter amerikanischen Arbeitern zum Synonym für eine rücksichtslos gegen die Interessen der Arbeiterschaft eingesetzte Privatpolizei geworden. Sollte »diese Errungenschaft der amerikanischen Kultur« künftig auch im Ruhrrevier über den Ausgang von Arbeitskämpfen mitentscheiden, wie die Arbeiterzeitung halb spöttisch, halb besorgt vermutete?[4]

Die Verflechtung zwischen privater Herrschaft und öffentlicher Gewalt, die hier zum Thema gemacht werden soll, ist nicht nur deshalb von Interesse, weil sie ein Schlaglicht auf die engen Beziehungen zwischen Staat und Unternehmerschaft in einer Phase zugespitzter sozialer Konflikte vor und nach der Jahrhundertwende wirft. Sie berührt darüber hinaus ein grundsätzliches Problem. Nimmt man nämlich das Webersche Diktum ernst, wonach zu den konstitutiven Merkmalen des modernen Staates gehört, daß er das »Monopol legitimer physischer Gewaltsamkeit« erfolgreich für sich beansprucht, hat dies Konsequenzen für den mutmaßlichen Modernisierungspfad der Polizei.[5] Max Webers Idealtypus des Staates als Gewaltmonopolist formuliert implizit zwei Richtungskriterien für die Modernisierung der Ordnungsmacht: Erstens beinhaltet der Monopolanspruch des Staates eine klare Absage an Gewaltausübung durch nichtstaatliche Herrschaftsinstanzen. Er richtet sich gegen die Polizeikompetenzen der Zünfte oder der Gutsherren ebenso wie gegen Bürgerwehren oder gewalttätige Selbsthilfe. Zweitens liegt es in der Konsequenz des Legitimitätskriteriums, daß staatliche Gewalt nach innen tendenziell auf militärische Assistenz verzichten muß. Entsprechend seiner spezifischen Logik unterwirft sich militärisches Gewalthandeln nur

3 F. Morn: »The Eye that never sleeps«. A History of the Pinkerton National Detective Agency. Bloomington 1982, S. 91-109; P. Taft/P. Ross: American Labor Violence. In: H. D. Graham/T. R. Gurr (Hg.): Violence in America. Historical and Comparative Perspectives. 2. Aufl. Beverly Hills/London 1979, S. 187-241, hier: S. 204-205. Vgl. auch den Beitrag von C. Emsley, in diesem Band S. 187ff.

4 AZ v. 11. 8. 1894.

5 M. Weber: Wirtschaft und Gesellschaft, 5. Aufl., Tübingen 1976, S. 822. Vgl. W.-D. Narr: Physische Gewaltsamkeit, ihre Eigentümlichkeit und das Monopol des Staates. In: Leviathan 8 (1980), S. 541-573.

schwer einer rationalen Begrenzung. Bewaffnung, Struktur, Feindbild und Selbstverständnis des Militärs sind wenig für fein dosierte, dem Gebot der Verhältnismäßigkeit folgende Einsätze bei inneren Konflikten geeignet. Im alltäglichen Militäreinsatz gegen innere »Störer« verschleißt sich entweder die Legitimität der staatlichen Gewalt, weil militärische Gewaltmaßnahmen die Loyalität der Bevölkerung gefährden, oder die Autorität des Militärs, dessen besonderes Selbstverständnis durch – gewissermaßen polizeiliche – Mäßigung untergraben würde.

In der hauptberuflichen, staatlich getragenen, bürokratisch verfaßten Polizei findet das Gewaltmonopol des rationalen Anstaltsstaates seinen institutionellen Niederschlag – so ließe sich im Anschluß an Weber typisierend formulieren. Für die erste Hälfte des 19. Jahrhunderts ist betont worden, daß der staatliche Monopolanspruch selbst im Musterland rationaler Verwaltung, in Preußen, an enge Grenzen stieß: Die städtischen Polizeikräfte waren erbärmlich schwach, die ländliche Gendarmerie sehr dünn gesät, der Einsatz von Militär in Festungsstädten alltägliche Routine und anderswo schon bei kleinen Tumulten selbstverständlich, private Herrschaft und obrigkeitliche Gewalt waren in wichtigen gesellschaftlichen Bereichen eng verquickt – man denke nur an die Inkorporation polizeilicher und juristischer Kompetenzen in die ostelbische Gutsherrschaft.[6] Dagegen gilt die zweite Hälfte des 19. Jahrhunderts als eigentliche Modernisierungs- und Expansionsphase der Berufspolizei. Die Berliner Schutzmannschaft stieg nach 1848 zur vielbeachteten Musteranstalt auf und repräsentierte von nun an den autoritären preußischen Obrigkeitsstaat in seiner härtesten und wohl auch effektivsten Form. Die Modernisierung der Polizei machte – gemessen an den oben formulierten Kriterien – beachtliche Fortschritte.[7]

In eine andere Richtung weisen die Informationen über die Wehr-

6 A. Lüdtke: »Gemeinwohl«, Polizei und »Festungspraxis«. Staatliche Gewaltsamkeit und innere Verwaltung in Preußen 1815-1850. Göttingen 1982, S. 238-282; R. Koselleck: Preußen zwischen Reform und Revolution. Allgemeines Landrecht, Verwaltung und soziale Bewegung von 1791 bis 1848. Stuttgart 1987 (zuerst 1967), S. 460-463; A. Funk: Polizei und Rechtsstaat. Die Entwicklung des staatlichen Gewaltmonopols in Preußen 1848-1918. Frankfurt 1986, S. 23-54.

7 Funk: Rechtsstaat (wie Anm. 6), S. 55-73; F. J. Thomason: The Prussian Police State in Berlin, 1848-1871. (Diss.) Baltimore 1978, S. 93-141.

verbände der Kohlenzechen im Ruhrgebiet. Wieweit kam es hier – so läßt sich fragen – zu einer Schwächung oder Einschränkung des staatlichen Gewaltmonopols durch privatpolizeiliche Elemente bzw. durch die Vermischung von privater Herrschaft und obrigkeitlicher Gewalt? In drei Schritten soll versucht werden, einer Antwort auf diese Frage näherzukommen. Zunächst werden einige Fakten zum Beziehungsgeflecht von Unternehmerschaft und Polizeigewalt zusammengetragen. Dabei handelt es sich um zwei unterschiedliche Phänomene: einmal um individuelle Polizeibedienstete, die ganz oder teilweise von Privatunternehmen finanziert und dirigiert wurden, dann um die sog. »Zechenschutzwehren«, die in Streikzeiten aktiviert wurden. In einem zweiten Schritt geht es um mögliche Erklärungen dieser merkwürdigen Symbiose, wobei die Interessenlage beider Seiten, Staat und Unternehmerschaft, zu berücksichtigen ist. Drittens sollen, soweit es die Quellen zulassen, Praxis und Wirkung dieser Polizeikräfte am Beispiel von Einsätzen der Zechenwehren beim Arbeitskampf der Ruhrbergarbeiterschaft von 1905 untersucht werden.[8]

8 Hierzu ausführlicher und mit Bezug zur regionalen Polizeientwicklung R. Jessen: Polizei im Industrierevier. Modernisierung und Herrschaftspraxis im westfälischen Ruhrgebiet 1848-1914. Göttingen 1991, S. 119-148. Einzelhinweise zu den Zechenschutzwehren finden sich z. B. in: Brüggemeier: Leben vor Ort (wie Anm. 2), S. 223 f. u. ö.; K. Saul: Staat, Industrie, Arbeiterbewegung im Kaiserreich. Zur Innen- und Sozialpolitik des Wilhelminischen Deutschland 1903-1914. Düsseldorf 1974, S. 274 f.; E. G. Spencer: Between Capital and Labor: Supervisory Personnel in Ruhr Heavy Industry before 1914. In: Journal of Social History 9 (1975/76), S. 178-192; H. Trischler: Steiger und Bergleute. Betriebliches Sozialverhalten während der Industrialisierung, 1850-1918. In: G. Schmidt (Hg.): Bergbau in Großbritannien und im Ruhrgebiet, Bochum 1985, S. 147-198, hier: S. 184-187. In den Wertungen irreführend sowohl K. H. Roth: Die »andere« Arbeiterbewegung von 1880 bis zur Gegenwart. Ein Beitrag zum Neuverständnis der Klassengeschichte in Deutschland. München 1974, S. 29 ff., als auch H. Henning: Staatsmacht und Arbeitskampf. Die Haltung der preußischen Innenverwaltung zum Militäreinsatz während der Bergarbeiterausstände 1889-1912. In: Ders. u. a. (Hg.): Wirtschafts- und sozialgeschichtliche Forschungen und Probleme. Festschrift für K. E. Born. St. Katharinen 1987, S. 139-174, hier: S. 150 f.

1. Hüttenpolizisten und Zechengendarmen

Lange bevor auf den Ruhrgebietszechen die ersten Schutzwehren aufgestellt wurden, hatten sich zwischen Polizei und Privatunternehmen vielfache Kooperationsbeziehungen eingespielt. Seit den ausgehenden sechziger, beginnenden siebziger Jahren gibt es immer wieder Hinweise auf sog. Hütten- und Zechenpolizisten oder -gendarmen.[9] Es handelte sich um hauptberufliche, uniformierte und bewaffnete Ordnungskräfte, die vereidigt und zu allen hoheitlichen Handlungen eines Polizeibeamten berechtigt waren. Sie genossen auch die üblichen Privilegien der Staatsdiener: ein Schimpfwort an ihre Adresse oder widersetzliches Verhalten wurden als Beamtenbeleidigung oder Widerstand gegen die Staatsgewalt scharf verfolgt. Von ihren Kollegen unterschieden sich die Hütten- und Zechenpolizisten durch ihre besondere Beziehung zu einzelnen Privatunternehmen. Sie waren auf dem Werksgelände oder in den Arbeiterwohnkolonien großer Industriebetriebe oder Kohlenzechen stationiert und bezogen ihre Einkünfte ganz oder teilweise aus Unternehmerkassen. Die Spanne der Privatalimentation reichte von der Übernahme aller Gehalts- und Ausrüstungskosten über mehr oder weniger hohe Gehaltszuschüsse bis zur Bereitstellung kostenloser Wohnungen in den Werkssiedlungen. In der Regel waren die Polizeibeamten von ihrer Behörde in den Privatdienst abkommandiert worden. In Einzelfällen verständigten sich Unternehmen und Stadtverwaltungen allerdings darauf, das unternehmensinterne Aufsichtspersonal in den Beamtenstatus zu erheben. So in Bochum, wo die Ortsverwaltung 1879 zwei Kontrolleure des Stahlwerks »Bochumer Verein« zu Polizisten ernannte.[10]

Formal blieben diese Polizisten und Gendarmen ihren jeweiligen Behörden in Stadt- oder Landkreis unterstellt. In ihrer täglichen Arbeit war freilich ihr Geldgeber zugleich ihr Auftraggeber und Vorgesetzter. In dessen Interesse patrouillierten sie durch Arbeitssäle und Wohnstraßen, um zu Ordnung und Disziplin zu mahnen. Ihm kam es zugute, wenn der Polizist neu eintretende Arbeits-

9 Hinweise in: Staatsarchiv Münster (STAM), OP 2688; 2689; 2832, Bd. 1; Zentrales Staatsarchiv, Dienststelle Merseburg (ZSTAM), Rep. 77, Tit. 299a, Nr. 72, Bd. 2.

10 Verwaltungsbericht (VB) Bochum für 1879/80, S. 14.

kräfte kritisch musterte und auf eine zwielichtige Vergangenheit hin durchforschte. Und dem Unternehmensinteresse an einer störungsfreien Produktion dienten auch seine Nachforschungen bei Eigentumsdelikten oder sein Eingreifen bei einer Schlägerei im Betrieb.[11]

Die Kooperation zwischen Polizeiverwaltung und Unternehmen folgte keiner zentralen Regelung, sondern beruhte gewöhnlich auf Absprachen im Einzelfall. Meistens ging die Initiative von den Unternehmen aus. So z. B. 1879 bei der erwähnten Verbeamtung zweier Fabrikaufseher in Bochum oder bei der Stationierung eines Gendarmen in der Kolonie der Zeche »Graf Bismarck« im Kreis Recklinghausen zehn Jahre später. Wegen der »notorischen Anwesenheit verschiedener unruhiger Elemente« beantragte die dortige Zechenverwaltung beim Landrat die Stationierung eines Gendarmen in der Wohnsiedlung, wo ihm auf Zechenkosten eine freie Unterkunft gestellt werden sollte.

Gewöhnlich zeigten sich die kommunalen und staatlichen Behörden der unteren Ebene recht entgegenkommend. So auch in diesem Fall. Entscheidend für die Zustimmung des Regierungspräsidenten zum Antrag der Zeche »Graf Bismarck« dürfte die Finanzierungshilfe des Unternehmens – hier in Gestalt einer kostenlosen Wohnung – gewesen sein. Ein Jahr zuvor war nämlich ein anderes Bergbauunternehmen mit derselben Bitte abschlägig beschieden worden, da es sich nicht dazu bereit fand, dem Zechengendarmen eine mietfreie Unterkunft zu stellen.[12] Auch die Behörden hatten ein Interesse an der Privatfinanzierung ihrer Polizeikräfte. Klarer als bei der staatlichen Gendarmerie machte sich diese Haltung bei den kommunalen Polizeiverwaltungen bemerkbar. Hier wurde in einigen Fällen der umgekehrte Weg gegangen, wenn etwa die Ortsbehörde ein großes Kohleunternehmen aufforderte, Einrichtungs- und Personalkosten einer Polizeistation in einer Bergmannskolonie zu übernehmen.[13]

Bis Anfang der achtziger Jahre hatte der preußische Innenminister keine Einwände gegen diese Praxis. In den ausgehenden siebziger Jahren genehmigte er mehrfach Anträge rheinisch-westfälischer

11 Vgl. Fallschilderungen in STAM, OP 2689, f 24, f 79.
12 STAM, OP 2832, Bd. 1, f 131; f 124-128.
13 M. Zimmermann: Schachtanlage und Zechenkolonie. Leben, Arbeit und Politik in einer Arbeitersiedlung 1880-1980. Essen 1987, S. 19 f.

Stahl- und Kohleunternehmen auf Überlassung von Gendarmen gegen Übernahme der Gehaltskosten. Erst als die Angelegenheit 1883 im preußischen Abgeordnetenhaus ruchbar wurde und ein Parlamentarier daran erinnerte, daß derartige Maßnahmen gegenüber der Arbeiterschaft »direkt provokatorischen Charakter tragen könnten«, obwohl man doch alles tun müsse, um die »böse Stimmung unter den Arbeitern zu beseitigen«, ging der Minister auf Distanz. Fortan genehmigte er keine weiteren Verträge, ließ allerdings die alten Abmachungen bestehen.[14] Dieser Umschwung wirkte sich indes auf die Genehmigungspraxis von Stadt- und Kreisverwaltungen kaum aus. An die Stelle einer vertraglich garantierten Gehaltskostenübernahme traten in den Kreisen halb verdeckte Zuwendungen in Gestalt von kostenlosen Wohnungen oder Einkommenszulagen. In den Städten blieb alles beim alten.

Obwohl die bruchstückhafte, dezentrale Überlieferung eine Bestandsaufnahme erschwert, lassen sich doch einige Aussagen über die Verbreitung der Hütten- und Zechenpolizisten machen. In der Zeit zwischen den ausgehenden sechziger und dem Beginn der achtziger Jahre liegt die Phase förmlicher, vom Innenminister sanktionierter Verträge zur vollständigen Kostenübernahme für privat stationierte Gendarmen. Auch gab es eine relativ hohe Zahl kommunaler Polizisten in Unternehmensdiensten. Zu den Nutznießern des ersten Verfahrens gehörte z. B. das Unternehmen Krupp in Essen, in dessen Anlagen seit 1875 bis zu sechs Gendarmen patrouillierten. Andere Gendarmen dienten auf Zechen in den Landkreisen Essen, Dortmund und Hamm.[15] Städtische Polizeibeamte standen z. B. bei den Eisen- und Stahlwerken Hoesch und Dortmunder Union in Dortmund, beim »Bochumer Verein«, bei den Zechen »Prinz von Preußen« und »Caroline« im Kreis Bochum oder bei der Zeche »Barrillon« in Baukau unter Privatvertrag.[16] Die absolute Zahl dieser Einzelposten wirkt zunächst

14 Stenographische Berichte über d. Verhandlungen d. Pr. Abgeordnetenhauses. 1883, S. 495-497. Vgl. auch ZSTAM, Rep. 77, Tit. 299a, Nr. 72, Bd. 2.

15 Vorgänge in: ZSTAM, Rep. 77, Tit. 299a, Bd. 2 u. 6.

16 VB Bochum für 1879/80; VB Dortmund für 1880/81; Stadtarchiv Bochum (SABo), LA 193; J. Reulecke: Von der Dorfschule zum Schulsystem. In: Ders./W. Weber (Hg.): Fabrik-Familie-Feierabend. Beiträge

nicht besonders eindrucksvoll. Erst im Vergleich mit der Personalstärke der damaligen Orts- und Kreispolizei zeigt sich ihre relativ große Bedeutung. Wenn von den zwölf Unterbeamten der Dortmunder Polizei des Jahres 1871 drei bei der »Dortmunder Hütte« in Dienst, Lohn und Brot standen, war dies ein Viertel des Beamtenkorps. Und auch die sechs Kruppschen Gendarmen bekommen ein anderes Gewicht, wenn man berücksichtigt, daß ungefähr zur selben Zeit im Landkreis Dortmund siebzehn und im Kreis Gelsenkirchen gerade sechs Gendarmen stationiert waren. Jedenfalls war die betriebsinterne Polizeistationierung in den siebziger Jahren so verbreitet, daß der Arnsberger Regierungspräsident in einem Runderlaß mahnte, die Hütten- und Zechenpolizisten nicht zu Botengängen und anderen dienstfremden Arbeiten zu mißbrauchen.[17]
Um die Jahrhundertwende lassen sich besonders in den nördlichen Kreisen des westfälischen Ruhrgebiets, die erst relativ spät in den Sog der Bergbauexpansion gerieten, intensive Kontakte zwischen Privatinteressenten und Polizei beobachten. Eine Aufstellung aus dem Jahr 1904 verzeichnet für den Landkreis Recklinghausen dreizehn derartige Fälle, dies waren etwa 30% aller Gendarmen des Kreises. In den Nachbarkreisen Hamm und Gelsenkirchen belief sich der Wert auf 17% bzw. 21%, in anderen Teilen des Ruhrgebiets blieb es eher bei Einzelfällen. Auch auf seiten der kommunalen Polizei galten die alten Kooperationsabkommen noch nach der Jahrhundertwende – etwa in Dortmund –, verloren jedoch angesichts der allgemeinen Expansion der Polizei relativ an Gewicht. Unter den privatpolizeilich geschützten Einzelunternehmen ragt beispielsweise die Thyssen-Hütte in Hamborn hervor, die 1912 acht Polizisten beschäftigte.[18]

zur Sozialgeschichte des Alltags im Industriezeitalter. Wuppertal 1978, S. 247-271, 257.

17 Erlaß RP Arnsberg v. 22.9.1877, in: Stadtarchiv Hagen (SAH), 3171. Polizeidaten siehe Jessen: Polizei (wie Anm. 8), S. 57-109.

18 STAM, OP 2688; E. Lucas: Zwei Formen des Radikalismus in der deutschen Arbeiterbewegung. Frankfurt 1976, S. 113.

2. Zechenschutzwehren

Im Gegensatz zu den individuellen Fabrikpolizisten im alltäglichen Ordnungseinsatz verdankten die Zechenschutzwehren ihre Existenz einer Initiative der preußischen Zentralbehörden. Vertreter der Bergbehörde und Stellen der Innenverwaltung diskutierten schon 1866 im westfälischen und 1872 im schlesischen Kohlerevier über die Möglichkeit, aus dem Kreis der Bergleute ein Sicherheitskorps gegen streikende Arbeiter zu rekrutieren. Hier wie dort kamen die Überlegungen nicht über das Stadium von Planspielen hinaus. Diese frühen Pläne scheiterten vor allem am mangelnden Vertrauen der staatlichen Behörden in die Loyalität der potentiellen Wehrmänner. Sie mochten nicht mehr auf deren besondere Königstreue bauen, die sie in der Zeit des ständischen Bergrechts bewiesen hatten. Die Bergrechtsliberalisierung der sechziger Jahre sowie Boom und Krise des Gründerjahrzehnts hatten die ehemals privilegierten Bergleute merklich proletarisiert und ihre Loyalität zur Obrigkeit brüchig werden lassen. Die Streikwelle der frühen siebziger Jahre war den Polizeibehörden ein warnendes Beispiel.[19]

Die Wende leitete 1889 der Streik der preußischen Bergarbeiterschaft ein. Die wenigen Polizeikräfte der Orts- und Kreisverwaltungen waren durch den Massenausstand schnell überfordert. Während die westfälischen Behörden militärische Hilfe erbaten und erhielten, begann die Verwaltung im rheinischen Teil des Reviers mit ad hoc aufgestellten Hilfspolizeiverbänden zu experimentieren. Diese ungeplanten, spontanen Versuche gaben den Anstoß für eine koordinierte, zentral initiierte Kampagne staatlicher Behörden zur breitflächigen Einführung von Zechenwehren im westfälischen Montanrevier in den folgenden Jahren.[20]

Das Modell sah vor, daß die Verwaltungen vor allem der Kohlezechen, aber auch anderer industrieller Großbetriebe, aus dem Kreis loyaler Belegschaftsangehöriger insgeheim Schutztruppen formierten, die bei einem Arbeitskampf aktiviert und bewaffnet

19 STAM, Reg. Arnsberg, B 62, f 221; ZSTAM, Rep. 77, Tit. 2513, Nr. 4, f 1-2; Trischler: Steiger (wie Anm. 8), S. 185; Tenfelde, Bergarbeiterschaft (wie Anm. 2), S. 397 ff.

20 Trischler: Steiger (wie Anm. 8), S. 186; ZSTAM, Rep. 77, Tit. 2513, Nr. 4, f 26-29.

werden sollten, um das Betriebsgelände gegen Übergriffe zu schützen und Arbeitswillige gegen den Druck der Streikenden zu sichern. Um die Tätigkeit dieser Korps auf festen juristischen Boden zu stellen, sollten die Wehrangehörigen vor ihrem Einsatz von der Ortsbehörde zu Hilfspolizisten ernannt und vereidigt werden. Formal wurden die Zechenwehrmänner damit zu preußischen Polizisten und unterstanden dem Bürgermeister als Polizeiverwalter. Er sollte auch die Mobilisierung der Zechenwehr bekanntmachen und ihre Einsätze leiten. Nach außen dokumentierte eine Polizeimütze oder eine Armbinde mit dem Polizeiabzeichen ihren offiziellen Status, mit dem ihnen zugleich alle Rechte und Pflichten der ordentlichen Polizisten – also etwa das Recht zur Festnahme oder zum Waffengebrauch – verliehen wurden. Im einzelnen waren ihre Kompetenzen in einer »Dienstanweisung für die Beamten der Zechenschutzwehren« niedergelegt, die vom Landrat des jeweiligen Kreises erlassen wurde.[21]

Obwohl die »Schutzbeamten« de jure Bedienstete der preußischen Verwaltung waren, überwog de facto ihre Rolle als Privatangestellte der Zeche. Ihre Verpflichtung zur Wahrung des Unternehmensinteresses ging nicht nur aus der Dienstinstruktion hervor, die als Aufgabe der Wehrmänner bestimmte, »die Zechenanlagen zu schützen und den ordnungsgemäßen Betrieb durch Schutz der Weiterarbeitenden gegen die Ausständischen zu sichern, überhaupt die Zechendirektion in der Wahrnehmung ihres Hausrechts zu unterstützen«. Die Auswahl der Schutzbeamten lag bei der Zechenverwaltung, von ihrer Zustimmung hing es ab, ob die Wehr auch außerhalb des Zechengeländes zum Einsatz kommen konnte, sie bestimmte, wohin Festgenommene abzuführen seien, und ihr war von allen außergewöhnlichen Vorfällen Anzeige zu erstatten. Hinzu kam, daß die Unternehmen die Ausrüstung und Bewaffnung der Wehren finanzierten.[22] Kurz, die Zechenwehren waren privat rekrutierte, ausgerüstete und angeleitete bewaffnete Schutzkorps der Zechenunternehmen. Aufgabe der Wehren war der Streikbruch. Für ihre Verwendung als werksinterner Spitzeldienst auch außerhalb von Streikzeiten, wie dies die »Arbeiterzeitung« 1894 unterstellt hatte, gibt es dagegen keine

21 Z. B. Dienstanweisung für die Beamten der Zechenschutzwehren. Bochum 1905, in: SABo, LA 1270.

22 Ebd., §§ 4, 7, 10.

Hinweise. Trotz ihrer engen Bindung ans Unternehmerinteresse muß die staatliche Legitimation dieser Hilfspolizei hervorgehoben werden. Der Staat hatte nicht nur die Initiative zu ihrer Gründung ergriffen, sondern ihr auch den Status einer staatlichen Institution verliehen. Polizeikompetenzen wurden vom Staat delegiert, nicht von den Zechenherren usurpiert.

Zwar gab es Versuche zur Einrichtung von Zechenwehren in allen preußischen Bergbaugebieten – also auch in Schlesien, im Saargebiet und im Rheinland –, ihre mit Abstand größte Bedeutung erlangten diese Formationen allerdings im westfälischen Teil des Ruhrgebiets. Dort blieben sie weitgehend auf Betriebe des Kohlebergbaus beschränkt, da Versuche, die Wehridee auf Industriebetriebe außerhalb des Montansektors zu übertragen, kaum Resonanz fanden. Seit 1893 bemühten sich die westfälischen Mittelbehörden intensiv und letztlich erfolgreich um die Einrichtung der Wehren. Um 1895 existierten in diesem Teil des Ruhrreviers mehr als 40 Verbände, um 1904 waren es 43 mit über 1000 Mitgliedern. Ihren größten Verbreitungsgrad erreichten sie nach dem Streik von 1905, der viele zunächst zögerliche Zechenverwaltungen in das Lager der Wehrhaften schwenken ließ. Gegen Ende des Arbeitskampfes waren auf 117 Zechen 2562 Mann als Hilfspolizisten vereidigt und bewaffnet worden. Damit übertrafen die Zechenwehren rein quantitativ die zum Streikdienst mobilisierten regulären Polizeikräfte, die es gerade auf 2094 Beamte brachten.[23]

3. Interessenlagen 1: Schwache Polizei und Grenzen der Unternehmermacht

Das Interesse der Unternehmer am betriebsinternen Ordnungseinsatz von Polizisten hing eng mit dem Herrschaftscharakter der modernen kapitalistischen Produktionsorganisation und ihren Disziplinierungserfordernissen zusammen. Vor allem aber verweist es auf die Legitimationsgrenzen privat organisierter gewaltförmiger Herrschaft. Gewöhnlich waren für die Sicherung der Fabrikdisziplin oder die Verhinderung von Materialdiebstählen werksinterne Vorgesetzte, Aufseher oder private Wächter zustän-

23 ZSTAM, Rep. 77, Tit. 2513, Nr. 4; STAM, OP 6562; 2832, Bd. 5; Reg. Münster, VII-40, Bd. 1; VII-57, Bd. 3.

dig. Generell stellte sich bei deren Eingriffen aber ein doppeltes Problem: Erstens blieb ihre Reichweite begrenzt. Allenfalls innerhalb der Fabrikmauern konnten sie, wenn überhaupt, für Disziplin und Ordnung sorgen. Zweitens agierten sie auf einer prekären rechtlichen Basis: Nur das Hausrecht oder Jedermannsrechte wie das Notwehrrecht konnten ihren repressiven Zugriff legitimieren.[24]

Es war wohl hauptsächlich diese Legitimationslücke, die seit den sechziger Jahren Unternehmer in der Region dazu bewog, sich um die Hilfe der Polizei bei der Erledigung innerbetrieblicher Überwachungsaufgaben zu bemühen. Deren Ordnungseingriffe hatten einen sicheren rechtlichen Rückhalt und damit deutlich höhere Legitimität als die Maßnahmen privater Wächter. Indem sich Privatunternehmen um offizielle Polizeiassistenz bemühten, entlasteten sie sich von Disziplinierungs- und Repressionsaufgaben. Weil die Fabrikordnung zur Polizeiordnung erhoben wurde, gelang es den Unternehmern, die Verantwortung für Ordnungseingriffe zu externalisieren, gleichzeitig aber Inhalt, Richtung und Schwerpunkt der Maßnahmen zu bestimmen.

Auch die Stadt- und Kreisverwaltungen hatten ein Interesse an der Zusammenarbeit mit ansässigen Unternehmen; sah man hierin doch die Chance, den eigenen Haushalt ein wenig zu entlasten. Bis zur Verstaatlichung der Ortspolizei in Bochum, Essen und Gelsenkirchen im Jahre 1909 standen die Ordnungskräfte in den Ruhrgebietsstädten als Gegenstand der Auftragsverwaltung unter kommunaler Regie. Die Städte sahen sich daher in der mißlichen Lage, einen erheblichen Teil ihres knappen Budgets für eine personal- und damit kostenintensive Institution ausgeben zu müssen, die sie lediglich im Auftrag des Staates verwalteten. In Dortmund beispielsweise machten die Personalkosten der Polizei im Jahre 1891 45,8% der Gesamtunkosten der Stadtverwaltung aus. Gerade in den Jahrzehnten rascher Industrialisierung und Urbanisie-

24 Vgl. zur Fabrikdisziplinierung z. B. B. Flohr: Arbeiter nach Maß. Die Disziplinierung der Fabrikarbeiterschaft während der Industrialisierung Deutschlands im Spiegel von Arbeitsordnungen. Frankfurt 1982, und L. Machtan: Zum Innenleben deutscher Fabriken im 19. Jahrhundert. Die formelle und die informelle Verfassung von Industriebetrieben, anhand von Beispielen aus dem Bereich der Textil- und Maschinenbauproduktion (1869-1891). In: Archiv für Sozialgeschichte (AfS) 21 (1981), S. 179-236.

rung standen die Kommunen des Reviers vor einer Fülle drängender Probleme: Verkehrsentwicklung, Aufbau der kommunalen Leistungsverwaltung und Förderung des Schulwesens standen auf der Prioritätenliste oft vor der ungeliebten Polizei. Strukturreformen der Exekutive, etwa Abschaffung der nebenamtlichen Nachtwächter zugunsten einer einheitlichen Berufspolizei, und die Vermehrung des Beamtenpersonals entsprechend den sprunghaft zunehmenden Aufgaben kamen nur schleppend voran.[25] Zu Beginn der siebziger Jahre sollten in Dortmund, der größten Stadt des Reviers, zehn Polizisten rund 40 000 Einwohner überwachen. In der Nachbarstadt Bochum waren zur selben Zeit sieben Beamte für etwa 18 000 Einwohner zuständig und in Gelsenkirchen sollten noch 1888 vier Ordnungshüter rund 24 000 Einwohner kontrollieren, von denen viele zugewanderte, kaum integrierte Bergarbeiter waren. Auch wenn in den folgenden Jahren die Kräfte aufgestockt wurden, blieb die chronische Personalmisere bis weit in die neunziger Jahre ein Charakteristikum der Ruhrgebietspolizei. Kaum besser sah es bei den staatlichen Gendarmen in den Landkreisen aus. Ende der achtziger Jahre waren in den sieben landrätlichen Verwaltungsbezirken des westfälischen Kohlegebiets ganze 72 Gendarmen stationiert: auf je 100 000 Bewohner der Landkreise kamen im Durchschnitt elf Gendarmen.[26] In Stadt und Land hinkte die Ordnungsmacht hoffnungslos hinter der beschleunigten sozialstrukturellen Entwicklung her.

Stellenvermehrungen bei der Polizei scheiterten aber nicht nur an finanziellen Engpässen oder blieben im Kompetenzgerangel zwischen Staat und Kommunen hängen. Manche Gemeindeverwaltung stellte sich auf den Standpunkt, daß die Unternehmen, die durch die Ansiedlung von Großbetrieben und die Anwerbung zahlreicher Arbeitskräfte soviel Unordnung in die Gemeinde ge-

25 Zu den Dortmunder Zahlen: H. J. Bausch: Von der reichsstädtischen zur staatlichen Polizei. Zur Geschichte der Polizeiverwaltung in Dortmund. In: Beiträge zur Geschichte Dortmunds und der Grafschaft Mark 74/75 (1982/83), S. 71-177, hier: S. 95; vgl. zur kommunalen Polizei in der Region auch: Jessen: Polizei (wie Anm. 8), sowie E. G. Spencer: State Power and Local Interests in Prussian Cities: Police in Düsseldorf District, 1848-1914. In: Central European History 19 (1986), S. 293-313.

26 Haushaltsetats Dortmund für 1870; Bochum für 1869; Gelsenkirchen für 1888; STAM, OP 2832.

tragen hatten, ruhig etwas zur Bewältigung dieser Probleme beitragen könnten. Hier scheint noch ein wenig die Vorstellung durch, der Arbeitgeber habe im patriarchalischen Sinne Verantwortung für das Verhalten seiner Untergebenen zu übernehmen. So kam es, daß einige Kommunen die Unternehmensangebote zur Polizeifinanzierung nicht nur akzeptierten, sondern ansiedlungswilligen Betrieben die Übernahme anfallender Polizeikosten zur Auflage machten. Die Gemeindevertretung von Hochlarmarck bei Recklinghausen stellte etwa der Harpener Bergbau-AG zur Bedingung, in einer geplanten Zechensiedlung eine Polizeistation mit drei Arrestzellen einzurichten und die Gehaltskosten für einen Polizeisergeanten zu übernehmen.[27]
Die Motive beider Seiten – das Disziplinierungsinteresse der Unternehmen wie die Einsparungsbemühungen der Verwaltung – weisen ebenso wie die zeitlichen und örtlichen Schwerpunkte des Privateinsatzes der Polizeibeamten darauf hin, daß es sich um ein Übergangsphänomen in Situationen schnellen Umbruchs und erhöhter Spannungen handelte. Die siebziger Jahre waren in der Zentralregion des Reviers wie die neunziger Jahre in seiner nördlichen Expansionszone Zeiten schubartigen Wachstums, in denen sich zahllose neue Arbeitskräfte in den industriellen Arbeitsprozeß integrieren mußten – ein spannungsreicher Prozeß der Neuformierung sozialer Beziehungen und Orientierungen, der von Unternehmen und Kommunen als Disziplin- und Ordnungsproblem wahrgenommen wurde. Angesichts des schwachen öffentlichen Polizeiapparates und der unsicheren Legitimationsgrundlage privater Ordnungsagenten sahen beide Seiten in der privaten Finanzierung und betriebsinternen Stationierung öffentlicher Polizeibeamter einen gangbaren Ausweg. Eine Dauerlösung war damit nicht gefunden. Je mehr die Polizei vor und nach der Jahrhundertwende expandierte, desto geringer wurde das relative Gewicht der Zechen- und Hüttenpolizisten. Aber nicht nur die allgemeine Polizeiexpansion minderte ihre Bedeutung. Die Verfeinerung innerbetrieblicher Disziplinierungsstrukturen und die Festigung sozialer und politischer Netze in der Arbeiterschaft wirkten in dieselbe Richtung. Ohne daß man ihre konkreten Effekte im Einzelfall wird bemessen können, werden die Formierung

27 Zimmermann: Schachtanlage (wie Anm. 13), S. 19f. Vgl. auch Reulecke: Dorfschule (wie Anm. 16), S. 257.

einer privilegierten Stammarbeiterschaft, der Ausbau des Werkswohnungswesens oder die Inszenierung »gelber« Werkvereine einiges dazu beigetragen haben, betriebsinterne Disziplinierung subtiler und effektiver zu gestalten.[28] Auf der anderen Seite legten die Integrations- und Disziplinierungsleistungen der Arbeiterbewegung einiges Unruhepotential still. Man muß dabei nicht nur an die sozialdemokratische Gewerkschaftsbewegung und die SPD mit ihrem »preußischen« Organisationsverständnis denken. Im Ruhrrevier spielten bekanntlich katholische und nationalpolnische Verbände eine gewichtige Rolle bei der Formung »sozialmoralischer Milieus« mit hoher Integrationskraft.[29]

4. Interessenlagen II: Entmilitarisierung der Streikkontrolle

Der Streik von 1889 hatte bei den Regional- und Zentralbehörden einen nachhaltigen Eindruck hinterlassen. Seit diesem Jahr verfestigte sich bei ihnen die Vorstellung eines zum Generalstreik eskalierenden, womöglich sozialdemokratisch instrumentalisierten Massenstreiks der Bergleute zum traumatischen Bedrohungsszenario. Während die Fixierung auf sozialdemokratische Einflüsse in den neunziger Jahren wenig mit den Realitäten des Ruhrreviers zu tun hatte, war die Sorge vor Ausschreitungen nicht ganz unberechtigt. Moderne Formen der Interessenartikulation und Verfahren der Konfliktführung waren noch nicht erprobt und etabliert; jeder Arbeitskampf war ein Experiment mit ungewissem Ausgang. Wenigstens vier Faktoren steigerten das Eskalationsrisiko:[30]

28 Vgl. M. J. Koch: Die Bergarbeiterbewegung im Ruhrgebiet zur Zeit Wilhelms II. (1889-1914). Düsseldorf 1954, S. 115-117; D. Stemmrich: Die Siedlung als Programm. Untersuchungen zum Arbeiterwohnungsbau anhand Kruppscher Siedlungen zwischen 1861 und 1907, Hildesheim 1981.

29 Vgl. J. Mooser: Arbeiterleben in Deutschland 1900-1970. Klassenlage, Kultur und Politik. Frankfurt 1984, S. 179 ff.

30 Vgl. Tenfelde: Bergarbeiterschaft (wie Anm. 2), S. 334-342; K. Tenfelde: Die »Krawalle von Herne« im Jahre 1899. In: Internationale Wissenschaftliche Korrespondenz zur Geschichte der Arbeiterbewegung (IWK) 15 (1979), S. 71-104; Brüggemeier: Leben vor Ort (wie

Erstens vertraten die Ruhrkohleunternehmer einen besonders starren Herr-im-Haus-Standpunkt, der sich gegen alle kollektiven Vereinbarungen mit der Arbeiterseite sperrte – eine Grundhaltung, die die Fronten von vornherein verhärtete und gewalttätige Ausschreitungen begünstigen konnte, da sie kaum Spielraum für Verhandlungen ließ. Zweitens hatten die Behörden trotz Koalitionsfreiheit die Normalität von Arbeitseinstellungen nie wirklich akzeptiert. Ein Ausstand galt als illegitim, und die polizeilichen Maßnahmen gegen Streikposten und -versammlungen wirkten wie der ausgedehnte Schutz für Arbeitswillige als aktive Hilfe zum Streikbruch. Dies war spannungstreibend. Drittens erhöhten die soziale Heterogenität und »Jugendlichkeit« der Ruhrbergleute das Reibungspotential. Junge, ledige, katholische Zuwanderer aus den ostelbischen Gutsbezirken, die erst kurze Zeit als Schlepper unter Tage waren, unterschieden sich in vielem von einem ansässigen protestantischen Hauer mit Frau und Kindern, dessen Vater vielleicht schon als Bergmann gearbeitet hatte. Erst langsam konnten gemeinsame Arbeitserfahrungen und das Bewußtsein gleicher Lage die Unterschiede überbrücken. Lange galten die wenig integrierten Zuwanderer als Unruhefaktor, nicht nur im Streik. Viertens machten die Organisationsbemühungen der Gewerkschaften seit den neunziger Jahren zwar Fortschritte, blieben aber begrenzt. Verhängnisvoll war nicht nur ihre Zersplitterung entlang politischer, konfessioneller und nationaler Trennungslinien, sondern auch die Dauerspannung zwischen einer konfliktbereiten Basis und einer vorsichtig taktierenden Führung. Bis auf den Arbeitskampf von 1912 wurden alle Streiks der Ruhrbergleute von der Basis gegen die Bedenken der Verbandsführung begonnen. Die Ordnungsmacht der Gewerkschaften reichte noch nicht sehr weit.

Der Streik von 1889 hatte aber nicht nur das scheinbare oder tatsächliche Unruhepotential im Ruhrrevier scharf ins Bewußtsein der Polizeiplaner treten lassen. Er leitete auch eine grundsätzliche Neuorientierung der staatlichen Repressionspolitik ein, denn eine entscheidende Konsequenz aus der Streikerfahrung be-

Anm. 2), S. 182-217; S. H. F. Hickey: Workers in Imperial Germany. The Miners of the Ruhr. Oxford 1985, S. 169-225.

stand in der Absage an militärische Lösungen.[31] Der blutige Militäreinsatz von 1889 mit seinen elf Toten war in der Öffentlichkeit auf heftige Kritik gestoßen, die die Legitimationsgrenze derartiger staatlicher Machtdemonstrationen deutlich markierte. Wollte der Staat seine Glaubwürdigkeit nicht gefährden und die Folgebereitschaft der Bevölkerung nicht aufs Spiel setzen, mußte er in Zukunft sicherstellen, daß Ordnungseinsätze im Massenstreik nicht zu militärischen Gewaltexzessen eskalierten. Da man auf der einen Seite bei zukünftigen Streiks erhöhten »Repressionsbedarf« sah und auf der anderen Seite das Militär aus dem Spiel nehmen wollte, mußte die Polizei aufgewertet werden. Dies geschah: Zwischen 1889 und 1892 wurde die Zahl der Gendarmen in den westfälischen Kohlekreisen knapp verdoppelt und ein Mobilisierungsplan für auswärtige Reserven aufgestellt, der im Streikfall weitere 260 Gendarmen verfügbar machen sollte.[32] Um zusätzliche Kräfte zu gewinnen, griff man die Idee der Zechenschutzwehren auf und drängte die Unternehmen, sich aktiv an der Streikbekämpfung zu beteiligen. Soweit sie den repressiven Aspekt betrafen, waren die staatlichen Konsequenzen aus der Streikerfahrung von 1889 höchst ambivalent: der Modernisierungsschritt in Richtung Demilitarisierung wurde durch die Teilprivatisierung von Polizeifunktionen erkauft.

Bei den in die Pflicht genommenen Zechen stießen die Polizeiplaner zunächst auf energischen Widerspruch. Gegen hartes Durchgreifen gegenüber Streikposten und Streikversammlungen hatten sie zwar nichts einzuwenden. Sie teilten allerdings nicht die staatlichen Skrupel gegenüber einer Mobilisierung des Militärs, im Gegenteil. Stets gehörten die Bergbauunternehmer zu den ersten, die nach militärischen Lösungen riefen. Nach ihrem Verständnis konnten sie durch einen Ordnungseingriff der Armee nur gewinnen. Der Streik wurde schnell und ohne Konzessionen beendet, und die Verantwortung für den Gewalteinsatz lag beim Staat. Dafür hatte man um so größere Bedenken, sich selbst mit Polizeifunktionen zu belasten, durch die unübersehbare Dauerkonflikte in den Betrieb hineingetragen zu werden drohten. Es sei schließlich Sache des Staates, so argumentierte man, für Sicherheit und

31 Vgl. Funk: Rechtsstaat (wie Anm. 6), S. 306-311; Henning: Staatsmacht (wie Anm. 8).

32 STAM, OP 2832, Bd. 4.

Ordnung zu sorgen. Hinter diesem prinzipiellen Einwand stand die Befürchtung, der Polizeieinsatz von Steigern und Werkmeistern würde das innerbetriebliche Klima nachhaltig vergiften und die wehrwilligen Belegschaftsmitglieder könnten nach Ende des Streiks den »ärgsten Chikanen ihrer Kameraden ausgesetzt (sein)«.[33]

Die Gefahr eines untergründig schwelenden Dauerkonflikts mußte den Zechenunternehmern vor allem deshalb brisant erscheinen, weil gerade der Bergbau auf ein hohes Maß eigenverantwortlicher Tätigkeit der Arbeiter angewiesen war und die innerbetrieblichen Kontrollstrukturen keine permanente Aufsicht ermöglichten. Wenn sich das chronisch gespannte Verhältnis zwischen Bergleuten und ihren Vorgesetzten durch die Übertragung von Polizeikompetenzen an die Steiger weiter verschlechtern sollte, waren Rückwirkungen auf die Leistungsfähigkeit des Betriebs zu befürchten. Aus Sicht der Zechengesellschaften war die öffentliche Polizei im Streikfall unentbehrlich, um Konflikte auszulagern. Sie bestätigten damit eindrucksvoll die funktionale Bedeutung einer gesonderten staatlichen Gewaltagentur, die sicher nicht über, aber doch neben oder zwischen den Parteien sozialer Konflikte stand und das Verhältnis zwischen Arbeit und Kapital vom Risiko unmittelbarer Gewalt entlastete.

Die ersten Vorstöße der Arnsberger Bezirksregierung scheiterten 1893 an diesen Vorbehalten, und noch 1895 nahm der »Verein für die bergbaulichen Interessen« eine ablehnende Haltung ein. Manche Unternehmen, so beispielsweise die Harpener Bergbau-AG, hielten diese Position bis 1914 durch.[34] Die meisten Unternehmen folgten jedoch seit Mitte der neunziger Jahre – wenn auch eher widerwillig – dem Drängen und Bitten der Innenbehörden; nicht zuletzt deshalb, weil der Staat den Bedenken der Zechen weitgehend entgegenkam. Er konzedierte ihnen Autonomie bei der Personalauswahl und gestand ihnen weitgehende Einspruchsmöglichkeiten beim Einsatz zu. Vor allem die Bereitschaft, den Bergwerksgesellschaften weitgehend freie Verfügung über die Wehren zuzubilligen und sich faktisch darauf zu beschränken, diesen den

33 Bergwerksgesellschaft Hibernia v. 22. 4. 1894, in: SABo, LA 1270.

34 Vorgänge in STAM, OP 6562 u. ZSTAM, Rep. 77, Tit. 2513, Nr. 4. Vgl. auch Brüggemeier: Leben vor Ort (wie Anm. 2), S. 156 f. und Trischler: Steiger (wie Anm. 8), S. 185 f.

Status einer offiziellen Polizeiformation zu verleihen, trug dazu bei, der Idee der Zechenwehren zum Durchbruch zu verhelfen. Im Kreis Recklinghausen verzichtete der Landrat beispielsweise auf die Übernahme der detaillierten Zechenwehrinstruktion der anderen Kreise, da sich die Unternehmen nur unter der Bedingung weitgehender Entscheidungsfreiheit kooperationswillig zeigen wollten. Angesichts dieser Konzessionsbereitschaft verwundert es nicht, daß die Kreisbehörde in Bochum bald darüber klagte, daß »sich die Zechenleitungen gar die alleinige Verfügung« über die Wehren anmaßten.[35]

Daß die Zechengesellschaften in der Lage waren, ein semipolizeiliches Sicherheitskorps zu mobilisieren und ohne Loyalitätskonflikte gegen streikende Belegschaften einzusetzen, beruhte zum Gutteil darauf, daß dieses auf bestehenden betrieblichen Herrschaftsstrukturen aufruhte. Die Wehren rekrutierten sich fast ausschließlich aus den Arbeitsvorgesetzten der Bergleute, vor allem den Steigern. Seit der Bergrechtsliberalisierung hatte sich die Kluft zwischen beiden Seiten immer weiter vertieft. An die Stelle der fein geschichteten, insgesamt aber nach oben durchlässigen Belegschaftshierarchie der ständischen Zeit war in den Großbetrieben gegen Ende des Jahrhunderts eine scharfe Dichotomisierung zwischen Arbeitern und Zechenbeamten getreten. Die Steiger repräsentierten im Alltag der Bergleute die Unternehmensführung und setzten deren Interessen – und dies hieß z. B. Intensivierung der Arbeit und Senkung der Betriebskosten – durch. Für die Verschlechterung des »Gedinges« wurde der Steiger ebenso verantwortlich gemacht wie für das berüchtigte »Wagennullen« oder andere Disziplinierungsmaßnahmen. Die Steiger waren bei den Bergleuten unbeliebt, oft verhaßt, und Loyalitätskonflikte bei ihrem Einsatz als Polizisten daher wenig wahrscheinlich.[36] Vielleicht trug die ohnehin bestehende Grundspannung zwischen beiden Seiten dazu bei, daß sich die Angst der Zechenleitungen vor einer rapiden Verschlechterung des Betriebsklimas nach Ende des Streiks als weitgehend unberechtigt erwies: wo ein sehr distan-

35 LR Recklinghausen v. 23. 9. 1894, in: STAM, Reg. Münster VII-50, Bd. 1 und v. 21. 11. 1895, in: STAM, OP 6562; LR Bochum v. 7. 3. 1900, in: SABo, LA 1270.

36 Vgl. Trischler: Steiger (wie Anm. 8); Spencer: Between (wie Anm. 8); Tenfelde: Bergarbeiterschaft (wie Anm. 2), S. 246-261.

ziertes Verhältnis an der Tagesordnung war, konnte nicht mehr viel Vertrauen zerstört werden.

5. Der Bergarbeiterstreik von 1905 als Testfall

Der Bergarbeiterstreik von 1905 war der erste große Testfall für das Konzept einer entmilitarisierten Streikkontrolle, nachdem die Behörden sechs Jahre zuvor bei den »Herner Krawallen« – trotz aller Beteuerungen zum Primat der Polizei – auf Militärunterstützung zurückgegriffen hatten. Zunächst existierten die Zechenwehren im Verborgenen: Die Unternehmensleitungen bestimmten die Kandidaten, reichten die Namenslisten bei den Ortspolizeibehörden ein und beschafften die erforderlichen Ausrüstungsgegenstände und Waffen. In manchen Fällen unterrichteten örtliche Polizeibeamte die potentiellen Wehrmänner über ihre Rechte und Pflichten – die Regel waren solche Instruktionsstunden nicht. Daß die Zechenwehren in streikfreier Zeit heimliche Schießübungen veranstalteten, wie dies im Kreis Recklinghausen geschah, stellte wohl ebenfalls eine Ausnahme dar.[37]

Bei Streikbeginn aktivierte die Ortspolizei die Wehren und gab ihre Mobilisierung öffentlich bekannt. Wo noch keine Schutztruppe bestand, wurde sie in vielen Fällen jetzt gegründet. Ihre Haupttätigkeit sollte darin bestehen, auf dem umfriedeten Betriebsgelände zu patrouillieren und das Zecheneigentum gegen Übergriffe der Streikenden zu sichern. Die regulären Polizeikräfte konnten sich auf andere Ordnungsprobleme konzentrieren. Diese Aufgabenzuweisung an die Wehren ging eher von der Vorstellung eines eruptiv-gewaltsamen Protests als von den Erscheinungsformen eines modernen Arbeitskampfes aus, und entsprechend realitätsfremd war sie.[38] Ausschreitungen gegen Betriebsanlagen blie-

37 LR Recklinghausen v. 24.6.1913, in: STAM, Reg. Münster, VII-57, Bd. 3. Zum Streik von 1905 siehe: Brüggemeier: Leben vor Ort (wie Anm. 2), S. 211-217; A. Gladen: Die Streiks der Bergarbeiter im Ruhrgebiet in den Jahren 1889, 1905 und 1912. In: J. Reulecke (Hg.): Arbeiterbewegung an Rhein und Ruhr. Beiträge zur Geschichte der Arbeiterbewegung in Rheinland-Westfalen. Wuppertal 1974, S. 111-148; Hickey: Workers (wie Anm. 30), S. 185-188, 203-221.

38 Vgl. A. Herzig: Unterschichtenprotest in Deutschland 1790-1870. Göttingen 1988.

ben Ausnahmen und stellten kein ernstzunehmendes Problem dar. Die Erfolgschancen des Streiks hingen allerdings entscheidend davon ab, wie geschlossen die Aufforderung zur Arbeitseinstellung befolgt wurde. In der Durchsetzung einheitlichen Handelns unter den Belegschaftsmitgliedern lag jetzt das größte Gewaltrisiko auf seiten der Ausständischen. Diese versuchten, Streikbrecher durch Streikposten, Solidaritätsappelle und moralischen Druck, in Einzelfällen auch durch Gewalt, zum Mitmachen zu bewegen. Umgekehrt richteten die Unternehmer ihr Hauptaugenmerk auf die Sicherung der Produktion: »Schutz der Arbeitswilligen« und »Kampf gegen den gewerkschaftlichen Streikterrorismus« waren ihre Forderungen, denen die Behörden in aller Regel entsprachen. Die Rhetorik der Ordnungspartei verdeckt leicht, daß oft erst die Eingriffe der Polizei gewaltsame Auseinandersetzungen auslösten, während sich die Streikenden üblicherweise auf Appelle oder auch moralische Diffamierungen an die Adresse der Arbeitswilligen beschränkten.[39]

Es kam im polizeilichen Streikeinsatz also weniger auf die Sicherung von Betriebsanlagen als auf den Schutz der Arbeitswilligen an. Die Zechenwehren übernahmen 1905 auch diese Aufgabe. Sie begleiteten – allein oder in Zusammenarbeit mit ordentlichen Polizeikräften – die Streikbrecher auf ihren Wegen zwischen Arbeit und Wohnung, um sie gegen Pressionen der Streikenden abzuschirmen. Mancherorts gingen die Hilfspolizisten vor Schichtbeginn durch die Wohnkolonien und pochten an Fenster und Türen, um die Bergleute zum Arbeitsantritt zu drängen. Die Posten vor und auf dem Betriebsgelände schritten gegen Streikposten ein, nahmen Verhaftungen vor und waren vor allem in der Lage, die ihnen persönlich bekannten Streikaktivisten zu denunzieren, um so weitere Verfolgungsmaßnahmen zu ermöglichen.[40] Die Einsatzpraxis der Wehrmänner deutet darauf hin, daß ihr besonderer Nutzen darauf beruhte, die Personalkenntnis aus ihrer Vorgesetztenfunktion mit ihrem Polizeiauftrag zu verbinden. Nur sie hatten die Chance, Bergleute durch persönlichen Druck zur Arbeitsaufnahme zu bewegen oder auffällige Streikposten namhaft zu machen.

39 Vgl. Saul: Staat (wie Anm. 8), S. 188-282.

40 Berichte zur Praxis im Streik von 1905 in: STAM, OP 6562; AZ v. 14. 1., 16. 1., 18. 1., 26. 1. 1905 u. ö.

Für diese Leistungen zur Sicherung der Unternehmerinteressen und zur Effektivierung des Polizeieinsatzes mußte allerdings ein hoher Preis gezahlt werden. Die Steiger, Werkmeister und Betriebsführer hatten keinerlei polizeiliche Qualifikation und unterstanden meist auch nicht der Leitung erfahrener Gendarmen. Sei es deshalb, weil die Arbeiter sie als einen »nicht für voll angesehenen und besonders verhaßten Gegner«[41] betrachteten und so die prätendierte Machtposition der Wehrmänner unterliefen, sei es, weil sich die Zechenbeamten aufgrund ihrer ungewohnten Kompetenzen »in einem gewissen Autoritätsdusel« befanden[42], kam es von ihrer Seite mehrfach zu gravierenden Übergriffen. Die Wehren der Zechen »Fürst Hardenberg«, »Germania« und »Deutscher Kaiser« mußten sich vorwerfen lassen, sie würden unbeteiligte Passanten schikanös kontrollieren.[43] Aus den Orten Carnap, Borbeck und Benninghofen wurde gemeldet, daß Wehrleute ohne Grund streikende Bergleute mit ihren Waffen bedroht und auf der Straße herumgeschossen hätten.[44] Angesichts dieser Gewaltbereitschaft blieben massive Übergriffe nicht aus. Am 24. Januar 1905 meldete die Dortmunder »Arbeiter-Zeitung«, daß Zechenwehrmänner vor den Toren der Zeche »Victor« eine Streikversammlung mit Gummischläuchen auseinandergeprügelt hätten. Drei Tage später berichtete das Blatt über einen Zwischenfall, bei dem ein verhafteter Bergmann durch den Revolverschuß eines Wehrmannes verletzt worden war. In Brambauer schließlich mißhandelten zwei Zechenpolizisten einen polnischen Bergmann derart, daß ihn ein Gendarm vor seinen Peinigern in Schutz nehmen mußte. Die Arnsberger Bezirksregierung nahm noch während des Streiks Meldungen, »daß Mitglieder von Zechenschutzwehren gegen Arbeiter aufreizend aufgetreten sind oder sich gar ohne Not zu Tätlichkeiten hinreißen lassen«, zum Anlaß, »größte Zurückhaltung« der Wehren anzumahnen.[45]

In vielen Fällen waren die Wehren weniger ein Ordnungs- als ein

41 Regierungspräsident Düsseldorf v. 4. 2. 1908, in: ZSTAM, Rep. 77, Tit. 2513, Nr. 4.

42 AZ v. 24. 1. 1905.

43 AZ v. 18. 1., 21. 1., 3. 2. 1905.

44 AZ v. 16. 1., 20. 1., 3. 2. 1905; Vorwärts v. 19. 1., 20. 1., 22. 1. 1905.

45 Erlaß RP Arnsberg v. 24. 1. 1905, in: STAM, OP 6562; dort sowie in AZ v. 24. 1., 27. 1. und 3. 2. 1905 weitere Berichte über Ausschreitungen.

Eskalationsfaktor – darauf deutet auch die Kommentierung in der regionalen Arbeiterpresse hin, die hier mangels besserer Quellen als Indikator für die Wahrnehmung dieser Vorgänge in der Arbeiterschaft herangezogen werden muß. Die Polizeimaßnahmen zur Aufrechterhaltung der Förderung, der Streikbrecherschutz und die Zechenwehren waren wichtige Themen der proletarischen Öffentlichkeit im Arbeitskampf, die bis in die Streiklyrik (»Still ruht der Pütt/Die Kumpels streiken ...«) hinein zu verfolgen sind:[46]

»Der ›Betrieb‹
Er ist sehr grimmig,
Er flucht und tobt in einem fort,
Er ist bewaffnet mit Revolver,
Treibt auf der Straß' Streikposten fort.

Und die Steiger,
Diese Hechte,
Sie schnüffeln überall umher,
Sie müssen Arbeit jetzt verrichten,
Der Meterstock ziert sie nicht mehr.

Die Streikbrecher?
Es sind nur wenig,
Trotzdem man holt sie aus dem Bett;
Sie schaffen wenig nur zu Tage,
Drum machen sie den Kohl nicht fett.«

Die Berichterstattung war sicherlich polemisch zugespitzt, dürfte in der Richtung ihrer Interpretation aber für viele Bergleute gesprochen haben. Vor allem aus drei Gründen fanden die Zechenwehren fast täglich die Aufmerksamkeit der Arbeiterpresse, deutlich häufiger und intensiver als die regulären Polizeikräfte, die ja auch in großer Zahl im Streikgebiet zusammengezogen worden waren.

Erstens sah man die Polizeieingriffe der Zechenbeamten als besonders entwürdigende Maßnahmen, die Ehre und Moral der Bergleute verletzten. Wie »schwarze Sklaven« würden die Arbeiter morgens aus der Kolonie geholt und zur Arbeit gedrängt, auf dem Weg dorthin bewacht wie ein »Transport Verbrecher«. Diese Polemik richtete sich zweifellos gegen die »verräterischen« Streikbrecher, die gegen den Ehrenkodex der Solidarität verstießen,

46 Unter der Überschrift: »Ein Streikender dichtet« am 1.2.1905 in der AZ. »Betrieb« meint hier wohl den Betriebsführer.

zielte aber ebenso gegen die Zechenaufseher, die diese erniedrigende Prozedur veranstalteten.[47] Zweitens strich man den provokatorischen Charakter der Zechenwehren heraus. Sie seien »eine große Gefahr für die öffentliche Ordnung« und drohten den friedlichen Streik gewaltsam ausufern zu lassen, da gerade die Vorgesetzten als Polizisten auftraten, die durch ihr barsches Verhalten in der Vergangenheit Spannungen in die Betriebe getragen hätten.[48] Drittens akzentuierten die Wehren in den Augen ihrer Kommentatoren aus der Arbeiterschaft sehr scharf die Parteilichkeit des Staates in dieser Auseinandersetzung: »Zum Schutz des Geldsacks« seien sie angetreten; der Staat werde hier als »Klassenstaat« erfahrbar, denn die Hilfspolizei diene allein den Interessen des Kapitals.[49] Insgesamt trugen die Zechenwehren nach zwei Seiten zur Verhärtung sozialer Konflikte im Ruhrgebiet bei. Einmal demonstrierten sie anschaulich, wie sehr der Staat Partei für Unternehmerinteressen ergriff, und vertieften damit die Kluft zwischen Staat und Arbeiterschaft im Vorkriegspreußen. Zum anderen erfuhr der innerbetriebliche Gegensatz zwischen Arbeitern und Angestellten eine brisante Zuspitzung, wenn Steiger und Meister den Arbeitern als bewaffnete Ordnungshüter entgegentraten.

6. Die Symbiose öffentlicher Polizei und betrieblicher Herrschaft: Modernisierung und Rückschritt

Aus der Perspektive der Polizeientwicklung erscheinen die Zechenwehren und Hüttenpolizisten merkwürdig ambivalent: Sie waren Resultat von Modernisierungsvorgängen und liefen diesen gleichzeitig zuwider. Resümiert man die Voraussetzungen der geschilderten Durchmischung privater und öffentlicher Gewalt, sind drei Punkte festzuhalten: Erstens verliefen Industrialisierung, Binnenwanderung, Urbanisierung und Klassenbildung im rheinisch-westfälischen Industriegebiet besonders schnell und konfliktreich. Die Sicherung innerbetrieblicher Disziplin und die

47 AZ v. 16. 1., 20. 1., 24. 1., 26. 1. 1905.
48 AZ v. 18. 1., 20. 1. 1905.
49 AZ v. 20. 1. 1905.

Regulierung bzw. Eindämmung von Streiks bildeten aus der Sicht von Staat und Unternehmerschaft herausragende Ordnungsprobleme. Zweitens blieb die öffentliche Polizei in Kommunen und Landkreisen bis in die neunziger Jahre und z.T. weit darüber hinaus personell schwach und organisatorisch unterentwickelt. Den neu entstandenen Anforderungen war sie kaum gewachsen. Drittens stießen traditionelle Methoden und Träger zur Sicherung von Ordnung und Disziplin auf zunehmende Legitimationsprobleme. Ein autokratisches, nur auf den Eigentumstitel gestütztes Regiment des Unternehmers verlor ebenso an Glaubwürdigkeit und Legitimität wie brutale Militäreinsätze zur Sicherung der inneren Ruhe.

Einerseits ist daher zu betonen, daß ein erheblicher Modernisierungsdruck der Anlaß zur Einführung von Hüttenpolizisten und Zechenwehren war: Private Gewalt im Kontext innerbetrieblicher Herrschaft wurde nicht mehr selbstverständlich akzeptiert, sondern mußte sich des Rückhalts staatlich legitimierter Ordnungsagenten versichern. Und die Zechenschutzwehren verdankten ihre Existenz ja dem Bemühen, das Militär aus dem Binnenraum der Gesellschaft zu verdrängen. Entprivatisierung und Demilitarisierung innerer Gewalt liegen aber ganz auf der Linie des oben im Anschluß an Weber formulierten Richtungskriteriums der Polizeimodernisierung. Andererseits ist natürlich der modernisierungswidrige Grundzug der geschilderten Entwicklung unverkennbar. Öffentliche Gewalt und private Herrschaft vermischten und verquickten sich bis zur Unentwirrbarkeit. Die geschilderten Phänomene markieren zweifellos eine Grenze des staatlichen Gewaltmonopols, denn Strukturen betrieblicher Herrschaft und öffentliche Polizei gingen ein symbiotisches Verhältnis ein. Sie sind ein Indiz für die Schwäche der Polizei, die in einer Situation, in der traditionelle Methoden der Ordnungssicherung versagten, Zuflucht im Rückgriff auf private Gewaltressourcen suchte. Und sie zeigen, daß die Parteinahme des Staates in Klassenkonflikten und seine Versuche, Arbeitskämpfe repressiv einzudämmen, die Modernisierung seines Gewaltapparates blockierten. Zugleich wird allerdings das staatliche Gewaltmonopol indirekt bestätigt: In beiden Fällen bedurfte es der förmlichen, wenn auch letztlich bloß formalen Legitimation der privat rekrutierten und instrumentalisierten Polizisten durch die öffentliche Gewalt. Eigentumsrecht und ökonomische Übermacht reichten nicht aus, um

Gewalt zu legitimieren. Zudem kam es nicht zu einer Verselbständigung der Zechenwehren auf kommerzieller Basis. Zumindest dies unterschied sie auch von den Truppen des Allan Pinkerton und anderen privaten Polizeiverbänden in den Vereinigten Staaten.

Clive Emsley

Polizei und Arbeitskonflikte – England und die USA im Vergleich (1890-1939)[1]

Die »neue Polizei« in England[2] entstand zur Zeit der grundlegenden Umwälzungen im Wirtschaftssystem, die man gewöhnlich als Industrielle Revolution bezeichnet. Dieses zeitliche Zusammentreffen sowie ein wachsendes Interesse für das englische Polizeimodell in anderen europäischen Staaten, als diese sich ihrerseits mit den Problemen der Industrialisierung konfrontiert sahen, haben einige Historiker und Sozialwissenschaftler dazu verleitet, die neue Polizei primär als eine Institution anzusehen, die die neue Arbeiterklasse disziplinieren und »in Schach« halten sollte. Eine solche Interpretation erweist sich jedoch als zu mechanistisch und zu vereinfachend.

Dennoch kann man sagen, daß die neue Polizei – zumindest zum Teil – mit der Absicht geschaffen wurde, eine neue Auffassung von öffentlicher Ordnung durchzusetzen. Mehr noch, im Laufe des 19. Jahrhunderts wurde Polizei zur wichtigsten Instanz bei der Abwehr von Aufruhr und Tumult. Hier soll nun untersucht werden, wie die Polizei in England und in den USA im Verlauf industrieller Arbeitskonflikte vom späten 19. Jahrhundert bis zum Anfang des Zweiten Weltkrieges eingesetzt wurde. Der Vergleich soll dazu dienen, Unterschiede wie Ähnlichkeiten in der Organisation und Praxis der Polizei beider Staaten zu verdeutlichen.

1 Ich danke dem English Social Science Research Council für die finanzielle Unterstützung, die er meinen Forschungen über die Polizei gewährt hat.

2 Ich spreche von England als Kurzformel für England und Wales. Schottland hatte und hat weiterhin ein anderes Rechtssystem; dabei ist zu beachten, daß die schottischen Polizeien seit der Mitte des 19. Jahrhunderts zunehmend denen in England ähnelten. Dennoch gehe ich auf Schottland im Zusammenhang dieses Aufsatzes nicht ein.

Englische Verhältnisse

In England rühmten sich die Lokalgewalten seit dem ausgehenden 17. Jahrhundert ihrer Unabhängigkeit. Dennoch war England ein zentralistischer Staat, in dem sich die Bevölkerung fraglos als »englisch« fühlte. Im Unterschied dazu sind die USA ein Bundesstaat. Und die gesetzgebenden Körperschaften der einzelnen Staaten wachten eifersüchtig über ihre Unabhängigkeit von der Bundesregierung in Washington. Die Vielfalt der ethnischen Gruppen, die durch die Massenimmigration des 19. und frühen 20. Jahrhunderts ins Land kamen, zeigte an, *daß* es einen »American dream« gab, während es einigermaßen unklar blieb, wer eigentlich ein richtiger Amerikaner sein sollte.

Im zweiten Viertel des 19. Jahrhunderts hatte das britische Parlament eine Reihe von Gesetzen zur Schaffung von Polizeieinrichtungen verabschiedet. Das County and Borough Police Act von 1856 bezeichnet den Höhepunkt dieser Gesetzgebung. Es legte fest, daß die örtlichen Autoritäten in den Gemeinden und Grafschaften ständige Polizeikräfte einzuführen und zu unterhalten hatten. Dieses Gesetz verlangte außerdem die Schaffung einer ständigen Aufsichtsbehörde; sie sollte die einzelnen Polizeikräfte überwachen und deren Effizienz kontrollieren, aber auch Erfolge prämieren. Wenn eine lokale Verwaltung eine solche Auszeichnung erhielt, wurde ihr ein Viertel der Besoldungs- und Bekleidungskosten für die Polizei aus Regierungsmitteln ersetzt. Ab 1874 erhöhte man diesen Regierungszuschuß auf die Hälfte der Gehalts- und Bekleidungskosten. Im Unterschied dazu gab es in den USA im 19. und frühen 20. Jahrhundert weder eine Bundesgesetzgebung für die Polizei noch eine zentrale Aufsichtsbehörde oder Bundesfinanzmittel. Die Verantwortung für die Polizei und deren Handeln blieb Sache der örtlichen Autoritäten; sie wurde nicht vom Bund überwacht.

In England und Wales gab es zwischen 1890 und 1939 annähernd 200 selbständige Polizeien, wobei die Zahl von Jahr zu Jahr ein wenig schwankt. Sie lassen sich in drei Gruppen einteilen. Die größte war die London Metropolitan Police; sie war als einzige völlig unabhängig von der städtischen Administration. Der Commissioner of the Metropolitan Police unterstand direkt dem Innenministerium. Die Radikalen und einige Liberale forderten zwar ihre Unterstellung unter die Kontrolle der Kommune. Dem wurde stets begegnet mit dem Hinweis darauf, daß die Metropolitan Police zu viele »staatsbezogene« Aufgaben wahrzunehmen habe, vor allem den Schutz der königlichen Familie, der Minister und der Regierungseinrichtungen. Deshalb sei es unmöglich, den kommunalen Autoritäten die Kontrolle zu überlassen.

In anderen Städten standen die kommunalen Polizeien unter der unmittelbaren Aufsicht des städtischen Ordnungskomitees; diese Komitees wurden von den Stadtverordnetenversammlungen eingesetzt. Sie hatten die Möglichkeit, unmittelbare Anweisungen an den jeweiligen Chief Constable (den lokalen Polizeipräsidenten) zu erteilen.

Die Chief Constables in den Counties, d. h. in den Grafschaften, dagegen erfreuten sich einer größeren Unabhängigkeit. Vor 1888 unterstand der Chief Constable einer Grafschaft dem Polizeiausschuß der County's Bench of Magistrates, aber das Local Government Act von 1888, das die Wahl von County Councils vorsah, legte auch fest, daß der Chief Constable einem ständigen paritätischen Ausschuß des Countys (Grafschaft) unterstand. Dieser bestand aus einer gleichen Zahl von Verwaltungsbeamten und gewählten Grafschaftsdeputierten. (Die Magistrates waren – ganz überwiegend – ehrenamtliche Gerichtsbeamte, die die Untergerichte besetzten; sie entstammten dem landsässigen Adel.) Während der Ordnungsausschuß einer Stadt sich in der Regel mindestens einmal pro Woche treffen konnte, versammelten sich die ländlichen Ausschüsse nicht selten nur einmal pro Vierteljahr. Und allein schon deshalb operierte der County Chief Constable in weit größerer Unabhängigkeit von aller zivilen Überwachung und Kontrolle.

Darüber hinaus räumte das Gesetz dem Chief Constable einer Grafschaft einen erheblich größeren Handlungsspielraum ein als dem städtischen. Er allein war zuständig, die Polizisten in seinem Bezirk anzustellen und zu entlassen. In den Städten lag diese Kompetenz beim städtischen Ordnungskomitee. Insgesamt stieg die Zahl der Eingriffe seitens der Zentralregierung, da Minister und Beamte es einfacher fanden, direkt mit dem jeweiligen Polizeivorgesetzten zu korrespondieren, als umständlich die Lokalverwaltung zu kontaktieren. Diese Eingriffe nahmen zur Zeit der Streikbewegungen in den Jahren unmittelbar vor 1914, insbesondere aber während des Ersten Weltkrieges noch zu. Parallel dazu verstanden sich die Polizisten zunehmend als die einzigen Experten und zuständigen Professionellen in allen Fragen von Verbrechen und öffentlicher Ordnung. Das führte dazu, daß die Polizei sich von lokaler Überwachung zu lösen suchte, wobei sie nicht selten Zustimmung bei den lokalen Stellen fand; denn die Ansicht über die Zuständigkeit der Polizei wurde von den Deputierten und Ordnungskomitees geteilt.

In den USA gab es zur selben Zeit Tausende selbständiger Polizeiinstitutionen. In den Großstädten, vor allem an der Ostküste, ähnelten sie sehr den städtischen Polizeien in England. Die Polizeichefs in diesen Städten wurden von den gewählten Bürgermeistern und ihren Verwaltungen angestellt und waren ihnen verantwortlich. Und während auch hier die Polizeichefs, zumindest bis zu einem gewissen Grad, als Hauptexperten in Fragen der öffentlichen Sicherheit galten, existierte doch keine überregionale Behörde, die, wie das britische Innenministerium, die lokale Kontrolle einzuschränken und zugleich die Selbständigkeit der Polizei zu stärken suchte. Überdies war in den kleineren Städten und Verwaltungsbezirken der Polizeichef selbst ein Lokalpolitiker, der für die allgemeine Wahl zum Sheriff kandidierte und danach seine Leute anstellte und vereidigte. Zu Anfang des 20. Jahrhunderts begannen auch die Bundesstaaten, Polizeikräfte aufzubauen; sie unterstanden den jeweiligen Gouverneuren. Aber diese Kräfte waren überwiegend damit beschäftigt, auf den Überlandstraßen zu patrouillieren, eine Aufgabe, die sich mit der Zunahme des Automobilverkehrs erheblich erweiterte.

Streikeinsätze und »British way of life«

Die englische Polizei stand nie unmittelbar einem Unternehmen zur Verfügung, um z. B. die Arbeitsdisziplin aufrechtzuerhalten oder durchzusetzen. Dennoch aber schien sich in den Augen vieler das Recht, zumindest in einer Reihe von Fällen, vornehmlich nach den Interessen der Unternehmer zu richten.[3] Polizisten wurden niemals als Streikbrecher eingesetzt, aber sie wurden häufig gerufen, um eine »Verletzung der öffentlichen Ruhe« zu verhindert. Ein Gesetz von 1875 erlaubte das friedliche Streikpostenste-

3 Clive Emsley: Crime and Society in England 1750-1900. London 1987, S. 115-16.

hen von Gewerkschaftsmitgliedern, die in einen Arbeitskampf verwickelt waren. Und der Trade Disputes Act von 1906 bestätigte diese Rechtslage. Dennoch blieb das Aufstellen von Streikposten eine keineswegs eindeutig fixierte Angelegenheit. Das trug dazu bei, daß letzten Endes das Ermessen der »Polizei vor Ort« die konkreten Modalitäten festlegte. So war z. B. im Parlament im Sommer 1914 zu hören, daß in einigen Fällen Mitglieder der Londoner Metropolitan Police von sich aus entschieden hatten, daß »nur ein einzelner Streikposten erlaubt« sei.[4] Heftige Auseinandersetzungen im Laufe von Streiks begannen üblicherweise damit, daß, in der Sprache der Unternehmer, »freie Arbeiter« herangeschafft wurden, um die Streikenden zu ersetzen – diese sprachen von Streikbrechern und Nichtorganisierten (»Blacklegs« und »Scabs«). Das führte meistens dazu, daß Polizei eingesetzt wurde, um Gewalttätigkeiten vorzubeugen; in Wirklichkeit bedeutete es, daß die »freien Arbeiter« geschützt wurden – oder anders: beinahe zwangsläufig führte diese Praxis dazu, das Streikbrechen zu erleichtern oder zu ermöglichen. Aber es gab noch andere, die Polizeischutz in einem Arbeitskampf benötigten.

Während eines Bergarbeiterstreiks in der Grafschaft Durham im Jahre 1891 wurde die Grafschaftspolizei eingesetzt, um Unruhen vorzubeugen, als die »Candymen« oder Bailiffs bzw. Vollstrekkungsbeamten in das Dorf Silksworth geschickt wurden, um Streikende aus den Werkswohnungen zu werfen. Die Zeugnisse, die es dazu gibt, sind freilich widersprüchlich: manche behaupten, daß »Candymen«, die diese Aufgabe unerträglich fanden, sich zu verdrücken suchten und daß die Polizei den Auftrag hatte, eben dies zu verhindern. Es gibt kaum Zweifel daran, daß eine Gruppe von loyalen »Candymen« und ihre Polizeibegleitung von der aufgebrachten Menge mit Steinen beworfen wurde. Andererseits kann nicht bestritten werden, daß daraufhin etwa 50 Polizisten rücksichtslos mit Schlagstöcken auf diese Gruppe eindroschen und dabei Männer, Frauen und Kinder verletzten. Der Vorfall löste eine stürmisch-bewegte Parlamentsdebatte aus. Aber der Innenminister rechtfertigte sich damit, daß infolge der lokalen Kontrolle über die Polizei die ganze Angelegenheit ihn nichts anginge: »Ich möchte doch klarstellen, daß diese Polizei meiner Zuständig-

4 Hansard, LXIII, 23. Juni 1914, Sp. 1639.

keit entzogen ist.«[5] Im Parlament wurde darauf hingewiesen, daß eine einseitige Parteinahme innerhalb der zuständigen Ausschüsse in den Grafschaften eine Diskussion des Falles verhinderte: Die Voreingenommenheit des örtlichen Magistrates hätte dazu geführt, daß Beschwerden gegen die beiden Superintendents bzw. Polizeidirektoren, die während des Vorfalls die Polizei kommandierten, ergebnislos geblieben wären.[6]
Zwei Jahre nach dem Vorfall in Silksworth führte ein Bergarbeiterstreik in West Riding (Yorkshire) zu schweren Zusammenstößen. Als Konsequenz wurden präzisere Instruktionen ausgearbeitet und erlassen, die sich an die zivilen Behörden richteten. Es ging darum, in welcher Weise Arbeitskämpfen und insbesondere Tumulten begegnet werden sollte. Infolge von Streiks und Aussperrungen waren Anfang August 1893 über 80000 Arbeiter ohne Beschäftigung, und 250 Gruben in den West Ridings blieben geschlossen. Die Polizei des Bereichs verfügte über 1042 Männer, auf die noch eine ganze Reihe konkurrierender Aufgaben wartete: in erster Linie die Pferderennen in Doncaster, wo Anfang September 259 Polizisten eingesetzt werden sollten. Es war gerade diese Gleichzeitigkeit, die dazu führte, daß die Situation in den Bergarbeiterregionen sich zuspitzte. Die Massen drangen in das Gelände der Bergwerke ein und forderten die vollständige Einstellung aller Übertagearbeit. Der Direktor der Acton Hall-Grube in Featherstone verlangte daraufhin Polizeischutz für die über Tage Beschäftigten. Der Chief Constable beschied ihn jedoch, daß im Moment niemand verfügbar sei; aber er gab die Information an einen Magistrate weiter, der dafür sorgte, daß ein Zug von 28 Soldaten bei der Grube eintraf. Das Auftreten der Soldaten verschärfte die Situation dramatisch. Sie wurden mit Steinen beworfen, und schließlich machten sie von der Schußwaffe Gebrauch: Zwei Tote und vierzehn Verletzte waren zu beklagen.
Die Schießerei in Featherstone wurde überall mit lauter Empörung quittiert. Man war weithin davon ausgegangen, daß die Po-

5 Für unterschiedliche Sichtweisen zur Sache vgl.: Sunderland Daily Echo, 21., 24., 25., 26. und 27. Febr. sowie 2. und 6. März 1891, und Sunderland Herald and Daily Post, 2. und 6. März 1891. Zu den Parlamentsdebatten dazu s. Hansard, CCCLI, 5. März 1891, Spalten 237-39 und 269-97; das Zitat Sp. 285.
6 Hansard, 13. März 1891, Sp. 925, und 16. März 1891, Spalten 1058-59 und 1073-74.

lizei im letzten halben Jahrhundert im großen und ganzen das Militär ersetzt hatte, wenn es darum ging, Unruhen und Tumulte zu kontrollieren und »beruhigen«. Und seit den Bewegungen der 1830er und 1840er Jahre war niemand mehr von Soldaten bei Straßendemonstrationen oder Unruhen erschossen worden. Eine förmliche Untersuchung wurde eingeleitet[7], und im Jahr darauf wurde eine Kommission aus Angehörigen mehrerer Ministerien gebildet, die die Zuständigkeiten von Polizisten und Soldaten bei Tumulten regeln sollte. Sie hatte vor allem festzulegen, unter welchen Bedingungen das Militär zur Hilfe herbeigezogen werden sollte.

Die Kommission kam zu dem Ergebnis, daß Militär immer nur als letztes Hilfsmittel eingesetzt werden dürfe. Sie forderte die Polizeien auf, wechselseitige Unterstützungsabkommen zu schließen. Damit sollte es möglich sein, eine größere Polizeimacht im Falle öffentlicher Unruhen vor Ort zu vereinigen. In der Tat hatten sich die Polizeikräfte seit der Mitte des 19. Jahrhunderts vielfach wechselseitig unterstützt; und der Police Act von 1890 sah vor, daß solche förmlichen Unterstützungsabkommen geschlossen werden sollten. Aber nur wenige waren bis 1895 tatsächlich realisiert worden. Die Kommission war der Ansicht, daß in den Grafschaften am ehesten der Chief Constable imstande sei, über die Notwendigkeit eines Truppeneinsatzes zu entscheiden. In den städtischen Kommunen sollte Entscheidungsbefugnis in Anbetracht der Zuständigkeit von Ordnungskomitees in jedem Fall beim Bürgermeister liegen.[8]

Das Beharren auf lokaler Unabhängigkeit, aber auch die Eigentümlichkeit des Common Law führten dazu, daß diese Vorschläge keineswegs überall befolgt wurden. Einige Chief Constables aus den Grafschaften, die nicht selten ehemalige Offiziere waren, zogen es offenbar vor, bei drohenden Unruhen Militär unmittelbar verfügbar zu haben. Das war ihnen wichtiger, als auf die eigenen oder die benachbarten Polizisten zurückgreifen zu können. Und einige der Magistrates, die mitunter ihrerseits Großunternehmer

7 Report of the Committee Appointed to inquire into the Circumstances Connected with the Disturbance at Featherstone on 7 September 1893, S. 1893-94 [C. 722234].

8 Report of the Inter Departmental Committee on Riots, HMSO, 1895.

waren, zogen es zudem vor, ihre vom Common Law vorgesehene Macht einzusetzen, um Militär direkt nach ihrer eigenen Einschätzung der Lage anzufordern. Vielleicht lag es auch daran, daß es recht schwierig war, die wechselseitigen Unterstützungsvereinbarungen in der Praxis umzusetzen. Jedenfalls hatten 1908 nur 30 Grafschaftspolizeien und 27 städtische – von insgesamt 187 – eine solche Vereinbarung abgeschlossen. Im selben Jahr erließ das Innenministerium eine Verordnung an die Polizeikräfte, um den Einsatz von Militär in Grenzen zu halten. Die Verordnung schrieb vor, daß jede Anforderung von Militär an den Kriegsminister und zugleich an den lokalen Militärbefehlshaber gehen sollte. Außerdem war für Notfälle der Einsatz von »Special Constables«, also Hilfspolizisten vorgesehen.[9] Aber in der Streikwelle zwischen 1910 und 1912 wurde dann doch der lokale Einsatz und die lokale Koordination von Militär und Polizei wesentlich ausgehöhlt – entscheidend war dabei die nachdrücklich auf zentrales Eingreifen gerichtete Haltung des Innenministers Winston Churchill.

Im Frühjahr 1910 wurden die gut eingespielten Beziehungen zwischen Gewerkschaften und Unternehmen in den Docks von Newport in Monmouthshire durch die neue, aggressiv auftretende Reederei Houlder Brothers gestört. Eine zwischen ersteren geschlossene Vereinbarung wurde von Houlders nicht anerkannt; statt dessen versuchte die Firma, nichtorganisierte Arbeiter im Hafen zu beschäftigen und forderte deren Schutz durch die Polizei. Das Ordnungskomitee befürchtete daraufhin Unruhen, sogar Blutvergießen. Auf Anraten des Innenministeriums verweigerten die zuständigen Behörden dem Unternehmen den geforderten Polizeischutz und drohten, notfalls mit Polizeigewalt die Beschäftigung nichtorganisierter Arbeitskräfte zu verhindern. Das Innenministerium holte sich Rat beim Justizministerium, wo man befand, daß der Ernst der Lage die getroffene Maßnahmen rechtfertigte: Polizeiliche Maßnahmen zum Schutz der nichtorganisierten Arbeiter hätten sehr wahrscheinlich als Provokation gewirkt. Die Juristen wiesen jedoch zugleich darauf hin, daß der Einsatz solcher Notmaßnahmen nur äußerst selten in Erwägung gezogen werden dürfe.[10]

9 Jane Morgan: Conflict and Order: The Police and Labour Disputes in England and Wales 1900-1939. Oxford 1987, S. 39-40.

10 Ebd., S. 43-44.

Im Zuge der Streikwelle nach 1910 gab es eine ganze Reihe länger währender Auseinandersetzungen zwischen Unternehmern und Arbeitern. Dazu gehörte ein Konflikt, der im November 1910 in den Kohlengruben von Südwales begann. Im Sommer des folgenden Jahres kam der gesamte Eisenbahnverkehr zum Erliegen, nachdem die Eisenbahngesellschaften, die die Gewerkschaften nicht anerkannten, Verhandlungen mit deren Beauftragten verweigert hatten. Churchill rief in apokalyptischen Redewendungen[11] das Parlament an und schritt energisch ein. So untersagte er den Einsatz der Truppen, die vom Chief Constable in Glamorgan, Captain Lionel Lindsay, angefordert worden waren, und entsandte statt dessen 300 Polizisten der Metropolitan Police aus London. Diese wurden jedoch unter das Kommando des regionalen Militärbefehlshabers, General Nevil Macready, gestellt. Während der Einsatz der Londoner Polizisten und regionaler Truppen, die bereits unter dem Befehl von Macready standen, die Situation einerseits zugespitzt haben mag, trug er in anderer Hinsicht dazu bei, sie zu entspannen. Lindsay stand in enger persönlicher Beziehung zu den lokalen Bergwerksbesitzern. Mit einem von ihnen ging er häufig zum Essen, beide besaßen gemeinsame Pferde, und Macready holte sich in Polizeifragen Rat bei seinem Freund. Demgegenüber nahm Macready keinerlei Einladungen an, die von den Bergwerksbesitzern an ihn selbst und seine Offiziere ergingen.[12]

Während des Eisenbahnerstreiks gab das Handeln Churchills erneut den Ausschlag: Er setzte starke Truppen ein, um die Bahnlinien und Bahnhöfe zu bewachen und zumindest in einigen Fällen auch, um Notdienste zu leisten. »Man muß über die Revolution sprechen!«, so protestierte der Labour-Abgeordnete Kier Hardie. »Das Recht Englands ist im Interesse einiger Eisenbahngesellschaften[13] gebrochen worden!« Churchill drängte auch dazu, die Reserve der Hilfspolizisten zu verstärken, damit die wechselseitigen Unterstützungsabkommen zwischen den Polizeien leichter befolgt werden konnten. Diese Hilfspolizisten wurden auch in die Bewertung der Effizienz einer Polizeistelle einbe-

11 Hansard, XXIX, 22. Aug. 1911, Sp. 2286 und 2327.
12 Roger Geary: Policing Industrial Disputes 1893 to 1985, Cambridge u. a. 1985, S. 36.
13 Hansard XXIX, 22. Aug. 1911, Sp. 2335.

zogen, wenn es darum ging, die Regierungszuschüsse zu verteilen.

Dies empörte allerdings eine Reihe von Ordnungskomitees; sie klagten, daß das Innenministerium ihre Autorität zu beschneiden suche. Einige stimmten zwar schließlich zu, diesen Vorschlag zu befolgen, andere aber ignorierten ihn. In den ländlichen Kreisen war die Verstärkung der Hilfspolizeikräfte ebenfalls eine umstrittene Sache, mehrfach traten bei dieser Frage scharfe Meinungsunterschiede zwischen dem Chief Constable und den regionalen Ausschüssen zutage.[14]

Der Einsatz von Militär bei Streiks wurde unter Reginald McKenna, seit Oktober 1911 Nachfolger von Churchill als Innenminister, erheblich zurückhaltender gehandhabt. Vor allem gab es in einer Hinsicht eine erhebliche Verschiebung: Militär wurde nun nicht mehr von Lokalbehörden als Rückhalt und Verstärkung der Polizei angefordert; vielmehr setzte die Zentralregierung in London Militär – und in einzelnen Fällen Polizei – nun ohne Rücksicht auf die lokalen Instanzen ein. Die Unruhen der Vorkriegsjahre begünstigten jedoch nicht nur Zentralisierungstendenzen. In einer Reihe von Fällen führten sie auch zu größerer Unabhängigkeit der Chief Constables in den Grafschaften von den lokalen Polizeiausschüssen.[15]

14 Morgan: Conflict and Order (wie Anm. 9), S. 58-60. Wie sehr mit Hilfe der Unterstützungsvereinbarungen in diesem Jahr gelegentlich Druck auf die lokale Polizei ausgeübt wurde, kann erschlossen werden aus dem folgenden Brief des Chief Constable von Huntingdonshire an den Chief Constable von Nottinghamshire, 21. Febr. 1912: »Ich möchte eigentlich nicht versprechen, Ihnen Unterstützung bei einem Streik zu schicken, denn ich bin durch schriftliche Vereinbarung verpflichtet, vier der unmittelbar benachbarten Polizeien zu unterstützen. Nur wenn ich von Ihnen nicht um Unterstützung gebeten werde und wenn ich keine Probleme in meinem eigenen Bereich sehen kann, würde ich versuchen, Ihnen einen Sergeanten und 15 Beamte zu schikken; ein Inspektor wäre möglich, wenn ich 24 Stunden vorher davon informiert werde.« Cambridgeshire Police Archives, Chief Constable of Huntingdonshire, Letter Book, 1906-15, fol. 271.

15 William Ruck, der Chief Constable von Caernarfonshire alarmierte Truppen, um seine Polizei während eines Streiks von Steinbrucharbeitern im Sommer 1901 zu unterstützen, und das sogar ohne Rücksicht darauf, daß nur ein Mitglied des County-Ausschusses ihm zustimmte (der Eigentümer des bestreikten Steinbruchs!). Hauptmann Lionel

Die Chief Constables in den Grafschaften rekrutierten sich üblicherweise aus der Gentry und hatten vorwiegend einen militärischen Hintergrund. Ihre Untergebenen kamen meist aus den Schichten der Arbeiterschaft, die angelernte oder ungelernte Arbeiterinnen und Arbeiter stellten. Vorangegangene Untersuchungen über die Rekrutierungslisten zeigen, daß es unklug ist, daraus allgemeine Schlußfolgerungen über die Rekrutierungspolitik der verschiedenen Polizeieinrichtungen abzuleiten. Einige schlossen ganz ausdrücklich Männer aus der Region aus, während andere z. B. gerade diese anzustellen suchten.[16] Polizisten einer Region, die in die Zuständigkeit der Polizei einer anderen verlegt bzw. dort eingesetzt wurden, um z. B. während eines Streiks einzugreifen, hatten keine direkte Beziehung zu den Streikenden. Für die Vorgesetzten war es dann leichter, etwa einen Schlagstockeinsatz anzuordnen, und es mag auch die Hemmungen der Polizisten vermindert haben, bei einem solchen Einsatz zuzulangen, aber auch in weniger gewalttätigen Fällen gegen die Streikenden vorzugehen.

Darüberhinaus gab es noch zahlreiche andere Faktoren, die Unbeherrschtheit bei den Polizisten, die im Streikeinsatz waren, auslösen konnten, selbst dann, wenn sie aus der Region stammten. Einsatz während eines Streiks konnte Urlaubssperre bedeuten, und Verheiratete, die aufgrund von Unterstützungsabkommen eingesetzt wurden, waren zumindest für einige Zeit von ihren Familien getrennt.[17] Dennoch würde es in die Irre führen, das

Lindsay wurde von seinem County-Ausschuß kritisiert, weil er ohne dessen Zustimmung lokale Polizei ausgeliehen hatte. Und während der Ausschuß davon ausging, daß 60 Hilfspolizisten ausreichend seien für die Bedürfnisse der Grafschaft, ging Lindsay von 2000 bis 3000 aus. Vgl. dazu Morgan: Conflict and Order (wie Anm. 9), S. 38-39, 48 und 59.

16 Eine computergestützte Auswertung der Polizeirekrutierungsunterlagen ist z. Zt. im Gange.

17 Im Dezember 1912 und im November 1913 hob z. B. der Chief Constable von East Riding sämtlichen Urlaub in seiner Polizei auf, weil er alle Männer benötigte, um die Anforderungen der Unterstützungsabkommen zu erfüllen. Im ersten Fall ging es um einen Streik bei der North East Railway und im zweiten streikten Zimmerleute in Leads. Humberside Police Archives, East Riding Constabulary Memorandum Book 1912-15, fol. 26,67.

Polizeiverhalten bei Streiks mit der Einstellung einzelner Polizisten zu politischen Fragen und gegenüber Lohnarbeitern oder Gewerkschaften insgesamt zu verwechseln. Thomas Smethurst gab 1888 seine Arbeit als Bergarbeiter auf, um der Polizei von Bolton beizutreten. In der Rückschau erinnert er sich, daß die Polizei insgesamt mit den Streikenden durchaus sympathisierte, auch wenn diese vielfach als Gegner angesehen wurden.[18] Im Jahre 1908 verfolgte die Polizei in Birmingham eine rigorose Linie gegenüber Demonstrationen, die vom lokalen Right to Work Committee organisiert wurden. Einfache Polizisten ersuchten aber um Erlaubnis, dem Unterstützungsfonds für die Arbeitslosen zu spenden, und der Chief Constable gestattete Versammlungen, um die wöchentlichen Zahlungen für einen solchen Fonds zu diskutieren.[19] Ende 1913 wurde gar eine Gewerkschaft von Polizisten in London gegründet. Gegen die ausdrücklichen Anordnungen des Metropolitan Police Commissioners. Rasch erfaßte die Gewerkschaftsbewegung trotz eines Verbots durch das Innenministerium auch die Polizeien in der Provinz.[20]

Der Weltkrieg 1914-18 bedeutete eine erhebliche Anspannung für die Polizei. Ihre Aufgaben erweiterten und vermehrten sich, zugleich wurden die Einheiten mehrfach ausgedünnt und reduziert; die Rekrutierung für das Militär ging vor. Die gelichteten Reihen wurden z. T. dadurch gefüllt, daß man ältere Beamte, die bereits das Pensionsalter erreicht hatten, weiterbeschäftigte. Es wurden aber auch vermehrt Hilfspolizisten eingesetzt, die während des Notstands in den Vorkriegsstreiks eingestellt worden waren. Es spricht manches dafür, daß der Rückgang der Kleinkriminalität und der Trunkenheitsdelikte während des Kriegs in erster Linie der vermehrten Belastung, der sich weniger Polizisten zu stellen hatten, zuzuschreiben ist, jedoch nicht einer gestiegenen Moralität oder Gesetzestreue. Sehr wahrscheinlich spielten die Mehrbelastungen auch eine entscheidende Rolle bei den Polizeistreiks im

18 Thomas Smethurst: Reminiscences of a Bolton and Staly Bridge Policeman, 1888-1922. Manchester 1983, S. 9, S. 25.

19 Cyril Collard: Unemployment Agitation in Birmingham 1905-1910. In. Anthony Wright/Richard Shackelton (Hg.): Worlds of Labour: Essays in Birmingham Labour History. Birmingham 1983, S. 35-62, S. 53.

20 V. L. Allen: The National Union of Police and Prison Officers. In: Economic History Review 9 (1958/59), S. 133-143.

August 1918 sowie im August 1919, die, wie in den Kriegsjahren üblich, als »Meuterei« bezeichnet wurden.
Die Belastungen durch den Krieg trugen aber auch dazu bei, Entwicklungslinien zu stärken und weiterzuführen, die im Polizeieinsatz gegen Streiks in den Vorkriegsjahren erkennbar geworden waren. Kontrolle und Steuerung der Wirtschaft durch die Regierung, wie sie in der Kriegszeit praktiziert wurde, bezogen Regierung und Verwaltung sehr viel direkter in das Aushandeln und Lösen der Probleme von Arbeitsbeziehungen ein. Streiks konnten während des Krieges nicht über längere Zeit geduldet werden. Entweder stimmte man den Forderungen rasch zu – und wenn nicht, dann galt es, den Streik unverzüglich zu brechen. In der Kriegszeit gab es keine freien nichtorganisierten Arbeitskräfte, und deshalb hatte die Polizei nichts zu tun, um z. B. »Black Legs« genannte Streikbrecher zu schützen. Gleichzeitig war die Furcht vor Subversion verbreitet, vor allem nach der Russischen Revolution von 1917. Die direkte Folge war eine Zunahme der politischen Überwachung in einem Maß, das bis dahin in England unbekannt gewesen war. Das Land wurde in besondere Verwaltungsbezirke eingeteilt, jeder stand unter der Leitung einer Authorized Competent Military Authority, ACMA, die ihrerseits dem militärischen General Headquarters verantwortlich waren. Sie hatten alle Anordnungen durchzusetzen und zu überwachen, die mit der Notstandsgesetzgebung in Kriegszeiten zusammenhingen. Die Polizeipräsidenten arbeiteten eng mit den ACMAs zusammen, waren ihnen jedoch untergeordnet. Die Verbindung zu den ACMAs und den Geheimdiensten, sowohl der Special Branch der Metropolitan Police wie dem MI5, umgingen die Melde- und Befehlslinien der Polizeipräsidenten zu den Grafschaftsausschüssen oder den städtischen Ordnungskomitees. Das trug natürlich dazu bei, die kommunale Kontrolle der Polizei weiter zurückzudrängen.[21]
Mit dem Übergang zu Friedenswirtschaft und Friedensgesell-

21 Für die Entwicklung in der Kriegszeit vgl. David Englander: Military Intelligence and the Defence of the Realm: The Surveillance of Soldiers and Civilians in Britain during the First World War. In: Bulletin of the Society for the Study of Labour History 52 (1987), S. 24-31, und ders.: Police and Public Order in Britain, 1914-1918. In: Clive Emsley/Barbara Weinberger (Hg.): Policing Western Europe. Politics, Professionalization, and Public Order, 1850-1940. New York 1991.

schaft wurden zwar die Verhältnisse der Vorkriegszeit wiederhergestellt, das galt allerdings mehr auf dem Papier als in der Wirklichkeit. In den ersten Nachkriegsjahren überwog zumal bei den Ministern der Regierung die Sorge, daß revolutionäre Aktivisten Arbeitskonflikte auslösen könnten. Die Aufgabe der Polizisten bei Streiks blieben freilich weitgehend unverändert. Sie wurden angefordert, um Ruhe und Ordnung zu sichern; in Zeiten großer Arbeitskämpfe wurden sie unterstützt von Hilfspolizisten, die nicht selten für die Dauer des Notstands vereidigt wurden. Die politische Überwachung, ausgeübt von Special Branch und MI5, wurde weitergeführt, und zwar mit annähernd der gleichen Intensität wie zu Kriegszeiten. Der Emergency Powers Act von 1920 gab der Regierung Rechte, von denen Churchill in den Streiks von 1910 und 1911 noch nicht einmal hatte träumen können. Das neue Gesetz ermöglichte es der Regierung, den Notstand für die Dauer eines Monats auszurufen, wenn ein Ereignis drohte, der Gesellschaft die »Notwendigkeiten des Lebens« zu entziehen. Während des Notstands hatte die Regierung das Recht, sämtliche Anordnungen zu erlassen, die ihr notwendig schienen, um Ruhe und Ordnung zu sichern. Diese Notstandsbestimmungen traten in Kraft während des Bergarbeiterstreiks von 1921 sowie während des Generalstreiks von 1926. Im Oktober 1920 wurden die Chief Constables vertraulich über die Notstandspläne der Regierung informiert[22] – ein weiterer Schritt, der die Chief Constables von den lokalen Ausschüssen entfernte und näher an die Zentralregierung band.

Nicht jeder der Chief Constables war darauf aus, Konfrontationen mit Streikenden zu suchen. So arbeitete in Lincoln Chief Constable William Huges während des Generalstreiks von 1926 sehr eng mit dem Streikkomitee zusammen. Das Ordnungskomitee gestattete Straßensammlungen der lokalen Gewerkschaften und der Labour Party zugunsten von Kindern und Frauen in den Bergarbeiterregionen.[23] Im Unterschied dazu glaubten sich die

22 Sir Arthur Dickson: The Home Office and the Police between the two World Wars. Ms. 1966 (Police Staff College Library, Bramshill), S. 242.

23 Morgan: Conflict and Order (wie Anm. 9), S. 122-123, stellt fest, daß die Ereignisse in Lincoln während des Generalstreiks zu einer Untersuchung durch den Inspector of Constabularies führten und daß dadurch der Chief Constable sowie der Vorsitzende des Ordnungskomi-

Chief Constables in South Wales offenbar in einer Kriegssituation zu befinden – und die Bergarbeiterdörfer und -gemeinschaften reagierten entsprechend. Die »Schlacht von Ammanford« tobte vom Vormittag bis zum Nachmittag des 5. August 1925. Die Polizei verteidigte das Rock-Bergwerk in Glynneth, Carmarthenshire, und zwar gegen Streikende, die darauf beharrten, daß ein nichtorganisierter Elektriker entlassen werden sollte. Der zuständige Chief Constable äußerte freimütig seine Sorge über das Anwachsen des Kommunismus in der Region: »Der Kommunismus tritt ein für die Spaltung des British Empire, das Ende der verfassungsmäßigen Regierung, das Niederholen des Union Jack und das Hissen der roten Fahne, überhaupt das Einsetzen einer Sowjetregierung.«[24]

So gesehen wurde das Unterdrücken von Streiks ein Mittel, um den »British way of life« zu sichern. Die örtlichen Ordnungsausschüsse, in denen Labour-Abgeordnete saßen, empörten sich über solche Argumente und Handlungsweisen von Chief Constables. Aber diese waren sich der Unterstützung des Innenministeriums und der Regierung in London sicher. In einem der spektakulärsten Fälle forderte das Ordnungskomitee von Monmouthshire im Juli 1926 während des Generalstreiks den Chief Constable auf, seinen Abschied zu nehmen, denn »sein Verhalten im Notstand verfolge die Absicht, den Frieden und die Ordnung der Grafschaft zu stören«. Der Chief Constable weigerte sich, und das Innenministerium verweigerte die Zahlung der Polizeiunterstützung, bis das lokale Komitee im Dezember desselben Jahres schließlich einlenkte.[25] Konflikte dieser Art bestärkten die Lon-

tees zum Rücktritt gezwungen wurden. Dennoch blieben Huges wie der Councillor Charles T. Parker auf ihren Posten. Huges berichtete dem Ordnungskomitee am 17. Juni 1926, daß das Innenministerium zugestimmt hatte, die Hälfte der Bezahlung für Überstunden der Polizei zu übernehmen, die während des Streiks angefallen waren. Lincolnshire Record Office, Lincoln Watch Committee Minute Book 1917-1926, fols. 494 f. Für die Autorisation der Straßensammlungen vgl. fol. 491.

24 Morgan: Conflict and Order (wie Anm. 9), S. 199-201.

25 Barbara Weinberger: Police Perception of Labour in the Interwar Period: The Case of the Unemployed and of Miners on Strike. In: Francis Snyder/Douglas Hay (Hg.): Labour, Law and Crime: An Historical Perspective. London 1987, S. 150-179, S. 169.

doner Minister und ihre Unterstützer in ihrer Auffassung, daß die Polizei möglichst unabhängig von der Lokalpolitik werden müßte. Allerdings wurden weder die größere Kontrollmöglichkeit der Zentralregierung noch die faktisch zunehmende Unabhängigkeit der Chief Constables in formale rechtliche Bestimmungen umgesetzt.[26]

Die Erfahrung des Generalstreiks veranlaßte mehrere Chief Constables, die Frage zu stellen, ob das friedliche Streikpostenstehen nicht in Wirklichkeit ein Widerspruch in sich sei: Der Chief Constable von Bristol erklärte: »Es gibt überhaupt kein friedliches Streikpostenstehen; jedes Streikpostenstehen bedroht den Transport von Lebensmitteln während eines Streiks. Bereits die einfache Anwesenheit von Streikposten führt nicht selten zu einer Einschüchterung, besonders, wenn sie außerhalb des Werksgeländes stehen und die Arbeitenden verhöhnen etc. Zahlreiche Fälle dieser Art ereigneten sich während des letzten Notstandes, obwohl sich die Streikposten im Rahmen der Gesetze bewegten.«[27] 1927 verschärfte der Trades Disputs Act die Vorschriften dadurch, daß die Bedeutung von »Einschüchterung« erweitert wurde; zugleich wurde das Streikpostenstehen größerer Menschenmengen verboten. Insgesamt wurde dadurch die Polizei ermutigt, mit härterer Hand und größerem Druck gegen Streikposten vorzugehen.

Solche Fragen sind in den Arbeiten zur Geschichte der englischen Polizei bisher nicht ernsthaft diskutiert worden. Demgegenüber konzentrierte man sich vor allem auf »die gute Laune ... die Unparteilichkeit und Gutmütigkeit« des Bobby.[28] Dieses Bild von Polizei ist typisch für den Mittelstand, der Polizei kaum je als eine Belastung erfahren hat; Polizisten hatten vielmehr die Rolle von Beschützern. Dieses Bild überwog in den Zeitungen und, in den

26 Lawrence Lustgarten: The Governance of Police. London 1986, S. 49.

27 »Aspects of the General Strike«, Mai 1926, Scotland Yard, Juni 1926, Teil II: »Summaries of information regarding the strike furnished by Chief Constables in England, Scotland and Wales.«

28 T. E. Critchley: A History of Police in England and Wales, 2. Aufl. London 1978, S. 200. Diese Formulierungen finden sich auch in den Geschichten einzelner Polizeien, z. B. Richard Cowley: Police in Northamptonshire 1836-1986. Studley, Warwickshire 1986, S. 76, und Douglas J. Elliott: Police in Shropshire 1836-1967. Studley, Warwickshire 1984, S. 164.

30er Jahren, in den Kinowochenschauen.[29] Es gab jedoch durchaus Gewalttätigkeiten bei Streiks in England. Die schlimmsten ereigneten sich in solchen Gegenden, die, wie Südwales, von einem starken Arbeitersyndikalismus geprägt waren, der wiederum auf aggressive Chief Constables traf. Zu Zusammenstößen kam es aber auch dann, wenn junge Hilfspolizisten aus dem Mittelstand Streikende provozierten oder auf eine Menschenmenge losgelassen wurden.[30]

Viel hing auch von der unmittelbaren lokalen Situation ab – davon, ob die Polizei aus der Region kam oder im Rahmen wechselseitiger Aushilfsabkommen operierte (also aus anderen Orten stammte); ob die Polizisten besonders dadurch belastet waren, daß sie durch den Einsatz Urlaubs- oder andere Ruhetage verloren; welche Vorgesetzten vor Ort das Sagen hatten. Todesopfer gab es bei Streikunruhen nur dann, wenn Militär im Einsatz war. Polizeigewalt beschränkte sich in aller Regel auf den Schlagstockeinsatz während eines Angriffes. Sicherlich konnte auch ein Stockschlag zum Tode führen, aber solche Fälle waren außerordentlich selten. Vor allem verblaßt diese Gewalttätigkeit vor dem, was sich in den USA ereignete.

Polizei in den USA: Ermessen und Gewalt?

Die Gewaltsamkeit in amerikanischen Streikauseinandersetzungen resultierte zum Teil aus dem Verhalten aggressiver Polizeichefs; aber mindestens ebenso oft waren private Polizeikräfte beteiligt, die von Detektivagenturen speziell für einen Streik angeheuert worden waren. Ein Hauptgrund für die Bedeutung der

29 Ken Ward: Mass Communications and the Modern World. London 1986, S. 98. Für die Information über die Wochenschauen bin ich meinem Kollegen Tony Aldgate sehr dankbar; er hat mich besonders aufmerksam gemacht z. B. auf British Movietone News, Band 8, No. 383: »A Tale of Two Cities«, in der das Verhalten britischer und französischer Polizei im Umgang mit Straßenunruhen 1936 behandelt wird.

30 Geary: Policing Industrial Disputes (wie Anm. 12), S. 658. Vgl. auch, insbesondere zum internationalen Vergleich Clive Emsley: Police forces and public order in England and France during the inter-war period. In: Emsley/Weinberger (Hg.): Policing Western Europe (wie Anm. 20).

Detektivagenturen lag in der besonderen Beziehung zwischen amerikanischen Stadtpolizisten und der Lokalgemeinde. Sie unterschied sich nachdrücklich von der zwischen dem englischen Bobby und seiner Kommune.

Für das 19. Jahrhundert hat Wilbur Miller der unpersönlichen Autorität des Bobby, die bürgerliche Kommentatoren im allgemeinen als direkten Ausdruck des unparteiischen und unbeugsamen Gesetzes ansehen, die an die Person gebundene Autorität des US-amerikanischen Cop gegenübergestellt. Ihm wurde stillschweigend ein großer Ermessensspielraum dabei eingeräumt, gesetzliche Vorschriften in der Auseinandersetzung mit den »dangerous classes« im Zweifelsfall auch zu ignorieren.[31] Mehr noch, wenn der Bobby ein unpersönlicher Repräsentant des Gesetzes war, dann war der Cop ein Mitbürger. Da der Cop mit seiner Gemeinde sehr eng verflochten war, konnte es durchaus vorkommen, daß er Partei für oder gegen die nahm, die streikten.

Bruce C. Johnson etwa vertritt die Ansicht, daß in amerikanischen Städten im späten 19. Jahrhundert die lokale Polizei vor allem Arbeiterinteressen vertreten bzw. verteidigt habe.[32] So verweigerten in Indianapolis 1913 einige Polizisten Streikeinsätze, bei denen es darum ging, »Blacklegs« zu schützen, zunächst während eines Straßenbahner- und dann bei einem Transportarbeiterstreik.[33] Dasselbe geschah während eines Straßenbahnerstreiks in Knoxville im Oktober 1919; ein Teil des Problems war, daß sich die Polizei ihrerseits gewerkschaftlich organisiert hatte und dem AFL im Juli desselben Jahres beigetreten war.[34] In solchen Fällen kam es auch vor, daß auch der Bürgermeister die Streikenden unterstützte, jedenfalls dann, wenn die Unternehmer bzw. Firmen, die

31 Wilbur R. Miller: Cops and Bobbies: Police Authority in New York and London, 1830-1870. Chicago 1977.

32 Bruce C. Johnson: Taking Care of Labor: The Police in American Politics. In: Theory and Society 3 (1976), S. 89-117.

33 Bericht von Selig Perlman, 10. März 1914, und Selig Perlman: The Teamsters' Strike at Indianapolis in December 1913, Manuskripte der Research Division of the Commissioner of Industrial Relations 1912-1915 (CIR), Mikrofilm P71-1683, State Historical Society of Wisconsin.

34 James A. Burran: Labor Conflict in Urban Apalachia, Knoxville Streetcar Strike of 1919. In: Tennessee History Quarterly 38 (1979), S. 62-78.

bestreikt wurden, nicht aus demselben Ort stammten. Der Bürgermeister von Vincennes, Indiana, erklärte während eines Straßenbahnerstreiks:

»Die Vincennes Traction Company gehört Männern von außerhalb, und sie wird mit wenig Rücksicht auf die Rechte und Gewohnheiten der Menschen dieser Stadt betrieben. Die Company erfüllt nicht ihre Abgabenverpflichtungen und ignoriert auch alle Äußerungen der städtischen Vertreter, die sich darauf beziehen. Als der Streik drohte, sagte ich dem Aufseher der Gesellschaft, daß ich für Ordnung sorgen würde, aber ich fügte hinzu, daß ich unter keinen Umständen die Wagen mit Polizisten besetzen würde.«[35]

Ähnliches konnte sich in kleineren Städten mit gewählten Sheriffs und ihnen verantwortlichen Deputys für den Polizeieinsatz ereignen. So beklagte sich im März 1914 die Unternehmensleitung der Gould Steel Works in Depew, N. Y., daß die Deputy Sheriffs sie während eines Streiks nicht angemessen schützten (denn diese waren Ortsansässige und sympathisierten mit den Streikenden). Sheriff Becker akzeptierte diese Klage nicht. Seiner Ansicht nach war das Management des Stahlwerks vor allem daran interessiert, daß private Detektive als Deputy Sheriffs vereidigt würden. Diese Detektive würden dann aber nur Unruhe bringen.[36]

Es gab aber auch andere Konstellationen. So geschah es durchaus nicht selten, daß die lokale Polizei enge Verbindungen zu den ortsansässigen Unternehmern hatte. In Chicago fuhren 1885 während eines Straßenbahnschaffnerstreiks Polizisten auf den Wagen mit, um Nichtstreikende zu schützen. Im folgenden Jahr wurde ein Drittel der Polizisten eingesetzt, um Streikbrecher in der Erntemaschinenfabrik McCormick zu schützen – das führte schließlich zum Haymarket-Aufstand und zur Erschießung mehrerer Streikender durch die Polizei.[37] Die Stadt Buffalo, im Staate New York, wurde gegen Ende des 19. Jahrhunderts beherrscht von Unternehmern, die ohne Bedenken die Stadtpolizei zur Kontrolle

35 CIR: Anhang zum Bericht über die Straßenbahnbeschäftigten, Vincennes Indiana, Traction Company, S. 3. Es war bei solchen Streiks üblich, daß Polizisten auf dem Straßenbahnwagen mitfuhren, um »Blackleg«-Fahrer und Schaffner zu schützen.

36 CIR: Bericht von Daniel T. O'Regan, Depew N. Y. 30. März 1914.

37 Cyril D. Robinson: The mayor and the police: The political role of the police in society. In: George Mosse (Hg.): Police Forces in History: Buffalo Hills 1975, S. 277-315, S. 293-296.

ihrer Arbeiter einsetzten. Die Polizei rekrutierte sich vor allem aus deutschen Emigranten, während die Arbeiter überwiegend Polen waren.[38]

Die United States Commission on Industrial Relations, die im wesentlichen von einer Professorengruppe an der Universität von Wisconsin organisiert wurde und zwischen 1912 und 1914 mehrfach zusammenkam, erhielt zahlreiche Informationen über die Parteilichkeit der Polizei bei Streiks. Da gab es z. B. Sheriff Jefferson Farr, »den König von Huerfano County«: Er wurde beschuldigt, in seinem Bezirk schlichtweg alles zu kontrollieren, von den Wahlen bis zu den Bordellen, aber auch die Gerichte – und zwar im Interesse der Colorado Fuel and Iron Company.[39] Während eines Streiks von Textilarbeiterinnen und Textilarbeitern in Paterson, N. J., verlieh ein lokaler Fabrikbesitzer sein Auto an die Polizei, um verhaftete Streikende ins Gefängnis zu transportieren.[40] Der Senatskommission für Erziehung und Arbeit, bekannt als La Follette-Kommission, die von 1936-40 bestand, wurden ähnliche Fälle bekannt. Sie tagte auch zu der Zeit, als sich das bekannte Memorial Day-Massaker ereignete, bei dem die Chicagoer Polizei auf unbewaffnete Streikende schoß, die vor der Republic-Stahlfabrik demonstrierten. Zehn Demonstranten wurden getötet und mehr als 100 verletzt – die Ereignisse wurden der Nachwelt durch einen Kameramann der Paramount News überliefert.

Sheriff Theodore Middleton aus Harlan County, Kentucky, brüstete sich damit, daß es in seinem Zuständigkeitsbereich keine Arbeitskonflikte gäbe. Er beschäftigte Exsträflinge als Deputys und setzte sie im Interesse der lokalen Bergwerksbesitzer ein. – Sheriff John A. Miller von Contra Costa County, Californien, verwaltete seinen Bezirk zum Besten der örtlichen Obstfarmer und schüchterte alle Gewerkschaftsorganisatoren und -aktivisten ein, die es wagten, auch nur den Fuß dorthin zu setzen.[41] Huer-

38 Sidney L. Harring/Lorraine McMullan: The Buffalo Police 1872-1900: Labor Unrest, Political Power and the Creation of the Police. In: Crime and Social Justice (1975), S. 5-14.

39 CIR, Inis Weed: The Colorado Strike, S. 18 f.

40 CIR: Öffentliche Anhörung über die Arbeitsbedingungen und Arbeitsbeziehungen in Paterson, New Jersey, 15.-18. Juni 1914, Aussage von Rudolph Katz, S. 32.

41 Jerold S. Auerbach: Labor and Liberty: La Follette Committee and the New Deal. Indianapolis 1966, S. 117 f., 121 ff., 187 f. Middletons Ver-

fano, Harlan und Contra Costa waren entlegene Countys. Hier gab es wenig oder gar keine Bundespolizei; und Polizei aus größeren Städten dort hinzubringen, stellte ein immenses Transportproblem dar, selbst wenn es dafür Rechtstitel und die Zustimmung der kommunalen Obrigkeiten gegeben hätte. Diese Umstände erleichterten es Sheriffs wie Farr, Middleton und Miller oder den besonders einflußreichen und reichen Einzelpersonen oder Unternehmen, das Gesetz als ihre eigene Zuständigkeit zu betrachten.

Zwischen den Extremen von Polizeisympathie für Streikende und Parteinahme der Polizei für Unternehmer scheint es aber auch Verhaltensweisen, die von professionellem Zynismus geprägt waren, gegeben zu haben. Lincoln Steffens fand solchen Zynismus in seinen Anfangsjahren als Journalist in New York in den 1890er Jahren. Steffens untersuchte die Gründe für die zahlreichen Einsätze des Polizeiknüppels, vor allem während der Arbeitskonflikte in der Bekleidungsindustrie.

Als er mit Polizisten bei einer Gruppe von Streikposten stand, sah er, wie ein Streikposten, der einen Schlagring trug, einen Streikbrecher niederschlug. Unmittelbar danach wurde dieser Streikposten von einem Polizeiknüppel zusammengeschlagen. Der Polizist der geschlagen hatte, wandte sich zu Steffens und erklärte, daß »Schlagringe das Zeichen der [Gewerkschafts-, C. E]. Organisation sind«. Es folgte eine Auseinandersetzung zwischen einem Polizisten und einem Streikposten:

»über das Gesetz, die Menschenrechte und vor allem die Rechte der Streikenden. Und das war für mich ebenso irritierend, wie später Debatten im U.S. Senat über die Verfassungsmäßigkeit eines bestimmten Gesetzentwurfs – und zwar aus denselben Gründen. Die Auseinandersetzung hatte nichts mit dem konkreten Gegenstand, der eigentlich zu behandeln war, zu tun. Es war vielmehr wie bei einem Auftritt von Anwälten, die nicht über Recht, Weisheit oder Gerechtigkeit des konkreten Falles stritten, sondern über Präzedenzfälle und einzelne Entscheidungen. Der Polizist wie der Streikposten kannten das Gesetz, dehnten es und bestritten es –

halten wurde von der Kommission 1937 untersucht, als sie Hinweise darauf erhielt, daß er seit 1934 drei Deputys eingestellt hatte, die wegen Mordes eingesessen hatten und acht weitere, die wegen Totschlags bestraft worden waren. Es zeigte sich, daß 37 seiner Deputys des Betruges überführt worden waren – 64 hatten wenigstens einmal unter Anklage gestanden.

ausschließlich im Hinblick auf den von ihnen erwünschten Zweck. Das setzte mir sehr zu; aber sie setzten sich auch selbst sehr zu, und mir wurde es nicht schwer zu verstehen, weshalb der Polizist nervös hin- und herwippte, dann seinen Schlagstock in der Hand wog und ihn schließlich herumwirbelte, wie ein Löwe, der mit seinem Schwanz wedelt«.

Steffens schloß seinen Bericht mit einer Beschreibung des Zynismus, mit dem die Polizisten ihren Dienst bei den Streikposten wahrnahmen. Dabei verwies er insbesondere auf einen Fabrikbesitzer, der drohte, daß er sich bei den Vorgesetzten der Polizisten beschweren würde, weil seine Arbeiter unter den Augen der Polizei von Streikposten angegriffen worden waren. Der Polizist:

»Ich erinnere mich an diesen Unternehmer, und zwar aus seiner Zeit, als er selbst Gewerkschaftsorganisator war. Ich habe ihn sogar selbst einmal niedergeschlagen, weil er Streikposten stand. Nun aber hat er selbst einen Betrieb, und er kämpft immer noch gegen die Polizei für das Gesetz und seine Rechte.« »Genau so wie die Arbeiter!« rief ich. »Oh, verdammt. Sie sind alle gleich, Arbeiter und Unternehmer, derselbe Schlag, dieselbe Haltung, die Rechte nur auf ihrer Seite und gegen alle Bestimmungen, die vielleicht für die andere Seite sprechen.« »Das Gesetz ist also wie ein Knüppel«, sagte ich, »und die Polizei ist eine Waffe, die man benutzen oder von der man sich absetzen muß.« »Das haben Sie gesagt«, sagte der Polizist mit Nachdruck und ein anderer nickte: »So ist es.«[42]

Militärunterstützung konnte angefordert werden, wenn man die Unruhen, die mitunter Streiks begleiteten, als »Aufstand« darstellte. Das setzte den Gouverneur eines (Bundes-)Staates in die Lage, sich an den Präsidenten der Union zu wenden und um Bundestruppen zu ersuchen. Die Stärke der Truppen, die auf diese Weise angefordert wurden, war in der Regel relativ gering. Schon ihr Erscheinen reichte für gewöhnlich aus, um die Unruhen zu beenden, und den Streikenden galten sie als eine weniger parteiliche Truppe als die Miliz oder Nationalgarde des jeweiligen Staates. In etwa der Hälfte der Fälle, in denen die Nationalgarde vom jeweiligen Gouverneur im letzten Viertel des 19. Jahrhunderts eingesetzt wurde, ging es um Arbeitskonflikte.[43] Vor allem in den Ostküstenstaaten war die Nationalgarde bekannt für ihre engen

42 The Autobiography of Lincoln Steffens. 2 Bde. New York 1931, Bd. 1, S. 211 ff.

43 Barton C. Hacker: The United States Army as a National Police Force, the Federal Policing of Labor Disputes, 1877-1898. In: Military Affairs (1969), April, S. 255-264.

Verbindungen zu Geschäftswelt und Industrie und für ihre Einsätze als Streikbrecher. In Pennsylvania beherrschten Geschäftsleute mehrere Verbände der Nationalgarde dieses Staates; sie sorgten dafür, daß die Rekrutierung von Arbeitern zurückging und daß jeder, der zu einem Streikeinsatz nicht erschien, aus der Garde entlassen wurde. Luke Grant resümierte in einem seiner Berichte für die Commission on Industrial Relations, daß »die Dienstgrade der organisierten Miliz in aller Regel aus Berufen [stammten], in denen es keine Gewerkschaften [gab]«.[44]
Die Lage mancher Betriebe und Konzerne abseits von städtischen Zentren eröffnete Detektivagenturen besondere Chancen, Streiks zu brechen. Im Bergarbeiterstreik in Colorado von 1914, der schließlich zum Ludlow-Massaker führte, erreichte es die Colorado Fuel and Iron Company, daß ihre Werkschutzleute (von denen einige durch die Baldwin-Felts Detektivagentur angeheuert worden waren) der Colorado-Miliz eingegliedert wurden, und zwar in die A-Abteilung (Kavallerie) und in die B-Abteilung (Infanterie). Angehörige dieser Einheiten waren für die Erschießungen beim Massaker verantwortlich.[45]
Die erste und wahrscheinlich bekannteste Detektivagentur wurde von dem schottischen Immigranten Allan Pinkerton 1850 in Chicago eröffnet. Von Anfang an waren die Männer von Pinkerton damit beschäftigt, Angestellte für die Unternehmer zu überprüfen. Und nach der Pariser Kommune von 1871 und den zunehmenden Arbeitskonflikten der 1870er Jahre wurden die »Pinkertons« zunehmend eingesetzt, um Gewerkschaften zu infiltrieren und Streikbruch zu organisieren.[46] Die Pinkertons erlitten einen

44 CIR, Luke Grant: Violence and labor disputes and methods of policing industry, S. 39-47; Joseph J. Holmes: The National Guard of Pennsylvania: Policeman of Industry, 1865-1905. Ph. Diss. University of Connecticut, 1971; Robert Reinders: Militia and Public Order in Nineteenth-Century America. In: Journal of American Studies 11 (1977), S. 81-101; CIR, Luke Grant: Violence and labor disputes, S. 42.

45 George W. Pest: U.S. Commission on Industrial Relations: Report on the Colorado Strike. Washington D.C. 1915, S. 101-104; CIR: The Colorado Militia and the Strike. Report of the Military Commission (1914), S. 32-36.

46 Frank Morn: The Eye that Never Sleeps: A history of the Pinkerton Detective Agency. Bloomington, Ind. 1982.

herben Rückschlag nach ihrem brutalen Versuch, den Homestead-Streik 1892 zu brechen. Aber ihr Beispiel brachte zahlreiche Konkurrenten auf den Plan. 1914, als die Blütezeit der Detektivagenturen bereits vorbei war, gab es noch über 270 – alle waren bereit, für 5 Dollar pro Tag Wach- und Schutzleute an Unternehmen zu vermieten.[47] Die Angestellten der Detektivagenturen konnten als Streikbrecher Karriere machen. Ihr Ziel war es, schließlich eine eigene Agentur zu gründen. Es gab unterschiedliche Tätigkeitstypen und Berufssparten innerhalb dieser Agenturen. Da waren die »Finks«; ihre Aufgabe war es, Streikende zu überreden, die Arbeit wieder aufzunehmen. Dann waren da die »Nobles«; sie sollten die Nichtorganisierten (»free Labour«) und die »loyalen Arbeiter« schützen. Schließlich gab es die »Missionaries«, die sich unter die Streikenden mischten, dabei gegen den Streik Propaganda machten und manchmal auch Gewalttätigkeit provozierten.[48]
Die Agenturen erlebten einen Boom zwischen 1895 und 1910. In diesen Jahren gab der ökonomische Aufschwung den Gewerkschaften den Rückhalt für Streiks, den Unternehmern aber auch das Geld, um Detektive anzustellen. Die Ausdehnung großbetrieblicher Produktion trug dazu bei, daß sich die Zentralen bzw. die Eigentümer vielfach nicht mehr am Ort des Konflikts befanden, sie also immer weniger Kontakt zu lokalen Gewerkschaftsführern oder Polizisten hatten. Gleichzeitig nahm die Laxheit bei der Durchsetzung der Gesetze zu; so wurde z. B. die Residenzpflicht bei Polizisten weniger streng gehandhabt, so daß Auswärtige, wie z. B. Detektive, ohne allzu große Schwierigkeiten angestellt werden konnten.[49] An manchen Orten z. B. arbeiteten die Firmen und die lokalen Sheriffs eng zusammen, und Detektive wurden als Deputys vereidigt; gleichzeitig wurden sie an anderen Orten von der dortigen Polizei mißtrauisch beobachtet und gelegentlich auch verhaftet.[50]
In England wurden die Hilfspolizisten während des Ersten Weltkriegs sowie in großen Auseinandersetzungen und Streikbewe-

47 CIR: List of Detectives. 1914; Daniel O'Regan: Conclusions derived from investigations of armed guards up to September 1914.
48 Auerbach: Labor and Liberty (wie Anm. 41), S. 103 f.
49 Rhodri Jeffreys-Jones: Violence in American History: Plug Uglies in the Progressive Era. In: Perspectives in American History 8 (1974), S. 465-583, S. 521 ff.
50 Jeffreys-Jones: Violence in American History (wie Anm. 49), S. 627 f.

gungen, wie dem Generalstreik von 1926, als Polizeireserve eingesetzt. Vor allem in den Jahren nach der Russischen Revolution sah sich eine Reihe höherer Polizeioffiziere als »Hüter« der »Englishness«; sie galt es zu verteidigen gegen die Bedrohung durch eine fremde politische Weltanschauung, welche sich besonders in Gewerkschaftsaktivitäten manifestierte.

In den USA wuchs gegen Ende des 19. Jahrhunderts unter den im Lande geborenen Amerikanern die Überzeugung, daß Gewalt und Gewalttätigkeiten in Arbeitskonflikten von »Fremden« angestiftet würden, und solche Ansichten trugen wahrscheinlich nicht wenig bei zur Härte, die sich vielfach gegen Streikende richtete – Streikende, die überwiegend oder doch weitgehend Immigranten waren.[51] Solche Vorstellungen kulminierten während des Weltkriegs 1914-18, was höchst unerfreuliche und manchmal auch fatale Folgen für Streikende und Gewerkschaftsaktivisten hatte, vor allem für jene, die mit den International Workers of the World, den »Wobblies«, verbunden waren.

Die American Protective League (APL), die sich schroff gegen alles ihrer Meinung nach »Unamerikanische« richtete, wurde im Frühjahr 1917 gegründet. Präsident Wilson blieb gegenüber dieser Organisation skeptisch, sie wurde aber dennoch von Mitgliedern seiner eigenen Administration unterstützt, insbesondere vom Bureau of Investigation des Justizministeriums, dem späteren Federal Bureau of Investigation (FBI). Bereits 1918 wurden etwa 250000 APL-Aktive in mehr als 600 Städten und Großstädten gezählt. Sie sahen ihre Aufgabe vor allem darin, unloyales Verhalten zu erforschen, untergetauchte Deserteure aufzuspüren und Antikriegstreffen zu verhindern oder zum Scheitern zu bringen. Ihr fanatischer Patriotismus und Chauvinismus führte freilich auch dazu, daß sie alle die verfolgten, die »Unloyalität« zu zeigen schienen, indem sie sich und andere in Gewerkschaften und Streikbewegungen organisierten: Kupferbergleute in Arizona wurden von APL-Aktiven und örtlichen Sheriffs zusammengetrieben und aus dem Staat fortgeschafft. Das war der Fall z. B. in Jerome, wo Kupferbergleute streikten; ein zweiter Fall ereignete sich in Bisbee – die hier betroffenen etwa 1800 Menschen wurden so behandelt, weil sie als »Wobblies« verdächtigt wurden. In

51 John Higham: Strangers in the Land: Patterns of American Nativism 1860-1925. 2. Aufl. New York 1963, S. 53 f., S. 89 f.

Butte, Montana, ermordeten APL-Aktivisten einen Wobbly-Organisator, Frank Little. Unmittelbar nach Ende des Krieges begünstigte eine Streikwelle die Gleichsetzung der Gewerkschaften mit dem Bolschewismus. Und daraus resultierte erneute und vermehrte Brutalität. Sie richtete sich vor allem gegen Immigranten; eine ganze Reihe von ihnen wurde des Landes verwiesen.[52]

Aber nicht alle Arbeiter und Gewerkschaftsaktiven waren Wobblies; das hatten auch die Unternehmer während des Weltkrieges durchaus gesehen. Es gab Verbesserungen in den Arbeitsbeziehungen und manches davon ließ sich auch in den Nachkriegsjahren, trotz des »Red Scare«, des Schauders vor den Roten, festhalten und fortsetzen. Zumindest einige Unternehmer waren oder blieben bereit, mit Gewerkschaftsführern zu reden. Jene Form des Kapitalismus, die den Arbeitern über höhere Löhne Vorteile gewährte, der »Welfare Capitalism«, wie er in der Kriegszeit begonnen hatte, setzte sich auch in den zwanziger Jahren fort. Zahlreiche Betriebe boten den Arbeitern Zusatzleistungen und Prämien, um sie von den Gewerkschaften abzuziehen oder fernzuhalten.

Die Politik des »New Deal« Mitte der 30er Jahre, vor allem der National Labor Relations Act (der Wagner Act von 1935), vergrößerte ebenfalls das Potential für Gewalttätigkeit bei Auseinandersetzungen. Die amerikanische Arbeiterschaft zeigte allmählich stärker einheitliche Züge, insbesondere als Folge der Verminderung bzw. Einschränkung der Immigration. Damit nahm die Entfremdung und »Fremdheit« der Arbeiterschaft in der Gesamtgesellschaft ab. Zugleich verminderte sich das Potential für ethnische Konflikte zwischen Polizisten und Streikenden – andererseits aber auch für ethnisch begründete Solidarität über die Streik- oder Klassengrenzen hinweg. Die Polizei steigerte ihre Professionalität. Zugleich aber zeigten sich vor allem dann Willkür, Parteilichkeit und Gewalttätigkeit, wenn Polizisten und ihre Vorgesetzten Kommunismus oder Subversion bei den Gewerkschaften vermuteten.

Sicherlich gab es in den USA keine der englischen vergleichbare

52 David M. Kennedy: Over Here: The First World War and American Society. Oxford 1980, S. 81 ff., S. 289 ff.; Neil A. Wynn: From Progressivism to Prosperity: World War I and American Society. New York 1986, S. 51 f., S. 211 ff.

Zentralregierung, die die lokale Kontrolle von Recht und Ordnung hätte antasten können. Dennoch aber trug die Entwicklung der Bundespolizei und ihre Tätigkeit während des Ersten Weltkrieges sowie der Red-Scare-Jahre wesentlich dazu bei, die Rolle der Detektivagenturen beim Aufspüren von subversiven Kräften zurückzudrängen. Diese Aufgaben wurden vom neuen Federal Bureau of Investigation (FBI) übernommen – allerdings war das FBI nicht in der Lage, Aktivitäten von privaten Detektiven zu untersagen oder zu bestrafen.[53]

Aspekte des Vergleichs

Beim Vergleich des Polizeiverhaltens gegenüber Streiks in England und den USA zeigt sich rasch, daß Historiker nicht immer gleich und gleich einander gegenüberstellen. Die größten Ähnlichkeiten zeigen sich zwischen der englischen Situation und der in Amerikas Großstädten, vor allem an der Nordostküste. Einige englische Verwaltungsbeamte waren zugleich Großunternehmer, die insofern direkt von Streiks betroffen sein konnten; zugleich gab es eine Reihe von Chief Constables in England, die auf außerordentlich gutem Fuß mit Unternehmern standen. Demgegenüber hatte die Situation in den ländlichen Gebieten der USA, wo das Gesetz überwiegend das war, was der lokale Sheriff und die jeweiligen Unternehmer befanden, und wo bewaffnete Wachen angeheuert und beinahe ungestraft eingesetzt werden konnten, keine Entsprechung in England.[54] Die vielfach enge Beziehung

53 Hier verdanke ich viel der Arbeit von Rhodri Jeffreys-Jones, vor allem seinen Studien: Violence in American History, S. 465-583, sowie: Profit over Class: A Study in American Industrial Espionage. In: Journal of American Studies 6 (1972), S. 233-248. Zum Aufstieg des FBI und zu der Besessenheit seines ersten Direktors von der Idee innerstaatlicher Subversion vgl. Athan G. Theoharis/J. S. Cox: The Boss: J. Edgar Hoover and the Great American Inquisition. Philadelphia 1988, vor allem Kap. 2-6.

54 Allerdings gab es wohl einige Parallelen im British Empire. So setzten etwa in Bombay Unternehmer gewöhnliche Straßenbanden in den Arbeiterbezirken als organisierte Streikbrecher ein, vgl. R. S. Chandavarka: The Police and Public Order in Bombay City, 1870-1940. MS-Beitrag zur Konferenz über »Policing the Empire«. Birkbeck College,

amerikanischer Cops zu ihren jeweiligen Lokalgemeinden machte sie während eines Streiks unberechenbarer, als es die englische Polizei war. Und deshalb bevorzugten vor allem aggressive Unternehmer Detektivagenturen, während die Gouverneure eher das Militär einzusetzen suchten.

Die einzelnen amerikanischen Staaten bewahrten ihre Unabhängigkeit von der Zentralregierung, während in England die örtlichen Autoritäten zunehmend den häufiger werdenden Zu- und Eingriffen der Zentralregierung nachgeben mußten. Diese Eingriffe waren allerdings nicht Teil einer Konspiration. Vielmehr schien es den Ministern und Beamten im Innenministerium nur sinnvoll, direkt mit den lokalen Polizeivorgesetzten zu korrespondieren, ohne dabei umständlich die gesamte lokale Regierungsverwaltung einzubeziehen. Die Logik dieses Verhaltens wurde dann unabweisbar, als sich Streiks überregional ausdehnten und eine Reaktion auf nationaler Ebene unabweisbar schien. Vor allem der Weltkrieg 1914-18 und die Furcht, die die Russische Revolution ausgelöst hatte, beschleunigten diese Prozesse. Dies galt vor allem da, wo die Zentralregierung und die Polizeivorgesetzten bei lokalen Labour- oder anderen linken Abgeordneten Zweifel an deren politischer Zuverlässigkeit bekamen.[55]

In den USA gab es keine zentralstaatlichen Eingriffe in Polizeibelange, die denen in England glichen. Zugleich aber ist festzuhalten, daß der organisatorische Aufbau der amerikanischen Gewerkschaften, aber auch räumliche Distanzen in den USA nationale Streiks, wie sie in England vermehrt zu beobachten waren, erschwerten oder beinahe unmöglich machten. Allerdings trug der »Red Scare« von 1919 – und die in diesem Zusammenhang erfolgten Verhaftungen von Kommunisten und Mitgliedern der Communist Labour Party bei den sogenannten »Palmer Raids« – dazu bei, die Entwicklung des FBI zu beschleunigen. Diese Institution übernahm Aufgaben der privaten Detektive; aber insge-

London 19./20. Mai 1988. Zu den Verbindungen zwischen Verbrecherbanden und Detektiven, die als Streikbrecher tätig waren, in den USA vgl. u.a. Donald Henderson Clerk: In the Rain of Rothstein. New York 1929, sowie Leo Katcher, The Big Bankroll: The Life and Times of Arnold Rothstein. New York 1958.

55 Vgl. etwa West Midlands Police Archive, Superintendents' Report and Confidential Letters, 1923, fol. 499-504, Chief Constable an den Staatssekretär im Innenministerium, 2. und 7. November 1919.

samt blieb die Polizei in den USA ganz überwiegend in die jeweiligen Gemeinden eingebunden.
Polizeieinsätze bei Streiks in den USA gegen Ende des 19. und in den ersten Jahrzehnten des 20. Jahrhunderts verliefen bei weitem gewalttätiger und blutiger als in England. Viele Amerikaner beunruhigte das sehr, weshalb Untersuchungen, wie etwa die der Kommission über Arbeitsbeziehungen oder der La Follette-Kommission angestrengt wurden. In der amerikanischen Gesellschaft gab es sowohl Sensibilität für die Gewalt und Wut zwischen Streikposten und Polizei oder Detektiven wie das Bedürfnis, offenkundige Ausschreitungen zu untersuchen. Demgegenüber wurden in England nur selten Nachforschungen wegen angeblicher polizeilicher Parteilichkeit oder Gewalttaten angestellt. Immer wieder beharrten die Innenminister darauf, daß sie keine Kontrollbefugnisse über die regionale Polizei hätten; alle Untersuchungen müßten deshalb jeweils vor Ort erfolgen. Zugleich wurde argumentiert, daß derartige Untersuchungen in Wirklichkeit nur die Extremisten stärkten, die ein Interesse daran hätten, die Polizei zu unterminieren. Und immer wieder versicherten englische Politiker, Polizisten und Kommentatoren sich gegenseitig, daß die englische Polizei die beste der Welt sei. Die logische Folge war, daß die englische Polizei keiner ernsthaften Untersuchung bedürfe. Aber die Behauptung selbst basierte größtenteils auf den überkommenen Vorurteilen und dem Hochmut, an dem so viele seit der viktorianischen Zeit festhielten; sie stützte sich jedoch nicht auf einen unvoreingenommenen Vergleich.[56]

Übersetzt von Alf Lüdtke

56 Dazu ausführlicher Clive Emsley: The English Police: A Political and Social History. Hemel Hempstead (im Druck).

IV. Sicherheit, Sittlichkeit, Wohlfahrt: Zur Beharrungskraft der Polizeigewalt

Herbert Reinke

»... hat sich ein politischer und wirtschaftlicher Polizeistaat entwickelt«

Polizei und Großstadt im Rheinland vom Vorabend des Ersten Weltkrieges bis zum Beginn der zwanziger Jahre

1. Sicherheit und Ordnung in rheinischen Großstädten vor 1914

Am 6. Februar 1917 diskutierte die Düsseldorfer Stadtverordneten-Versammlung anläßlich der anstehenden Haushaltsberatungen den Haushaltsplan der Düsseldorfer Polizeiverwaltung. Die Polizei in Düsseldorf wurde damals als kommunale Ortspolizeibehörde von der Stadt selbst verwaltet. Der für die Polizei zuständige Beigeordnete, Dr. Robert Lehr, der wenige Jahre später zum Oberbürgermeister Düsseldorfs gewählt wurde, nutzte die Gelegenheit, die Aufgaben und Leistungen der Düsseldorfer Polizei im Ersten Weltkrieg darzustellen. Diese Ausführungen hatten über die Beschreibung der spezifischen polizeilichen Aktivitäten hinaus programmatischen Charakter und wurden in der einschlägigen polizeilichen Fachzeitschrift »Die Polizei« teilweise abgedruckt.[1] Die Ausführungen des Beigeordneten und auch der Wiederabdruck waren um so bemerkenswerter, als Polizeileiter im Ersten Weltkrieg häufig die Angelegenheiten der Polizei als der militärischen Geheimhaltungspflicht unterstellt verstanden und deshalb Informationen über polizeiliche Angelegenheiten strikt verweigerten.[2]
Robert Lehr stellte seinem Beitrag zu den Haushaltsberatungen von ihm als »allgemeine Bemerkungen« bezeichnete Ausführungen voran, in denen er konstatierte:

1 In: Die Polizei 14 (1917/18), S. 164-168.
2 Der Oberbürgermeister von Elberfeld vertrat sehr prononciert diese Position.

»Infolge des Krieges hat sich in sehr großem Umfang ein politischer und wirtschaftlicher Polizeistaat entwickelt.«

Aber nicht erst im Ersten Weltkrieg existierte ein großstädtischer »Polizeistaat«. In den Großstädten des Kaiserreiches war ein Polizeimuster Alltagspraxis, das eher an die »Polizey« des Ancien Régime erinnerte, denn an die – vorgeblich – moderne Polizei, die sich ausschließlich mit Gefahrenabwehr und Strafverfolgung befassen sollte. Zwar unterschied sich der kommunale ›Polizeistaat‹ des Ersten Weltkrieges im Hinblick auf seine Intentionen und seine tatsächliche Aufgabenerfüllung von der großstädtischen Polizei vor Beginn des Krieges, aber ohne die Grundlegung durch die Strukturen und das Personal der Vorkriegspolizei ist der ›Polizeistaat‹ des Weltkrieges nur begrenzt nachvollziehbar. Deshalb soll zuerst ein Blick auf die Vorkriegszeit geworfen werden.
Inhalt und Umfang polizeilicher Aufgabenbereiche und Zuständigkeiten wurden im preußischen Rheinland vor 1918 durch eine Reihe gesetzlicher Regelungen bestimmt, darunter das Allgemeine Landrecht für die Preußischen Staaten aus dem Jahre 1794, das 1850 erlassene Gesetz über die Polizeiverwaltung, die Städteordnung für die Rheinprovinz aus dem Jahre 1856 und das 1883 verabschiedete Gesetz über die Landesverwaltung. Hinzu kamen verschiedene Entscheide des preußischen Oberverwaltungsgerichtes, die allesamt – so zumindest nach Auffassung der Mehrheit unter den Rechtswissenschaftlern und Juristen des Kaiserreiches – die Funktionen der Polizei auf die Gefahrenabwehr und die Strafverfolgung konzentrierten bzw. beschränkten. In der zeitgenössischen rechtswissenschaftlichen Literatur wurden vor allem die einzelnen Entscheidungen des Oberverwaltungsgerichts als Abkehr vom umfassenden, in der Tradition der »Polizey« stehenden Polizeimodell interpretiert, insbesondere im Hinblick auf eine Herauslösung der sog. Wohlfahrtspolizei und sonstiger nicht der Gefahrenabwehr und der Strafverfolgung dienender Kompetenzen aus dem Aufgabenkatalog der Polizei. Dementsprechend wurden in polizeirechtlichen Kompendien die über »Sicherheit und Ordnung« im engeren Sinne hinausgehenden Zuständigkeiten der Polizei in der Regel nicht mehr behandelt.[3] Alltag und

3 S. a. dazu St. Genzmer: Die Polizei. Polizeiverwaltung – Strafpolizei – Sicherheitspolizei – Ordnungspolizei. Berlin 1905 (= Handbuch der Gesetzgebung in Preußen und dem Deutschen Reiche, Bd. 7), S. VIII f.:

Praxis großstädtischer Polizisten im Rheinland vermitteln jedoch ein gänzlich anderes Bild.[4] Die letzte vor Beginn des Ersten Weltkrieges erschienene Ausgabe des Bürgerbuches der Stadt Elberfeld, die im Jahre 1910 veröffentlicht wurde[5], führte in den Überschriften zu den einzelnen Abschnitten des Inhaltsverzeichnisses die folgenden »Polizeien« auf:

Ordnungs- und Sittenpolizei, Paß-, Fremden- und Meldepolizei, Gesindepolizei, Schulpolizei, Wege- und Straßenpolizei, Eisenbahnpolizei, Post- und Telegraphenpolizei, Deich- und Vorflutpolizei, Fischereipolizei, Feld-, Forst- und Jagdpolizei, Baupolizei, Feuerpolizei, Sicherheits- und Unfallpolizei, sowie Arbeiterschutz, Gesundheits- und Wohnungspolizei, Gewerbe- und Handelspolizei, Verkehr mit Nahrungs- und Genußmitteln sowie mit sonstigen Gebrauchsgegenständen, Leichen- und Begräbnispolizei, Veterinärpolizei.

»Der vorliegende Teil VII umfaßt die Bestimmungen, welche die Polizei betreffen, mit Ausschluß der Bau-, Berg-, Feld-, Forst-, Jagd-, Fischerei-, Gesundheits-, Veterinär-, Gewerbe-, Wasser-, Deich-, Wege-, und Eisenbahnpolizei, die nur in Zusammenhang mit den betreffenden Rechtsgebieten behandelt werden können ...« Vgl. auch H. Heuer: Die Generalklausel des preußischen Polizeirechts von 1875 bis zum Polizeiverwaltungsgesetz von 1931. Frankfurt am Main 1988, der in seiner Arbeit die zeitgenössische Rechtsprechung reflektiert. Die Einengung des Polizeibegriffs wurde – und wird im heutigen Polizeirecht immer noch – vorrangig am sog. »Kreuzberg-Urteil« des Preußischen Oberverwaltungsgerichts vom 10. 6. 1880 festgemacht, in dem das Gericht baupolizeiliche Verfügungen der Berliner Polizei als nicht der allgemeinen Polizeikompetenz zugehörig verwarf. Zur dennoch weiterhin üblichen Praxis in diesem Bereich z. B. E. Marggraf: Die Entwicklung der Polizeibauordnungen. In: Die Stadt Cöln im ersten Jahrhundert unter Preußischer Herrschaft 1815-1915. Köln 1915, S. 388-401.

4 Auch die von Polizisten für Polizisten geschriebenen zeitgenössischen Polizeihandbücher vermitteln ein Polizeimodell, das über »Sicherheit und Ordnung« im engeren Sinne hinausgeht. S. a. dazu F. Retzlaff: Polizei-Handbuch zum praktischen Gebrauch für Polizei-Beamte (Bürgermeister, Amtmänner, Amtsvorsteher, Polizei-Inspektoren, Polizei-Kommissarien, Polizei-Wachtmeister u. s. w.), Mönchengladbach und Leipzig 1892. Dieses Kompendium erfuhr bis 1930 insgesamt 35 Auflagen.

5 Elberfelder Bürgerbuch. Sammlung der Ortsstatuten, Polizeiverordnungen, Regulative und sonstigen die Gemeindeanstalten und -Einrichtungen der Stadt Elberfeld betreffenden Bestimmungen, einschl. der in Betracht kommenden wichtigeren Gesetze. Elberfeld 1910.

Es handelte sich dabei nicht um separate Polizeibehörden oder -abteilungen; diese Auflistung verdeutlicht vielmehr, wie und in welchem Umfang verschiedene kommunale Aufgabenbereiche, die entweder von der Polizeibehörde oder – u. U. auch – von anderen städtischen Verwaltungen wahrgenommen wurden, unter den Polizeibegriff subsumiert wurden.
Die Bürgerbücher, die es in den meisten mittleren und größeren Städten des Kaiserreichs gab, vermitteln den Eindruck, daß die Begrenzung des Polizeibegriffs auf Gefahrenabwehr und Strafverfolgung sich nur begrenzt durchgesetzt hatte und die Städte vielfach weiterhin dem umfassenden »Polizey«-Begriff verpflichtet waren.[6] Die Aufgabenvielfalt, die aus diesem Polizeiverständnis resultierte, wies der großstädtischen Polizei die Rolle von »Generalisten« auf der untersten hierarchischen Ebene der städtischen Verwaltung zu.[7] Dieser Rolle entsprach das Verständnis von »Sicherheit und Ordnung«, das das städtische Bürgertum vielfach vertrat: »Sicherheit und Ordnung« wurden als eine Einheit angesehen; die gemeinsame Wahrnehmung beider Aufgabenbereiche wurde als wichtiger Eckpfeiler der kommunalen Selbstverwaltung verstanden. Das weitgesteckte Aufgabenspektrum der kommunalen Ortspolizeibehörden läßt zudem die Vermutung zu, daß die Entscheidungen des preußischen Oberverwaltungsgerichts, die – wie bereits erwähnt – als Versuch der Einengung der polizeilichen Praxis auf »Sicherheit« verstanden wurden, immer noch genügend

6 Dieses trifft in begrenztem Umfang auch auf diejenigen Großstädte zu, in denen eine Königliche Schutzmannschaft als originär staatliche Polizeibehörde eingerichtet war. Als in Köln Mitte der 1890er Jahre im Rahmen der Neuverteilung der Polizeikosten zwischen preußischem Staat und Gemeinden Teile der Aufgaben der Königlichen Schutzmannschaft der Stadtverwaltung überlassen wurden, reinstallierte die Stadt Köln diesen Bereich als städtische Polizeibehörde. Vgl. auch G. Neuhaus: Die Entwicklung der Stadt Cöln von der Errichtung des Deutschen Reiches bis zum Weltkriege. Köln 1915 (= Die Stadt Cöln im ersten Jahrhundert unter Preußischer Herrschaft), S. 371-373, und P. Lauing: Die Geschichte der Kölner Polizei vom Mittelalter bis zur Gegenwart, Köln 1926, S. 59.

7 E. G. Spencer: State Power and Local Interests in Prussian Cities: Police in the Düsseldorf District, 1848-1914. In: Central European History 19 (1986), S. 293-313. S. 303: »Civic leaders continued to regard policemen largely as a convenient personnel for carrying out a multiplicity of tasks ...«

Spielraum für eine Interpretation zugunsten umfassender Polizeikompetenzen zuließen.[8]
Die Unzahl von Polizeiverordnungen, Ausdruck dieser umfassenden Kompetenz, wurde jedoch nicht immer positiv gesehen. Über die Auswüchse des Polizeiverordnungswesens klagte 1906 sogar die konservative »Kreuzzeitung«:[9]

»In der Tat erfaßt die Polizei ... so ziemlich alle Gebiete des öffentlichen und selbst des privaten Lebens. Die Zahl der Gesetze, Verordnungen und Anordnungen polizeilicher Art ist riesengroß geworden. Die Kenntnis all dieser Vorschriften, ihre stete Beobachtung durch das Publikum und die genannte Kontrolle dieser Beobachtung durch die Polizei ist vielfach unmöglich.«

Die Vielfalt polizeilicher Funktionen vor dem Ersten Weltkrieg wird auch an anderen Aufgaben deutlich, wie z. B. der Inanspruchnahme der Polizei für

»Zustellung der Steuerzettel, Verfügungen aller möglichen Art, Impfscheine; Personenstands-, Adreßbuch-, Viehaufnahme, Zählung leerstehender Wohnungen u. a. statistische Aufnahmen«.[10]

Im Jahr 1905 beklagte deshalb auch der für die Polizei Elberfelds zuständige Beigeordnete, daß nur ein Bruchteil der etwa 170 Polizeisergeanten, dem untersten Dienstgrad in der Elberfelder Ortspolizeibehörde, kontinuierlich für die Aufrechterhaltung der öffentlichen Sicherheit zur Verfügung stünde. Allerdings läßt sich diese unzureichende kontinuierliche Bereitschaft nicht allein durch die Einbindung in einen umfassenden Polizeiauftrag erklären, der über die Gefahrenabwehr und die Strafverfolgung hinausreichte. Vielmehr wurden in den Jahren vor dem Ersten Weltkrieg für die kommunalen Polizeien – von Ort zu Ort unterschiedlich – bestimmte personalpolitische Maßnahmen, wie z. B. freie Zeiten an den Wochenenden oder Erholungsurlaub, eingeführt, die sich zusätzlich negativ auf die Polizeipräsenz auswirkten.[11]

8 Vgl. zur Rechtsprechung des Preußischen Oberverwaltungsgerichtes A. Funk: Polizei und Rechtsstaat. Die Entwicklung des staatlichen Gewaltmonopols in Preußen 1848-1914. Frankfurt 1986, S. 188-190 und S. 218.
9 Zitiert nach Funk: Polizei (wie Anm. 8), S. 377 f., Anm. 643.
10 Stadtarchiv Düsseldorf, Stadtverordneten-Versammlung vom 13. 10. 1910. Vgl. dazu auch: Stadtarchiv Wuppertal, D v 450, Elberfeld, Stadtverordneten-Versammlung vom 7. 12. 1909.
11 Stadtarchiv Wuppertal, D v 446, Elberfeld, Stadtverordneten-Ver-

Wie umstritten selbst innerhalb der Polizei bisweilen die umfassende Polizeikompetenz war, macht die Äußerung des Polizeiinspektors einer preußischen Mittelstadt deutlich, der um die Jahrhundertwende moniert hatte, daß

»alles, was die Polizeibehörden verordnen und verfügen, überall wann und wo die Polizeibeamten einzuschreiten Veranlassung haben, es geschieht stets im Interesse ›der Erhaltung der öffentlichen Ruhe, Ordnung und Sicherheit‹. Eine bestimmte und klare Definition dieses in der Theorie wie insbesondere in der Praxis unbestimmten, dehnbaren und unklaren Ausdrucks [...] ist bislang nicht gegeben«.[12]

Daß diese Unbestimmtheit und mangelnde Eingrenzung auch als zweckgerichtete – und durchaus gewollte – Eigentümlichkeit des Polizeirechts verstanden werden konnte, verriet eine Äußerung des bereits erwähnten Elberfelder Beigeordneten, der erklärte, daß die Polizei beauftragt sei, sich

»über das gesamte politische und soziale Leben der Stadt auf dem Laufenden zu halten, ... Feste Grenzen können wir uns in dieser Beziehung nicht ziehen lassen«.[13]

Dieses Bestreben, sich »über das gesamte politische und soziale Leben der Stadt auf dem Laufenden zu halten«, fand seinen Niederschlag in verschiedenen Formen der Buchführung. Neben Polizeiberichten war dieses vor allem die polizeiliche Kriminalstati-

sammlung vom 3. 3. 1903. Die zunehmende Bürokratisierung der Polizei wirkte sich ähnlich aus: »Das Schreibwerk hat sich bei der Polizei in einer Weise gehäuft, daß das vorhandene Bureaupersonal zur Bewältigung desselben nicht ausreicht. Hierunter leidet aber der Exekutivdienst empfindlich, da nicht nur die Aufsichtsbeamten, sondern auch die Polizei-Sergeanten über Gebühr mit schriftlichen Arbeiten beschäftigt werden müssen, wodurch sie namentlich dem so wichtigen Straßendienst entzogen werden.« In: Bericht über die Verwaltung und den Stand der Gemeindeangelegenheiten der Stadt Duisburg für das Rechnungsjahr 1901. Duisburg 1902.

12 R. Lemke: Die Preußische Exekutiv-Polizei. Wie sie war, wie sie ist und wie sie sein müßte. Osnabrück 1904, S. 196.

13 Stadtarchiv Wuppertal, D v 446, Elberfeld, Stadtverordneten-Versammlung vom 3. 3. 1903. Zu den Voraussetzungen der Polizeiarbeit ohne »feste Grenzen«, s. a. A. Lüdtke: Polizeiverständnis preußischer Polizeihandbücher im 19. Jahrhundert. Zur Folgenlosigkeit akademischer Diskurse. In: E. V. Heyen (Hg.), Wissenschaft und Recht der Verwaltung seit dem Ancien Régime. Europäische Ansichten. Frankfurt am Main 1984, S. 308-346.

stik, die von fast allen Großstädten des Kaiserreiches in der einen oder anderen Form geführt wurde. In diesen Statistiken gab es zwei Hauptrubriken: einmal die »zur Anzeige gekommenen Verbrechen und Vergehen« bzw. als Pendant dazu die polizeilichen Festnahmen und zum anderen die von der Polizei verhängten Strafverfügungen. Vereinfacht ausgedrückt entsprach diese Aufgliederung der Unterscheidung des Strafgesetzbuches nach Verbrechen und Vergehen einerseits und Übertretungen andererseits. Diese kommunale Statistik war ein wichtiges Mittel der empirischen Dauerbeobachtung, das von den statistischen Ämtern der Großstädte zusammen mit der Polizei erstellt wurde.
Wenn man die vorliegenden statistischen Unterlagen verschiedener rheinischer Groß- und Mittelstädte analysiert, so wird schnell deutlich, daß Verbrechen als Sicherheitsproblem, soweit dieses statistisch erfaß- und meßbar war, zumindest quantitativ von sekundärer Bedeutung waren: Die per Anzeige erfaßten strafbaren Handlungen stellten nur einen Teil der Probleme dar, die die Polizei im Alltag okkupierten. Stärker ins Gewicht fielen demgegenüber Ordnungsprobleme. Dabei verbarg sich hinter dem Terminus »Ordnung« ein vielschichtiges und kompliziertes Muster von spezifischen Sachverhalten. Die polizeilichen Strafverfügungen, die die Abwesenheit von »Ordnung« erfassen sollten, sanktionierten z. B. Störungen der Sonntagsruhe und die Übertretung von gesundheitspolizeilichen Vorschriften, sie wandten sich gegen Verletzungen der Bestimmungen über das Kost- und Quartiergängerwesen, und sie bestraften Gastwirte, deren sog. Bierdruckapparate nicht vorschriftsmäßig arbeiteten. Die Strafverfügungen sanktionierten auch Eltern, deren Kinder unentschuldigt der Schule ferngeblieben waren. Insgesamt 49 Kategorien enthielt die Statistik über den »Umfang der polizeilichen Strafverfügungen«, die der Jahrgang 1914 des Jahrbuches der Stadt Elberfeld verzeichnet.[14] In Elberfeld lag die Zahl der von der Polizei erlassenen Strafverfügungen in den Jahren 1903 bis 1911 zwischen etwa 14 000 und 16 000 derartiger Verfahren pro Jahr, während die per Anzeige erfaßten strafbaren Handlungen pro Jahr etwa 4000 bis 7000 ausmachten und durchschnittlich nur 3500 Festnahmen pro Jahr erfolgten.[15] Allerdings sank die Zahl der Strafverfügungen

14 Jahrbuch der Stadt Elberfeld 12 (1914), S. 186f.
15 Ähnliche Relationen zwischen der Zahl von Anzeigen strafbarer

und der Festnahmen in Elberfeld drastisch bis zur Mitte des Ersten Weltkrieges, um sich dann – nach erneuten Höhepunkten in der zweiten Kriegshälfte und bis zum Ende des Jahres 1923 – in den Jahren 1924 bis 1928 auf relativ niedrigem Niveau einzupendeln. Man muß die Ziffern dieser polizeilichen Kriminalstatistiken als Indikatoren von »Sicherheit« und »Unsicherheit« jedoch sehr sorgfältig hinterfragen. Arbeiter und Organisationen der Arbeiterbewegung, deren Kontrolle einen wesentlichen Teil der Aktivitäten der Polizei ausmachte, sind keine explizite Kategorie in den statistischen Unterlagen der Polizei. Deshalb ist auch ihr – vermutlich hoher – Anteil an der Gesamtzahl der von der Polizei verhängten Bestrafungen von Ordnungsvergehen nur indirekt nachvollziehbar.[16]

An andere, die Polizei ebenfalls häufig beschäftigende Probleme, die in der Statistik auch nicht ohne weiteres sichtbar wurden, führt die Lektüre von Akten und Unterlagen heran, die sich aus Anfragen und Beschwerden aus der Bevölkerung und den jeweiligen Stellungnahmen der Polizei zusammensetzten.[17] In diesen Akten häufen sich bestimmte Vorfälle, wie z. B. Aggressionen männlicher Jugendlicher, Güterberaubungen und Felddiebstähle am Rande der Großstadt.[18] So läßt sich in den Akten der Düsseldorfer Polizeiverwaltung aus dem Sommer 1911 folgende Beschwerde finden.[19]

»Wie der Polizeiverwaltung wohl bekannt sein dürfte, ist während dieser heißen Tage der Besuch des Strandbades ein ganz gewaltiger. Leider treten hierbei auch Auswüchse zu Tage, die wir ohne Unterstützung der Polizei nicht verhindern können. So befanden sich am Sonntag Vormittag bereits

Handlungen und von erlassenen Strafverfügungen pro Jahr sind auch für andere Städte der Rheinprovinz feststellbar.

16 Vgl. dazu auch A. J. Kamiński: Vom Polizei- zum Bürgerstaat. Zur Geschichte der Demokratie am Beispiel einer deutschen Stadt. Wuppertal 1976.

17 Stadtarchiv Düsseldorf, III 4522, Beschwerden über mangelnden polizeilichen Schutz 1909-1916.

18 Vgl. auch I. Kloetzel-Komulainen: Lebensformen der städtischen Bevölkerung von Düsseldorf in der Zeit des wilhelminischen Reiches. Ein Beitrag zur Geschichte des Alltags im Spiegel der lokalen Tagespresse. Düsseldorf 1981 (unveröffentlichte M. A.-Arbeit).

19 Stadtarchiv Düsseldorf, III 4522: Rheinische Bahn-Gesellschaft an die Polizeiverwaltung, 25. 7. 1911.

in den Frühstunden eine Rotte junger Menschen am Strandbad, die die im Damenbad Badenden in ungehöriger Weise belästigten und zuletzt sogar mit Steinen bewarfen.«

Über Güterberaubungen wurde fast genauso häufig Beschwerde geführt. So bat ein Düsseldorfer Röhrenwerk kurz vor dem Ersten Weltkrieg die Polizei[20]

»... an der Nordseite unseres Werkes für einige Zeit Aufsicht zu führen, da von dieser Stelle aus Erwachsene und Kinder unsere Werksanlagen betreten, um unter dem Vorwande Koks zu suchen, sich Eisenstücke etc. anzueignen... Wir haben wiederholt unsere Arbeiter gebeten, an den bezeichneten Stellen mit Aufsicht zu führen; leider bisher ergebnislos, da die eindringenden Leute in den meisten Fällen noch begünstigt werden«.

Ob die von der Werksleitung des Röhrenwerkes geargwöhnte Solidarisierung sehr weit trug und auch in großem Umfang geübt wurde, läßt sich aus den Akten nicht erschließen.
»Unordentlichkeit« von Kindern und Jugendlichen spiegelte sich (quantitativ) in den polizeilichen Statistiken vor allem in den bereits erwähnten Strafverfügungen zwecks Sanktionierung von Schulversäumnissen wieder. Derartige Strafverfügungen machten in einigen Großstädten der nördlichen Rheinprovinz in den Jahren vor dem Ersten Weltkrieg mehr als ein Drittel der Gesamtzahl der Strafverfügungen aus.[21] Hinzu kam, daß diese Strafverfügungen Bestandteil von Mehrfachkontrollen waren, d. h., es waren in der Regel mehrere Instanzen daran beteiligt: Die Veranlassung derartiger Strafverfügungen geschah in der Regel durch die Schulen. Die Regelungen sahen in einem ersten Schritt die Verwarnung der Eltern durch die Schule vor. Bei Erfolglosigkeit einer derartigen Verwarnung schritt die Polizei durch eine Strafverfügung ein; der nächste Schritt war dann die zwangsweise Schulzuführung durch die Polizei.[22] Diese Maßnahmen waren Teil dessen, was die

20 Stadtarchiv Düsseldorf, III 4522: Schreiben des Röhrenwerks Eller an die Polizeiverwaltung, 26. 5. 1914.

21 In Düsseldorf und in Elberfeld. In Krefeld wurden ähnliche Raten erzielt: Stadt Crefeld. Bericht über die Verwaltung und den Stand der Gemeindeangelegenheiten für das Rechnungsjahr 1914, S. 11 f. In Duisburg lag dieser Anteil in früheren Jahren bei fast zwei Drittel aller erlassenen Strafverfügungen: Bericht über die Verwaltung... der Stadt Duisburg für das Rechnungsjahr 1901 (wie Anm. 11).

22 Auf eine Anfrage von Stadtverordneten verdeutlichte der Elberfelder

Polizei in Elberfeld als ihr »Interesse an der heranwachsenden Jugend« bezeichnete. Dieses drückte sich auch noch in anderer Weise aus: Im Sommer wurde das Rollschuhlaufen polizeilich eingeschränkt und im Winter das Schlittenfahren verboten.[23]

Es darf jedoch, um an dieser Stelle nicht den Eindruck der »guten alten Zeit« entstehen zu lassen, nicht vernachlässigt werden, daß auch Sicherheitsaspekte für die Arbeit der Polizei von einiger Bedeutung waren: So beantragte z. B. am 3. März 1903 der Elberfelder Beigeordnete anläßlich von Beratungen verschiedener Positionen des Elberfelder Haushalts eine Erhöhung des Polizeietats. Es war vorgesehen, fünf Polizeisergeanten neu einzustellen, die die unzureichende polizeiliche Präsenz in bestimmten Stadtvierteln verstärken sollten. Zu den unzureichend von der Polizei geschützten Stadtteilen zählte der Beigeordnete verschiedene Stadtrandgebiete und Villenviertel, in denen seiner Meinung nach bei der gegebenen Personalsituation Sicherheit »höchstens vorübergehend für ein paar Stunden« garantiert werden könne. Der Antrag des Beigeordneten wurde in der Stadtverordnetenversammlung lebhaft diskutiert.[24] Ein Stadtverordneter qualifizierte den Ruf »nach polizeilichem Schutz« als »Mode geworden beim Deutschen« ab. Ein weiterer Stadtverordneter bestätigte dagegen die Sicherheitsdiagnose des Beigeordneten. Er beklagte im Hinblick auf sein Stadtviertel, daß

> »die Unsicherheit dortselbst eine große ist; ich kann das nicht desweiteren ausführen, nur soviel sei gesagt, daß wiederholt Damen mitten in diesem in den letzten Jahren sehr ausgebauten Stadtviertel belästigt und angefallen worden sind, in mehreren Fällen sogar bei Tage«.

Ein anderer Stadtverordneter wiederum hielt dem entgegen, daß von einer geringen Wirksamkeit der Elberfelder Polizei nicht die Rede sein könne: Den ihm vorliegenden Unterlagen gemäß seien in Elberfeld in Relation zur in etwa gleich großen Nachbarstadt Barmen mehr als dreimal soviel polizeiliche Strafverfügungen erlassen worden; und ein weiterer Stadtverordneter beschied im

Beigeordnete dieses Verfahren. In: Stadtarchiv Wuppertal, D v 446, Elberfeld, Stadtverordneten-Versammlung vom 3. 3. 1903.

23 Stadtarchiv Wuppertal, D v 448, Elberfeld, Stadtverordneten-Versammlung vom 14. 3. 1905.

24 Stadtarchiv Wuppertal, D v 446, Elberfeld, Stadtverordneten-Versammlung vom 3. 3. 1903.

Hinblick auf den unzureichenden polizeilichen Schutz entlegener Stadtviertel lapidar,

»wenn jemand sich soweit in die Außenbezirke begibt oder dort wohnt, muß er kleine Unbequemlichkeiten in Kauf nehmen«.

Diese Episode aus dem Jahre 1903 gibt ein Szenarium wieder, das vermutlich in vielen preußischen Groß- und Mittelstädten, nicht nur in den Großstädten der Rheinprovinz, um die Jahrhundertwende und in den Jahren vor dem Ersten Weltkrieg anzutreffen war. Neben eher diffusen Ängsten und Unsicherheitsgefühlen standen oft mehr oder minder konkrete Probleme, in diesem Falle die Gewährleistung von »Sicherheit« für bestimmte Stadtviertel und der Schutz von Frauen vor Angriffen und Aggressionen, ein Problem, das vor allem von Bürgervereinen recht häufig thematisiert wurde.[25] Diese Episode gibt auch Hinweise darüber, welche »Akteure« für die Bestimmung »öffentlicher Sicherheit und Ordnung« bzw. für die Artikulation und Definition von Sachverhalten des Alltags als »unsicher« oder »unordentlich« u. a. maßgeblich waren: Im vorliegenden Fall waren das das städtische Bürgertum, vertreten durch die Stadtverordneten, und die kommunale Ortspolizeibehörde. Hinzu kamen in der Regel die Bürgervereine, die als lokale Interessengruppen u. a. auch das, was ihnen als »Unsicherheit« galt, artikulierten.[26] Die Situation staatlicher Instanzen gegenüber kommunalen Ortspolizeibehörden war eher kompliziert. Grundsätzlich hatte in Preußen der Regierungspräsident die staatliche Aufsicht über die kommunalen Ortspolizeibehörden und verstand sich der Erste Staatsanwalt an Landgerichten oft als Sachwalter höherer Sicherheitsinteressen. Dennoch ließen sich aber diese Zuständigkeiten und Einflußmöglichkeiten nicht immer auf direktem unmittelbaren Wege umsetzen und mußten

25 Vgl. dazu auch: Stadtarchiv Wuppertal, A VII 66 b, Barmen, Südstädtischer Bürger- und Bezirksverein 1912-1914, Bezirks-Verein Hochbarmen, Jahresbericht für das Jahr 1914.

26 Über die Geschichte von Bürgervereinen als lokalen Interessengruppen, die in dieser Funktion auch »Unsicherheit« und »Unordnung« artikulierten, gibt es bislang so gut wie keine historischen Forschungen. In den Diskussionen der Elberfelder Stadtverordnungen vor 1914 waren die Beschwerden und Eingaben von Bürgervereinen häufig der Anlaß, um lokale Maßnahmen zu initiieren oder durchzusetzen.

sich häufig gegen anders gelagerte Interessen der Kommunen durchsetzen.

2. »Sicherheit und Ordnung« im Ersten Weltkrieg

Mit Beginn des Ersten Weltkrieges änderte sich die Personalsituation der kommunalen Ortspolizeibehörden sehr rasch, da eine große Zahl von Polizisten zum Kriegsdienst eingezogen wurde. Infolgedessen ergab sich die Notwendigkeit, die freigewordenen Stellen neu zu besetzen. Zu diesem Zweck wurden in den meisten Städten Ersatzkräfte in den Polizeidienst aufgenommen. So stellte die Stadt Düsseldorf zu Beginn des Krieges über 220 Hilfskräfte ein und bildete eine Bürgerwehr, die 438 Mitglieder umfaßte.[27] In Elberfeld wurde ebenfalls eine große Zahl von Hilfspolizeibeamten in den Polizeidienst übernommen und zur Unterstützung der verbliebenen regulären Polizeikräfte und der Hilfspolizeibeamten ebenfalls eine Bürgerwehr eingerichtet.[28] Ende November gab es in Elberfeld etwa 140 besoldete Hilfspolizeibeamte und eine nicht mehr genau zu bestimmende Zahl von Bürgerwehrmitgliedern. Die Zahl der besoldeten Hilfspolizeibeamten entsprach etwa derjenigen der einberufenen Beamten der kommunalen Ortspolizeibehörde.[29] In Düsseldorf war die Bürgerwehr, von allgemeinen

27 A. Oehler: Düsseldorf im Weltkrieg. Schicksal und Arbeit einer deutschen Großstadt, Düsseldorf 1927 (= Düsseldorfer Jahrbuch 33/1927), S. 93.

28 Stadtarchiv Wuppertal, O I 48, Elberfeld, Unfall- und Haftpflichtversicherung der Bürgerwehr und der Hilfspolizeibeamten 1914-1919: »Regulativ, betreffend die für den Stadtkreis einzurichtende Bürgerwehr. Aufgrund des § 7 des Gesetzes vom 11. März 1850, betreffend die Verpflichtung der Gemeinden zum Ersatz des bei öffentlichen Aufläufen verursachten Schadens, ist für den Stadtkreis Elberfeld die Errichtung einer Bürgerwehr angeordnet worden. Die Bürgerwehr hat die Aufgabe, mitzuwirken bei der Erhaltung der öffentlichen Ruhe, Sicherheit und Ordnung und Abwehr der dem Publikum oder einzelnen Mitgliedern desselben bevorstehenden Gefahren ...«

29 Stadtarchiv Wuppertal, O I 78, Elberfeld, Einstellung von Hilfspolizeibeamten zur Verstärkung der Exekutivpolizei 1913-1919: Aufstellung vom 23. 11. 1914; und das Protokoll der feierlichen Einweisung der Bürgerwehr im großen Saal der Stadthalle zu Elberfeld am 13. 8. 1914. In: Stadtarchiv Wuppertal, O I 84, Elberfeld.

Polizeiaufgaben abgesehen, im verkehrspolizeilichen Bereich eingesetzt, ergänzend dazu kontrollierte sie die Polizeistunde und überwachte die öffentlichen Anlagen. In Elberfeld hatte die Bürgerwehr die Stadtrandbezirke zu schützen, während die Innenstadtbereiche der regulären Polizei und den besoldeten Hilfspolizeibeamten vorbehalten blieben.[30]

Es gibt nur rudimentäre Informationen über die soziale Zusammensetzung der verschiedenen polizeilichen Hilfsdienste in diesen Großstädten. Vorhandene Einstellungsunterlagen der besoldeten Elberfelder Hilfspolizei lassen den Schluß zu, daß der soziale Hintergrund dieser Hilfspolizisten vermutlich demjenigen der Polizei in Elberfeld in der Vorkriegszeit ähnelte: Es handelte sich um Handwerker, Arbeiter und auch Angestellte.[31] Viele der eingestellten Hilfspolizisten waren Arbeitslose, mit deren Beschäftigung die Stadtverwaltungen der zu Beginn des Krieges erschwerten Arbeitsmarktlage zu begegnen versuchten. Die freiwillige Bürgerwehr Elberfelds bestand aus unbesoldeten Hilfspolizisten, sog. »ordentlichen Mitgliedern«, über deren genaue Zahl nichts bekannt ist, und den »Helfern«, die sich »vornehmlich aus den älteren Jahrgängen der militärisch organisierten Jugendwehren« zusammensetzten. Anscheinend blieb jedoch in Elberfeld die Zahl der »Meldungen zur Ausübung des Executiv-Polizei-Dienstes ehrenhalber« hinter den Erwartungen zurück, zumindest begründeten Anfang September 1914 die besoldeten Hilfspolizeibeamten einen Antrag auf Gehaltserhöhung mit den sie betreffenden

30 Stadtarchiv Wuppertal, O 1 84, Elberfeld: »Zusammenstellung der anstelle der in der Ausarbeitung befindlichen Instruktion mündlich erteilten Anweisung betreffend die Ausführung des Dienstes der Bürgerwehr vom 13. 10. 1914.«

31 Zur Einstellungspraxis bei den kommunalen Ortspolizeibehörden im Rheinland vor dem Ersten Weltkrieg vgl. auch H. Reinke: »Armed as if for a war«. The State, the Military and the Professionalization of the Prussian Police in Imperial Germany. In: C. Emsley und B. Weinberger (Hg.): Policing Western Europe. Politics, Professionalization, and Public Order, 1850-1940. New York 1991, S. 55-73, S. 60. In der Rheinprovinz war bei den kommunalen Ortspolizeibehörden – im Gegensatz zur üblichen Vorstellung vom preußischen Schutzmann als einem ehemaligen Unteroffizier – eine nichtmilitärische Rekrutierung eher die Regel.

zusätzlichen Belastungen als Folge dieses geringen freiwilligen Engagements im unbesoldeten hilfspolizeilichen Dienst.[32]
Mit Beginn des Ersten Weltkrieges vermehrte sich der Aufgabenbestand beträchtlich, der von den Städten zu bewältigen war. Während der Geschäftsführer des Deutschen Städtetages, Luther, in einer Einladung zu einer »Konferenz über Kriegsmaßnahmen der Städte« Ende Oktober 1914 noch glaubte, mit einer Tagesordnung auskommen zu können, die

- die städtischen Finanzen,
- die Fürsorge für die Kriegsfamilien,
- die Erwerbslosenfürsorge,
- die Kredithilfe durch die Städte,
- die Mietfürsorge,
- die Verwundetenfürsorge,
- Maßregeln im Schulwesen und städtische Personalfragen

vorsah[33], so entwickelten die Städte im Krieg einen immensen verwaltungstechnischen und eigenwirtschaftlichen Aufwand, der die kommunalen Ortspolizeibehörden stark beanspruchte.[34] Über die Rolle und die Aufgaben der Polizei im Krieg zog der für die Düsseldorfer Polizei zuständige Beigeordnete Bilanz, indem er den (eingangs bereits zitierten) »politischen und wirtschaftlichen Polizeistaat« beschrieb:

»Die Eigenart der Verhältnisse bedingt ... eine starke Belastung der Polizeibezirke ... es erwachsen eine Fülle von Mehraufgaben, insbesondere durch die Lebensmittelverteilung und ... durch die Verausgabung von

32 »Gehorsamstes Gesuch der Hilfspolizei-Beamten um Gehaltserhöhung« vom 5.9.1914. In: Stadtarchiv Wuppertal, O I 78, Elberfeld.
33 Stadtarchiv Wuppertal, S x 19 a, Elberfeld, Kriegsmaßnahmen der Städte (Verschiedenes) 1914-1920.
34 Vgl. auch R. Jahn: Essener Geschichte. Die geschichtliche Entwicklung im Raum der Großstadt Essen. Essen 1952, S. 496: »Die Stadt Essen gründete Oktober 1916 die ›Essener Milchversorgung‹ ... Auch die städtische Wurstküche, die städtischen Fettläger, die Eiergroßhandlung zu Lasten der Stadtverwaltung und die Essener Fischhandelsgesellschaft m. b. H. unter Aufsicht der Stadt waren neue Züge im Bilde der Kriegswirtschaft, die fast an die mittelalterliche Stadtwirtschaft erinnerten.« In Duisburg widmete die Stadtverwaltung fast die Hälfte des Verwaltungsberichts für das Jahr 1916 dieser Stadtwirtschaft. S. a.: Vorläufiger Bericht über die Verwaltung und den Stand der Gemeindeangelegenheiten der Stadt Duisburg im Rechnungsjahre 1916, S. 20-37.

Kohlen. Weiter obliegt es den Bezirken, für die Durchführung so vieler Verordnungen des Bundesrats oder Verordnungen des Oberbürgermeisters oder anderer Behörden im täglichen Verkehr zu sorgen, die es in Friedenszeiten nicht gegeben hat. Eine ganze Reihe von Bescheinigungen sind auszustellen, die Kontrolle der Militärverhältnisse aller nicht eingezogenen im militärpflichtigen Alter stehenden Personen..., die Beteiligung bei Bestandsaufnahmen aller Art von Lebensmitteln und Gegenständen des täglichen Bedarfs, die Mitwirkung bei Volks- und Viehzählungen ... die Kontrolle über Polizeistunde und Lichtverbrauch, die Überwachung vieler militärisch und volkswirtschaftlich wichtiger Anlagen gehören nebst vielen anderen zu dieser umfangreichen Tätigkeit.«[35]

Zu dieser »starken Belastung« gehörten auch die 104855 Anträge auf Ausstellung von Bezugsscheinen, die die Polizeiverwaltung in Düsseldorf – gemäß den Ausführungen des Beigeordneten – allein im Dezember 1916 zu bearbeiten hatte. Die von der Polizei zu erfüllenden Mehraufgaben betrafen nicht allein diesen Bereich, der in besonderem Maße die Gewährleistung der städtischen Versorgung zum Inhalt hatte, sondern umfaßte auch verschiedene Varianten der Aufrechterhaltung der öffentlichen Sicherheit: So z.B. die immens um sich greifende Eigentumsdelinquenz vor allem in der zweiten Kriegshälfte, die als Folge der zunehmenden Versorgungsprobleme und der wachsenden Verelendung 1917 in verschiedenen Großstädten der Rheinprovinz zu Unruhen und Plünderungen führte, bei denen auch Militär zur Aufrechterhaltung der öffentlichen Sicherheit und Ordnung eingesetzt wurde.[36] Die offensichtlich prekäre Situation hatte allerdings bereits vor dem offenen Ausbruch von Unruhen zu besonderen Maßnahmen geführt: In Elberfeld ordnete die Polizeiverwaltung schon in der ersten Kriegshälfte besondere »Maßnahmen zur Verhütung von

35 Stadtarchiv Düsseldorf, Stadtverordneten-Versammlung vom 6.2.1917.

36 So z.B. in Barmen vom 26.2. bis 1.3.1917, als Heeresteile zur Niederschlagung der Unruhen in Barmen eingesetzt wurden. In: Stadtarchiv Wuppertal, S XI 2, Barmen, Ausgaben aus Anlaß der Ereignisse am 26. und 27. Februar getroffenen Maßnahmen. Für Düsseldorf: Stadtarchiv Düsseldorf, Stadtverordneten-Versammlung vom 3.7.1917. Zur Situation in Düsseldorf während des Ersten Weltkrieges insgesamt vgl. auch P. Hüttenberger: Die Industrie- und Verwaltungsstadt (20. Jahrhundert). Düsseldorf 1989 (= Düsseldorf. Geschichte von den Anfängen bis ins 20. Jahrhundert, Bd. 3, hg. von H. Weidenhaupt), S. 238-250.

Menschenansammlungen« an[37], in Düsseldorf wurden im Stadtbereich nächtliche Militärpatrouillen und in den Stadtrandgebieten Flurhüter eingesetzt, und in den an Köln angrenzenden Landbezirken wurden Nachtwachen zur Verhinderung von Eigentumsdiebstählen, vor allem von Felddiebstählen aufgestellt.[38] Darüber hinaus vergrößerten sich bestimmte Probleme, die bereits vor dem Weltkrieg die Polizei in besonderem Maße beschäftigt hatten. Der Düsseldorfer Beigeordnete konstatierte Anfang 1916: »Vergnügungen, die mit dem Ernst der Zeit nicht in Einklang stehen, werden nicht zugelassen.«[39] Diese Maßnahme, die vor allem auf die Zurückdrängung populärer öffentlicher Unterhaltungsformen abzielte, war jedoch nicht allein kriegsbedingt, sondern Teil einer kontinuierlich praktizierten Strategie.[40] Bereits um die Jahrhundertwende hatte ein Elberfelder Stadtverordneter in einer Diskussion, die sich mit der »Aufhebung der Messen« in Elberfeld zu beschäftigen hatte, moniert:

»Es geht überhaupt ein Zug durch unsere Zeit, alle lauten Äußerungen der Volksfreude zu beschränken und zurückzudrängen. Das liegt gewissermaßen in der Luft.«[41]

Während des Krieges nahmen in diesem Kontext – wiederum aus der Sicht öffentlicher Instanzen – bestimmte Erscheinungsformen jugendlichen Verhaltens bedrohliche Ausmaße an, die als man-

37 Stadtarchiv Wuppertal, S XIII 131, Elberfeld, Besondere soziale und wirtschaftliche Maßnahmen aus Anlaß des Krieges, 1916-1918.

38 Beide Vorgänge sind wiedergegeben in: Hauptstaatsarchiv Düsseldorf, Regierung Köln, Nr. 8094, Die Polizeiverwaltung der Stadt Cöln 1914-1920. Über die Militärpatrouillen in Düsseldorf berichtet der Regierungspräsident Düsseldorf am 5. 3. 1917; über die Einrichtung von Nachtwachen verhandelt der Landrat des Kreises Mülheim mit verschiedenen Bürgermeistern am 11. 6. 1918. Zu den Flurhütern: Stadtarchiv Düsseldorf, Stadtverordneten-Versammlung vom 8. 2. 1916.

39 Stadtarchiv Düsseldorf, Stenographischer Bericht der Stadtverordneten-Versammlung vom 8. 2. 1916.

40 S. a. E. G. Spencer: Policing Popular Amusements in German Cities. The Case of Prussia's Rhine Province, 1815-1914. In: Journal of Urban History 16 (1990), S. 366-385. Vgl. dazu auch die entsprechende Studie über eine nicht unmittelbar vom Krieg betroffene Stadt von R. Engel: Gegen Festseuche und Sensationslust. Zürichs Kulturpolitik 1914-1930 im Zeichen der konservativen Erneuerung. Basel 1990.

41 Stadtarchiv Wuppertal, D v 442, Elberfeld, Stadtverordenten-Versammlung vom 13. 11. 1900.

gelnde Disziplin oder als »Verwahrlosung«, »Verwilderung« und »Verrohung« bezeichnet wurden. Im März 1917 faßte das Preußische Innenministerium in einem Rundschreiben an andere Berliner Ministerien und an die Regierungen die wesentlichen Erscheinungsformen dieser »Bedrohung« zusammen.[42]

»Es wird geklagt über den frühzeitigen und häufigen Besuch von Gasthäusern und Konditoreien, Kaffeehäusern und Lichtspieltheatern, über das öffentliche Rauchen namentlich von Zigaretten, über zweckloses Herumbummeln, nächtliches Umhertreiben, Lockerung der Disziplin, Minderung des Autoritätsgefühls, Lesen von Schundliteratur und, was die Schulpflichtigen betrifft, auch über gesteigerte Schulversäumnisse.«

Andere Beobachter jedoch wiesen auf die Ursachen hin, die für die »Lockerung der Disziplin« und für die »Minderung des Autoritätsgefühls« u. a. auch maßgeblich waren: Der Arbeitskräftemangel in wichtigen Industriezweigen in der zweiten Hälfte des Weltkrieges brachte viele Jugendliche in sehr gut bezahlte Berufspositionen, die ihnen offensichtlich die finanziellen Möglichkeiten für eine ausgeprägte persönliche Autonomie boten.[43] So klagte eine zeitgenössische Beobachterin:[44]

42 Rundschreiben vom März 1916. In: Zentrales Staatsarchiv, Abteilung Merseburg, Rep. 191 (Ministerium des Innern), Nr. 2537, Acta betreffend die Jugend im Kriege, 1915-1920, Blatt 91.

43 In der einschlägigen Fachzeitschrift »Die Polizei« wurde dieser Sachverhalt folgendermaßen ausgedrückt: »In Kriegsbetrieben können Jugendliche gelegentlich Löhne beziehen, die ihnen geradezu ungeheuerlich erscheinen, die vernünftig zu verwenden, ihnen schwer fällt, die sie meist in wiederum begreiflichem Leichtsinn vergeuden.« In: Die Polizei, 13 (1916/17), S. 271 f. Vgl. auch dazu M. Liepmann: Krieg und Kriminalität in Deutschland. Stuttgart 1930, S. 83, s. a. B. Ladd: »Who Has the Youth Has the Future«. The Campaign to Save Young Workers in Imperial Germany-Cambridge 1991, S. 197-205, der darauf hinweist, daß diese Einkommensverbesserungen nur nominell waren. Die unterschiedliche Arbeitsmarktlage rheinischer Großstädte stellt J. Reulecke heraus: Wirtschaft und Gesellschaft ausgewählter Städte im Ersten Weltkrieg (Barmen, Krefeld, Düsseldorf, Essen). In: J. Reulecke (Hg.): Die deutsche Stadt im Industriezeitalter. Beiträge zur modernen deutschen Stadtgeschichte. Wuppertal, 1987, S. 114-126.

44 Elsa von Liszt, zitiert nach A. Hellwig: Der Krieg und die Kriminalität der Jugendlichen. Halle 1916, S. 148. Hellwig faßt die Situation folgendermaßen zusammen (S. 141): »Die Arbeitslosigkeit hat insbesondere in den ersten Kriegsmonaten die Kriminalität ungünstig beeinflußt, im

»Manch einer nimmt sich auch ein eigenes Zimmer, um der mütterlichen Aufsicht mehr zu entgehen...«

Verurteilungsziffern von Jugendlichen hatten im Rheinland in der zweiten Kriegshälfte Zuwachsraten, die die entsprechenden Ziffern der unmittelbaren Vorkriegszeit um ein Vielfaches übertrafen.[45] Parallel dazu stieg die Zahl der von der Polizei infolge von Schulversäumnissen erlassenen Strafverfügungen auf ein bis dahin nicht erreichtes Niveau. Mehr als drei Viertel aller in Elberfeld im Jahre 1917 erlassenen Strafverfügungen betrafen Schulversäumnisse.[46] Der hohe Anteil von Schulversäumnissen im Krieg und die Notwendigkeit ihrer Bestrafung war, so Robert Lehr in Düsseldorf, »durch den Fortfall der väterlichen Zucht verursacht«, dabei sollte »Inschutznehmen der Kinder... unter den gegebenen Verhältnissen recht bedenklich« sein.[47]
Einen besonderen Aufgabenzuwachs erfuhr während des Krieges schließlich die politische Polizei. Diese umfaßte in Düsseldorf u.a. die »Spionage-Abwehr, innenpolitische Angelegenheiten, Angelegenheiten russischer und belgischer Arbeiter..., Presse, Filmzensur«.[48] Unter die Zensurmaßnahmen fiel in Düsseldorf die Verhängung einer »Präventivzensur« über die an Positionen des linken Flügels der SPD orientierte sozialdemokratische »Volkszeitung« – sie wurde allerdings im Verlauf des Krieges teilweise wieder aufgehoben.[49] Die Filmzensur wurde bei der Düs-

letzten Jahre dagegen haben die hohen Löhne, welche auch jugendliche Arbeiter erhalten, in vielfacher Hinsicht ebenso schädlich gewirkt, wenn nicht noch schädlicher.«

45 Vgl. dazu die während der Kriegsjahre geführten Aufstellungen über die pro Kalendervierteljahr in den einzelnen preußischen Landgerichtsbezirken verurteilten Jugendlichen. In: Zentrales Staatsarchiv Merseburg, Rep. 191 (Preußisches Ministerium des Innern), Nr. 2537, Blatt 137ff.

46 Jahrbuch der Stadt Elberfeld, XIV und XV (1916 und 1917). Elberfeld 1919, S. 241. Ähnliche Relationen lassen sich auch für Düsseldorf feststellen.

47 Stadtarchiv Düsseldorf, Stadtverordneten-Versammlung vom 8.10.1916.

48 Stadtarchiv Düsseldorf, Stadtverordneten-Versammlung vom 6.2.1917.

49 Stadtarchiv Düsseldorf, Stenographische Berichte der Stadtverordneten-Versammlung vom 6.2.1917. Vgl. auch M. Nolan: Social Demo-

seldorfer Polizeiverwaltung von »70 ehrenamtlichen Helfern« ausgeübt, laut einer Aussage des Düsseldorfer Polizeichefs waren dabei Anfang 1916 »täglich ... etwa 20 000 Meter Film zu zensieren«.

Die Überwachung ausländischer Arbeiter war nicht zuletzt deshalb in Düsseldorf ein besonders wichtiger Aufgabenbereich der Polizei, da aufgrund des hohen Arbeitskräftebedarfs der die Rüstung versorgenden metallverarbeitenden Industrie der Stadt eine große Zahl ausländischer Arbeiter angeworben worden war und sich in der Stadt aufhielt, insgesamt etwa 14 000 Personen.[50] Diese ausländischen Zivilarbeiter konnten gegebenenfalls von der Polizei per Disziplinarstrafe zur Arbeit angehalten werden; ein »arbeitsloses Umherstreichen« war ihnen nicht gestattet. Dem sollte auch dadurch entgegengewirkt werden, daß das etwaige Ende des Beschäftigungsverhältnisses eines ausländischen Zivilarbeiters der Polizei angezeigt werden mußte.

Die von der Polizei zu behandelnden innenpolitischen Angelegenheiten standen vor allem unter dem Zeichen des »Burgfriedens«: Die Düsseldorfer Polizeiführung formulierte diese Aufgabe folgendermaßen:

> »Die Wahrung des Burgfriedens ist heilige Pflicht. Niemand hat das Recht, zur Verschärfung der Gegensätze auf wirtschaftlichem oder politischem Gebiet beizutragen.[51] ... Da, wo die Tätigkeit einzelner Gruppen oder einzelner Personen den Burgfrieden durchbrach, hat sich die Polizeiverwaltung mehrfach zu entschiedener Abwehr genötigt gesehen. Jeden Störenfried von der geschlossenen Einigkeit unseres Volkes abzuhalten, ist vaterländische Pflicht.«[52]

Diese »Abwehr« richtete sich vor allem gegen den linken Flügel innerhalb der SPD und die sich formierende USPD.[53] In Köln verhaftete die Polizei den ersten Ortsvorstand der neugegründeten USPD, und in Elberfeld intervenierte die Polizei in die Auseinandersetzungen innerhalb der SPD. Unabhängig von diesen

cracy and Society. Working-Class Radicalism in Düsseldorf, 1890-1920. Cambridge 1981, S. 249.

50 Oehler: Düsseldorf (wie Anm. 27), S. 96.

51 Stadtarchiv Düsseldorf, Stadtverordneten-Versammlung vom 8. 2. 1916.

52 Stadtarchiv Düsseldorf, Stadtverordneten-Versammlung vom 6. 2. 1917.

53 Nolan: Social Democracy (wie Anm. 49), S. 240-268.

Flügelkämpfen und der Parteispaltung blieben die Sozialdemokraten insgesamt bis zum Kriegsende Objekt polizeilicher Beobachtung und Kontrolle. Noch Ende September 1918 hatte der Kölner sozialdemokratische Stadtverordnete Wilhelm Sollmann Anlaß, die Art und Weise zu monieren, wie diese »vaterländische Pflicht« ausgeübt wurde, zumal wegen der nächtlichen Verdunklung in Köln ein ausgeprägtes Unsicherheitsgefühl und der Ruf nach mehr Polizei aufkam:[54]

»So groß, wie man uns glauben machen will, kann der Mangel an Beamten nicht sein. Werden doch noch immer zwei Beamte selbst in kleine sozialdemokratische Versammlungen in entlegene Vororte zu sogenannten Überwachungen gesandt. Ich beobachte in jeder Woche mehrmals, wie ein Kommissar und Schutzleute für jede solche Versammlung fünf bis acht Stunden in Anspruch genommen werden, denn sie müssen ja nachher noch einen Versammlungsbericht bauen.«

3. Die Weimarer Republik: »Unsicherheit« und »Unordnung«?

Im letzten Kriegsjahr erschien in der Fachzeitschrift »Die Polizei« der Beitrag eines Stuttgarter Polizeirats, in dem er der Polizei der Nachkriegszeit einen – aus seiner Sicht – neuen Aufgabenbereich zuwies:[55]

»... die Großstadtpolizei wird in dem kommenden Frieden mit einem besonderen Organ einzutreten haben, der sozialen Polizei, das alle aufbauenden Bestätigungen im eigenen Bereich umfaßt und auswirken läßt ... Gegenstände der sozialen Polizei sind etwa: Arbeiterschutz, Frauenarbeit, gewerblicher Kinderschutz, Lehrlingssachen, Kostkinder, Kindermißhandlungen, Fürsorge an gefährdeten Jugendlichen, insbesondere Obdach- und Unterkommenslosen, Prüfung strafbarer Handlungen Jugendlicher, überhaupt die gesamte Jugendschutz-Hilfe an bekannt gewordenen ungeordneten Verhältnissen oder in mißliche Verhältnisse gekommene Familien, Schulpolizei, Adoptivwesen, Trinkerfürsorge, Sittenarbeit ...«

Dieses Programm, verfaßt vor dem Hintergrund eines scheinbar noch stabilen politischen und staatlichen Gefüges, war bei Kriegsende und zu Beginn der politischen und sozialen Erschütterungen

54 Stadtarchiv Köln, Abt. 3, Fasz. 69, Stadtverordneten-Versammlung vom 19.9.1918, s. 351.

55 H. Aichele: Soziale Polizei. In: Die Polizei 14 (1917/18), S. 310-311.

der unmittelbaren Nachkriegszeit weitgehend obsolet geworden (abgesehen davon, daß es auch als eine Fortschreibung der kriegsbedingten Polizeipraxis über das Kriegsende hinaus verstanden werden konnte). Mit Beginn der Nachkriegszeit hatte die Polizei nur noch geringe Chancen, derartig weitreichende Pläne in die Praxis umzusetzen. Die Realität gestaltete sich völlig anders; die Polizei geriet in den ersten Tagen und Wochen nach Kriegsende in eine Legitimitätskrise, die zu überwinden erst in den zwanziger Jahren allmählich gelang.[56]

Prägnantes Symbol dieses Legitimitätsverlusts war in den Großstädten des Rheinlandes – wie in anderen Städten des Deutschen Reiches auch – die Entwaffnung der Polizei im November 1918. So wurde in Düsseldorf in einer Stadtverordnetendebatte am 26. November 1918 von seiten der Stadtverwaltung moniert:[57] »Die Beamten der Polizeiverwaltung sind nicht weniger als dreimal entwaffnet worden.«

Dieser Legitimitätsverlust manifestierte sich auch in einer ausgeprägten Verhaltensunsicherheit der Polizeibeamten. Anläßlich der Diskussion des Haushaltsplans der Düsseldorfer Polizeiverwaltung im Juni 1919 wies der für die Polizei verantwortliche Beigeordnete auf eine – aus seiner Sicht bedenkliche – Folge der neuen politischen Situation hin, indem er kritisierte:[58]

»... daß durch das Schlagwort der politischen Neutralität die Köpfe mancher Polizeibeamten erschreckend verwirrt sind und sie infolgedessen in Fällen, in denen eine Pflicht zum Einschreiten unbedingt gegeben ist, die Furcht, die politische Neutralität zu verletzen, von der Erfüllung ihrer Pflichten abhält ...«

Die Folgen dieses Legitimitätsverlustes wurden noch dadurch verstärkt, daß sich die Polizei einem außerordentlichen Anwachsen der Kriminalität gegenübersah, das in den Ziffern der reichsweiten, aber auch der lokalen Kriminalstatistiken seinen Niederschlag fand: Während im Jahr 1914 reichsweit etwa 210000 Personen wegen »Verbrechen und Vergehen gegen das Vermögen«

56 S. a. dazu den Beitrag von R. Bessel, in diesem Band S. 323 ff.

57 Stadtarchiv Düsseldorf, Stadtverordneten-Versammlung vom 26. 11. 1918. Dieses Monitum wurde noch durch folgende Feststellung ergänzt: »Ein Schutzmann ohne Schutzwaffe ist eben kein Schutzmann.«

58 Stadtarchiv Düsseldorf, Stadtverordneten-Versammlung vom 17. 1. 1919.

verurteilt wurden, so waren es 1920 fast doppelt so viele Verurteilungen in diesem Deliktbereich; 1923 wurde dann das Dreifache des Vorkriegsstandes erreicht. Mitte der zwanziger Jahre bewegten sich dann allerdings reichsweit die Verurteilungsziffern für Eigentums- und Vermögensdelikte wieder auf das Vorkriegsniveau zu.[59] Die zeitgenössischen Düsseldorfer und Elberfelder Statistiken über Diebstahls- und Einbruchsziffern weisen ähnliche Bewegungen auf.[60]

Aber nicht allein die Ergebnisse kriminalstatistischer Zählungen veranschaulichen drastisch die Probleme der Nachkriegszeit, auch verschiedene von der Polizei oder anderen Institutionen verfolgte Maßnahmen indizieren die Krisensituation vom Ende des Krieges bis zum Anfang der zwanziger Jahre: Als Folge von Erscheinungen der »neuen Zeit« ließ im Herbst 1919 die Polizeiverwaltung die Hauptverkehrstraßen der Stadt Elberfeld mit Anschlägen plakatieren, die vor Geschlechtskrankheiten warnen sollten, ein Bürgerverein in Elberfeld richtete eine »Anmeldestelle für Eigentumsvergehen ein«, anscheinend ein Reflex auf die – aus der Sicht dieses Bürgervereins – nicht mehr ausreichende Effizienz der Polizei bei der Verhinderung und Verfolgung derartiger Vergehen[61], und in Köln z. B. hatte 1921 die städtische »Wirtschaftspolizei«, die sich mit Wucher und Schleichhandel beschäftigen sollte, einen Personalbestand von 126 Personen.[62]

Weiter verschärft wurden diese Probleme dadurch, daß es konkurrierende Ansprüche auf die Interpretation von »Sicherheit und

59 Vgl. zu diesen Ziffern D. Petzina, W. Abelshauser und A. Faust, Sozialgeschichtliches Arbeitsbuch, Bd. III. Materialien zur Statistik des Deutschen Reiches 1914-1945. München 1978, S. 137, und H.-G. Heiland, Kriminalstatistische Arbeitsmaterialien I, Zeitreihen zur Kriminalitäts- und Sanktionsentwicklung im Zeitraum von 1882-1973, mimeo., Universität Bremen 1979.

60 Die Feststellungen über Düsseldorf basieren auf den in den Verwaltungsberichten wiedergegebenen Ziffern der Jahre 1900-1925, die über Elberfeld auf den im Jahrbuch der Stadt aufgeführten kriminalstatistischen Ziffern der Jahre 1903-1928.

61 Stadtarchiv Wuppertal, R XII 23, Elberfeld, Bekämpfung ansteckender Krankheiten 1908-1920, und: General-Anzeiger für Elberfeld und Barmen vom 12. 2. 1924.

62 Hauptstaatsarchiv Düsseldorf, Regierung Köln Nr. 7730, Die Bekämpfung des Wuchers und des Schleichhandels, insbesondere auch die Wirtschaftspolizei in Köln 1919-1921.

Ordnung« gab: Ein der USPD angehörender Düsseldorfer Stadtverordneter deklarierte Anfang Mai 1920,

»... alles das, was man von einem Zustand der öffentlichen Sicherheit und Ordnung verlangt, ist in den Wochen gewährleistet worden, in denen die sozialistische Arbeiterschaft die Ordnung aufrecht erhalten hat«.[63]

Mit dieser Aussage bezog sich der Düsseldorfer Stadtverordnete auf die Abwehr des Kapp-Putsches in verschiedenen Großstädten des Rheinlandes; zeitgleich und auf demselben Hintergrund kritisierte ein der DVP angehörendes Mitglied der Elberfelder Stadtverordnetenversammlung, daß

»Sicherheit und Ordnung bis heute einigermaßen aufrechterhalten werden konnten, ist nur deshalb geschehen – wir müssen uns fast schämen, dies vor der Öffentlichkeit zu erklären –, weil Bürgertum und Verwaltung fast bis zur Grenze der Selbstachtung sich den Wünschen des Proletariats gefügig gezeigt haben«.[64]

Dieser Stadtverordnete forderte deshalb »eine starke staatliche, über den Parteien stehende Sicherheitsbehörde«. Ende 1922 wurde in Elberfeld, 1925 in Düsseldorf die kommunale Ortspolizeibehörde in eine staatliche Polizeiverwaltung umgewandelt. Diese »Sicherheitsbehörde« entsprach dann auch demjenigen auf »Sicherheit und Ordnung« im engeren Sinne konzentrierten Polizeimodell, das bereits vor dem Ersten Weltkrieg von den Staatsrechtlern und im Rahmen des polizeirechtlichen Diskurses reklamiert worden war. Allerdings war das umfassende Polizeimodell, die Einheit von städtischer »Sicherheit und Ordnung«, noch nicht ganz obsolet geworden, zumindest nicht in den Köpfen einiger kommunaler Vertreter. Jedoch waren inzwischen bestimmte Aspekte der Aufrechterhaltung der öffentlichen Ordnung bereits »unter die Räder« gekommen. Ein Mitglied der Elberfelder Stadtverordnetenversammlung monierte im Mai 1920,

»daß zum Beispiel auf den Straßen, da wo wir die schönen neuen Platten gelegt haben, fortwährend mit schweren Handkarren gefahren wird. Ich habe Gelegenheit genommen, mit ein paar Sicherheitsleuten zu sprechen, ob sie nicht dafür Sorge tragen können, daß die Leute mit ihrem Fuhrwerk ... veranlaßt werden könnten, das Straßenpflaster zu benutzen, und es

63 Stadtarchiv Düsseldorf, Stadtverordneten-Versammlung vom 11.5.1920.

64 Stadtarchiv Wuppertal, D v 461, Elberfeld, Stadtverordneten-Versammlung Elberfeld vom 11.5.1920.

wurde mir geantwortet, dazu wären sie nicht beauftragt. Sie wären nur für die Sicherheit da«.[65]

Derartige Probleme verkehrspolizeilicher Art waren dann allerdings die Einleitung zur Institutionalisierung von öffentlichen Regelbereichen als einer neuen »Ordnung«, die in vielfacher Form heute unser Leben maßgeblich bestimmen. Am 6. November 1931 berichtete der »General-Anzeiger für Elberfeld und Barmen«: »Wuppertal bekommt eine Verkehrsordnung – Straßen erster Ordnung ausgewiesen.«[66]

65 Stadtarchiv Wuppertal, D v 462, Elberfeld, Stadtverordneten-Versammlung vom 30. 6. 1920.
66 General-Anzeiger für Elberfeld und Barmen vom 6. 11. 1931.

Ursula Nienhaus

Einsatz für die »Sittlichkeit«: Die Anfänge der weiblichen Polizei im Wilhelminischen Kaiserreich und in der Weimarer Republik

I.

1913 berichtete die Feministin Jenny Apolant in einem damals aktuellen Überblick über Frauenberufe, daß 19 deutsche Städte sogenannte »Polizeiassistentinnen« oder »Fürsorgedamen« eingestellt hätten. Apolant erklärte diesen Tatbestand folgendermaßen:

»Die Polizei war in früheren Zeiten ausschließlich ein Organ zur Aufrechterhaltung der öffentlichen Ordnung, das seine Funktionen gewöhnlich in erster Linie durch Anwendung von Zwangsmaßregeln ausübte. Erst in den letzten Jahrzehnten fand der moderne Geist der Humanität und der sozialen Gerechtigkeit auch Eingang bei den oberen Stellen der Polizeiverwaltung und veranlaßte sie, eine systematische Fürsorgearbeit aufzunehmen«.[1]

Die Zulassung von Frauen zu dieser polizeilichen »Fürsorgearbeit« erfolgte in Deutschland relativ spät und hatte verschiedene Hintergründe. Vor dem Ersten Weltkrieg führten vor allem drei verschiedene Reformbestrebungen – die Gefängnisfürsorge, die Jugendfürsorge[2] und der abolutionistische Kampf von Feministinnen gegen die polizeilich reglementierte Prostitution – zur Anstellung von Polizeiassistentinnen mit unterschiedlicher institutioneller Anbin-

1 Jenny Apolant: Die Polizeiassistentin. In: Eugenie von Soden (Hg.): Das Frauenbuch. Bd. 1 Frauenberufe. Stuttgart 1913, S. 1-32; Dies.: Die Polizeiassistentin. In: Blätter für Soziale Arbeit, Organ des Zentralvereins für Arbeiterinnen-Interessen. Berlin, 2 (1910), Nr. 9, Landesarchiv Berlin (LAB), ADF (HLA) 2-14; Lothar Barck: Ziele und Aufgaben der weiblichen Polizei in Deutschland. Freiburg 1928.

2 Wilhelmine Mohr: Kinder vor Gericht. Berlin 1909.

dung.[3] Ihnen wurden ausdrücklich fürsorgerische und nicht polizeiliche Tätigkeiten zugewiesen. Elisabeth Meyer-Renschhausen[4], Rosemarie Schade und Sigrid Bias-Engels[5] haben diese Einrichtung inzwischen grob beschrieben. Ich möchte daher nur drei bisher wenig betonte Aspekte hervorheben.

Erstens: Die Anstöße zur Einrichtung weiblicher Polizei gingen aus von einer schon gegen das Ende des 19. Jahrhunderts zunehmend international kooperierenden Frauenbewegung. Deren Initiativen drückten nicht so sehr einen Kampf um neue Erwerbsmöglichkeiten für bedürftige kleinbürgerliche Frauen aus; vielmehr ging es ihnen um einen übernationalen entschiedenen Kampf gegen eine Praxis männlicher Staatsgewalt, die Frauen und Kinder eklatant benachteiligte. Sie wandten sich auch ausdrücklich gegen die Verwendung von Frauen als Polizeiagentinnen, Vigilantinnen oder entlohnte Lockvögel zur Überführung von straffälligen Frauen oder Männern.[6]

3 Lina Wolff: Frauenfürsorgetätigkeit bei der Polizeiverwaltung der Stadt Stuttgart mit besonderer Berücksichtigung der Prostitutionsfrage. Staatswiss. Diss. Tübingen 1923, S. 42 ff.; Denkschrift der Kriminalinspektion Weibliche Polizei in Berlin zum 10jährigen Bestehen am 26. April 1937, S. 2 f. In: Nachlaß Elisabeth Rothschuh, Frauenforschungs-, -bildungs- und -informationszentrum, FFBIZ Berlin, Rep. 500, Acc. 400, Nr. 10, Bl. 3; B. Wehner: Friederike Wieking, Kämpferin für den sozialen Gedanken in der Polizei. In: Kriminalistik, Zeitschrift für die gesamte kriminalistische Wissenschaft und Praxis. Hamburg, Mai 1973, Sonderdruck S. 1 (über Wiekings Tätigkeit auf der Frauenhilfsstelle beim Polizeipräsidium Berlin ab 1910).

4 Elisabeth Meyer-Renschhausen: Der Männerhaß der Polizeimatrone. In: Courage, Juli 1983, Nr. 7, S. 41-46; Dies.: Die weibliche Ehre. Ein Kampf aus dem Kapitel von Frauen gegen Polizei und Ärzte. In: Johanna Geyer-Cordesch/Annette Kuhn (Hg.): Frauenkörper, Medizin, Sexualität: Auf dem Wege zu einer neuen Sexualmoral. Düsseldorf 1986, S. 80-101; vgl. auch Cordula Albrecht: Die weibliche Kriminalpolizei. Darstellung des Berufs unter Berücksichtigung sozialpolitischer Zusammenhänge. Dipl.-Arbeit FU Berlin 1986.

5 Rosemary Schade/Sigrid Bias-Engels: Law-Enforcement or Motherly Care. The Development of the Female Police Force in Germany, 1903-1933. Paper prepared for the Eighth Berkshire Conference on the History of Women, June 7-9, Rutgers. New Jersey, 1990.

6 Bericht in Neues Intelligenzblatt. Berlin, 20. 9. 1894. Heimatarchiv Berlin-Charlottenburg.

Die feministische Kritik, besonders in Europa und den USA richtete sich vor allem gegen die Sittenpolizei. Ihr Gegenprogramm zielte auf »organisierte Mütterlichkeit«.[7] Es propagierte umfassende Sozialreform anstelle von staatlich unterstützter Doppelmoral, Repression und Gewaltförderung auf Kosten des weiblichen Geschlechts. Die Geschichtsschreibung hat diese übernationale Kooperation bisher nicht mit kritischen Untersuchungen gewürdigt, obgleich sie bereits 1925 Thema einer Studie von Chloe Owings für die 1914 gegründete »International Association of Policewomen« war.[8]

Zweitens: Für die deutschen Länder läßt sich festhalten, daß Anstellungsbedingungen und Tätigkeitsgebiete der ersten »Polizeiassistentinnen« je nach Trägern und lokalen Verhältnissen stark variierten. Die auch als »Polizeimatronen« bezeichneten Frauen, die entweder durch die Gemeinde (wie in Stuttgart 1903 und 1912), von Vereinen (wie z. B. in Bielefeld 1907, in Danzig und Königsberg 1909), durch Polizeiverwaltungen (wie in Dresden 1908 und in Altona 1914) oder gemeinsam von der Polizei und einem Verein (wie in Frankfurt und Leipzig 1908 und in Berlin 1909) eingestellt wurden, hatten durchaus nicht nur mit Prostituierten zu tun. Sie befaßten sich auch mit Kindesmißhandlungen und Fürsorgeerziehung (also »Jugenfürsorge«), mit Fürsorge für Inhaftierte und Haftenlassene (also »Gefangenenfürsorge«) und mit der Einwirkung auf sogenannte »Gefährdete« oder »Verwahrloste« (also »Gefährdetenfürsorge«). Nicht zuletzt übernahmen sie zum Teil die polizeiliche Vernehmung von Jugendlichen im Zuge der »Jugendgerichtsbewegung«.[9] In Dresden betrieb die Polizeiassistentin »eine Art ›Armenpflege‹«.[10] Die Cottbusser Assistentin hatte

7 Irene Stoehr: »Organisierte Mütterlichkeit«. Zur Politik der deutschen Frauenbewegung um 1900. In: Karin Hausen (Hg.): Frauen suchen ihre Geschichte. Historische Studien zum 19. und 20. Jahrhundert. München 1983, S. 221-249.

8 Chloe Owings: Women Police. A Study of the Development and Status of Women Police Movement, with a preface by Lieutenant Mina C. Van Winkle. New York 1925.

9 Friederike Wieking: Die Entwicklung der weiblichen Kriminalpolizei in Deutschland von den Anfängen bis zur Gegenwart. Lübeck 1958. S. 15-18.

10 Marta Ringel: Die Polizeiassistentin. Schilderungen aus dem Beruf.

laut Dienstanweisung auch Haushaltungen zu überwachen, in denen

»festgestelltermaßen die Ehefrau sich einem liederlichen Lebenswandel hingibt und die Erziehung der Kinder nicht ordnungsgemäß besorgt«.[11]

Sie mußte außerdem bei der Revision der Schlafstellen mitwirken und, wenn ihre Zeit es erlaubte, in der Armenpflege mitarbeiten. In Freiburg bestand die wesentliche Funktion der »Polizeipflegerin« in der Kontrolle der Pflegekinder.
Ebenso unterschiedlich wie die Anstellungs- und Arbeitsverhältnisse dieser Frauen war ihre Vorbildung und Entlohnung. Ihr jährliches Gehalt reichte je nach Ort und Dienstzeit von 720 bis 4 500 Mark, überstieg jedoch nur in vier deutschen Städten 1 500 Mark im Jahr. Bei zwei bis vier Wochen Urlaub pro Jahr und – nur in einzelnen Fällen – einer Pensionsberechtigung nach zehn Dienstjahren[12] können die beruflichen Bedingungen vor dem Weltkrieg nur als vergleichsweise ungünstig bezeichnet werden.[13] Unumstritten war unter den Frauen, daß sie in erster Linie Fürsorgearbeit leisten wollten. Umstritten war aber, ob sie ihre Arbeit besser als Angestellte eines Vereins, wofür der Deutsch-Evangelische Frauenbund in Hannover eintrat, oder als eine durch die Polizei selbst angestellte Beamtin leisten könnten. Für die Entscheidung dieser Frage spielte offenbar auch die jeweilige Persönlichkeit der Stelleninhaberin eine große Rolle.[14]
Drittens: Individuelle Einstellungen bestimmten vor allem auch das Ausmaß, in dem »Polizeifürsorge« entweder mehr als ein feministisches Gegenkonzept, als Beitrag zu sozialpolitischen Re-

Leipzig 1914, S. 18 f.; dort auch S. 100-102 Namensverzeichnis von 41 Polizeiassistentinnen.

11 Apolant: Die Polizeiassistentin (wie Anm. 1), S. 57, mit Tabellen über die Anstellungsverhältnisse in 23 deutschen Städten; Cornelia Beaujon: Die Mitarbeit der Frau bei der Polizei. s'Gravenhage 1912, S. 21; Schade/Bias-Engels (wie Anm. 5), S. 3-6.

12 Jenny Apolant: Stellung und Mitarbeit der Frau in der Gemeinde. 2. Aufl. Berlin und Leipzig 1913, S. 64-73; Dies.: Die Polizeiassistentin (wie Anm. 1), S. 135.

13 In den besten Situationen entsprachen sie etwa denjenigen von Post- und Telegraphenbeamtinnen.

14 Die Rolle der Einzelpersönlichkeit wird auch betont von Barck (wie Anm. 1), S. 15.

formen oder aber als Modernisierung reglementierender, kontrollierender und strafender Eingriffe »von oben«, besonders gegenüber weiblichen Jugendlichen und Frauen aus der Arbeiterklasse, verstanden wurde. Anna von Pappritz betonte die Notwendigkeit präventiver »Bewahrung« und sah diese Arbeit als Teil einer Sozialreform, »ein Programm, das unlösbar mit der ganzen sozialen Frage verbunden ist«.[15] Sie verteidigte das Prinzip der Gleichberechtigung der Frau gegen den »Kompromiß des Staates mit dem Laster im Namen der Volksgesundheit«, wie sie die staatlich reglementierte Prostitution nannte. Ähnlich plädierte die erste Stuttgarter Polizeiassistentin Henriette Arendt für »mehr staatliche Fürsorge für Gefallene und Gefährdete«.[16] Gräfin von der Gröben, ihre Hannoveraner Kollegin, betonte dagegen: »Assistentinnenarbeit ist lediglich Rettungsarbeit – nicht durch fromme Worte und gute Ratschläge, sondern durch Arbeitsvermittlung.«[17] In Dresden plädierte Marta Ringel für staatliche Reglementierung der Prostitution, für eine enge Zusammenarbeit mit der Sittenpolizei und eine »Arbeitsmethode (christlicher) Liebe«. Zugleich war für sie »die Drohung mit Unterbringung in der Arbeitsanstalt ... ein gutes Abschreckungsmittel für arbeitsscheue und liederliche Personen«.[18] In Altona entwickelte Irmgard Jaeger 1918 die Pflegeamtsbewegung nicht mehr als Ergänzung der polizeilichen Maßnahmen, sondern als deren *Ablösung*. Denn das Altonaer Pflegeamt erreichte, daß alle bei der Polizei eingehenden schriftlichen Anzeigen wegen Verdachts einer Geschlechtskrankheit dem Pflegeamt zur Bearbeitung übergeben und der Gewerbsunzucht

15 Die Welt, von der man nicht spricht. (Aus den Papieren einer Polizei-Beamtin.) Zusammengestellt und bearbeitet von Anna Pappritz. Leipzig 1907, Landesarchiv Berlin, Helene-Lange-Archiv, NAP 1-2, K1M2.
16 Henriette Arendt: Menschen, die den Pfad verloren. Stuttgart 1907; Dies.: Erlebnisse einer Polizeiassistentin. München 1910; kurz zu Arendt: Wieking (wie Anm. 9), S. 10; Barck (wie Anm. 1), S. 14; Anna Bloß: Verachtet von den Gossen ... Henriette Arendt, die Frau mit den »rauhen Polizeihänden«. In: Frauenstimme. Beilage zum Vorwärts, 47, 1930, Nr. 13; Frieda Duensing: Der Posten der Polizeiassistentin. In: Die Frau, 1.1.1912, S. 3, sowie 15.1.1912, S. 12f.
17 Zitiert in: Ringel (wie Anm. 10), S. 21f.
18 Ringel (wie Anm. 10), S. 56.

verdächtige weibliche Jugendliche nach Feststellung der Personalien nicht der Polizei, sondern dem Pflegeamt zur Vernehmung »und weiteren Veranlassung« zugeführt wurden. Der § 2 der Altonaer Dienstanweisung bestimmte unmißverständlich:

»Die Aufgaben des Pflegeamts sind nicht kriminalpolizeilicher, sondern fürsorgerischer und hygienischer Art zum Zwecke der Bekämpfung der Unsittlichkeit und Geschlechtskrankheiten«.[19]

II.

Da während des Krieges die Prostitution zugenommen hatte, verfügte ein preußischer Erlaß vom 15. Juli 1918, daß die Polizeifürsorge künftig durch amtlich angestellte, ausgebildete Fürsorgerinnen erfolgen sollte, die ihrerseits »ehrenamtliche Persönlichkeiten«, soweit sie auf dem Gebiet der Erziehung und sozialen Fürsorge besondere Erfahrungen hätten, heranziehen könnten. Gleichzeitig wurde die zunächst bei der Polizei errichtete »Frauenfürsorge« in Bielefeld dem städtischen Wohlfahrtsamt angegliedert. Ihre Aufgabe bestand darin,

»Frauen und Mädchen von der Begehung unsittlicher oder gar strafbarer Handlungen abzuhalten, sie nach Begehung solcher Handlungen in ihre Obhut zu nehmen und sie, soweit dies im Rahmen der Gesetze und ohne Gefährdung öffentlicher Interessen möglich ist, vor der strafrichterlichen Verurteilung oder doch vor der Strafvollstreckung zu bewahren«.[20]

Ebenfalls 1918 gründete die Deutsche Gesellschaft für soziales Recht unter dem Vorsitz von Anna von Pappritz den »Ausschuß zur Förderung der Frauenfürsorgetätigkeit bei der Polizei« und

19 Das Modell machte auch in anderen Städten Schule. Als die Altonaer Polizei 1923 verstaatlicht wurde, blieb das Pflegeamt bei der Stadt angesiedelt. Im Juli 1924 bestätigte ein Erlaß des preußischen Ministers für Volkswohlfahrt diese »polizeiliche(n)« Befugnisse, »insbesondere die verantwortliche Vernehmung und die Herbeiführung der ärztlichen Untersuchung« durch »amtliche mit der Gefährdetenfürsorge befaßte Stellen oder Personen«, vgl. Wieking (wie Anm. 9), S. 15-17; Barck (wie Anm. 1), S. 16-19; Ellen Scheuner: Die Gefährdetenfürsorge. Berlin 1930, S. 179 f.

20 Zitiert nach: Wieking (wie Anm. 9), S. 12.

kurz darauf der Deutsche Verband der Sozialbeamtinnen eine Reichssektion (später Fachgruppe) der Polizei- und Pflegeamtsfürsorgerinnen. 1921 veranstalteten diese Sozialbeamtinnen eine Tagung in Magdeburg, auf der vor vielen geladenen Gästen, besonders weiblichen Landtags- und Reichtagsabgeordneten, das Thema: »Sollen weibliche Polizeibeamte eingestellt werden?«, diskutiert wurde. Hier betonte die Mehrheit sowohl der deutschen Feministinnen als auch der Polizeifürsorgerinnen – ausdrücklich unter Absetzung von Erfahrungen mit uniformierter weiblicher Polizei in England –, daß die Beteiligung an der Staatsgewalt dem Wesen deutscher Frauen abträglich sei. Sie sprach sich infolgedessen gegen eine weibliche Polizei, aber für polizeiliche Fürsorgetätigkeit von Frauen aus.[21] Nur Anna Pappritz plädierte ausdrücklich für weibliche Polizei. Sie betonte, daß

»wenn immer die Polizei sich mit Kindern und weiblichen Jugendlichen zu befassen habe, es dort auch Frauen geben müsse, die bereit und geeignet seien, alle erforderlichen Maßnahmen für diese durchzuführen. Sie sah schon damals, daß Frauenarbeit bei der Polizei zwei Notwendigkeiten in sich schließt: die Fürsorge für hilfsbedürftige Personen bei der Polizei und die rein polizeiliche Behandlung eines bestimmten Personenkreises durch Frauen«.[22]

Später erklärte die Kölner Polizeifürsorgerin Josephine Erkens die Haltung der Mehrheit mit deutschen Besonderheiten:

»... Vielleicht ist der Grund der Zurückhaltung der deutschen Frau auch darin zu suchen, daß die deutsche Polizei aus der historischen Entwicklung des deutschen Staatslebens heraus vielleicht mehr als die Polizei anderer Länder als Ausdruck eines souveränen Macht- und Ordnungswillens in Erscheinung tritt, während z. B. in England und Amerika ältere demokratische Ideengänge die Polizei als ein von der Gesellschaft bzw. vom Volke gewolltes Wohlfahrts- und Schutzorgan geprägt haben. Aus diesem Grunde war die Heranziehung weiblicher Polizeiorgane in den vorgenannten Ländern sowohl vom Standpunkt der Bedürfnisse der Polizei als auch von dem der Frauenforderungen aus gesehen leichter und selbstverständlicher«.[23]

21 Wieking (wie Anm. 9), S. 13 ff.; Scheuner (wie Anm. 19), S. 179 ff.
22 Wieking (wie Anm. 9), S. 20.
23 Josephine Erkens (Hg.): Weibliche Polizei. Ihr Wesen, ihre Ziele und Arbeitsformen als Ausdruck eines neuen Wollens auf dem Gebiete der Polizei. Lübeck 1925, S. 20.

Der Anstoß für die Errichtung einer weiblichen Polizei in der Weimarer Republik kam daher von außen, im Zuge der britischen Rheinlandbesetzung in Köln 1923, erneut durch übernationale Zusammenarbeit von Feministinnen.[24] Die englische Besatzungsbehörde hatte im April 1921 eine »Ordonnanz 23« zur Bekämpfung der Geschlechtskrankheiten erlassen, die eine Festnahme weiblicher Personen schon beim Verdacht auf »Umhertreiben« vorsah:

»Das bedeutete praktisch die Einlieferung auch unbescholtener und nur leicht gefährdeter Frauen zusammen mit gewohnheitsmäßig Prostituierten in ein Frauengewahrsam und ihr Verbleiben daselbst, bis der Nachweis eines geordneten Unterkommens und geregelten Lebensunterhaltes erbracht war.«[25]

Kölner Frauen berichteten die Mißstände der Vorsitzenden des Frauenweltbundes, Mrs. Corbett-Ashby. Diese wandte sich im Frühjahr 1923 an die englische Regierung mit dem Vorschlag, in Köln eine weibliche Polizei einzurichten. Für Vorverhandlungen entsandte das englische Kriegsministerium mehrfach die Leiterin des Londoner Women's Auxiliary Service der Polizei, Miß Mary S. Allen. Deren Vermittlung führte dazu, daß am 1. Juli 1923 sechs englische und am 1. August außerdem noch drei deutsche Frauen in den Exekutivdienst eingestellt wurden. Sie nahmen zunächst gemeinsam, uniformiert und nach englischem Vorbild einen Streifendienst zur Erfassung obdachloser, sittlich gefährdeter weiblicher Kinder, Jugendlicher und auch älterer, der Prostitution verdächtigter Frauen auf. Anschließend wurden diese durch Polizeifürsorgerinnen betreut. Im Frühjahr 1924 errichteten die Kölnerinnen ein eigenes Schutzheim für die in Schutzhaft genommenen Personen. Die Leitung der nun dreigliedrigen sogenannten »Frauenwohlfahrtspolizei«[26] wurde Josephine Erkens übertragen. Sie stellte die neue, modellhafte Einrichtung schließlich zusammen mit Mary S. Allen bei der Internationalen Polizeiausstellung in Karlsruhe vor. Aber schon im Frühjahr 1925 fand sich kein Kostenträger mehr für die Einrichtung, so daß sie am 1. Mai

24 Wieking (wie Anm. 9), S. 20f.; Schade/Bias-Engels (wie Anm. 5), S. 9-12.
25 Wieking (wie Anm. 9), S. 21.
26 Ausführlicher dazu Erkens (wie Anm. 23), S. 182; Barck (wie Anm. 1), S. 26f.

des Jahres aus politischen und finanziellen Gründen aufgelöst wurde.[27]

Dennoch entschieden sich 1926/27 vier deutsche Länder, nämlich Baden, Sachsen, Hamburg und Preußen, für die Einrichtung einer weiblichen Polizei nach jeweils unterschiedlichen Organisationsmodellen.[28] Dem Kölner Vorbild am direktesten folgte Baden mit Polizeibeamtinnen als »Gehilfinnen« auf dem Gebiet der »Gefährdetenpolizei« für den Außendienst. Diese Frauen mußten den Anweisungen der Polizeifürsorgerin Folge leisten.[29] Die badischen Polizeibeamtinnen waren nicht bewaffnet, trugen aber schwarze Dienstkleidung mit weißer Bluse und Krawatte, Filzhut, schwarzen Strümpfen und Schuhen. Zu ihrer Sicherheit führten sie eine Signalpfeife mit sich. Außerdem hatte sie eine Jiu-Jitsu-Ausbildung absolviert.[30]

Im Gegensatz dazu entsprach die in Sachsen nur für Dresden eingesetzte, an die Schutzmannschaft angegliederte, mit Uniform (-rock), Gummiknüppel, Schlagring und Schußwaffe ausgestattete sogenannte »Frauenpolizei« zunächst am ehesten dem englischen Modell. Denn diese Beamtinnen waren bis 1928 Polizeivollzugsbeamte, für die die Dienstvorschriften der staatlichen Ordnungspolizei galten.[31] Die sächsische »Frauenpolizei« sollte auf allen Gebieten eingesetzt werden, »auf denen von einem weiblichen Polizeibeamten eine Erfolg versprechende, zweckmäßigere Tätigkeit als von einem Mann erwartet werden kann«.[32]

Nach Anträgen des Zentrums und der Deutschen Demokratischen Partei im Preußischen Landtag[33] berief der preußische In-

27 Unterlagen zu den Gründen, die zur Auflösung führten, finden sich im Hauptstaatsarchiv Düsseldorf, Akten der Polizeibehörde Köln; vgl. auch Schade/Bias-Engels (wie Anm. 5), S. 8 f., 14 ff.

28 Ausführlich Wieking (wie Anm. 9), S. 26-53.

29 Vgl. Dienstanweisung vom 22. 11. 1927, abgedruckt bei Wieking (wie Anm. 9), S. 26-30.

30 Ausführlich: Barck (wie Anm. 1), S. 64 ff.; vgl. auch Karl Stiefel: Baden 1648-1952. Bd. II. Karlsruhe 1977, S. 1204 f.

31 Barck (wie Anm. 1), S. 60; vgl. auch den Bericht von Frau von Bock Wülfingen auf der Fachgruppentagung in Berlin 1928. In: Nachlaß Rothschuh (wie Anm. 3), Nr. 10, Bl. 4.

32 Paragraph 1 der Dienstvorschrift vom 28. 3. 1927; ausführlich mit Dokumentation Wieking (wie Anm. 9), S. 30-32.

33 Schade/Bias-Engels (wie Anm. 5), S. 17.

nenminister Severing im Herbst 1925 die Kölnerin Erkens zur Vorbereitung auf das Kriminalkommissarsexamen nach Frankfurt. Dies erfolgte zu einem Zeitpunkt, als infolge der Sparpolitik der Regierung die Versorgung von männlichen Polizeibeamten bereits krisenhafte Züge angenommen hatte.[34] Erkens bestand das Examen im Februar 1926. Da aber kriminalpolizeiliche Arbeit von Frauen bei den Frauen- und Fürsorgeverbänden heftig umstritten war[35], hatte der Bund Deutscher Frauenvereine (BDF) inzwischen für den 6. Januar 1926 eine Konferenz mit Vertretern des Innenministeriums und des Ministeriums für Volkswohlfahrt angeregt. Regierungsrätin Dr. Anna Meyer sowie die Ministerialrätinnen Dr. Helene Weber (Ministerium für Volkswohlfahrt) und Dr. Gertrud Bäumer (Reichsinnenministerium) wandten sich dort entschieden gegen Vorstellungen des preußischen Innenministeriums nach Einordnung der Beamtinnen als Gehilfinnen der männlichen Beamten.[36] Sie betonten, daß eine weibliche Kriminalpolizei eine *soziale* Institution sein müsse, nur für einen ganz bestimmten Personenkreis zuständig und aus dem Willen zum Helfen geboren. Da sie dazu des Vertrauens der Bevölkerung bedürfe, müsse ihre Verwendung zur Überlistung und Verfolgung von Straftätern ausgeschlossen sein.

Als Ergebnis der Konferenz unterbreitete der BDF dem preußischen Innenministerium ausführliche »Richtlinien für die Verwendung von Frauen als Polizeibeamte«.[37] Darin wurde auf den »polizeilichen Schutz von Frauen und Kindern« und »auf Gefährdetenpolizei« abgehoben und zugleich die Ausbildung der Beamtinnen als staatliche Wohlfahrtspflegerinnen, ihre Zusammenfassung in einem Frauenkommissariat unter weiblicher Leitung und die Einrichtung eines Frauenreferats in der zuständigen Landeszentralbehörde verlangt. Zum Schutz der unbewaffneten Frauen wurde nur ihre Uniformierung vorgeschlagen. Das preußische Innenministerium entsprach diesen Vorschlägen[38], betonte aber zugleich,

34 Peter Leßmann: Die preußische Schutzpolizei in der Weimarer Republik. Streifendienst und Straßenkampf. Düsseldorf 1989, S. 139.

35 Vgl. z. B. Elma v. der Groben: Weibliche Polizei. In: Evangelische Frauenzeitung, Mai 1926, S. 4 ff.

36 Nachlaß Rothschuh (wie Anm. 3), Nr. 11, 1, S. 150 ff.

37 Wortlaut bei Wieking (wie Anm. 9), S. 145-148.

38 Die Forderungen des BDF standen auch nicht grundsätzlich im Ge-

»daß es sich bei der Einstellung von Frauen in die Polizei-Exekutive um eine weibliche Polizei handelt, die sich grundsätzlich in nichts von der männlichen Polizei unterscheidet ... Inwieweit die mit der Gefährdetenpolizei beauftragten Frauen noch weitere polizeiliche Aufgaben zu übernehmen haben, ist von psychologischen Erwägungen und praktischen Erfahrungen abhängig zu machen. Es empfiehlt sich, hierbei vorsichtig zu verfahren, um dadurch nicht den Erfolg der Tätigkeit der weiblichen Polizei in Frage zu stellen«.[39]

Offenbar wegen einer Eingabe des Verbandes der preußischen Polizeibeamten e.V., der seine Besorgnis geäußert hatte, daß männliche Kriminalbeamte weiblichen Vorgesetzten unterstellt werden könnten, war die strikte Anweisung zu befolgen, keine männlichen Beamten in der Dienststelle zu beschäftigen.
Außer in Frankfurt wurden im Frühjahr 1926 auch bei den Polizeipräsidien in Berlin, Essen, Hannover, Köln und Magdeburg Kriminalpolizeianwärterinnen eingestellt.[40] Im April 1927 wurden die sieben Berliner Beamtinnen zu einer »Kriminalinspektion K« zusammengefaßt, deren Leitung die 36jährige Friederike Wieking (s. Abb. 1, Mitte) übernahm. Ihre Stellvertreterin wurde die Kriminalsekretärin Dorothea Freudenthal.[41] Durch ihre Vernehmungstätigkeit im Innendienst wurden die – im Dezember 1927 schließlich insgesamt 21 – Frauen so sehr in Anspruch genommen, daß der Ausbau des gefährdetenpolizeilichen Außen –, sprich: Streifendienstes darunter litt, wie Wieking später schrieb. Sie be-

gensatz zu den Ansichten des Essener Polizeipräsidenten Melcher, der im April 1926 einen längeren Artikel »Von der Polizeifürsorge zur weiblichen Kriminalpolizei« veröffentlicht und das Wesen von Polizei und Fürsorge sowie deren Verhältnis zueinander erörtert hatte. Melcher bestimmte als Hauptaufgabe der Sicherheitspolizei die Bekämpfung des Verbrechertums, als Aufgabe der Fürsorge aber die Rettung gefährdeter Mädchen und Kinder (!) vor sittlicher Verderbnis, vgl.: Die Polizei. Zeitschrift für das gesamte Polizei- und Kriminalwesen mit Einschluß der Landjägerei, 23 (1926), Nr. 7, S. 147-149.

39 Schreiben Severings vom 22. 2. 1926, in: Wieking (wie Anm. 9), S. 148 ff.; allgemein zur Kriminalpolizei: Hsi-Huey Liang: Die Berliner Polizei in der Weimarer Republik. Berlin/New York 1977, S. 129 ff.

40 Überblick in: Weibliche Polizei in Preußen unter besonderer Berücksichtigung der Gefährdetenpolizei. In: Nachlaß Rothschuh (wie Anm. 3), Nr. 10, 4, Bl. 96-100.

41 Barck (wie Anm. 1), S. 107-111.

Abbildung 1

tonte aber ausdrücklich, daß sie nicht Anna Meyers Auffassung teile, wonach der Außendienst nicht das Wesentliche an der Arbeit der weiblichen Kriminalpolizei (WKP) sein dürfe.[42] Vom 1. Mai 1927 bis zum 31. März 1928 behandelte die Berliner WKP 3 790 Fälle, davon 927 Sittlichkeits- und 360 Eigentumsdelikte und 2 140 Gnadensachen. Sie befaßte sich insgesamt mit 5 305 Personen, von denen die meisten unter 18 Jahre alt waren. Die polizeilichen Maßnahmen wie Ermittlungen und Vernehmungen übertrafen bei weitem die Zahl der Überweisungen an die Fürsorge.[43]

Die sechs Beamtinnen der Dresdner Frauenpolizei listeten in ihrem Tätigkeitsbericht für die Zeit vom 5. April 1927 bis zum 31. März 1928 etwas andere Tätigkeiten auf, nämlich:
– 81 Leibes- und 11 Wohnungsdurchsuchungen;
– 8 Festnahmen;
– 6 Schutzhaft-Fälle:
– 4 Vorführungen zum Polizeipräsidium und 25 zum Amtsgericht;
– 98 Verwarnungen, davon 71 wegen sittlicher Gefährdung;

42 Wieking (wie Anm. 9), S. 44 f.
43 Barck (wie Anm. 1), S. 111 f.

– 33 Überwachungen von Jugendschutzbestimmungen bei Kinos, Gaststätten, Warenhäusern und Hotels;
– 207 Anzeigen, davon 28 wegen Umhertreibens, 25 wegen Sittlichkeitsvergehen oder -verbrechen, 21 wegen Kinderhandels oder -bettelns, 15 wegen Verbreitung von Geschlechtskrankheiten und 11 wegen Diebstahls;
– 245 »Erörterungen« aus ähnlichen Anlässen sowie
– 285 Vernehmungen, davon allein 167 wegen Sittlichkeitsvergehen oder -verbrechen, vor allem solche, bei denen Kinder verletzt worden waren.[44]

In Baden kam die weibliche Polizei innerhalb von zwei Monaten, d. h. im November 1927 und im Februar 1928, in insgesamt 336 Fällen zum Einsatz. Ihre Arbeit erstreckte sich (nach damaliger Terminologie) auf:
– Streifendienst am Bahnhof, auf öffentlichen Anlagen, Plätzen und Straßen sowie in Kinos mit Ansprachen, Verwarnungen und weiteren Behandlungen;
– Zuführung geschlechtskranker Frauen zu ärztlichen Untersuchungen oder ins Krankenhaus;
– Zuführung schul- oder fortbildungspflichtiger Kinder zur Schule;
– Erhebung von unehelichen Müttern, besonders bei Klagen auf Verletzung der Unterhaltspflicht;
– Erhebungen über das Wohlverhalten bestrafter weiblicher Personen bei Strafaufschub;
– Erhebungen über die Wahrung sittlicher und gesundheitlicher Interessen von Jugendlichen in Wirtschaftsbetrieben;
– Zuführung sittlich gefährdeter Jugendlicher zu Eltern, Jugendämtern und Anstalten;
– Zuführung geistesschwacher und geisteskranker weiblicher Personen zu Krankenhaus und Pflegeanstalten;
– Vernehmung kindlicher und jugendlicher Zeugen in Strafverfahren;
– Unterbringung von Kindern bei Verhaftung der Eltern;
– Erhebungen bei Anzeigen gegen sittlich gefährdete Jugendliche und schließlich
– Erteilung von Rat und kleineren Finanzhilfen an mittellose Hilfsbedürftige.[45]

44 Ebd., S. 121-124.
45 Ebd., S. 128-131.

Auch in Hamburg war im August 1927 eine weibliche Kriminalpolizei als selbständige Kriminaloberinspektion unter Leitung von Josephine Erkens etabliert worden.[46] Hier richtete sich die Tätigkeit der WKP von Anfang an nicht auf einen eigenen Personenkreis, sondern vielmehr auf die selbständige und vollständige Erledigung aller Ermittlungsarbeiten eines Falles bis zu seiner Abgabe an die Staatsanwaltschaft. Acht weibliche und zwei männliche Polizeibeamte, die Erkens unterstellt waren, bearbeiteten zunächst vor allem Verbrechen und Vergehen gemäß der §§ 173 (Blutschande), 174 (Unzucht mit abhängigen Personen) und 176 (unzüchtige Handlungen an Kindern).[47] Später wurden die Befug-

46 Ausführlich Wieking (wie Anm. 9), S. 34 ff.

47 Wortlaut von Erkens' Jahresbericht in Wieking (wie Anm. 9), S. 35 ff.; besonders mit der Hamburger Kriminalpolizei unter Erkens befaßt sich Erika S. Fairchild: Women Police in Weimar: Professionalism, Politics and Innovation in Police Organizations. In: Law and Society Review, 21, 3 (1987), S. 375-402. Fairchild betont mit Recht die innovativen Aspekte dieser Einrichtung, kontrastiert sie jedoch – offenbar wegen eines Sprachproblems – zu sehr mit den preußischen Einrichtungen. Erkens war – früher aber nicht anders als etwa Wieking – Kriminalkommissarin, in Fairchilds Übersetzung: »detectiv«. Sie wandte sich aber wie der BDF (und nicht, wie Fairchild behauptet, im Gegensatz zu diesem) gegen eine Verwendung von Frauen als Detektivinnen. Erkens baute in Hamburg auf den Vorarbeiten von Irmgard Jaeger auf und war also nicht die erste und einzige, die (frühere) Grenzziehungen zwischen Sozial- und Polizeiarbeit veränderte. Sie verlor ihren Posten als Leiterin der weiblichen Kriminalpolizei 1931 tatsächlich anläßlich der Selbsttötung der ihr untergebenen, wahrscheinlich lesbischen Beamtinnen Dopfer und Fischer (und wurde danach mit ihren zwölf Beamtinnen der allgemeinen Kriminalpolizei eingegliedert). Fairchild notiert: »No doubt a certain delicacy about the scandal is involved« (S. 395); sie fragt aber nicht, ob die von ihr kritisierten Kommentatorinnen Bäumer und Wieking den Fall vielleicht deshalb vorsichtig lediglich als ein Problem der Psychologie und Bewerberinnenauswahl behandelten, weil sie die Thematisierung der sexuellen Orientierung weiblicher Polizistinnen, unter denen es viele lesbische Frauen gab, gegenüber der Sensationspresse vermeiden wollten. Fairchilds strikte Gegenüberstellung von einerseits Sozialarbeit und andererseits »law enforcement« vermag nicht zu überzeugen, da Erkens nach dem Skandal zwar ihre herausragende Stellung in Ham-

nisse erweitert und Erkens in Personalunion die Leitung des Hamburger Pflegeamts übertragen.

Über die Art und Weise des praktischen Umgangs mit Kindern, Jugendlichen und Frauen verrieten die offiziellen Tätigkeitsberichte der weiblichen Polizei so gut wie nichts. Doch ist daraus indirekt zu erschließen, daß »das Publikum« das Einschreiten der Polizeibeamtinnen wohl teils als direkt hilfreich oder vermittelnd, häufiger aber als kontrollierend, anklagend, strafend, also bedrohlich und – bei Leibesvisitationen und Wohnungsdurchsuchungen wie bei Festnahmen – wohl auch als direkt gewalttätig, zumindest als den Interessen der Betroffenen unmittelbar entgegengesetzt, empfunden haben muß. Wenn sich die weibliche Polizei selbst auch ausdrücklich als Teil des neuen Weimarer »Volksstaates« sah, wird umgekehrt das »Volk« den Staat und vor allem seine Polizei vielfach doch nicht mit jenem Wohlgefallen betrachtet haben, das zumal viele der Amtsträger erhofften oder erwarteten. Wieweit aber selbst im sozialdemokratischen Lager die Zustimmung zum Selbstbild der weiblichen Polizei ging, zeigt folgende Schilderung aus dem »Vorwärts«: »Die Streife stößt auf dem Potsdamer Platz auf ein Mädchen im Alter von 16 bis 17 Jahren. Mit dem Theatertextbuch in der Hand erweckt sie den Eindruck, als erwarte sie jemand vor dem Café. Die Kleine wird aufgefordert mit zur Wache zu kommen. Zunächst macht sie über ihre Persönlichkeit falsche Angaben. Im Einwohnermeldeamt wird festgestellt, daß sie ihren Eltern entlaufen ist und seit drei Monaten vermißt wird. Anfangs hielt sie sich beim Onkel auf, dann war sie ohne Wohnung. Jetzt ist sie froh, daß man sie aufgegriffen hat. Sie findet Aufnahme im Pflegeamt. Eine 23jährige Holsteinerin wird in einem Hotel in Begleitung eines zweifelhaft aussehenden Mannes angetroffen. Das junge Mädchen hat verweinte Augen. Sie hatte ein halbes Jahr lang Stellung in einem Haushalt, fand darauf für 14 Tage eine andere, war seit zwei Wochen arbeitslos und seit vier Wochen mit dem Mann zusammen. Ihr Bruder ist Stadtverordneter. Auch dieses Mädchen war zufrieden, Hilfe zu finden ...«[48]

burg verlor, Wieking in Berlin aber Leiterin einer separaten weiblichen Kriminalpolizei blieb.

48 Beilage zum Vorwärts, 1. 3. 1930. In: Nachlaß Rothschuh (wie Anm. 3), Nr. 11, 1, Bl. 53; Fairchild (wie Anm. 47, S. 394) sieht dagegen in

Abbildung 2

Die Kinder, Jugendlichen und Frauen waren den Beamtinnen fast immer unterlegen, wenn nicht in Alter, Ausbildung, Wissen, finanzieller und sozialer Absicherung, so doch in fast jedem Fall durch die Umstände der Begegnung. Selbst wenn eine ledige Mutter durch eine Beamtin in Zivilkleidung in ihren Unterhaltsansprüchen gegenüber dem Kindsvater unterstützt wurde, trat ihr die Polizistin zunächst einmal »im Auftrag der Polizeidirektion« entgegen. Zwar versuchte sie, ihr »als Frau ... näherzukommen«; aber damit verbunden blieb zugleich ihr Bemühen, die ledige Mutter »zu belehren und an ihre Pflichten zu ermahnen«.[49] Eine »Verhütung des Bettelns von Kindern und Jugendlichen« mußte, wie freundlich oder sachlich die Beamtinnen sich gegenüber ihren Klienten auch immer verhalten haben mögen, von diesen meist materiell Notleidenden als brutal-ungerechte Maßnahme von oben erlebt werden, zumal die Beamtinnen zwar möglicherweise die Ursachen der Tat berücksichtigen, diese aber nicht aufzuheben

einer Vorwärts-Meldung vom 18. Juni 1929 über weibliche Polizei als Vorgesetzte von Männern eine vorsichtige Drohung gegen die Ansprüche der Frauen.

49 Zitiert nach Barck (wie Anm. 1), S. 129.

beabsichtigten oder zu ändern vermochten. »Schutz und Hilfe« gewährten Polizistinnen sicherlich manch akut Hilfsbedürftigen, Obdachlosen, ausgebeuteten Arbeitskräften, sexuell Mißbrauchten oder verängstigten jugendlichen Straftatszeugen, vor allem immer dann, wenn diese sich selbst an eine Beamtin wandten oder ihre Dienststelle aus eigenem Antrieb während der Sprechzeiten aufsuchten. Selbst »Aufgegriffene«, »Verwarnte«, »Vorgeführte«, »Überwachte«, »Überprüfte«, »Zugeführte«, »Vorgeladene«, »Transportierte« oder »Festgenommene« mögen die weibliche Polizei von Fall zu Fall tatsächlich als subjektiv oder objektiv relativ weniger bedrohlich oder verletzend als männliche Beamte erfahren haben. Denn beispielsweise wurden von Polizistinnen festgenommene oder an eine Einrichtung überstellte minderjährige Frauen nicht mit Gefangenenwagen transportiert; und auf Geschlechtskrankheiten kontrollierte Mädchen und Frauen wurden immer von Ärztinnen untersucht und behandelt. Mädchen und Frauen erlebten aber wohl auch häufig, daß die pädagogisch ausgebildeten und erfahrenen Beamtinnen sich mit weiblichen Listen und Ausreden besser auskannten als männliche Polizisten und sich also schwerer täuschen ließen. Vielleicht flößte Kindern eine unbewaffnete, womöglich bewußt »mütterlich« agierende Polizistin tatsächlich weniger Angst ein, als »Schutzmänner« oder männliche Kriminalbeamte es in der Regel getan haben mögen. Aber die oft mit Kindern sehr erfahrenen Frauen brachten aus ihren »Schützlingen« wohl auch manches heraus, was anschließend gegen deren Interesse verwendet werden konnte und gewiß häufig verwendet wurde, wenn nicht von Polizeibeamtinnen, dann vielleicht vom Pflegeheim oder vom Jugendrichter.

Als wichtigste mit der Arbeit der weiblichen Polizei erreichte Reform zählt wohl, daß Beschuldigungen, Anklagen, Ermittlungen und Vernehmungen, die sie behandelte, erst gar nicht in Polizei- oder anderen behördlichen Akten auftauchten, wenn sich die Kinder, Jugendlichen oder Frauen als schuldlos oder »nicht gefährdet« erwiesen. Allerdings kam diese Reform nur einem sehr kleinen Personenkreis zugute. Denn im Jahr 1928 gab es in Deutschland erst 79 weibliche gegenüber rund 150 000 männlichen Polizeibeamten.[50]

Nach den im April 1928 erlassenen Richtlinien für Einstellung,

50 Ebd., S. 33.

Ausbildung, Verwendung und Einordnung der WKP in Preußen mußten Bewerberinnen dort die staatliche Anerkennung als Wohlfahrtspflegerin besitzen und zwischen 25 und 30 Jahre (für eine Übergangszeit bis 35 Jahre) alt sein.[51] Eingestellt wurden sie zunächst als Kriminalsekretärinnen auf Probe. Nach neun Monaten (später einjähriger) theoretischer und praktischer Ausbildung beim Polizeipräsidium Berlin (am Polizeiinstitut Charlottenburg) durch einen männlichen Lehrgangsleiter, der auch die männlichen Kollegen ausbildete, wurden die Frauen nach bestandenem Examen zu Kriminalsekretärinnen ernannt und einer bestehenden WKP-Dienststelle zugeordnet. Nach etwa zwei- bis dreijähriger Bewährung in der Praxis erfolgte die Beförderung zur Kriminalbezirks- bzw. Obersekretärin.[52] Zu Beginn der 30er Jahre umfaßte der Stellenplan in Preußen 116 Planstellen für die WKP bei insgesamt 16 Polizeipräsidien und in Berlin bei der Kriminalinspektion K mit drei Kommissariaten.[53] 1929 verabschiedete der in Berlin tagende Kongreß des Internationalen Frauenstimmrechtsverbandes, dem ein Ausschuß für weibliche Polizei angehörte, eine deutliche Entschließung:

»... Mit Rücksicht auf die Bewährung der Frauen in verantwortungsvollen Stellen bei der Polizei fordert der Kongreß, daß den Frauen in gleicher Weise wie den Männern die höheren polizeilichen Stellen offenstehen.«[54]

Trotz ihrer besonderen formalen und praktischen Qualifikation teilten die Polizeibeamtinnen aber mit anderen Frauen im Öffentlichen Dienst das Los, von Posten mit Entscheidungsbefugnissen in der Regel ausgeschlossen zu sein.

51 Wortlaut bei Wieking (wie Anm. 9), S. 151-153.

52 Zur Ausbildung in den anderen Ländern: Barck (wie Anm. 1), S. 42-67; zur Prüfungsordnung in Hamburg: Die Polizei (1929). Nr. 23. In: Nachlaß Rothschuh (wie Anm. 3), Nr. 11, 1 Bl. 29.

53 Wieking (wie Anm. 9) S. 47.

54 Ebd.; vgl. auch Unter dem Reichsadler. 13, (1929), S. 241; 1929 hatten zehn Großstädte weibliche Polizeikommissariate, nämlich: Altona, Berlin, Breslau, Elberfeld, Essen, Frankfurt/M., Halle, Hannover, Köln und Magdeburg; vgl. Grete Henne-Laufer: Weibliche Kriminalbeamte in Preußen. In: Arbeiterwohlfahrt, 12 (Juni 1929), S. 363-367.

III.

Wie die Öffnung anderer Beamtenberufe für Frauen so stieß auch die Anstellung besonders vorgebildeter Polizistinnen zumindest bei den Berufsorganisationen der preußischen Polizei auf heftige Abwehr.[55] Als die ehemalige Wohlfahrtspflegerin und Polizeifürsorgerin Friederike Wieking 1927 ihre Stelle im Berliner »Alex« antreten wollte, wurde sie vom Kripoleiter äußerst frostig mit der Bemerkung empfangen, von ihrer Berufung wisse er nichts; er habe auch »keinen Vorgang« für sie zur Bearbeitung. Die neue Kriminalinspektorin mußte ihren Vorgesetzten erst auffordern, sich sofort mit dem preußischen Innenministerium in Verbindung zu setzen, um Klarheit zu schaffen.[56] Auch danach wurden ihr – wie vermutlich auch den Kolleginnen in andern Städten – weiterhin massive Widerstände entgegengebracht. Polizeilicher Außen- aber auch Verwaltungsdienst wurde dabei mit Männlichkeit, Polizeifürsorge dagegen mit Weiblichkeit gleichgesetzt, um Männerselbstgefühl zu bestätigen, vor allem aber, um die weibliche Konkurrenz in Grenzen zu halten:

»Eine Mitarbeit der Frau in selbständigen Stellungen der Kriminalpolizei kann ... unter keinen Umständen gutgeheißen werden. Nicht genügend kann davor gewarnt werden, der Frau eine Stellung einzuräumen, die sie zum Vorgesetzten von männlichen Kriminalbeamten macht«,

schrieb die »Preußische Polizeibeamten-Zeitung« im Juli 1929 und fuhr fort:

»In die Regionen wirklich krimineller Frauen wird der weibliche Kriminalpolizist nie gelangen. Dort muß man gegebenenfalls auch bereit sein, der polizeilichen Notwendigkeit Geltung mit der Waffe in der Hand zu verschaffen, dort gibt es Gefahr für Leib und Leben, und hierzu ist die Frau ihrer ganzen Struktur und Veranlagung nach nicht zu gebrauchen. Die weibliche Polizei ist, wie alle wahren Kenner der wirklichen Verhält-

55 Preußische Polizeibeamtenzeitung. 16 (1929), Nr. 28 »Wozu die männliche Kriminalpolizei nicht länger schweigen kann«. In: Nachlaß Rothschuh (wie Anm. 3); selbst der einer weiblichen Polizei äußerst wohlgesonnene Barck betonte neben den grundsätzlich gleichen Rechten und Pflichten der männlichen und weiblichen Polizeibeamten, daß es nicht Aufgabe der weiblichen Polizei sei, die Männer im Polizeidienst zu ersetzen«, zitiert nach Barck (wie Anm. 1), S. 59.

56 Wehner (wie Anm. 3), S. 2.

nisse von jeher gesagt haben, auf die Fürsorgetätigkeit zu beschränken ...«[57]

Solche Konkurrenz und die Kritik des sächsischen Kriminalamtspräsidenten Dr. Palizsch und des Münchener Regierungsrates Antz an der angeblich »unweiblichen Beschäftigung«[58] trug in den ökonomischen und sozialen Krisenjahren der Weimarer Republik dazu bei, daß weibliche Polizei in Deutschland hauptsächlich auf sogenannte Gefährdetenpolizei beschränkt blieb: 1931 gab es in 14 preußischen Städten insgesamt erst 106 Beamtinnen.[59]
Die Frauen selber sahen ihre Beschäftigung einerseits als »Akt der Gerechtigkeit« und andererseits als Ausdruck eines gewandelten Polizeiverständnisses.[60] Sie betonten, Aufgabe der modernen Kriminalpolizei sei nicht mehr nur die Aufklärung des einzelnen, objektiven Strafbestandes, sondern erfordere auch die Mitberücksichtigung der sozialen und psychologischen Zusammenhänge. Die weibliche Polizei habe eine doppelte Aufgabe als

»notwendige Ergänzung der männlichen kriminalpolizeilichen Arbeit, und zwar aus der Erkenntnis heraus, daß bestimmte Delikte, in die vorwiegend Frauen und Kinder verwickelt sind, der Aufklärung durch Frauen bedürfen. Ferner liegt die Aufgabe der weiblichen Polizei in der methodischen Vertiefung des neuzeitlichen Ermittlungsverfahrens mit seinem ganz neuen Problemkomplex, den die soziale und psychologische Differenzierung des Verbrechens ergibt«.[61]

57 Preußische Polizeibeamten-Zeitung, 16 (1929), Nr. 28, S. 545-547.
58 Wieking (wie Anm. 9), S. 34; für eine Blütenlese der gesammelten Vorurteile gegen »das Weib in der Kriminalistik« vgl. U. Tartaruga: Aus der Mappe eines Wiener Polizeibeamten. Wien/Leipzig 1919, S. 69-85.
59 Angabe im Manuskript: Weibliche Polizei in Preußen unter besonderer Berücksichtigung der Gefährdetenpolizei. In: Nachlaß Rothschuh (wie Anm. 3), Nr. 10, 4, Bl. 96; Mitte der 1930er Jahre gab es insgesamt 180 beamtete Polizistinnen, nach einem Zeitungsausschnitt ohne Quellenangabe, ebd. Bl. 79.
60 Wolff (wie Anm. 3), S. 52 ff., bes. S. 169 ff.; Henne-Laufer (wie Anm. 54), S. 363-365; ähnlich schon Professor Eduard Spranger auf der Tagung der Arbeitsgemeinschaft der Fachgruppen Weibliche Polizei des Deutschen Verbandes der Sozialbeamtinnen, des Vereins Katholischer Deutscher Sozialbeamtinnen und des Verbandes der evangelischen Wohlfahrtspflegerinnen Deutschlands am 21. und 22. April in Berlin Charlottenburg, Goethestrasse 22, Jugendheim, 1928. In: Nachlaß Rothschuh, Nr. 10, Bl. 4.
61 Vgl. ebd. Referat von Erkens über »Die weibliche Polizei als Organ

Josephine Erkens schrieb:

»Die Frauen-Wohlfahrtspolizei berührt primär die Not des menschlichen Einzelschicksals, die immer am Anfange eines Entsittlichungsprozesses steht. Sie führt den Kampf gegen sie mit allen Mitteln der Menschlichkeit, seien sie von mehr fürsorgerischen oder eindeutig polizeilichem Gepräge, immer zunächst im Hinblick auf sozialpflegerische Möglichkeiten für den einzelnen Menschen, allerdings bei bewußter Einordnung der Arbeit in die große Bewegung und Zielrichtung, deren Träger die sittliche Idee ist.«[62]

(Klein)bürgerliche Herkunft[63], Erziehung und Ausbildung sowie auch Selbstwahrnehmung und zugleich die Übernahme neuer, angeblich naturwissenschaftlicher kriminalistischer Theoreme[64] prägten dabei sowohl das »Fürsorge«- wie auch das »Erziehungskonzept«[65] der weiblichen Polizistinnen gegenüber ihrer Klientel im Innen- und Außendienst. Sie ließen sie etwa »Typen von Verwahrlosung« von weiblichen Jugendlichen klassifizieren.[66] Auf diese Weise trat auch die weibliche Polizei entgegen der eigentlichen Absicht in ein gewaltförmiges Verhältnis zu ihrer Klientel:[67]

der neuzeitlichen Strafrechtspflege«. In: Nachlaß Rothschuh, Nr. 10.

62 Erkens (wie Anm. 23), S. 101.

63 Zur Herkunft und Vorbildung von Polizeiassistentinnen um 1912 vgl. Ringel (wie Anm. 10), S. 13.

64 Vgl. dazu den Beitrag von Peter Becker, in diesem Band, S. 97 ff.

65 Dazu schon Mohr (wie Anm. 2), S. 90.

66 Wolff (wie Anm. 3), S. 165 ff., unterscheidet die Haltlosen, die Höherstrebenden, die weiblichen Vagabunden, die Frigiden mit moralischem Recht, die sexuell Erregten, die geistig Schwachen und geistig Minderwertigen; vgl. auch Erkens (wie Anm. 23), S. 101 ff.; zur Zusammenarbeit von Polizei- Gesundheitsbehörden und Gefährdetenfürsorge unter Berücksichtigung der uneinheitlichen Rechtsprechung zu Sitte/Anstand/Öffentlichkeit vgl. Scheuner (wie Anm. 19), S. 59-64, 202, 212 ff.

67 »Die Kriminalistik und Justiz wird gleichsam als staatsbiologische Notwendigkeit erkannt ... eine typische Frauenaufgabe unserer Zeit: eine neue psychologische, pädagogische und soziologische Kriminaltherapie mitzuschaffen und einzuführen«, so Henne-Laufer (wie Anm. 54), S. 365; Dies.: Die bekannte Weibliche Kriminalpolizei – ein unbekannter fürsorgerischer Beruf, in: Mitteilungsblatt des Deutschen

»Daß selbst eine wesentlich vergrößerte weibliche Polizei nicht alles erreichen kann, was sie erstrebt, weil sie es nicht vermag, wirtschaftliche Nöte, moralische Verkommenheit (!sic!), mangelndes Verantwortungsbewußtsein zu überwinden, ist den einzelnen Beamtinnen durchaus bewußt«,

schrieb eine Frieda Radel aus Hamburg und weiter:

»Aber es zeugt von einem hohen Berufsethos, wenn jede einzelne den Glauben an eine Mission hat und sich mit ihrem ganzen Können und Wollen für diese Mission einsetzt.«[68]

»Diese Mission« leitete die weibliche Polizei in ihren Versuchen »zu verhüten, ehe die Straffälligkeit eintritt«.[69] Um Straffälligkeit zu verhüten, versuchte sie, ihre Klientel zu erziehen. Sie stellte dabei – ähnlich wie Sozialarbeiter und Sozialarbeiterinnen oder Wohlfahrtsbeamte[70] – fest, daß manche potentiellen Straftäter oder Straftäterinnen eine andere Vorstellung von Sittlichkeit hatten als sie selber. Bevor »das Gesetz zur Bekämpfung von Geschlechtskrankheiten« am 1. Oktober 1927 in Kraft trat[71], hatte die (weibliche) Polizei das Recht, bereits bei »Verdacht auf Gewerbsunzucht oder Verstoß gegen sittenpolizeiliche Bestimmungen« einzuschreiten. Das neue Gesetz begrenzte ihre Eingriffsmöglichkeiten auf Fälle, in denen Männer und Frauen »öffentlich in einer Sitte oder Anstand verletzenden oder andere belästigenden Weise zur Unzucht auffordern oder sich dazu anbieten«.[72] Die Auslegung der Begriffe »öffentlich«, »Sitte und Anstand ver-

Berufsverbands der Sozialarbeiterinnen, Nr. 31, Jan./Feb. 1956. In: Nachlaß Rothschuh (wie Anm. 3), Nr. 11, Bl. 1-16.

68 Zitiert in: Dr. Maria Faßbinder: Der Stand der weiblichen Polizei in Deutschland, in: Augsburger Postzeitung 8. 1. 1930. In: Nachlaß Rothschuh, Nr. 11.

69 Weibliche Polizei in Preußen unter besonderer Berücksichtigung der Gefährdetenpolizei (1931). In: Nachlaß Rothschuh, Nr. 10, 4, Bl. 100; Elisabeth Rothschuh: Wie können die im Ministerialerlaß vom 12. 4. 1928 vorgesehenen Aufgaben der Gefährdetenpolizei praktisch durchgeführt werden? In: Ebd.

70 Dazu David Crew: Bedürfnisse und Bedürftigkeit. Wohlfahrtsbürokratie und Wohlfahrtsempfänger in der Weimarer Republik, 1919-1933. In: Sozialwissenschaftliche Information (SOWI) 18 (1989), 1, S. 12-19.

71 Zu seiner Entwicklungsgeschichte seit der Jahrhundertwende: Scheuner (wie Anm. 19), S. 183 ff.

72 Ebd., S. 213.

letzend oder andere belästigend« blieb nicht nur der praktischen Ausdeutung der Beamtinnen überlassen; sie war zudem auch in höchstrichterlicher Rechtsprechung, die wiederum nicht unabhängig von der dem Wandel unterworfenen »Volksauffassung« war, mehrdeutig.[73]

In einer gut besuchten Frauenversammlung der Deutschen Volkspartei mit den Frauenausschüssen Friedenau, Schöneberg und Steglitz behauptete Dr. Anna Meyer im Februar 1930 nach einem Zeitungsbericht, was auch die Kriminalinspektion K nicht müde wurde, gegenüber der Presse zu betonen:[74]

»Das Publikum habe schnell Vertrauen zur weiblichen Polizei gefaßt, die schützen und verhüten wolle ... Ihre Tätigkeit solle, im Gegensatz zu der der männlichen Beamten, nicht zur Bestrafung führen, sondern die Gefährdeten der Fürsorge zuleiten.«

Die Polizistinnen zeigten ausgeprägtes Selbst- und Sendungsbewußtsein. Beides speiste sich ebenso aus der Deutung alltäglicher Erfahrungen wie aus einer in der Frauenbewegung verbreiteten Überzeugung, daß Moral und Sittlichkeit von gesellschaftskritischen, aber »mütterlichen« Frauen besonders gut verwirklicht werden könnten. Sie betonten ihr weibliches Einfühlungsvermögen, ihre Entschiedenheit zur vorbeugenden Tätigkeit und ihr Wissen etwa um den geringen Unterschied zwischen Phantasie und Lüge von Kindern.[75] Sie reflektierten aber nicht, daß ihre Vorstellungen über Ordnung, Sicherheit und Wohlfahrt, über Moral und Sittlichkeit neben Geschlechts- auch hierarchischen Klassennormen entsprachen. Obgleich ihre Konzepte von »Gefährdung«, besonders aber solche von »Verwahrlosung« oder »Bewahrungsnotwendigkeit« autoritäre und teilweise auch zeitgenössisch-präfaschistische Elemente enthielten, konnten sich die Polizeibeamtinnen immer wieder praktisch beweisen oder zumindest doch hoffen, daß sie in vielen Fällen tatsächlich Hilfe leisteten oder einer schlimmeren Entwicklung von Schicksalen vorbeugend begegneten. Die meisten Beamtinnen gingen aber in ihren Ansichten, wie wohl auch in der täglichen Praxis, zugleich davon aus,

73 Ebd., S. 213 ff.

74 In: Der Westen, 18. 2. 1930. In: Nachlaß Rothschuh (wie Anm. 3), Nr. 11, 1, Bl. 45.

75 Dazu ein langer Artikel der Berliner Volkszeitung, 5. 2. 1930, Morgenausgabe, Beiblatt. In: Nachlaß Rothschuh (wie Anm. 3), Nr. 11.

daß es mehr oder weniger »aussichtsreiche« und von vornherein »aussichtslose« Fälle, etwa »erblich Belastete« oder »Schwachsinnige«, für ihre fürsorgerischen, prophylaktischen Bemühungen gab. Wie Friederike Wieking und Grete Henne, die Leiterin des Kriminalkommissariats Breslau, in ihren berufshistorischen Abrissen deutlich gemacht haben, lassen sich daher in der Entwicklungsgeschichte der deutschen weiblichen Polizei neben Brüchen deutliche Kontinuitätslinien zumindest von der Weimarer Republik über den Nationalsozialismus[76] bis in die 1950er Jahre verfolgen.[77]

Im Nationalsozialismus unterstanden der weiblichen Kriminalpolizei, nachdem ihr im Mai 1939 die »Reichszentrale zur Bekämpfung der Jugendkriminalität« angegliedert worden war, seit 1940 die sogenannten Jugendschutzlager Moringen und besonders Uckermark.[78] Josephine Erkens aber war als Mitglied einer sogenannten »Systempartei« vorher ihres Amtes enthoben worden.[79]

76 Zur Neuordnung der weiblichen Kriminalpolizei 1937 vgl. Wieking (wie Anm. 9), S. 153 ff.; Denkschrift der Kriminalinspektion Weibliche Polizei. In: Nachlaß Rothschuh (wie Anm. 3), Nr. 10, Bl. 3; ebd. auch Broschüre über die Neuordnung nach dem Runderlaß vom 24. 11. 1937 und die Ausführungsanweisungen vom 19. 5. 1938.

77 Kriminalkommissarin Gipkens: Bericht über den Stand der Jugendkriminalität in Düsseldorf vom 15. 12. 1945. In: Wieking (wie Anm. 9), S. 168 f., sowie ebd., Anhang Nr. 15 ff., S. 170 ff.; vgl. Jörg Feuck: Auch ein düsteres Kapitel. Die Ärzte Villinger und Stutte und das NS-Gedankengut. In: Frankfurter Rundschau, 30. 4. 1990.

78 Wieking (wie Anm. 9), S. 69-75; Martin Guse/Andreas Kohrs/Friedhelm Vahsen: Das Jugendschutzlager Moringen – Ein Jugendkonzentrationslager, in: Hans-Uwe Otto/Heinz Sünker (Hg.): Soziale Arbeit und Faschismus, Volkspflege und Pädagogik im Nationalsozialismus. Bielefeld 1986, S. 321-387; Michael Hepp: Vorhof zur Hölle. Mädchen im ›Jugendschutzlager‹ Uckermark, in: Angelika Ebbinghaus (Hg.): Opfer und Täterinnen. Frauenbiographien des Nationalsozialismus. Nördlingen 1987, S. 191-216.

79 Vermerk Wieking vom 18. 3. 1937 wegen einer Nachfrage der »Reichsfrauenführung«. In: Nachlaß Rothschuh (wie Anm. 3), Nr. 10, Bl. 1.

Abbildungen: Frauen-Forschungs-, Bildungs- und Informationszentrum, Berlin, Rep. 500.

David Crew

»Eine Elternschaft zu Dritt«[1] – staatliche Eltern? Jugendwohlfahrt und Kontrolle der Familie in der Weimarer Republik 1919-1933

Der Wohlfahrtsstaat in Deutschland vom Kaiserreich zur Weimarer Republik

Die Anfänge des Wohlfahrtssystems der Weimarer Republik lassen sich bis in die 1890er Jahre zurückverfolgen. Damals begannen bürgerliche Sozialreformer mit großem Nachdruck zu fordern, daß der deutsche Staat erheblich mehr tun müsse, um Gesundheit und Wohlfahrt der Bevölkerung insgesamt zu verbessern. Sie bezeichneten die bestehende Armengesetzgebung als nicht ausreichend. Wollte Deutschland eine Weltmacht werden, und sollte die politische Ordnung nicht durch die Ausbreitung des Sozialismus bei den Besitzlosen und Unterprivilegierten unterminiert werden, dann müßte Wohlfahrt weit mehr leisten, als sich nur um »minderbemittelte Arme« zu kümmern. Es komme darauf an, eine »soziale Ausgestaltung« der Fürsorge voranzubringen.[2]

Im Unterschied zur herkömmlichen Armengesetzgebung zielten die Reformprogramme der Wilhelminischen Zeit auf vorbeugende Fürsorge. Sie sollte die Menschen in ihrem Alltag erreichen, und zwar bevor etwas »schief« ging. Rat und Information richteten sich nicht zuletzt auch an »gesunde« Familien und Individuen, um ihnen Aufklärung und Unterweisung zu bieten in Fragen der Fortpflanzung, Kindererziehung, Körperpflege und Hauswirt-

1 Lotte Möller: Die Schutzaufsicht und ihre Durchführung als Aufgabe der Arbeiterwohlfahrt. In: Die Arbeiterwohlfahrt (1927), S. 727.

2 Adelheid Gräfin zu Castell Rüdenhausen: Die Erhaltung und Mehrung der Volkskraft. Die Anfänge der sozialhygienischen Gesundheitsfürsorge im Regierungsbezirk Düsseldorf. In: Imbke Behnken (Hg.): Stadtgesellschaft und Kindheit im Prozeß der Zivilisation. Konfiguration städtischer Lebenweise zu Beginn des 20. Jahrhunderts. Opladen 1990, S. 26-42.

schaft. Volkserziehung und Sozialpädagogik waren zentrale Schlagworte in diesem Programm. Die neue Lehre der sozialen Wohlfahrt machte keine Konzessionen an den Sozialismus. Vielmehr stützte, sie sich auf das, was Sachße und Tennstedt die »Verwissenschaftlichung des Sozialen« genannt haben.[3] Sozialpolitiker und Experten für Volksgesundheit, nicht aber Politiker sollten die Wohlfahrtseinrichtungen nach den Maßstäben sozialer Hygiene und der aufkommenden »Humanwissenchaften« entwickeln. Während des Ersten Weltkrieges war Deuschland mit einer schweren »gesellschaftlichen Reproduktionskrise« konfrontiert. Eine der Grundinstitutionen der bürgerlichen Gesellschaft, die Familie, schien nicht mehr in der Lage zu sein, die kulturelle und die biologische Reproduktion einer gesunden und aktiven Nachkriegsgeneration zu ermöglichen, die die Zerstörungen des »totalen Kriegs« hätte überwinden können.[4] Der Krieg machte staatliche Eingriffe in die Sphäre sozialer Reproduktion zu einer gesellschaftlichen und wirtschaftlichen Notwendigkeit. Durch die Revolution von 1918/19 wurde die Vergesellschaftung der sozialen Reproduktion zu einem vordringlichen politischen Projekt.[5] Die Legitimität der Weimarer Republik beruhte in erheblichem Maße auf ihrer Fähigkeit, die Familien, die mit der Aufzucht der nächsten Generation zunehmend überlastet waren, zu unterstützen.

Jugendwohlfahrt in der Weimarer Republik: Das Jugendamt und die »Volkserziehung«

Alle Wohlfahrtseinrichtungen der Weimarer Republik beanspruchten, nicht nur materielle Güter zu verteilen, sondern stets auch Volkserziehung zu leisten. Auf die »erzieherische« Funktion der Fürsorge beriefen sich mit besonderem Nachdruck die Jugendämter. Sie waren die wesentlichen institutionellen Ausfüh-

3 Christoph Sachße und Florian Tennstedt: Geschichte der Armenfürsorge in Deutschland. Band 2. Fürsorge und Wohlfahrtspflege 1871-1929. Stuttgart/Berlin/Köln/Mainz, 1988, S. 18-22; vgl. Jacques Donzelot: Die Ordnung der Familie. Frankfurt 1979 (franz. 1977).

4 Ute Daniel: Arbeiterfrauen in der Kriegsgesellschaft. Beruf, Familie und Politik im Ersten Weltkrieg. Göttingen 1989, S. 125-166.

5 Else Wex: Die Entwicklung der sozialen Fürsorge in Deutschland (1914 bis 1927). Berlin 1929, S. 77.

rungsorgane des Jugendwohlfahrtsgesetzes von 1922. Dabei stellten sie einen politischen Kompromiß dar zwischen den privaten Wohltätigkeitsverbänden, die ihren beträchtlichen Einfluß bei allen Aktivitäten der Kinder- und Jugendwohlfahrt zu verteidigen suchten, und der Sozialdemokratie, die ein Staatsmonopol für den gesamten Wohlfahrtsbereich forderte.[6] Die Jugendämter sind ein besonders deutliches Beispiel für die »Zwitternatur« des Weimarer Wohlfahrtsstaates, d. h. für die Vermischung öffentlicher und privater Wohlfahrtsaktivitäten. Das Gesetz von 1922 verpflichtete nämlich die Jugendämter, »Männer und Frauen, die erfahren und geeignet zur Jugendwohlfahrt« waren, zu beschäftigen. Sie sollten von »privaten Vereinigungen benannt werden, die sich ganz oder teilweise der Förderung der Wohlfahrt bzw. der Jugendbewegung widmeten«.[7] Ein erheblicher Teil der Aufgaben dieser Jugendwohlfahrtsämter wurde per Vertrag an private Wohlfahrtseinrichtungen vergeben. Das Resultat war ein neues Feld sozialer und politischer Macht und Machtkonflikte, auf dem sozialistische Arbeiterwohlfahrt und christliche Wohlfahrtseinrichtungen (die katholische Caritas sowie die protestantische Innere Mission) konkurrierten. Sie kämpften um staatliche Mittel und suchten zugleich, die ideologische bzw. religiöse Kontrolle über die Wohlfahrtsempfänger zu erlangen. Die Sozialdemokraten beharrten darauf, daß Arbeiter direkt an der Verwaltung der Kinderwohlfahrt beteiligt sein, jedenfalls nicht nur deren »passive Objekte« bleiben sollten.[8] Aber die katholische Caritas und die protestanti-

6 Eine ausführliche Darstellung der Entstehung und der Bestimmungen dieses Gesetzes bei Detlev J. K. Peukert: Grenzen der Sozialdisziplinierung. Aufstieg und Krise der deutschen Jugendfürsorge 1878 bis 1932. Köln 1986, S. 37-142; Elizabeth Ruth Harvey: Youth and the State in the Weimar Republic: A Study of Public Policies Towards Working-Class Adolescents in Hamburg 1918-1933. Oxford, Diss. Phil., 1987, S. 176-183, sowie Dies.: Youth Welfare and Social Democracy in Weimar Germany. The Work of Walter Friedländer. Oak Villa/New Alyth/Perthshire 1987, S. 22-28; Peter Stachura: The Weimar Republic and the Younger Proletariat. An Economic and Social Analysis. New York 1989, S. 133-154.

7 Prussian Enforcement Law of the National Youth Welfare Act of July 9, 1922. In: John W. Taylor: Youth Welfare in Germany. A Study of Governmental Action Relative to Care of the Normal German Youth. Nashville, Tennessee 1936, S. 214-215.

8 Hedwig Wachenheim: Ausbildung zur Wohlfahrtspflege. In: Die Neue

sche Innere Mission waren fest entschlossen, solche »gottlosen« und weltlich sozialistischen Einflüsse aus der Jugendwohlfahrtsarbeit auszuschließen.[9]

Die Sozialdemokraten und ihre Gegner stritten auch über Notwendigkeit und Ausmaß staatlicher Intervention in das Familienleben. Die Weimarer Sozialdemokraten waren der Meinung, daß die Industrialisierung, die Ausbreitung kapitalistischer Marktwirtschaft und nicht zuletzt die Entwicklung der kommerziellen Massenunterhaltungsindustrie bereits begonnen hatten, den Zusammenhalt und die wesentlichen Funktionen der Arbeiterfamilien aufzulösen. Insofern waren die Sozialdemokraten weit weniger als ihre Gegner über staatliche Eingriffe beunruhigt; denn sie gingen von einer bereits beschädigten und geschwächten Familienstruktur aus.[10] Für kirchliche Stellen waren hingegen die Zugriffe der staatlichen Wohlfahrtseinrichtungen weit problematischer. So stellte der Jahresbericht der katholischen Caritas für 1929 fest:

»Der Vertretertag warnt vor einer Entwicklung der Jugendämter, die einerseits die Entscheidung über Wohl und Wehe der Unmündigen in immer zunehmendem Maße in die Hand politischer Behörden, wozu leider die Jugendämter vielfach zu rechnen sind, legt, unter gleichzeitiger Schwächung des Einflusses des Elternhauses ... und die andererseits das Verantwortungsbewußtsein der Eltern dem Kinde gegenüber steigernd mindern wird.«[11]

Katholische wie protestantische Wohlfahrtseinrichtungen bezweifelten auch, daß der »besondere erzieherische« Charakter von

Zeit 39, 2. Bd. (1921), S. 303; Landesrat Wingender: »Modernisierung« der Fürsorgeerziehung. In: Die Gemeinde (1924), S. 187-190.

9 Vgl. dazu die Sitzung der Stadtverordneten in Düsseldorf, Beilage der Volkszeitung. Düsseldorf. Nr. 256, Donnerstag 30. Okt. 1924; sowie: Kinderfürsorge und Arbeiterwohlfahrt. In: Rheinische Volkswacht. 14. Juli 1925; Walter Friedländer (Berlin): Die Neuwahlen der Jugendämter. In: Arbeiterwohlfahrt 3 (1928), Nr. 12, S. 363-372; Martin Breuer: Von den Schutzaufsichten. In: Arbeiterwohlfahrt (1929), Nr. 7, S. 319-321.

10 Irma Fechenbach (Berlin): Schulfürsorge. Wie sie ist und wie sie sein soll. In: Arbeiterwohlfahrt 2 (1927), H. 23, S. 724.

11 Direktor K. Joerger (Freiburg i. Br.): Der 29. Deutsche Caritastag vom 28. August bis 4. September 1929 zu Freiburg i. Br. In: Caritas (1929), S. 455.

Kinder- und Jugendwohlfahrt mit den institutionellen Formen in Einklang zu bringen wäre, die die staatlichen Einrichtungen vorsahen. Für die religiösen Institutionen war Wohlfahrtsarbeit »charismatischer« Auftrag, nicht aber eine funktionale und rationale Aufgabe: Wohlfahrtsarbeiter und -arbeiterinnen sollten gefährdete Kinder »retten«, und zwar durch die Macht des persönlichen Beispiels. Damit wollte man die Kluft zwischen den Klassen, wie sie Industrialisierung, Verstädterung und vor allem der Marxismus hervorgebracht hätten, überbrücken. Die praktische Arbeit der Wohlfahrt würde somit dazu beitragen, eine »Volksgemeinschaft« zu schaffen.[12] Für viele, die diese Sicht teilten, schien staatliche Wohlfahrt zu häufig in schieren »Bürokratismus« umzuschlagen. Sie sahen nichts als anonyme, auf Ordnung bedachte und »rationale« Verwaltung von »Fällen«, beurteilt nach abstrakten und unpersönlichen Maßstäben; Wohlfahrt erschien ihnen als eine »Richtsatzpolitik«, die die Betroffenen nur mit materiellen Gütern versah, nicht aber wirkliche »erzieherische Fürsorge« ermöglichte.

Fürsorgeerziehung

Unter den »therapeutischen« Maßnahmen, die ein Jugendamt in der Weimarer Republik anordnen konnte, war die »Fürsorgeerziehung« die schwerste. Ein Gerichtsbeschluß über Fürsorgeerziehung setzte voraus, daß der oder die Jugendlichen aus seiner oder ihrer Familie herausgenommen und in Pflegschaft oder – überwiegend – in ein Heim gegeben wurden. Aber anders als eine Gefängnisstrafe für einen Erwachsenen war die Dauer der Fürsorgeerziehung nicht festgelegt, unbestimmt. Das Amtsgericht, das hier die Funktion des Vormundschaftsgerichts hatte, stimmte den Anträgen des Jugendamts auf Fürsorgeerziehung zu, wenn in der elterlichen Familie »Verwahrlosung« herrschte. »Verwahrlosung« war jedoch ein unscharf und vielfach willkürlich definierter Zustand. Das verlieh den Jugendwohlfahrtsbehörden weitgehende Machtbefugnisse bei der Festsetzung dessen, was als »abweichen-

12 Hans Windelkinde Jannasch: Alarm des Herzens. Aus den Papieren eines Helfers. Stuttgart 1928.

des« oder potentiell »gefährliches« Verhalten zu beurteilen war.[13]

»Verwahrlosung« galt gleichermaßen als Symptom wie als Produkt der Unfähigkeit von Eltern, ihrer Aufgabe angemessen nachzukommen. Insofern richtete sich Beschluß zu »Fürsorgeerziehung« mindestens ebenso gegen die Eltern wie gegen das Kind oder die Kinder selbst. Fürsorgeerziehung griff drastisch in die elterlichen, vor allem in die väterlichen Rechte ein. Die Eltern bestimmten nicht mehr, wie ihre Kinder aufgezogen wurden, welche Ausbildung sie erhalten sollten. Wenn die Kinder der Fürsorgeerziehung unterlagen, gingen den Eltern auch die Einkünfte verloren, die Sohn oder Tochter sonst zum Familieneinkommen beigesteuert hätten. Dennoch waren die Eltern weiterhin rechtlich verpflichtet, für den finanziellen Unterhalt ihrer Kinder zu sorgen, und es wurde sogar von ihnen erwartet, daß sie sich an den Kosten der Heim-»Erziehung« beteiligten. Ein bitterer Brief, den ein süddeutscher Vater an die lokale Fürsorgebehörde 1929 schickte, mag zeigen, welche Konflikte die Fürsorgeerziehung mit sich bringen konnte:

»Ich hatte bloß die sofortige Entlassung (meines Sohnes) von seiner Lehrstelle verlangt, um ihn nicht länger der Ausbeutung seiner Arbeitskraft auszusetzen ... Die sog. Fürsorge ist ihm und mir ganz egal, wir beide pfeifen darauf, meinetwegen kann sie noch 199 Jahre bestehen, denn es ist alles lauter Schwindel, daß die Fürsorgebehörde behauptet, Ottos Führung sei zur Zeit nicht so, daß die Fürsorgeerziehung aufgehoben wird. Es ist bloß ein Racheakt, um mich zu ärgern, daß ich ihm die 500 Mark nicht zahlen will. So soll Otto auch nicht von der Fürsorge enthoben werden.«[14]

Die meisten Heime, in die »gefährdete« Kinder eingewiesen wurden, unterstanden privaten Wohlfahrtseinrichtungen; hier herrschte fast überall ein sehr autoritärer Kurs.[15] Das verbreitete Mißtrauen gegenüber der Fürsorgeerziehung wurde verschärft durch mehrere aufsehenerregende Revolten von Heiminsassen ge-

13 Ludwig Clostermann / Dr. Theodor Heller / Medizinalrat Dr. P. Stephani (Hg.): Enzyklopädisches Handbuch des Kinderschutzes und der Jugendfürsorge. Leipzig 1930, S. 829-830.

14 Staatsarchiv Ludwigsburg (StALu), F 190/II/1184-Oberamt Nürtingen; Fall des Otto W., geb. 20. Mai 1910, Tübingen; Abschrift an das Amtsgericht Nürtingen, 3. Juli 1929.

15 Besonders Peukert: Grenzen (wie Anm. 6), S. 240-245.

gen die Bedingungen in diesen Heimen. Große Resonanz fanden aber auch Pressekampagnen von Sozialdemokraten und Kommunisten gegen das Ausmaß des Mißbrauchs, das mit der »Fürsorgeerziehung« offenbar verbunden war.[16]

Von »harten« zu »weichen« Eingriffen: Die Schutzaufsicht

Die Unzufriedenheit der Eltern mit der Fürsorgeerziehung vereitelte die Anstrengungen der Jugendwohlfahrtsbehörden, aus den Jugendämtern populäre Einrichtungen zu machen, deren Hilfe und Unterstützung Väter und Mütter freiwillig annehmen würden.[17] Aufgrund dessen begannen die Jugendämter, immer wenn es möglich war, weniger zwanghafte »Erziehungsmaßnahmen« anzuwenden. Dazu gehörte vor allem die »Schutzaufsicht«.[18] Diese Schutzaufsicht bedeutete, daß ein »gefährdetes« Kind in seiner Familie blieb, ihm aber ein »Helfer« vom Jugendamt zugeordnet wurde.[19] Diese Maßnahme erforderte engagiertes und ausgebildetes Personal, das jedoch nicht leicht zu finden war.[20] Dabei blieb auch unklar, welche »Behandlungs«-Möglichkeiten – abgesehen von einem guten Beispiel – eingesetzt werden konnten, damit eine Schutzaufsicht tatsächlich ihren Zweck erfüllte. Und als nach 1929 die massiv steigende Jugenderwerbslosigkeit die Hoff-

16 Curt Bondy: Scheuen, Pädagogische und psychologische Betrachtungen zum Lüneburger Fürsorgeerziehungsprozeß. Berlin 1931; Direktor Rudolf Schlosser (Lübeck)/Margarete Starmann-Hunger (Dresden)/Landesrat Hans Wingender (Düsseldorf): Fürsorgeerziehung und Arbeiterwohlfahrt. Vorwort von Elisabeth Kirschmann (Köln). Berlin 1927; Die Anträge auf Fürsorgeerziehung im Rechnungsjahre 1929 in Hannover. In: Wohlfahrts-Woche (1930), Nr. 28, S. 332.

17 Lene Mann (Frankfurt a. M.): Zur Krisis der Jugendämter. In: Zentralblatt für Jugendrecht und Jugendwohlfahrt (ZJJ) (20. Dezember 1929), S. 242.

18 Stadtarchiv Köln (StaKöln), 903/171, Jugendamt der Stadt Köln, Jahresbericht, 1. April 1925 bis 31. März 1926.

19 Lotte Möller: Die Schutzaufsicht und ihre Durchführung als Aufgabe der Arbeiterwohlfahrt. In: Arbeiterwohlfahrt (1927), S. 727.

20 Gustav Buchhierl, Fürsorger (Berlin-Friedrichshain): Großstädtische Schutzaufsicht. In: ZJJ (September 1926), Nr. 6, S. 154-156.

nungen und Perspektiven einer ganzen Generation zerstörte, schienen Versuche, die Moral »gefährdeter Jugendlicher« zu stützen oder zu bessern, vergeblich, wenn nicht absurd. Die Schutzaufsicht brachte im übrigen fast die gleichen Probleme mit sich, die auch bei der Fürsorgeerziehung den Widerstand der Eltern anregten. Denn eine konsequent durchgeführte Schutzaufsicht bedeutete in jedem Fall eine erhebliche Einmischung in das alltägliche Leben der Jugendlichen wie ihrer Familien.[21] Zudem befürchteten die Eltern mit Recht, daß Schutzaufsicht vielfach der erste Schritt auf dem Weg in eine Fürsorgeerziehungsanstalt war.[22] Demgegenüber hofften die Beamten der Jugendwohlfahrt, daß Schutzaufsicht es ermöglichen würde, die Fürsorgeerziehung zu vermeiden.[23] Aber sie räumten auch ein, daß Schutzaufsicht weit stärker als die Fürsorgeerziehung die Mitwirkung der Eltern erforderte: »Man wird immer Mittel und Wege finden, den Helfer zu belügen, zu hintergehen und am Ende hinter dem Rücken auszulachen.«[24] In diesem Fall blieb den Jugendbehörden keine Alternative als zu härteren Mitteln zu greifen, also zur Fürsorgeerziehung.[25]

Pflegekinder

Die »Erziehungsfürsorge« hatte es mit »Problem«-Familien zu tun.[26] Vorbeugende Fürsorge sollte sicherstellen, daß »normale« Familien nicht zu »Problem«-fällen würden. Die Jugendwohlfahrtsbehörden hofften, »Problem«-familien den Weg zur »Normalität« zu eröffnen, indem sie ihren rechtlichen Einfluß auf Kinder »unvollständiger« Familien mehr und mehr ausdehnten.[27]

21 Gertrud Embden, Oberfürsorgerin: Die Schutzaufsicht in der Praxis. In: Jugend und Volkswohl (Hamburg), (Juni 1926) Nr. 3, S. 16-17.
22 Stadtpfarrer Wuterich: Über Schutzaufsicht. In: Blätter der Zentralleitung für Wohltätigkeit in Württemberg (BZWW) 79 (1926), S. 137.
23 Lotte Möller: Die Schutzaufsicht und ihre Durchführung als Aufgabe der Arbeiterwohlfahrt. In: Arbeiterwohlfahrt (1927), S. 728.
24 Stadtpfarrer Wuterich: Über Schutzaufsicht, S. 139.
25 Stadtpfarrer Wuterich: Über Schutzaufsicht, S. 139.
26 StaKöln, 903/14, Die Neuorganisation der Schulfürsorge, Vorschlag von Amalie Lauer, Köln, 1. 4. 1924 an den Bürgermeister.
27 F. Wildenhayn: Die Auflösung der Familie. Potsdam 1931.

Dabei galt die Behandlung von unehelichen Kindern als Modell. Obwohl die Sozialreformen in der Weimarer Republik die Rechte unehelicher Kinder verbessert hatten, machten die Wohlfahrtsexperten geltend, daß diese Veränderungen die wirtschaftlichen, erzieherischen und emotionalen Nachteile »unvollständiger Familien«, in die uneheliche Kinder hineingeboren wurden, nicht behoben hatten oder beheben würden. Deshalb übertrug das Jugendwohlfahrtsgesetz von 1922 den neu einzurichtenden Jugendämtern mit der Amtsvormundschaft die Verantwortung für *alle* unehelichen Kinder.[28] Dem entsprach, daß die Jugendämter nicht etwa die Mütter ermutigten, ihre unehelichen Kinder zu behalten, sondern sie dazu anhielten, diese Kinder in Pflege zu geben (es sei denn, die Eltern konnten veranlaßt werden zu heiraten). Den Jugendämtern oblag es, Pflegeeltern auszusuchen. Kinder, die in Pflegefürsorge kamen, blieben unter der Aufsicht der Jugendämter, bis sie volljährig wurden.[29]
Die Bedingungen, d.h. Angebot und Nachfrage, auf dem »Markt« der Pflegefürsorge trugen jedoch dazu bei, die Kontrolle der Jugendämter über die Pflegeeltern zu schwächen. Die Jugendämter versuchten insbesondere, Pflegekinder in Familien der »respektierlichen« Arbeiterschaft oder in Mittelstandsfamilien unterzubringen. Als Kandidaten boten sich aber vor allem Familien aus dem ärmeren Teil der Arbeiterschaft an.[30] Dabei ging es nicht nur darum, daß hier zu verdienen war; wirtschaftliche Faktoren spielten, wenn sich Pflegeeltern anboten, jedoch eine nicht unwichtige,

28 StAHbg, Jugendbehörde I/293: Zur Schwangerenfürsorge. Bemerkungen des Referendar Adler nebst Anlage 2. 10. 19. Vgl. Georg Lilienthal: The Illegitimacy Question in Germany, 1900-1945: Areas of Tension in Social and Population Policy. In: Continuity and Change 5 (1990), S. 249-282.

29 Die Wohlfahrtsexperten und -praktiker von Weimar versuchten auch, die Definition der »unvollständigen Familie« auf Kinder auszudehnen, deren Eltern sich getrennt hatten, die geschieden oder gestorben waren, vgl. Wildenhayn: Die Auflösung der Familie, S. 80, und Stadtarchiv Dortmund, Stadtverwaltung 3/973; Jahresbericht des Jugendamtes, 1. April 1922 bis 31. März 1923.

30 Margarate Cohn-Radt: Berliner Pflegekinder. Untersuchung über die Gründe des Pflegestellenwechsels in 4 Berliner Bezirken. In: Waisenhilfe. Zeitschrift des Reichsverbandes für Waisenfürsorge (Deutsche Reichsfechtschule) und des Deutschen Erziehungsbeirats für verwaiste Jugend 51 (1931), Nov., S. 5 und 7.

zugleich von den Jugendämtern unerwünschte Rolle. 1932 bemerkte ein Kommentator, daß

> »sich regelmäßig in Zeiten wachsender Arbeitslosigkeit ... ein Ansteigen des Angebots von Pflegestellen [zeigt], während wir bei guter Konjunktur, wenn der Arbeiter verdient und in geordneten Verhältnissen lebt, also oft in der Lage ist, ein städtisches Pflegekind mitzuerziehen, einen Mangel an geeigneten Pflegestellen haben. Dieses Auf und Ab steht außerdem in Zusammenhang mit der Wohnungswirtschaft, d. h. mit den Mietpreisen.«[31]

Die vergleichsweise geringe Zahl von Pflegeeltern, die den Wohlfahrtsämtern zusagten, machte es schwierig, die Pflegefamilien zu disziplinieren. Die Jugendbehörden beharrten z. B. darauf, daß Arbeitsleistungen von Pflegekindern strikt begrenzt sein sollten. Aber vor allem in ländlichen Gegenden »ist ja das Motiv für Aufnahme eines größeren Kindes ... häufig der Wunsch, durch das Pflegekind eine bezahlte Arbeitskraft zu sparen«.[32] Die Jugendämter versuchten, die Qualität der Pflegefürsorge dadurch zu verbessern, daß sie Pflegeeltern, vor allem die Pflegemütter, zu Mütterabenden bzw. Elternabenden einluden. Hier sollten sie mit »modernen« Standards der Kindererziehung vertraut gemacht werden.[33] Aber diese Treffen hatten nur eine begrenzte Wirkung. In Hamburg z. B. hatte das Jugendamt nicht genug Geld, um solche Mütterabende in jedem Wohlfahrtsbezirk zu organisieren, und dann konnte es die Pflegemütter auch nicht zur Teilnahme zwingen. Nur die »intelligenteren und erfahrenen Mütter und Pflegemütter« nahmen tatsächlich an solchen Veranstaltungen teil.[34] Folglich predigte man auf den Mütterabenden dem relativ kleinen Kreis der bereits Überzeugten.[35]

Nachlässige Pflegeeltern konnten mit Bußen belegt werden, sie

31 Direktor Eberhard Giese (Görlitz): Ein Notjahr im Jugendamt. In: ZJJ 23 (1931/1932), S. 168.

32 Margarete Cohn-Radt: Berliner Pflegekinder. In: Waisenhilfe 52 (1932), Nr. 5, S. 61. Vgl. auch Bericht aus der Praxis. In: Schleswig-Holsteinische Wohlfahrtsblätter 6 (1930), Nr. 7, S. 90-91.

33 Direktor Dr. Hertz (Hamburg): Pflegestellenpolitik. In: ZJJ 23 (1931), Nr. 3, S. 87.

34 StAHbg. Jugendbehörde 1/298: An einen hohen Senat; »Abhaltung von Mütterabenden, 1926-1931«, 16. Sept. 1926.

35 StAHbg, Jugendbehörde 1/298, Magistrat der Hauptstadt Breslau, Städt. Jugendamt, 17. März 1931.

mußten eventuell auch eine gerichtliche Verfolgung gewärtigen. Das letzte Mittel war, die Kinder aus der Pflegefamilie herauszunehmen. Aber dies bedeutete immer auch das Eingeständnis, daß die Jugendämter nicht in der Lage waren, die Pflegeeltern, »zu disziplinieren«. Zugleich konnten solche Schritte die Beziehung zwischen Sozialarbeiter und Klienten vergiften.[36] Als Hedwig Stieve einem Onkel seine Nichte wegnehmen wollte, die bei ihm als Pflegekind untergebracht war, drohte er sie zu erschießen.[37]

Kinderarbeit

In der Weimarer Republik unterlag die Kinderarbeit noch der Aufsicht einer besonderen Abteilung der Polizei, der Gewerbepolizei. Sie operierte auf der Grundlage des Gesetzes zur Kinderarbeit von 1903. Wohlfahrtsexperten setzten sich jedoch in den 1920er Jahren nachdrücklich dafür ein, daß Kinderarbeit eigentlich in die Zuständigkeit der Wohlfahrt falle, nicht aber ein Polizeiproblem sei. Arbeit konnte die Gesundheit der Kinder gefährden und vertrug sich nicht mit einer umfassenden und angemessenen Erziehung. Kinder, die arbeiteten, waren auch vielfältigen »moralischen« Gefahren ausgesetzt, die in die Delinquenz führen konnten. Manche Experten behaupteten, daß Kinder nicht zuletzt deshalb gerne zur Arbeit gingen, weil sie dann Süßigkeiten und Zigaretten kaufen oder ins Kino gehen konnten. Dies aber schien ihnen gleichermaßen Symptom wie Ursache jener Verwahrlosung zu sein, der es mit allen Mitteln zu wehren galt.[38] Kinderarbeit galt als Zeichen erheblicher erzieherischer Mängel in der Familie, denen nur die Jugendwohlfahrtsämter mit »einer positiven Förde-

36 Die Möglichkeit von Strafmaßnahmen im Rahmen der Pflegekinderaufsicht. In: Nachrichtendienst des deutschen Vereins für öffentliche und private Fürsorge IX (1928), S. 132-133.

37 Hedwig Stieve: Tagebuch einer Fürsorgerin. Weinheim/Basel 1983, S. 50 sowie S. 27, 49.

38 Vgl. StaKöln, 903/171, Jugendamt der Stadt Köln, Bericht 1925/26; Dr. Edith Jacoby-Oske (Münster i. W.): Gegenwartsprobleme der Kindererwerbsarbeit. In: ZJJ 17 (1926), Nr. 10, S. 230; Otto Wehn: Die Bekämpfung schädlicher Erwerbsarbeit von Kindern, Langensalzen 1925 (Fr. Manns Pädagogisches Magazin, H. 4), S. 62.

rung der Erziehung des Kindes«[39] begegnen konnten. Anders als die Polizei waren die Jugendwohlfahrtsbehörden in der Lage, auch dann etwas zu unternehmen, wenn noch gar keine gesetzliche Vorschrift verletzt worden war. Die Jugendwohlfahrtsbehörden konnten »aufklären«, »erziehen« und fehlgeleitete oder selbstsüchtige Eltern eines Besseren belehren. Denn solche Eltern galten als die eigentliche Ursache des Problems. Um ihren Ratschlägen Nachdruck zu verleihen, konnten die Behörden auf die besonderen Befugnisse der Vormundschaftsgerichte zurückgreifen.[40]

Fachleute der Jugendwohlfahrt betonten, daß die Hauptursache für Kinderarbeit Unwissenheit und Selbstsucht der Eltern sei. Aber sie sahen durchaus auch die wirtschaftlichen Gründe, die Eltern motivieren konnten, Kinder arbeiten zu lassen.[41] Den Wohlfahrtsbehörden war klar, daß der Erfolg ihrer Kampagne gegen die Kinderarbeit in erheblichem Maße davon abhing, inwieweit es möglich sein würde, das Einkommen armer Familien aufzubessern, z. B. durch die Abgabe von Kleidung, Schuhen oder auch Schulmahlzeiten.[42] Jede wirtschaftliche Unterstützung sollte jedoch unbedingt mit angemessenen »erzieherischen Maßnahmen« gekoppelt sein.[43]

Das Jugendwohlfahrtsgesetz von 1922 gab den Jugendämtern das Recht, bei der Ausstellung von Arbeitskarten für Kinder mitzuentscheiden. Die Behörden nutzten diese Möglichkeit, um Eltern mit Nachdruck auf die Gefahren der Kinderarbeit hinzuweisen und sie nach Möglichkeit zu überzeugen, ihre Kinder nicht zur Arbeit zu schicken.[44] Ein Antrag für eine Kinderarbeitskarte

39 Wehn: Die Bekämpfung schädlicher Erwerbsarbeit, S. 62.
40 Ebd., S. 65-67.
41 Helen Simon: Arbeitslosigkeit, Doppelverdiener, Kindererwerbsarbeit (Fortsetzung). In: Soziale Praxis 40 (1931), S. 997; Ruth Weiland: Kinderarbeit. In: Arbeiterwohlfahrt 8 (1933), H. 10, S. 289, 292; vgl. auch Hauptstaatsarchiv Düsseldorf, 33514 (Handel und Gewerbe), Beschäftigung schulpflichtiger Kinder in gewerblichen Betrieben 1906-1930, Der Oberbürgermeister der Stadt Mülheim a. d. Ruhr, 24. Sept. 1924.
42 Wehn: Die Bekämpfung schädlicher Erwerbsarbeit, S. 57.
43 Ebd., S. 59-61.
44 Wohlrabe (Chemnitz): Zur Überwachung der Kinderarbeit. Aus der Praxis eines großstädtischen Jugendamtes. In: Arbeiterwohlfahrt

konnte unangemeldete, detaillierte und nicht selten ausführliche Prüfungen der wirtschaftlichen Verhältnisse der Eltern sowie ihres »moralischen Charakters« nach sich ziehen. Verweigert wurden die Karten, wenn die Behörden eine Gefährdung der Gesundheit und Wohlfahrt des Kindes sahen, und zwar auch in Fällen, in denen die Arbeit selbst nicht gesetzlich verboten war. So sprach sich 1928 das Düsseldorfer Jugendamt im Falle des 12jährigen Helmut R. aufgrund moralischer Bedenken gegen eine Botentätigkeit des Jungen für einen örtlichen Kaufmann aus. Das Jugendamt argumentierte:

Daß der Schuljunge »während der Beschäftigung Trinkgelder erhält, die ihn in den Stand setzen, ohne Wissen der Eltern Fahrten nach auswärts zu unternehmen, so liegt hierin wohl eine Gefahr für die sittliche Entwicklung des Jungen«.[45]

Die Folge war, daß Helmut R. seine Arbeitskarte an die Polizeibehörde zurückgeben mußte.[46]

In einem anderen Fall begründete das Düsseldorfer Jugendamt seinen Einspruch nicht mit den Gefahren der Arbeit selbst, sondern mit dem Charakter der Eltern:

»Die Witwe B. lebt mit einem geschiedenen Mann namens P. zusammen, der der städtischen Familienfürsorge als ein arbeitsscheuer Mensch bekannt ist. Er liegt die meiste Zeit zigarettenrauchend zu Bett. Frau B. bezieht Kriegshinterbliebenenrente und schafft sich außerdem durch Putzstellen eine Einnahmequelle. Von diesem Geld scheint sie neben ihrem Kind, auch diesen P. zu unterhalten. Es kann daher keinesfalls zugelassen werden, daß der blaß aussehende, schwächliche Junge für den Nichtstuer P. gewissermaßen mitverdienen soll. Es sei denn, daß durch die Beschäftigung bei dem Metzger der Ernährungszustand des Jungen gehoben würde«.[47]

(1930), S. 679-684; Jugendamt und Kinderschutz. In: Arbeiterwohlfahrt (1930), S. 180-181.

45 Stadtarchiv Düsseldorf (StaDü), III 5425, Die städt. Polizeiverwaltung Düsseldorf, 14. 11. 1928, und Stadtarchiv Düsseldorf, III 5425, S. W. u. G. Abt. Gesundheitsamt, Düsseldorf, 6. Januar 1929.

46 StaDü, III 5425, Städt. Polizeiverwaltung Düsseldorf, 3. August 1929; S. W. und G. J. Düsseldorf, 14. 8. 1929 an Polizeiverwaltung; Städt. Polizeiverwaltung, Düsseldorf, 16. 12. 1929, und Städt. Polizeiverw. Düsseldorf, 19. 5. 1930.

47 StaDü, III 5425, betr. die Arbeitskarten für schulpflichtige Kinder 1904/7-1932, Der Oberbürgermeister W. und G. Jugendamt, Düsseldorf, 13. Juni 25, urschriftlich dem Gewerbeaufsichtsamt, hier.

Doch die Jugendämter der Weimarer Republik hatten erhebliche Schwierigkeiten, die Eltern davon zu überzeugen, daß das körperliche, geistige und moralische Wohlergehen der Kinder wichtiger war als das Familieneinkommen.[48] Widerspenstige Eltern konnten die Jugendämter dadurch umgehen, daß sie Stillschweigen bewahrten. Es war deshalb nicht überraschend, daß Kinderarbeit in den Jahren der großen Depression weithin Schwarzarbeit war.[49]

Schulgesundheitsfürsorge

Schulgesundheitsprogramme verbanden soziale und medizinische Überwachung. Wenn die körperliche Untersuchung in der Schule die Vermutung nahelegte, daß Gesundheit und Wohlfahrt zu Hause vernachlässigt wurden, konnte ein Sozialarbeiter bzw. eine Sozialarbeiterin die Familie besuchen, um sicherzustellen, daß die Eltern (vor allem die Mutter) die ärztlichen Ratschläge in bezug auf Ernähung und Hygiene auch befolgten.[50]
Eine Reihe von Eltern unterstützte die Schulgesundheitsprogramme nicht nur, sondern forderte sogar eine Ausweitung. So verlangte z. B. eine Elternversammlung in einer Berliner Schule 1926, daß Schulärzte fest und nur für diesen Zweck angestellt sowie kostenlose Behandlung und Medikamente gewährt werden sollten.[51] Andere Eltern (und auch Kinder) verhielten sich abwartend oder sogar feindselig gegenüber Schulgesundheitsprogram-

48 Wehn: Die Bekämpfung schädlicher Erwerbsarbeit, S. 89.

49 Ruth Weiland: Kinderarbeit. In: Arbeiterwohlfahrt 8 (1933), S. 289-291.

50 Zum Beispiel Stadtoberschularzt Dr. Georg Wolff (Berlin): Schulkinderfürsorge und soziale Hygiene. In: Arbeiterwohlfahrt 5 (1930), S. 83; Dr. med. Heinz Franzmeyer, Stadtschularzt im Verwaltungsbezirk Kreuzberg: Die Schulgesundheitspflege in Berlin. In: Berliner Wohlfahrtsblatt 4 (1928), S. 53, und Dr. med. Ernst Wienold, Kreiskommunalarzt Calau: Schulgesundheitspflege im Kreise Calau. In: Die Nachbarschaft. Zeitschrift für praktische Volkwohlfahrtspflege 8 (1929), S. 1-6.

51 George Benjamin: Ausbau der Schulhygiene. In: Der sozialistische Arzt III (1926), S. 15: vgl. auch StAHbg, Medizinalkollegium. I K27 a. Bd. III, Jahresberichte der Schulärzte, 1925-1928, Hamburg, 12. Februar 1925, betrifft: Rundschreiben des Gesundheitsamtes. Erfahrungen und Wünsche in schulärztlichem Dienste.

men. Gesundheitsberatungen, die abendlich gehalten werden sollten, wurden 1928 in einem Hamburger Schulbezirk eingestellt, weil die Schulbehörde den Eindruck gewann, daß es unter den Eltern nur geringes Interesse gab.[52] Ein Hamburger Schularzt beklagte sich 1929, daß die Elternabende, in denen er auftrat, schlecht besucht seien und daß seine Hinweise zur Kinderfürsorge nicht die erreichten, die eigentlich gemeint waren; es kämen »eben nur die ordentlichen Leute«.[53] 1928 beklagte sich ein Arzt, der für die Untersuchung der Schüler in mehreren Berufsschulen zuständig war (die in einem Arbeiterbezirk Hamburgs lagen):

»Wird die Untersuchung zwei Tage vorher bekannt gemacht, so sind erfahrungsgemäß von sonst gut besuchten Klassen am Untersuchungstag nur ein Drittel der Schüler zur Stelle und von den Anwesenden verweigern noch einige die Untersuchung ... In einzelnen Klassen treten gehäuft oder geschlossen Untersuchungsverweigerungen auf, meistens durch die ›geistigen Führer‹ der Klasse verursacht.«[54]

Solcher Widerstand verhinderte schulmedizinische Untersuchungen keineswegs. Er ließ aber deutlich werden, wie fragwürdig die Ambitionen von Schulärzten waren, neue Volkserzieher zu sein.

Das Schulgesundheitssystem gewährte eine Reihe von materiellen Leistungen, deren Bedingungen aber von Eltern oder Kindern nicht immer als günstig angesehen wurden. So war es nicht möglich, daß die Ärzte die Krankheiten, die sie bei ihren Untersuchungen diagnostiziert hatten, auch behandelten. Sie waren vielmehr gehalten, kranke Kinder an den Haus- oder Kassenarzt zu überweisen. Und wenn die Familie nicht versichert war, sollten sie den Wohlfahrtsarzt einschalten.[55] Oder: Die Ärzte versuchten freie Schulmahlzeiten aus rein medizinischen Gründen zu »ver-

52 StAHbg, Medizinalkollegium. I K27a. Bd. III, Jahresberichte der Schulärzte, 1925-1928, Abt. Schulärztlicher Jahresbericht, 1.5.27 bis 31.3.28, S. 11.

53 StAHbg, Medizinalkollegium. I K27a. Bd. IV (1929-31); Jahresbericht Schularztbezirk XXII.

54 StAHbg, Medizinalkollegium. I K27a. Bd. III, Jahresberichte der Schulärzte, 1925-1928, 1.5.27 bis 31.3.28, S. 9-11.

55 Vgl. Paul Levy: Die ärztliche Versorgung der Wohlfahrtskranken. In: Die Gemeinde 9 (1932), S. 343-344.

schreiben«. Aber viele Eltern und auch manche Lehrer waren der Ansicht, daß auch wirtschaftliche und soziale Umstände berücksichtigt werden müßten, wenn entschieden wurde, welche Kinder freie Schulspeisung erhalten sollten.[56] Oder: Die schulmedizinischen Dienste konnten Erholungskuren auf dem Lande verschreiben. Aber für manche Familien waren die Kosten solcher Kuren trotz der erhofften positiven Auswirkungen zu hoch.[57] Zumal Eltern älterer Kinder waren besorgt über den zu erwartenden Verlust beim Familieneinkommen.[58] Es kam hinzu, daß Kinder während solcher Kuren mitunter primitive Verhältnisse vorfanden, vor allem wenn sie auf Bauernhöfen und nicht in Ferienheimen untergebracht waren. Eine Untersuchung von 1925 zeigt, daß Berliner Kinder während solcher Kuren häufig in Scheunen oder Ställen schlafen oder das Bett mit Mägden oder Knechten teilen mußten.[59]

Schulgesundheitsmaßnahmen bedrohten darüber hinaus die Ansprüche einer Familie auf »Respektabilität« oder die Reputation einer Frau, eine gute Mutter zu sein. Immer wieder weigerten sich Mütter zu glauben, daß ihre Kinder Läuse hatten.[60] Ein Schularzt ordnete 1929 für das ganz offensichtlich unterernährte Kind eines einfachen Beamten Schulspeisung an; dieser hatte freilich ohne ausreichenden Erfolg, mit seinem schmalen Einkommen fünf Kinder durchzubringen. Aber

»am nächsten Tag kam die Mutter höchst entrüstet zu mir, weshalb ich die Speisung verordnet hatte? Sie ließe ihre Kinder nicht hungern etc. Ich beruhigte sie, das Kind bekam so keine Schulspeisung und ist weiter unterernährt.«[61]

56 George Benjamin: Ausbau der Schulhygiene. In: Der sozialistische Arzt III (1926), S. 13-14; StAHbg, Sozialbehörde. I, VG 25. II, Bd. I, 1926-35, Oberfürsorgerinnen-Sitzung, 17. Okt. 1927.
57 StAHbg, Medizinalkollegium. I K27a. Bd. III, Jahresberichte der Schulärzte 1925-1928, Volksschulen, 4. Juni 1925.
58 StAHbg, Sozialbehörde. I, VG. 25. II, Bd. I, 1926-35, Oberfürsorgerinnen-Sitzung, 22. 3. 29.
59 George Benjamin: Ausbau der Schulhygiene. In: Der sozialistische Arzt III (1926), S. 15.
60 Irma Fechenbach (Berlin): Schulfürsorge. Wie sie ist und wie sei sein soll. In: Arbeiterwohlfahrt 2 (1927), S. 723.
61 StAHbg, Medizinalkollegium. II S7a. Protokolle über die Sitzungen der Schulärzte, 1907-32, 25. Februar 1929.

Schulgesundheitsprogramme gaben schließlich auch privaten Wohlfahrtsorganisationen die Möglichkeit, politischen und ideologischen Einfluß auf Kinder auszuüben. Das zeigt sich z. B. daran, daß 1925 die Elternbeiräte mehrere katholischer Schulen in Köln protestierten, als die sozialdemokratische Arbeiterwohlfahrt bei katholischen Schülern für Ferienerholungskuren warb, die sie organisierte.[62] Ähnliche Beschwerden von Sozialdemokraten richteten sich gegen entsprechende Versuche der katholischen Caritas.[63]

»Öffentliche Elternschaft«?

Christopher Lasch, Jacques Donzelot und Philippe Meyer stimmen darin überein, daß der Wohlfahrtsstaat des 20. Jahrhunderts »die Familie« kolonisiert und ihre privaten Machtstrukturen durch ein »Patriarchat des Staates« ersetzt habe.[64] Die »öffentliche Elternschaft« ist aber ein gescheitertes Projekt der Weimarer Republik; es führte nicht zu konkreten Erfolgen, sondern stand für nicht erfüllte Ambitionen der öffentlichen Gewalten. Jugend- und Kinderwohlfahrt gründeten auf einer sozialen Fiktion – der »normalen Familie«. Aber in Wirklichkeit entsprach die Familie keinem Modell; in ihr trafen vielfältige, nicht selten widerstreitende Interessen und Bedürfnisse von Vätern und Müttern, von Kindern und Verwandten aufeinander.[65] Was geschah, wenn eine Sozialpolitik, die von einem starren Bild »der« deutschen Familie geprägt war, und die vielfältigen Realitäten von »wirklichen« Familien

62 Kinderfürsorge und Arbeiterwohlfahrt. In: Rheinische Volkswacht, 14. 7. 1925.

63 August Brandt (Berlin): Überweisung öffentlicher Fürsorgeaufgaben an die private Wohlfahrt (Fortsetzung). In: Proletarische Sozialpolitik 2 (1929), S. 272-273.

64 Christopher Lasch: Haven in a Heartless World. New York 1977; Jacques Donzelot: Die Ordnung der Familie, Frankfurt 1979; Philippe Meyer: The Child and the State. Cambridge 1983.

65 Vgl. Jens Flemming/Klaus Saul/Peter-Christian Witt (Hg.): Familienleben im Schatten der Krise. Dokumente und Analysen zur Sozialgeschichte der Weimarer Republik 1918-1933. Düsseldorf 1988. Zeitgenossen war sehr wohl bewußt, daß ihr tatsächliches Wissen über deutsche Familien überaus begrenzt war, vgl. bes. Alice Salomon/Marie Baum (Hg.): Das Familienleben in der Gegenwart. 182 Familienmonographien. Berlin 1930.

und Haushalten miteinander kollidierten? Väter, Mütter und Kinder verweigerten sich der Kolonisation ihres Alltaglebens durch Vorstellungen und Konzepte, die nur ideologisch verzerrte Bilder ihrer eigenen Ansprüche und Interessen darstellten.[66] Die Institutionen des Wohlfahrtsstaates von Weimar wurden zum Schauplatz der Konfrontation von öffentlichen und privaten Identitätskonstruktionen.

Lasch, Donzelot und andere beklagen den Übergang der häuslichen patriarchalen Gewalt auf öffentliche Institutionen. Einige feministische Historikerinnen halten dem jedoch entgegen, daß Frauen von der staatlich geförderten Auflösung des unbeschränkten Patriarchats innerhalb der Familie profitierten. Sonya Michel und Seth Koven haben gezeigt, daß Frauen aus Mittelschichten einen bedeutenden, bisher vernachlässigten Anteil an der Entstehung des Wohlfahrtsstaates in Frankreich, Deutschland, Großbritannien und den USA hatten.[67] Linda Gordon zeigt in ihrer Studie über familiale Gewalt in den USA, daß Aktionen gegen Kindesmißhandlung Frauen aus Immigranten- und Arbeiterfamilien darin unterstützten, gegen die patriarchale Unterdrückung Widerstand zu leisten.[68] Allerdings kamen andere feministische Historikerinnen zu einem weniger günstigen Bild. In Großbritannien haben staatliche Sozialpolitik und Wohlfahrtspraktiken im 20. Jahrhundert die weibliche Unterordnung unter die Ansprüche von Männern offenbar eher verstärkt und befördert.[69]

Meine These ist, daß der Aufbau eines Wohlfahrtsstaates ungemein widersprüchliche Wirkungen hervorbrachte, die nicht nur unter dem Aspekt »Verlust« oder »Gewinn« zu bewerten sind. Nach Jürgen Habermas hat »der staatlichen Sozialpolitik von Anbeginn die Ambivalenz von Freiheitsverbürgung und Freiheits-

66 Vgl. Diana Gittins: Chapter 7. The State: Creator or Destroyer of Family Solidarity? In: Diana Gittins: The Family in Question. Changing Households and Familiar Ideologies. London 1985, S. 136.

67 Sonya Michel/Seth Koven: Womanly Duties: Maternalist Politics and the Origins of Welfare States in France, Germany, Great Britain, and the United States, 1880-1920. In: The American Historical Review 95 (1990), S. 1076-1108.

68 Linda Gordon: Heroes of their Own Lives. The Politics and History of Family Violence. Boston 1880-1960. New York 1988.

69 Vgl. Elizabeth Wilson: Women and the Welfare State. London 1977.

entzug angehaftet.«[70] Kinder wurden vor elterlichem Mißbrauch bewahrt, Frauen vor ihren gewalttätigen Männern. Aber »die Tatsache, daß in einigen Arbeiterfamilien Kinder geschlagen wurden, diente dazu, die Überprüfung aller Arbeiterfamilien zu rechtfertigen, um sicherzugehen, daß nirgendwo Kinder geschlagen wurden«.[71] Die »Klienten« des Wohlfahrtsstaates konnten der familialen Bedrückung nur dadurch entkommen, daß sie eine neue Abhängigkeit als Adressaten eines »Schutzkomplexes« in Kauf nahmen.[72]

Die Fürsprecher des Projektes »Wohlfahrtsstaat« in der Weimarer Republik gingen davon aus, daß sich soziale Probleme wirkungsvoller »behandeln« ließen als mit den gewaltsamen Verfahren der Armengesetzgebung und der Polizei im Wilhelminischen Deutschland. »Fürsorge« sollte nicht auf Zwang, sondern auf Zustimmung beruhen. Dies war die Hauptrechtferigung dafür, daß die Betonung auf »Schutz« und »Sorge« gelegt wurde, nicht jedoch auf Ausübung oder Androhung von Gewalt. Sozialdemokraten behaupteten, daß »es ein Verdienst der Sozialdemokratie ist, die Armenpflege ihres polizeilichen Charakters entkleidet zu haben«.[73] Frauenorganisationen und Sozialarbeiterinnen legten Wert darauf, daß die Sozialarbeit in der Weimarer Republik sich durch die hauptsächliche Beschäftigung von Frauen wesentlich von der Arbeit der Polizei unterschied: »Männer setzen Furcht und Gewalt gegen einzelne Menschen ein, um die öffentliche Ordnung und Gesundheit zu sichern.« Frauen aber werden »vorbeugend, schützend und heilend tätig, um einzelnen zu helfen und damit der Wohlfahrt aller dienlich zu sein«.[74] Doch der Bruch mit den Praktiken der Armengesetzgebung des 19. Jahrhunderts und mit denen der »männlichen« Polizei der 20er Jahre war keineswegs so konsequent wie die Sozial- und Wohlfahrtsreformer, So-

70 Jürgen Habermas: Theorie des kommunikativen Handelns Bd. 2, Frankfurt 1981, S. 531.

71 Meyer: The Child and the State, S. 42.

72 Donzelot: Die Ordnung der Familie (wie Anm. 3), Kap. 4, S. 108 ff.

73 Clara Henriques: Psychologische Schwierigkeiten und Möglichkeiten sozialistischer Wohlfahrtsarbeit. In: Arbeiterwohlfahrt 2 (1927), S. 456.

74 Erika S. Fairchild: Women Police in Weimar: Professionalism, Politics and Innovation in Police Organizations. In: Law and Society Review 21 (1987), S. 387.

zialdemokraten und organisierten Frauen gerne annahmen. Ekkart Pankoke hat darauf aufmerksam gemacht, daß

»dieser Bereich immer auch in Traditionen ›polizeistaatlichen‹ Ordnungsdenkens seine Wurzeln hat – auch, wenn später mit der Umstellung von ›repressiven‹ und ›präventivem‹ Interventionsformen der repressiv belastete ›Polizei‹-Begriff durch präventiv-orientierte Formeln wie ›Schutz‹, ›Pflege‹ und ›Fürsorge‹ abgelöst wurde. In diesem Sinne entwickelten sich aus dem älteren polizeistaatlichen Kontrollkomplex der ›Wohlfahrtspolizei‹ präventive Verwaltungsaufgaben wie ›Wohlfahrtspflege‹ ..., ›soziale Fürsorge‹, ›Jugendschutz‹, ›Jugendpflege‹, ›Familienhilfe‹.«[75]

Insgesamt konnten diese Versuche, der Jugendwohlfahrt eine neue populäre Rechtfertigung zu geben, den Beigeschmack von Repression nicht beseitigen. Noch 1927 mußte z. B. der Direktor des Hamburger Jugendamtes einräumen:

»immer noch gilt das Jugendamt als ›Buhmann‹, immer noch wirkt die berechtigte Abneigung gegen die ›Strafschule‹ – die bekanntlich schon 1905 aufgehoben ist – mit, obwohl ... die Erziehungsanstalten des Amtes in rein erzieherisch-fürsorgerischem Geist geführt werden ... Immer wieder müssen wir um das Vertrauen der Eltern bitten, die sonst das Erziehungswerk sehr erschweren oder gar aussichtslos machen.«[76]

Die Widersprüche innerhalb der Kinder- und Jugendwohlfahrtsarbeit der Weimarer Republik entstanden freilich nicht nur durch Relikte aus der Vergangenheit; ganz entscheidend waren auch die den »modernen« und »progressiven« Programmen innewohnenden Ambivalenzen. »Zwang« und »Zustimmung« waren bei allen Maßnahmen der Jugendämter unauflöslich verknüpft. Selbst völlig »freiwillige« Angebote der Kinderwohlfahrt konnten die Möglichkeit zur Ausübung von Zwang in sich tragen. Wenn sich das Jugendamt einmal auf eine bestimmte Familie und deren Kinder »eingeschossen« hatte, dann war nicht auszuschließen, daß die zunächst »sanften«, beratenden Eingriffe in Zwangsmaßnahmen übergehen würden:

75 Eckart Pankoke: Von »guter Policey« zu »sozialer Politik«. »Wohlfahrt«, »Glückseligkeit« und »Freiheit« als Wertbildung aktiver Sozialstaatlichkeit. In: Christoph Sachße und Florian Tennstedt (Hg.): Soziale Sicherheit und soziale Disziplinierung. Beiträge zu einer historischen Theorie der Sozialpolitik. Frankfurt 1986, S. 171.

76 StAHbg, Staatl. Pressestelle I-IV 3125, Gutachten, Auskünfte, Berichte der öffentl. Jugendfürsorge 1922-1929, ohne Datum (18. 1. 27 als Randnotiz).

»Durch persönlichen Besuch und individuelle Anteilnahme der Helferinnen wird auf die Eltern erzieherisch eingewirkt, um vorhandene Mißstände und Gefahren für die Kinder in den Familien zu mildern und zu beseitigen; etwa auftretende Widerstände und Hemmungen von seiten der Eltern können mit Hilfe des Vormundschaftsgerichts überwunden werden; als letztes Mittel zur Rettung des körperlich, geistig oder sittlich gefährdeten Jugendlichen bleibt dann schließlich noch die Fürsorgeerziehung.«[77]

Mitunter, wenn nur mehr unmittelbare Gewalt zu helfen schien, riefen Sozialarbeiterinnen auch die Polizei; Hedwig Stieve war gewiß nicht die einzige, die einen Schutzmann bat, sie zu begleiten, als sie ein Kind abholen sollte, dessen Familie sich zur Wehr setzte.[78]

Das »Polizieren« der Familie, das die Weimarer Jugendämter betrieben, reichte weiter, war oft zudringlicher als die sonst üblichen Polizeipraktiken, weil es von einer unklaren, willkürlich festgelegten »Gefährdung« oder »Verwahrlosung« ausging. Es kam hinzu, daß moderne »Fall«-Arbeit die neuen »Klienten« von Anfang an entrechtete. Eltern konnten sich Hilfe und Rat vom Jugendamt holen. Viele Familien wurden jedoch, ohne ihr Wissen oder gar ihre Zustimmung, von privaten Wohltätigkeitsorganisationen, von lokalen »moralischen Autoritäten«, wie etwa Pastoren, oder von besorgten oder rachsüchtigen Nachbarn angezeigt.[79] Das Wohlfahrtssystem vermittelte seinen »Klienten« nur selten genau das, was sie wollten oder wessen sie sich bedürftig fühlten. Die Sozialarbeiter gingen davon aus, daß ihre »Klienten« gar nicht in der Lage wären, ihre eigenen Probleme und Bedürfnisse zu erkennen:

»Der Hilfsbedürftige kommt meist nicht in der Erkenntnis seiner Notlage zu der Fürsorgestelle, sondern in Folge von Symptomen, die bei ihm auf eine soziale Erkrankung hinweisen, ohne diese Erkrankung in ihrem Wesen erkennen zu lassen. Die Hilfsbedürftige wendet sich daher meist

77 Karl Seidel: Die kommunale Wohlfahrtspflege. Ihr Begriff und ihre Bedeutung, unter Berücksichtigung der kommunalen Wohlfahrtspflege der Stadt Cassel, Diss. rer. pol. Marburg/L. 1922, S. 181.

78 Hedwig Stieve: Tagebuch einer Fürsorgerin (wie Anm. 37), S. 50.

79 »Ein erheblicher Teil der Anzeigen, die bei der weiblichen Kriminalpolizei einlaufen, sind unbegründet, gehen nur auf Racheabsichten von Nachbarn und Verwandten zurück.« In: »Die weibliche Kriminalpolizei berichtet«. Hamburger Anzeiger, 9. 5. 1930.

an die Hilfsstelle als Geldquelle und nicht als soziale Behandlungsquelle.«[80]

Der oder die Sozialarbeiter(in) hatte zu entscheiden, was die angemessene »soziale Diagnose« wäre, und dementsprechend die notwendige »Behandlung« vorzuschreiben.[81] Nur Mitmachen oder ein überzeugendes Simulieren von Kooperation bei der vorgesehenen »Therapie« konnte schließlich »gefährdete« Kinder und ihre Eltern von der besonderen »Aufmerksamkeit« der Wohlfahrt befreien. Das macht es unmöglich, die Effektivität der Jugendwohlfahrtsmaßnahmen zuverlässig zu bewerten. Wurden Kinder wirklich »gerettet«, wurden Familien wirklich wiederhergestellt? Oder lernten Eltern und Kinder lediglich, welches Bild sie abgeben mußten, damit sie für die Jugendämter uninteressant wurden?

Ein versteckter Sonderweg? Wohlfahrt und Staat von Weimar zu Hitler

Detlev Peukert hat die Ansicht vertreten, daß die Entwicklung des modernen Wohlfahrtsstaates in Deutschland inspiriert war von einer »utopischen« Sicht von Sozialpolitik – die ihrerseits von Realisierungsversuchen stimuliert wurde. Zeitgenössische Wohlfahrtsfachleute, die sich vor allem auf Argumente der aufkommenden »Humanwissenschaften« (Foucault) – in erster Linie Soziologie, Psychologie und Kriminologie, aber auch auf die Medizin – beriefen, vertraten die Ansicht, daß die moderne soziale Wohlfahrt in der Lage sein würde, die Gesellschaft zu heilen, wie die Medizin gelernt hätte, Leiden zu kurieren, die lange als unheilbar und tödlich galten. Aber die deutsche Gesellschaft erwies sich als ein überaus kranker Patient, vor allem nach 1929, als die Weltwirtschaftskrise, Massenerwerbslosigkeit und die scharfe Reduzierung aller öffentlichen Wohlfahrtsleistungen unvorstellbares materielles Elend und soziale Zerrüttung nach sich zogen. Aber

80 Siddy Wronsky/Prof. Dr. Kronfeld: Sozialtherapie und Psychotherapie in den Methoden der Fürsorge. Berlin 1932, S. 32.
81 Siddy Wronsky (Berlin): Behandlungsmethoden in der Fürsorge. In: Jugend und Volkswohl 6 (Jan./Feb. 1931), S. 202-203.

anstatt zu akzeptieren, daß die Geschichte alle ehrgeizigen Pläne durchkreuzte, begannen die Wohlfahrtsexperten, ihre Utopie zu verändern. Wenn es nicht möglich war, die Gesellschaft insgesamt von ihren sozialen Problemen zu heilen, dann mußten die Gesunden vor den Einflüssen der »Unheilbaren« geschützt werden. Die »Verwissenschaftlichung« des Sozialen und die »Medikalisierung« sozialer Probleme öffnete, so Peukert, alle Türen für eine neue und spezifisch moderne »Pathologie«, die ihren extremsten Ausdruck in dem NS-Programm zur Trennung des »gesunden« deutschen Volkes von seinen »degenerierten« rassischen und biologischen Feinden fand. Deren Sterilisierung und schließliche Ermordung schienen in dieser Perspektive nur folgerichtig.[82]

Diese »pathologische« Wendung der Sozialpolitik in Deutschland war freilich keineswegs – wie Peukert betont – von vornherein in der Geschichte von Weimar angelegt. Eugenische Deutungen sozialer Probleme wurden nach 1929 stärker beachtet und zunehmend geschätzt – als die Depression die Sozialpolitiker mit den »Grenzen des Wohlfahrtsstaats« konfrontierte. Aber der Diskurs über die Wohlfahrt am Ende der Weimarer Republik wurde zunehmend auch beherrscht von einer generellen ideologischen »Gegenbewegung«, die sich mit aller Schärfe gegen jegliche utopische Ambitionen des Wohlfahrtsstaates richtete und auch Reprivatisierungen thematisierte. Eugenische Umformulierungen der Wohlfahrts-Utopie dominierten also keineswegs.[83]

In der Weimarer Republik kam es zu einer bis dahin ungeahnten Politisierung des öffentlichen Diskurses über Wohlfahrt, vor allem in den Kommunen, denen die größte administrative und finanzielle Verantwortung für das System der Wohlfahrt zukam.[84] Die Demokratisierung der kommunalen Politik nach 1918 hatte es

82 Detlev J. K. Peukert: Die Genesis der »Endlösung« aus dem Geist der Wissenschaft. In: Detlev J. K. Peukert: Max Webers Diagnose der Moderne. Göttingen, 1989, S. 102-121. Vgl. Jeremy Noakes: Social Outcasts in the Third Reich. In: Richard Bessel (Hg.): Life in the Third Reich. Oxford 1987, S. 95.

83 Besonders Detlev J. K. Peukert: Die Genesis der »Endlösung« aus dem Geist der Wissenschaft, S. 102-121.

84 Jeremy Leaman: The Gemeinden as Agents of Fiscal and Social Policy in the Twentieth Century: Local Government and Stateform Crises in Germany. In: W. R. Lee/Eve Rosenhaft (Hg.): The State and Social Change in Germany, 1880-1980. New York 1990, S. 260-269.

Sozialdemokraten, Kommunisten und Frauen ermöglicht, in diese bis dahin ausschließlich von männlichen liberalen Angehörigen der Mittelklasse beherrschten Bereiche einzudringen. Vor allem die Sozialdemokraten gingen davon aus, daß sie für ihre Unterstützung kommunaler Wohlfahrtsprogramme bei Wahlen entsprechenden Zuspruch erhalten würden.[85] Aber die fundamentalen politischen und wirtschaftlichen Widersprüche innerhalb der Kommunen der Weimarer Republik versetzten die SPD bald in eine durchaus nicht beneidenswerte Position. Denn, obwohl

»das Jahr 1918 das Ende einer Periode relativ erfolgreicher bürgerlicher Manipulation kommunaler Politik bedeutete ... markierte es dennoch nicht den Anfang einer entsprechenden Kontrolle von Kommunalpolitik durch die Arbeiterparteien in einem bürgerlichen Staat unter den neuen Bedingungen des allgemeinen Wahlrechtes. Es folgte dem angeblichen Kommunal-Sozialismus, wie es ihn im Kaiserreich gegeben hatte, keineswegs ein *wirklicher* Kommunal-Sozialismus«.[86]

Gleichzeitig wurden die Kommunalpolitiker, die Bürgermeister und Magistrate, zunehmend in die Enge getrieben, von der enormen Verantwortlichkeit für die durch Reichsgesetze vorgegebenen Wohlfahrtsprogramme einerseits und andererseits von den schwindenden Möglichkeiten, diese auch zu finanzieren. Es war daher nicht überraschend, daß vor allem die SPD zur Zielscheibe von Attacken sowohl der Linken als auch der Rechten wurde. Die Kommunisten suchten mit allen Mitteln, den Anspruch der Sozialdemokraten, daß die »sozialen Einrichtungen der Republik schon ein Stück Sozialismus seien«, lächerlich zu machen. Und die bürgerlichen Parteien attackierten die SPD wegen angeblich »hemmungsloser« Wohlfahrtsausgaben.[87]

85 Vgl. Emma Woytinsky: Arbeiterin und Gemeinde. Was jede Frau wissen sollte. In: Rheinische Zeitung, Nr. 314, 15. November 1929.

86 Jeremy Leaman: The Gemeinden as Agents of Fiscal and Social Policy in the Twentieth Century (wie Anm. 84), S. 260.

87 Senator Paul Neumann: Rußland ein Vorbild? Eine vergleichende Darstellung russischer und hamburgischer Sozialpolitik. Hamburg, o. D.; Reichtstagsabgeordneter Otto Thiel: Sozialpolitik und kommunale Wohlfahrtspflege. In: Gustav Wittig (Hg.): Kommunalpolitik und Deutsche Volkspartei. Berlin 1929, S. 92. Kritiker warfen der SPD vor, daß sich durch ihren Einfluß die Wohlfahrtsausgaben der Kommunen von 6,85 Millionen 1913/14 auf 30,79 Millionen RM 1927/28 gesteigert hatten; 1929 machten Wohlfahrtsausgaben mindestens ein Drittel der

Der labile politische Kompromiß, der das Wohlfahrtssystem von Weimar ermöglicht hatte, zerfiel unter dem Druck der Wirtschaftskrise. Die Kritiker bezeichneten nun die Wohlfahrtsprogramme als eine unrealistische sozialdemokratische Illusion, die die Wirklichkeiten der menschlichen Natur ebenso wie die Grenzen finanzieller Möglichkeiten bzw. fiskalischer Verantwortung ignorierte.[88] Die kirchlichen Wohlfahrtsinstitutionen verlangten nach einer »Reprivatisierung« der Wohlfahrt, um so die individuellen Energien zu mobilisieren, die für die Wiederherstellung Deutschlands unerläßlich seien. Wohltätigkeit sollte von allen »mechanistischen« und »bürokratischen« Zwangsjacken befreit werden, die das öffentlich-staatliche Wohlfahrtssystem ihr angelegt hätte.[89] Dieser Ruf nach »Reprivatisierung« war verbunden mit einer Kritik der Wirkungen, die jahrelange Abhängigkeit von öffentlicher Wohlfahrt auf die Familie hatte: »Selbst Angehörigen gegenüber ist das ursprüngliche Pflichtgefühl im Schwinden. ›Da muß die Stadt oder der Staat für sorgen‹, tönt es schon jetzt allenthalben.«[90]

Kommunalbehörden nutzten diese Tendenz, um die Kürzungen staatlicher Zuweisungen an die einzelnen Familien weiterzugeben. Dabei beriefen sie sich darauf, daß dies die Familienbande stärken

Kommunalhaushalte aus, vgl. Dr. F. D. von Hansemann: Wir und die Sozialdemokraten. In: Wittig (Hg.): Kommunalpolitik und Deutsche Volkspartei, S. 102.

88 Karl Bopp: Die Wohlfahrtspflege des modernen deutschen Sozialismus. Freiburg i. Br. 1930, S. 77.

89 Kurt Lücken (Darmstadt): Grundsätzliches und Kritisches zur Caritasarbeit der Gegenwart. III (Schluß). In: Caritas (1932), S. 57-59; Karl Bopp: Lebenshaltung aus Fürsorge und aus Erwerbstätigkeit. In: Caritas (1932), S. 103-107; StAHbg, Staatliche Pressestelle I-IV, 3202, Bd. 1, Winterhilfswerk 1929-1933, 42; Hamburger Echo, Nr. 59, 28. Feb. 1929: »Die Mittel des Staates, diesem Notstand zu begegnen, sind auf das äußerste angespannt. Aber er allein kann seiner nicht Herr werden. Von jeher und immer hat es in Hamburg als menschliche und staatsbürgerliche Pflicht gegolten, den in Not geratenen Volksgenossen durch die Tat zu helfen.«

90 H. W. Jannasch: Alarm des Herzens. Stuttgart 1928, S. 6.

würde.[91] Die Hauptlast fiel den Frauen zu.[92] Und wenn sie sich weigerten, dann intervenierten Sozialarbeiter bzw. Sozialarbeiterinnen, um sie zu »rehabilitieren«.[93] Aber die Anstrengungen der Wohlfahrtsbehörden, die »Reproduktionsarbeitsdisziplin« zu stärken, wurden von den Adressaten keineswegs nur passiv hingenommen. Im Jahr 1932 schrieb z.B. eine »Wohlfahrtsmutter« an die Kölner kommunistische Zeitung und klagte:

»Vor einigen Tagen ging ich zur Fürsorgerin, Frl. Z., mir einen Milchschein für mein 14 Monate altes Kind zu holen ... besaß sie die Gemeinheit mir vozuwerfen, daß ich mein Kind wahrscheinlich vernachlässigt und nicht richtig gepflegt hatte ... Ist es nicht eine Schande, daß man sich schon von solchen Damen, die selbst keine Ahnung vom Leben haben und ein gutes Gehalt beziehen, derartig beschnüffeln und drangsalieren lassen muß? Und dann wundern sich diese Herrschaften, wenn einem auf dem Amt mal der Geduldsfaden reißt!«[94]

Ähnliche Empfindungen und Ausbrüche tauchen in kollektiven Protesten von Frauen auf. So drohten z.B. 1932 zwei Frauenausschüsse im Hamburger Bezirk Hammerbrook einem Beamten, daß sie ihre Kinder im Amt lassen würden, wenn sie nicht sofort

91 Heidrun Homburg: Vom Arbeitslosen zum Zwangsarbeiter. Arbeitslosenpolitik und Fraktionierung der Arbeiterschaft in Deutschland 1930-1933 am Beispiel der Wohlfahrtserwerbslosen und der kommunalen Wohlfahrtshilfe. In: Archiv für Sozialgeschichte (1985), S. 251-298; Die Berücksichtigung des Arbeitseinkommens in der Familiengemeinschaft bei Bemessung der Fürsorgeleistungen. In: Nachrichtendienst des Deutschen Vereins für öffentliche und private Fürsorge (1931), S. 354-358.

92 Wilhelm Polligkeit: Not und Existenzminimum (Die Familie in Sozialpolitik und Fürsorge. Zweite internationale Konferenz für soziale Arbeit vom 10.-14. Juli 1932 in Frankfurt am Main). In: Soziale Praxis. Zentralblatt für Sozialpolitik und Wohlfahrtspflege 41 (1932), H. 27, S. 818-822; Wie leben unsere Wohlfahrtserwerbslosen? 73 Fürsorgerinnen-Berichte aus der Stadt Hannover. Sonderdruck aus der »Wohlfahrts-Woche«, Schriften des Wohlfahrtsamtes der Stadt Hannover. Heft 4. Hannover 1932. S. 4.

93 Frieda Rosenthal (Berlin): Die anerkannten Spitzenverbände der privaten Wohlfahrt – Die Arbeiterwohlfahrt. In: Proletarische Sozialpolitik (1928), H. 5, S. 139. Vgl. auch S. Packert (Zwickau): Ein Dolchstoß auf die ›Familiengemeinschaft‹. In: Die Gemeinde (1933), S. 125-129.

94 Sozialistische Republik (Köln), 5. Juli 1932.

Kleidung, Kartoffeln und Brennstoff erhielten.[95] Frauen beteiligten sich darüber hinaus an Demonstrationen vor Wohlfahrtsämtern, Mietstreiks und kollektivem Widerstand gegen zwangsweise (Wohnungs-)Räumungen.[96]
In den frühen 1930er Jahren spiegelten politische Konflikte unausgesetzt den Alltag in der »Wohlfahrt«. So beklagte sich z. B. ein Kölner Wohlfahrtsbeamter 1930, daß

»Stadtverordnete, insbesondere solche der kommunistischen und nationalsozialistischen Fraktion, sich regelmäßig bei den Kreiswohlfahrtsstellen einfinden während der Sprechzeiten und dort die Besucher fragen, welche Wünsche sie haben, mit ihnen verhandeln und dann mit ihnen zusammen zu den betreffenden Beamten gehen«.[97]

Die »Klienten« der Wohlfahrt weigerten sich also, sich nur passiv »verwalten« zu lassen. Sie wurden laut und ausfallend, und es gab Ausbrüche auch physischer Gewalt gegen Wohlfahrtsbeamte. Einige der Betroffenen forderten daraufhin Waffen, um sich zu schützen.[98] Die Nazi-»Machtergreifung« 1933 setzte dem politischen Konflikt und der politischen Auseinandersetzung ein rasches und brutales Ende. Die spezifische NS-Lösung der politischen Krise des Wohlfahrtssystems von Weimar, also nicht die Krise selbst, schuf die Voraussetzungen für eine radikale, rassistische Umdefinition des Wohlfahrtsprojekts von Weimar. Mit schrankenloser Gewalt reduzierten die Nazis vielschichtige soziale Probleme auf eine simple biologische Formel. So wurde im Dritten Reich die Familie erneut zum zentralen Bezugspunkt aller Wohlfahrtsanstrengungen. Aber jetzt löschten biologische Erklärungen für »Familienversagen« die sozialen oder psychologischen Gesichtspunkte aus. Die »Rassenhygiene«, wie sie die Nazis verstanden und praktizierten, sollte die Reproduktion von »gesunden« arischen Familien ermöglichen und stärken; die »gesellschaftsfeindlichen« Familien dagegen wurden zum Ziel negativer

95 StAHbg, Sozialbehörde IVG. 24.32, 14. Dez. 1932, S. 201.
96 Der Arbeitslose. Organ der revolutionären Gewerkschafts-Opposition der Bezirke Wasserkante, Nordwest Niedersachsen und Mecklenburg, 1. Beilage, 49. Wochen-Ausgabe 1931.
97 StaKöln, Abt. 902, Nr. 198, Fasz. 3 Seite 501-1052, 6. 11. 30., 1. Schrb. unter Umschlag, Herrn Beigeordneten Dr. Schwering.
98 StaKöln, 902/198/4, Seite 501-956, Auszug aus der Niederschrift über die Verwaltungskonferenz am 9. 8. 32.

»eugenischer« Maßnahmen.[99] Volksgenossen, die sich dem nicht fügten, hatten einen hohen Preis für diese kulturelle Nichtkonformität oder die »Freuden der Verweigerung«[100] zu zahlen: die Einlieferung in ein KZ, gewaltsame Sterilisierung, in vielen Fällen den Tod. Insbesondere Frauen wurden die bevorzugten Opfer des »sozialen Rassismus« der Nazis.[101]

Übersetzt von Alf Lüdtke

99 Vgl. Klaus Scherer: »Asozial« im Dritten Reich. Die vergessenen Verfolgten. Münster 1990.

100 Vgl. Dick Hebdige: Hiding in the Light. On Images and Things. London/New York 1988, bes. S. 17-36.

101 Dazu vor allem Gisela Bock: Zwangssterilisation im Nationalsozialismus. Studien zur Rassenpolitik und Frauenpolitik, Opladen 1986; David Kramer: Volkspflegerische Aspekte eines weiblichen Berufes im Dritten Reich. In: Hans-Uwe Otto/Heinz Sünker (Hg.): Soziale Arbeit und Faschismus. Volkspflege und Pädagogik im Nationalsozialismus. Bielefeld 1986, S. 419-429; Detlev J. K. Peukert: Volksgenossen und Gemeinschaftsfremde. Anpassung, Ausmerze und Aufbegehren unter dem Nationalsozialismus. Köln 1982, S. 419-430.

v. Modernisierung der Polizei – Entgrenzung polizeilichen Handelns?

Karin Hartewig

»Eine sogenannte Neutralität der Beamten gibt es nicht«[1]

Sozialer Protest, bürgerliche Gesellschaft und Polizei im Ruhrgebiet (1918-1924)

I

In der zweiten Hälfte des »Großen Krieges«, seit 1916, war der relative soziale Frieden der Vorkriegszeit in Deutschland nachhaltig ins Wanken geraten. Die »Klassengesellschaft im Krieg«[2] hatte unter den Bedingungen einer landwirtschaftlichen Produktionskrise, einer unzulänglichen Rationierungswirtschaft und eines expandierenden Schwarzmarktes sowie unter den Vorzeichen der beginnenden Inflation Widersprüche auszuhalten, die in dieser Schärfe und Frontstellung der Interessen bislang unbekannt gewesen waren. Die Verhältnisse bei Kriegsende und in der Nachkriegszeit entzogen dem sozialen Protest jedoch keineswegs die Ursache. Im Gegenteil wirkten die aufgestauten kollektiven Erwartungen, die von Kriegsstrategen, Beamten der zivilen Verwaltung und von den Gewerkschaften an der Heimatfront geschürt worden waren – nämlich daß sich die materielle Lage der Bevölkerung mit dem Ende des Krieges heben würde –, in der Konfrontation mit einer mindestens gleichbleibend trostlosen Wirk-

1 Aus einer Verfügung des Regierungspräsidenten von Arnsberg vom 28. 1. 1920. In Erwartung eines großen Bergarbeiterstreiks sollten alle Belegschaftsversammlungen, öffentlichen Aufzüge, selbst solche karnevalistischer Art verboten werden. Polizei und Einwohnerwehren waren angewiesen, sich gegen alle Unruhen zu rüsten: Stadtarchiv (StA) DO 5-171.

2 Jürgen Kocka: Klassengesellschaft im Krieg. Deutsche Sozialgeschichte 1914-1918. 2. Aufl., Göttingen 1978. Zu Teilaspekten dieser Problematik siehe auch: Gerald D. Feldman: Armee, Industrie und Arbeiterschaft 1914-1918. Berlin/Bonn 1985; Charles P. Vincent: The Politics of Hunger. The Allied Blockade of Germany 1915-1919. Athens/Ohio/London 1985.

lichkeit wie ein Katapult für soziale Aggressionen und tiefgehende materielle Frustrationen. Die Kristallisationspunkte des sozialen Protests bildeten die unmittelbare Nachkriegszeit 1918/19 und die Phase der Hyperinflation 1922/23.[3] Die inflationsbedingten Verschiebungen im sozialen Gefüge nach Lebenshaltung und Status, die gesellschaftliche Polarisierung zwischen Gewinnern und Verlierern der (Nach-)Kriegszeit und die Aktionsformen des sozialen Protests setzten die bürgerliche Gesellschaft, verstanden als bürgerliche Öffentlichkeit von Eigentümern, kurzzeitig einem Prozeß der Beschleunigung und der gleichzeitigen Erosion aus. Andererseits wirkten sie als traumatische kollektive Erfahrung weit über das Jahr 1923 hinaus.[4]

Über die staatliche Ordnungsmacht, die Sicherheit, Ruhe, Ordnung aufrechterhalten oder wiederherstellen sollte, weiß man für die Zeit zwischen Kaiserreich und Weimarer Republik noch recht wenig. Das jüngst erwachte historische Interesse richtete sich eher

3 Bernd-Jürgen Wendt: »Deutsche Revolution« – »Labour Unrest«. Systembedingungen der Streikbewegungen in Deutschland und England 1918-1921. In: Archiv für Sozialgeschichte (AfS) 20 (1980), S. 1-55; Manfred Gailus (Hg.): Pöbelexzesse und Volkstumulte in Berlin. Zur Sozialgeschichte der Straße (1830-1980). Berlin 1984; Klaus Tenfelde: La riscoperta dell' »autodifesa collettiva«: Protesta sociale in Germania durante l'inflazione del 1923. In: Annali dell' Istituto Storico Italo-Germanico Quaderno 1 (1983), S. 279-422. Methodisch und wissenschaftsgeschichtlich zum sozialen Protest: Werner Giesselmann: Protest als Gegenstand sozialgeschichtlicher Forschung. In: Wolfgang Schieder/Volker Sellin (Hg.): Sozialgeschichte in Deutschland. Bd. 3, Göttingen 1987, S. 50-77; Manfred Gailus: Straße und Brot. Sozialer Protest in den deutschen Staaten unter besonderer Berücksichtigung Preußens, 1847-1849. Göttingen 1990, S. 29 ff. und S. 495 ff., und die dort angegebene Literatur; in Kürze auch: Karin Hartewig: Das unberechenbare Jahrzehnt. Bergarbeiter und ihre Familien im Ruhrgebiet 1914-1924. (Diss. 1989) München 1992 (im Druck).

4 Jürgen Habermas: Strukturwandel der Öffentlichkeit. Untersuchungen zu einer Kategorie der bürgerlichen Gesellschaft. 10. Aufl., Darmstadt/Neuwied 1979, S. 194 ff.; Gerald D. Feldman: Bayern und Sachsen in der Hyperinflation 1922/23. München 1984: Jürgen Freiherr von Kruedener: Die Entstehung des Inflationstraumas. Zur Sozialpsychologie der deutschen Hyperinflation 1922/23. In: Gerald D. Feldman u. a. (Hg.): Konsequenzen der Inflation. Berlin/New York 1989, S. 213-286.

auf sozialgeschichtlicche Aspekte einer Berufsgruppe, auf die Institutionengeschichte von Schutzmannschaften, Sicherheitswehr und Schutzpolizei oder auf die Verbindungen zwischen Reichswehr, Freikorps und Polizei.[5] Als Gegenpart im sozialen Konfliktfall müssen die Sicherheitskräfte des Alltags jedoch stärker auf ihre polizeiliche Taktik zum Schutz der bürgerlichen Gesellschaft und auf ihren sozialen Habitus hin untersucht werden. Perspektivisch zielt dies auf die Frage nach den zeitgenössischen Vorstellungen darüber, wie soziale Konflikte im gesellschaftlichen Raum zu regulieren und zu lösen waren. Dabei muß zum einen unterschieden werden nach den politisch gewünschten Konzepten und nach der polizeilichen Praxis; zum anderen ist das polizeiliche Handeln selbst zu konfrontieren mit einer weithin kritischen öffentlichen Meinung der Nachkriegszeit über die Polizei.[6]

Die sozialen Konflikte der Nachkriegs- und Inflationszeit finden sich in Polizeiberichten reichlich dokumentiert. In aller Regel

5 Allgemein zur innenpolitischen Situation in Deutschland bis 1924: Heinrich August Winkler: Von der Revolution zur Stabilisierung. Arbeiter und Arbeiterbewegung in der Weimarer Republik 1918 bis 1924. 2. Aufl., Berlin/Bonn 1985. Zur Geschichte der inneren Sicherheit als Institutionengeschichte siehe: Peter Leßmann: Die preußische Schutzpolizei in der Weimarer Republik. Streifendienst und Straßenkampf. Düsseldorf 1989; Johannes Buder: Die Reorganisation der preußischen Polizei 1918-1923. Frankfurt/Bern/New York 1986; Ludwig Dierske: Sicherheitskräfte in Preußen zu Beginn der Weimarer Republik. In: Aus Politik und Zeitgeschichte. Beilage zur Wochenzeitung »Das Parlament«. B 47/69, 22. 11. 1969. Zum militärischen und paramilitärischen Umfeld: Peter Bucher: Zur Geschichte der Einwohnerwehren in Preußen 1918-1921. In: Militärgeschichtliche Mitteilungen 9 (1971), S. 15-59; Klaus-Jürgen Müller/Eckardt Opitz (Hg.): Militär und Militarismus in der Weimarer Republik. Düsseldorf 1978; Hagen Schulze: Freikorps und Republik 1918-1920. Boppard am Rhein 1969; James M. Diehl: Paramilitary Politics in Weimar Germany. Bloomington 1977.

6 Theoretisch formuliert wurde ein solcher integrierter konflikttheoretischer Ansatz, der den sozialen Protest und die Formen und Konsequenzen der Konfliktregulierung und sozialen Kontrolle verbindet, von Anthony Obershall: Social Conflict and Social Movements. Englewood Cliffs 1973. Trotz des vielversprechenden Titels enttäuschend: Siegfried Zaika: Polizeigeschichte. Die Exekutive im Lichte der historischen Konfliktforschung. Untersuchungen über die Theorie und Praxis der preußischen Schutzpolizei in der Weimarer Republik zur Verhinderung und Bekämpfung innerer Unruhen. Lübeck 1979.

werden diese, mit den üblichen Vorbemerkungen der Quellenkritik, in erster Linie als Beleg für soziale Ereignisse, für Streiks, Ausstände, Belegschaftsversammlungen oder Demonstrationen herangezogen. Zudem werden sie genutzt, um – aus der Perspektive des Berichtenden – die Mentalitäten der Observierten zu rekonstruieren. Da es sich bei diesem Personenkreis vor allem um Angehörige der Unterschichten und Arbeiterinnen bzw. Arbeiter handelt, gelten Polizeiberichte als besonders »sprechende« Quellen für eine Geschichte der gesellschaftlichen Peripherien und der alltäglichen gesellschaftlichen Widersprüche.[7]

Damit ist jedoch die Vielschichtigkeit der Polizeiberichte bei weitem noch nicht ausgeschöpft. Natürlich zeigen Berichte über Hungerkrawalle und Konsumentenproteste, Plünderungen und massenhafte Felddiebstähle der Nachkriegsjahre zunächst einmal die Ereignisse selbst an. Die Berichte sind dabei aber nicht nur parteilich, sondern zugleich fragmentarisch und hochgradig komplex. Der fragmentarische Charakter des Wahrgenommenen und Aufgeschriebenen offenbart sich beim Gegenlesen von Zeugenaussagen zum gleichen Ereignis, die ihrerseits einen Ausschnitt des Geschehenen und eine Variation in der Wahrnehmung vorstellen. Die Komplexität der Berichte ergibt sich aus der Verschränkung verschiedener Grade von Unmittelbarkeit des Berichterstatters, als Beteiligter und Augenzeuge: dem Handeln, dem Beobachten, dem Hörensagen und der kausalen oder temporalen Verknüpfung nach Gesichtspunkten der inneren Plausibilität. Die Parteilichkeit eines Polizeiberichts liegt nicht allein in der Subjektivität des Autors als Person begründet, die am sozialen Konflikt beteiligt ist, sondern auch in seiner Funktion als personifizierte Ordnungsmacht und Garant der bürgerlichen Ordnung. Darüber hinaus muß im Kontext in- und ausländischer Kritik an der Polizei der Weimarer Republik, die insbesondere die Sicherheitspolizei als paramilitärische Organisation zur Verstärkung der limitier-

7 Neben unzähligen sozialgeschichtlichen Untersuchungen, die Polizeiberichte als wichtige Quelle heranziehen, wurden auch Sammlungen von Polizeiberichten publiziert; vgl. Richard J. Evans (Hg.): Kneipengespräche im Kaiserreich. Die Stimmungsberichte der Hamburger Polizei 1892-1914. Reinbek bei Hamburg 1989; Berichte des Berliner Polizeipräsidenten zur Stimmung und Lage der Bevölkerung in Berlin 1914-1918. Bearbeitet von Ingo Materna und Hans J. Schreckenbach. Weimar 1987.

ten Reichswehr zum Ziel hatte, die polizeiinterne und innenpolitische Argumentationslinie quellenkritisch bedacht werden. Um die Notwendigkeit einer starken, gut bewaffneten Polizei gegenüber allen Gegnern begründen zu können, hatten sich die Polizeiberichte über Tumulte, Krawalle und Streiks durchaus auf die spektakulären Details zu konzentrieren. So wurde die »aktenmäßige Niederlegung von Grausamkeiten« von den Verwaltungsbeamten der Gemeinde Stoppenberg bei Essen als aussagefähiges Argument für eine schlagkräftige Polizei betrachtet, das den Entente-Mächten präsentiert werden konnte.[8]
Aus diesen Gründen sagen die Polizeiberichte mindestens ebensoviel über die Polizei, über ihre innen- und außenpolitische Rolle als Organ der Exekutive sowie über ihr Verständnis, soziale Konflikte zu lösen, wie über die berichteten Ereignisse oder über die Observierten, Belehrten, Gemaßregelten, Verhafteten, Verletzten oder Getöteten. Im folgenden soll eine der zahlreichen Plünderungen aus der Zeit der alliierten Blockade bis zum August 1919 im Spiegel von Polizeiberichten näher betrachtet werden.

II

Die Geschichte der Dortmunder Plünderungen im Sommer 1919 und ihre spätere Version

Anfang Juli 1919 kam es in mehreren Städten des Industriegebietes zu Lebensmittelkrawallen, Plünderungen und zur Demolierung von Geschäften. In Bochum, das bis dahin anscheinend von solchen Entladungen kollektiver Unzufriedenheit und Not verschont geblieben war, kursierte nach Plünderungen ein vom Magistrat herausgegebenes Flugblatt an die »Mitbürger von Bochum und Umgegend«, in dem die Stadt versprach, die Preise zu senken, größere Kontingente an Grundnahrungsmitteln zu beschaffen und Luxus- und Genußmittel vom Markt fernzuhalten.[9] Über die Bochumer Plünderungen selbst ist nichts zu erfahren. Anders in Dortmund, wo es anläßlich des Wochenmarktes am 2. Juli 1919 zu handgreiflichen Auseinandersetzungen zwischen den Marktbesu-

8 StA Essen 124, Stoppenberg 122.

9 Flugblatt »Mitbürger von Bochum und Umgegend«: StA BO 500/309.

chern und Händlern einerseits und zur Anwendung von Waffengewalt von seiten der Ordnungspolizei und der Sicherheitswehr gegen die Marktbesucher andererseits kam.
Die unmittelbare Vorgeschichte bildeten die Ereignisse des 1.7. 1919 auf dem Borsig-Platz in einem Dortmunder Arbeiterviertel. Dort stieß eine kleine Gruppe Jugendlicher aus Erregung über die hohen Preise für Kirschen und Erdbeeren einen Verkaufsstand um, worauf Frauen, Kinder und Jugendliche die Waren zum Teil zertraten und zum Teil an sich nahmen. Im Anschluß an diesen Vorfall kam es in einem Zigarrengeschäft zur Plünderung. Die »Provokateure« und Täter konnten jedoch von der Polizei – wie in so vielen Fällen der kleinen Diebstahlskriminalität und der Plünderung – nicht ermittelt werden.
Die Vorkommnisse auf dem Hauptwochenmarkt in Dortmund am nächsten Tag waren bestimmt von Verzweiflung, eigenmächtigem Handeln der Bevölkerung und vom Einsatz von Waffengewalt seitens der Polizei und Sicherheitswehr. Obgleich der Bericht des Polizeiinspektors Kleinow die Geschehnisse des 2. Juli aus der Sicht der ordnungshütenden Gegner von notleidenden Plünderern beschreibt und insofern keine hinreichende Auskunft über deren Motive geben kann, vermag er einen Eindruck von der Dramatik der Ereignisse zu vermitteln. Darüber hinaus sagt er sehr viel über die Perspektive, aus der die Polizei die Ereignisse wahrgenommen hat.

»Der Markt zeigte von vornherein ein sehr belebtes Bild. Auffallend war im Gegensatz zu sonst, die Anwesenheit einer größeren Anzahl Männer. Die Marktverkäufer hatten, gewarnt durch die Vorkommnisse am vergangenen Tage, große Bedenken, ihre Waren zum Verkaufe zu stellen. Es gelang vielfach nur durch das Einschreiten der Polizei, sie zur Aufnahme des Verkaufs zu veranlassen. Die Preise waren, soweit sie in der Hauptsache Veranlassung zur Erregung gegeben hatten, herabgesetzt worden. Sie betrugen z. B. für Kirschen statt wie auf den letzten Märkten 2,50 bis 3 Mark nur 1,20 bis 1,50 Mark; für Erdbeeren statt 4 bis 5 Mark nur 1,50 bis 2 Mark und für grüne Stachelbeeren statt 1,80 bis 2 Mark jetzt 80 Pfennig bis eine Mark. Die Eier mußten zum Preise von 60 Pfennig verkauft werden. Sie hatten bis dahin 1,20 Mark gekostet.
Die Händler weigerten sich vielfach, den Verkauf zu bewirken, doch gelang es, zum Teil unter Anwendung der Androhung, daß die Polizei verkaufen würde, den Verkauf durchzuführen. Die Verkaufsstände wurden in allen Fällen, in denen Kirschen, Erdbeeren und Eier verkauft wurden, besonders geschützt. Starke Patrouillen der Polizei und der Sicherheits-

wehr, die sich um den Markt herum bewegten, hielten die Situation im Auge und griffen ein, wo es erforderlich schien.

Der Markt war von einer großen Anzahl von Personen besucht, die offenbar nicht die Absicht hatte, Einkäufe zu machen. Sie standen in kleinen Gruppen umher und hetzten die Verkäufer auf. Diese Leute haben sich vielfach nach den Preisen erkundigt, ohne etwas zu kaufen, sie ließen dann ihre abfälligen Bemerkungen über die Preise fallen. (...) Einzelne sollen sogar Säcke bei sich getragen haben.

Kurz nach 9 Uhr beobachtete der diensthabende Polizeikommissar am Geflügelmarkt, daß der Markt sich auffallend schnell füllte. Es entstand an einer Stelle ein Gedränge. Der Polizeikommissar, der darauf losschritt, erfuhr, daß ein Mann eine Ente gekauft, dafür aber nur fünf Mark bezahlt und dann, ohne etwas zu sagen, die Ente davon getragen habe. Er trug die Ente ziemlich demonstrativ in beiden Händen auf Brusthöhe vor sich. Es bildete sich ein Zug, der sich dem Mann anschloß. Ein Kommando der Sicherheitswehr, das zu gleicher Zeit auf dem Geflügelmarkt erschien, wurde hart bedrängt. Der Mann wurde von einem Sicherheitswehrmann mit der Ente zurückgebracht. Die Polizeibeamten wurden eingekeilt und konnten kaum vorwärts kommen.

(...)

Kurz nach diesem Vorkommnis entstand eine lebhafte Unruhe auf dem Hansaplatz. Eine Rotte warf zunächst eine in der Nähe der städtischen Verkaufsstelle stehende Gemüsebude um. Der Mann, der damit den Anfang machte, ein Gelegenheitsarbeiter Ernst aus Hörde, ist festgenommen worden. Polizeibeamte sprangen hinzu und trieben die Menge, die sofort über die Ware herfiel, auseinander. Das Umwerfen der Bude war gewissermaßen das Zeichen der planmäßig angelegten Tumulte. Es wurde gleich darauf ein Verkaufsstand mit Stachelbeeren an der Linde umgeworfen, ihm folgten andere Stände. Der Pöbel, Männer und Frauen, fiel sofort über die Ware her und riß sie an sich. Hinzueilenden Polizeibeamten gelang es zwar, einen Teil der Ware zu retten, doch war diese durch die scharf andrängende, zum Teil ungeheuer erregte Menge inzwischen vielfach zertreten worden. Ruhiges Zureden und Ermahnungen hatten keine Wirkung mehr. Die Menge gebärdete sich teilweise wie irrsinnig. An einigen Stellen griffen Beamte zum Säbel und trieben die Tumultuanten auseinander.

Zu derselben Zeit näherte sich, durch die Hansastraße kommend, ein Zug der Sicherheitswehr (der unmittelbar das Feuer auf die Marktbesucher eröffnete, K. H.). Das Schießen verstärkte sich im Augenblick, es glich einem lebhaften Schnellfeuer, die Menge stob panikartig auseinander. Der ganze Markt löste sich auf, Tumultuanten, Beamte, Käufer und Verkäufer, alle flohen auseinander. Buden wurden auf der Flucht umgerissen, und es entstand ein nicht zu beschreibendes Durcheinander. Auf dem großen Hansaplatz hatte sich eine nach Tausenden zählende Menschenmenge befunden.

Ein längerer Zeitraum kann zwischen dem Erscheinen des Wehrkommandos und ihrem Schießen nicht gelegen haben, er umfaßte vielleicht einige Sekunden. Das Schießen ist etwa eine halbe Minute in gleichmäßiger Weise fortgesetzt worden.
Mein erster Eindruck war gewesen, daß Schreckschüsse abgegeben worden seien. Die verletzten Personen sah ich erst nach Zurückfluten der Menge auf dem Hansaplatz liegen. Der Anblick der auf dem Hansaplatz liegengebliebenen Personen versetzte die Menschenmenge in eine rasende Wut. Diese Erregung machte sich in allen Schichten bemerkbar.«[10]

Dies war der Augenblick, in dem die Marktbesucher und Demonstranten stürmisch die Absetzung der Sicherheitswehr, die Auslieferung ihres Führers Overbeck und die Bestrafung der Schützen forderten. Zugleich gingen von hier zahlreiche Plünderungen von Zigarren- und Bekleidungsgeschäften in der ganzen Stadt aus.
Die Situation des Wochenmarktes wurde von mehreren Faktoren bestimmt: Der Wochenmarkt war von einem starken Aufgebot an Polizei und Sicherheitswehr umstellt. Nach den Erfahrungen des Vortages waren die Preise herabgesetzt worden, was eine Ausverkaufsstimmung verursacht haben dürfte. Unter diesen Bedingungen wollten die Händler eigentlich gar nicht verkaufen, sie taten dies nur unter polizeilichem Zwang. Der unbekannte Käufer, der für die Ente nur annähernd den Vorkriegspreis bezahlte, handelte unter den veränderten ökonomischen Bedingungen der Nachkriegsinflation gleichzeitig symbolisch und konkret. Er setzte anscheinend ohne ernsthaften Widerspruch des Markthändlers einen als gerecht empfundenen, das heißt aber den gewohnten Preis der Vorkriegszeit durch. Damit verwies sein Handeln unter anderem auf die Dynamik eines ins Rutschen geratenen sozialen Gefüges, das seit dem Krieg für viele soziale Gruppen einen sinkenden oder stark schwankenden Lebensstandard mit sich brachte und das fast alle Zeitgenossen – vom sogenannten kleinen Mann bis zum Publizisten, Wirtschaftspolitiker und Unternehmer – gebannt auf die Vorkriegszeit als Maßstab der Normalität starren ließ.
Der Entenkauf und die »Demonstration« der Ente, die von vielen anderen Marktbesuchern verstanden und spontan befürwortet wurden und die als Provokation gegenüber den Händlern und der Polizei durchaus intendiert waren, kehrten aber die Rolle der Ordnungshüter um. Es ging für die Polizei nicht mehr darum, den

10 Polizeibericht über die Vorgänge vom 2. 7. 1919 auf dem Wochenmarkt in Dortmund: StA DO 3-1895.

Verkauf von Lebensmitteln zu herabgesetzten Preisen gegen einen gewissen Widerstand der Händler zu gewährleisten. Umgekehrt sollten nun unkontrollierte Marktgeschäfte zu symbolischen Preisen dieser Art verhindert werden. Das ›Eingreifen‹ der Sicherheitswehr in den Konflikt, das sich außerhalb jeder Verhältnismäßigkeit bewegte, heizte das Klima der Konfrontation nicht so sehr zwischen Konsumenten und Markthändlern, sondern zwischen allen Bevölkerungskreisen und der staatlichen Ordnungsmacht an.

Die Bilanz des Markttages vom 2. Juli 1919 waren nach diesem Bericht drei Tote, vier Schwerverletzte, ein versuchter Totschlag am Kommandeur der Sicherheitswehr, etliche Leichtverletzte und 155 Festnahmen.[11] Eine kleine Gruppe von Beteiligten, nämlich die festgenommenen Personen, sind nach Alter, Geschlecht und Beruf bekannt. Unter den Festgenommenen waren elf Mädchen und Frauen im Alter zwischen 14 und 41 Jahren. Abgesehen von einer Witwe und einer Prostituierten waren die meisten der Verhafteten Arbeiterinnen und Hausfrauen. Von den 144 festgenommenen Männern gaben 20 als Beruf Bergmann an; sie waren zwischen 17 und 47 Jahren alt. 12 »Tumultuanten« waren Schlosser und 56 wurden unspezifisch als Arbeiter bezeichnet.[12]

In der Deutung des berichtenden Polizeiinspektors Kleinow, der die Geschichte eines vorsätzlichen und planmäßigen Tumults erzählen möchte, sind die Ereignisse auf dem Markt am Borsigplatz als Vorgeschichte plaziert. In ihr sind einige Elemente des eigentlichen Ereignisses schon enthalten – die Verärgerung über hohe Obstpreise, das Umwerfen von Verkaufsständen, das Zertreten und Plündern der Ware sowie die Plünderung eines Zigarrengeschäftes, die eine sozialkritische Spitze gegen das Bild vom zigarrenrauchenden Kapitalisten offenbarte. Die Vorgeschichte suggeriert eine Art von Wiederholungseffekt und die kriminelle Energie der »Tumultuanten«, der »Rotte«, des »Pöbels«, die sich in stets ähnlichen Aktionsformen offenbare. Tatsächlich geht das Verhält-

11 Polizeibericht an Magistrat von DO am 15.7.1919; Bericht in der »Dortmunder Zeitung« Nr. 314, 2.7.1919. Beides: StA DO 3-1895.

12 Errechnet aus der Liste der Festgenommenen, vgl. Anlage des Polizeiberichts vom 15.7.1919: StA DO 3-1895. Die Unruhen beschäftigten die Polizei und die Staatsanwaltschaft noch 1921, jedoch ohne disziplinarrechtliche Konsequenzen für die beteiligten Polizisten und Angehörigen der Sicherheitswehr.

nis von Vorgeschichte und Hauptgeschichte aber ganz und gar nicht in einer einfachen Verdoppelung des Ereignisses einer Marktplünderung auf. Abgesehen davon, daß der symbolische Kauf der Ente und der Einsatz von Schußwaffen durch die Ordnungsmacht die Dimension des kleinen Konflikts auf dem Borsigplatz überschritt, hatte die Polizei einerseits aus der Vorgeschichte »gelernt« und dafür gesorgt, daß die Preise für den nächsten Markttag gesenkt würden. Andererseits war sie, da die Täter und Anstifter der Ereignisse auf dem Borsigplatz nicht hatten ermittelt werden können, in höchste Alarmbereitschaft versetzt. Sie sah dem folgenden Markttag vermutlich mit gesteigerter Nervosität entgegen. Auch aus diesem Grund wurden dem berichtenden Polizeibeamten wahrgenommene Details, die für einen Wochenmarkt alltäglich sind, zu Vorboten der Provokation: die Fragen von Marktbesuchern nach den Preisen und abfällige Bemerkungen über die Teuerung, das Beisammenstehen in Gruppen oder die Information vom Hörensagen, daß manche Marktbesucher Säcke bei sich gehabt hätten.

In einem retrospektiven Bericht aus dem Jahr 1939, der die Ereignisse vom 2. Juli in polemischer Absicht als »Große Marktkrawalle« auf das politische Konto des Linksradikalismus verbuchte und in einem Kapitel mit dem Titel »Rote Armee, Spartakus und Bolschewismus« abhandelte, bezeichnete der ehemalige Dortmunder Polizeiinspektor Gustav Kleinow, der in der Zwischenzeit zum Polizeioberst aufgestiegen war, das Umstürzen des Marktstandes als »Signal« für die Plünderungen auf dem Wochenmarkt und in der Stadt. Nach dem Einsatz von Hieb- und Schußwaffen der Polizei mit Todesfolge hätten daraufhin die Arbeiter der Dortmunder Fabriken die Arbeit niedergelegt. Gleichzeitig mit einer Welle von Plünderungen, die in Straßenkämpfen von der Polizei blutig abgewehrt wurden, fanden Krisensitzungen einiger Abordnungen von Arbeitern und der SPD und USPD mit dem Oberbürgermeister statt. Die dort verlangte Auflösung der Sicherheitswehr und die Bewaffnung der Arbeiter wurde jedoch abgelehnt. Am Abend rückte das Düsseldorfer Freikorps nach Dortmund ein, das bis zum Ende des Monats in der Stadt bleiben sollte. Der Führer des Korps, der Hauptmann und Generalstabsoffizier von Heeringen, blieb den Dortmundern als Chef der gesamten Sicherheitskräfte, also der Polizei, der Einwohner- und Sicherheitswehr, bis zum März 1920 erhalten. Nach diesem Bericht waren als Opfer des Tages 19 Tote und 70 Verletzte zu beklagen.[13]

In der politisierten Version der Dortmunder Plünderungen gibt es die Vorgeschichte des »kleinen Marktkrawalls« vom Vortage nicht mehr. Die Nöte der Konsumenten, die flexible Preisfestsetzung durch die Marktpolizei, die den Zorn und die Verzweiflung der Käufer abfangen wollte, und die symbolische Dimension des Protests in Gestalt des Entenzuges wurden ebenfallls eliminiert. Übrig blieb die Geschichte von der vorsätzlichen Gewalt linker Radikaler, deren verabredetes Zeichen das Umstürzen des Marktstandes war, und von der ordnungschaffenden, legitimen Gegengewalt.

Sozialer Protest zwischen Kriminalität, Selbsthilfe und Handlungsautonomie

In zahllosen Aktionsformen, für die die »Entenprozession« nur ein besonders sprechendes Beispiel abgibt, artikulierten vor allem Arbeiter, Hausfrauen und Jugendliche auf Wochenmärkten, in Lebensmittelgeschäften und vor Rathäusern ihren Unmut über steigende oder doch stark schwankende Lebenshaltungskosten sowie über Engpässe in der Nahrungsmittelversorgung und -rationierung. Dabei bildete die Erbitterung darüber, daß die Kosten des Krieges den Arbeitern und »kleinen Leuten« aufgebürdet würden, ein starkes Argument der Sozialkritik, die solche Aktionen überformte. Krawalle und Plünderungen fanden in der Nachkriegszeit nicht ausschließlich in den Markt- und Ladengeschäften der Händler oder auf Kartoffelfeldern und in Viehställen der Bauern statt, um Nahrungsmittel zu beschaffen. Gelegentlich wurden die Lebensmittel demonstrativ zerstört, Läden und Ställe demoliert und angezündet. Auch Weinhandlungen, Zigarren- und Hutgeschäfte waren von Plünderungen betroffen – galten doch der »weintrinkende Kapitalist« oder der Zigarren rauchende »Dickbalg« als Prototypen einer Oberschicht, die beschuldigt

13 Gustav Kleinow, Polizeiführer a. D.: Der Polizeiführer in den Nachkriegsjahren. Erinnerungen und polizeitaktische Kritiken aus den Kämpfen gegen die Rote Armee 1918-1923 im rheinisch-westfälischen Industriegebiet als Beitrag zur Lehre über Polizeiverwendung. Der Kampf um Dortmund, Lübeck 1939, S. 29ff.

wurde, sich auf Kosten der Arbeiterschaft zu bereichern. In Anspielung auf solche Klassenverhältnisse begründeten Bergleute die Plünderung der Verkaufsstellen und Menagen der Zeche Concordia in Oberhausen im Jahr 1919 mit der Ansicht, »der Herr Oberbürgermeister, die Direktoren und andere Herren hätten während des Krieges genug Wein getrunken, jetzt kämen die Arbeiter dran«.[14] Ein tiefes Ressentiment gegenüber Erzeugern und Händlern von Lebensmitteln und Bedarfsartikeln machte sich in den Nachkriegsjahren auch in antisemitischen Parolen und in Plünderungen von jüdischen Geschäften Luft, deren Eigentümer von manchen Zeitgenossen schon deshalb für Wucherer und Schieber gehalten wurden, weil sie Juden waren.[15]

Die Aktionsformen der sozialen Proteste, die seit 1916 immer zahlreicher stattfanden, dürften bei den Polizeibeamten erhebliche Irritationen hervorgerufen haben, weil es sich hierbei nicht um gewerkschaftliche oder arbeitsplatzbezogene Demonstrationen und Streiks von Arbeitern handelte. Seit dem Krieg kam dem sozialen Protest als Konsumentenprotest eine andere soziale Logik zu, die gelegentlich auch ungewöhnliche Bündnisse zwischen Händlern und Kunden zuließ. Ungewohnt war aber vor allem die hohe Beteiligung von Frauen, Kindern und Jugendlichen an Demonstrationen, Plünderungen oder Zwangsverkäufen zu symbolischen Preisen.[16] Gelegentlich entlud sich der Zorn von aufgebrachten Müttern und Hausfrauen unmittelbar gegenüber Polizeibeamten und -inspektoren: wenn diese in der Frauenmenge mit Faustschlägen verprügelt wurden oder, nach der Erstürmung von

14 Vgl. Polizeibericht aus Oberhausen vom 1. 2. 1919 an Polizeipräsident: HStAD Reg. D. 15974.

15 Ebd. Der Polizeibericht beschreibt u. a. die Plünderung im jüdischen Bekleidungshaus Levy. Im August 1923 sah das Jugendorgan des Bergarbeiterverbandes »Jungborn« offensichtlich Aufklärungsbedarf und druckte einen ganzseitigen Artikel gegen den »Rassenhaß«: Jungborn 4. Jg., August 1923, S. 1. Zum Antisemitismus der Inflationszeit in Bayern siehe: Rainer Pommerin: Die Ausweisung von »Ostjuden« aus Bayern 1923. Ein Beitrag zum Krisenjahr der Weimarer Republik. In: Vierteljahreshefte für Zeitgeschichte (VfZ) 34 (1986), S. 311-340.

16 Siehe hierzu die Überlegungen zur materiellen »integrity of the family« bei Jane Humphries: The Working-Class Family. A Marxist Perspective. In: Jean Bethge Elshtain (Hg.): The Family in Political Thought. Amherst 1982, S. 197-222.

Rathäusern und Polizeibehörden, Schimpfkanonaden auszuhalten hatten.[17]
Ein starkes Moment der Rechtfertigung für Plünderungen, Felddiebstähle und geschlechterparitätisch besetzte »wilde« Kontrollkommissionen, die Preissenkungen durchsetzten, leiteten manche Akteure aus einem elementaren Recht auf Selbsthilfe zum Überleben ab – insbesondere seit 1923, als die Inflation, die Ruhrbesetzung und der passive Widerstand gegen letztere die Finanzkraft und Verwaltungskapazität der Kommunen im Ruhrgebiet völlig überforderten und die Bevölkerung in einen Prozeß der Verarmung geriet.[18]
Während einer zweiten großen Welle des sozialen Protests, die sich im Spätsommer 1922 insbesondere durch das westliche Ruhrgebiet zwischen Oberhausen, Sterkrade, Hamborn, Walsum, Wesel, Laar, Mülheim und Duisburg bewegte, kam es nach Demonstrationszügen und Plünderungen durch Frauen und Männer, die ostentativ leere Einkaufskörbe und Säcke mit sich trugen, zeitweise zu Absprachen zwischen der Kommunalverwaltung, der örtlichen Kaufmannschaft und Preiskontrollkommissionen, die aus Gewerkschaftsvertretern gebildet wurden und die Einblick in die Geschäftsbücher der Kaufleute erhielten als Beweis, »daß die Händler die gegenwärtig festgesetzten Preise zur Aufrechterhaltung ihrer Existenz dringend verlangen müssen«. Getreu den Vereinbarungen und unter dem Druck einer aufgeregten Öffentlichkeit verkauften viele Einzel- und Markthändler für kurze Zeit ihre Waren zum Einkaufspreis.[19] An anderen Orten konfrontierten »wilde« und spontan gebildete Preiskommissionen, die paritätisch mit Männern und Frauen besetzt waren, die einzelnen Händler in ihren Läden oder an ihren Marktständen direkter mit Festsetzun-

17 Vgl. den Bericht eines Polizeiinspektors, der inmitten einer Menge von 200-300 demonstrierenden Kriegerfrauen, die eine Kinderbeihilfe und eine Zulage an Brot und Fett gefordert hatten, auf dem Dortmunder Marktplatz mit »etwa 25« Faustschlägen maltraitiert worden war und der dann den Säbel zog. Bericht vom 31. 3. 1916: StA DO 5-476.

18 Vgl. Norbert Ranft: Erwerbslosenfürsorge, Ruhrkampf und Kommunen. Die Trendwende in der Sozialpolitik im Jahre 1923. In: Gerald D. Feldman u. a. (Hg.): Die Anpassung an die Inflation. Berlin/New York 1986, S. 163-201.

19 Berichte des OB von Hamborn am 2. und 5. 9. 1922 an Reg. Präs. in D: HStAD Reg. D. 16895.

gen eines als gerecht oder angemessen empfundenen oder auch eines symbolischen Preises, der von den Kundinnen und Kunden bezahlt wurde oder auch nicht.[20]

Gegen die Not der Verhältnisse versuchten Verwaltung und Polizei die Erosionserscheinungen eines bürgerlichen Eigentumsbegriffs aufzuhalten. Unter dem Eindruck der Inflationsproteste Anfang September 1922 bemerkte der Oberpräsident in Münster: »Die Wahrung der Staatsautorität und der Schutz des Eigentums muß unter allen Umständen gesichert sein, wenn nicht in den kommenden Monaten Teuerungskrawalle zur Tagesordnung werden sollen«.[21] Sie wurden zur Tagesordnung und blieben es während der Hyperinflation bis zum Ende des Jahres 1923. Unter den Augen einer fast chancenlosen Polizei setzten sich die Praxis der Preissenkungen nach dem Ermessen des »Publikums«, die sogenannten Zwangsverkäufe, fort. Plünderungen, Feld- und Holzdiebstähle trugen zunehmend den Charakter von Volksaufständen, die die Polizei in aller Regel mit Waffengewalt beantwortete, wenn sie denn nicht zu spät am Tatort erschien und nur noch das Protokoll für die Schadensabwicklung aufnehmen konnte. So suchten rund 200 Personen im Oktober 1923 einen Bauernhof in Katernberg auf, schlachteten die vorhandenen Schweine und das Kleinvieh an Ort und Stelle, nahmen alle Silbersachen an sich und verschwanden. Auch Güterzüge der Reichsbahn, die während und nach dem Ende des passiven Widerstands Fleisch und Kartoffeln ins Krisengebiet brachten, wurden zu bevorzugten Objekten der Plünderungen. Die Polizeiberichte über eine Serie solcher Selbsthilfeaktionen im Essener Bergarbeiterviertel Katernberg endeten mit der stereotypen Schlußformel: »Die blaue Polizei ist den Tätern auf der Spur.« In einem der ersten Berichte ist eine frühere Fassung des Schlußsatzes, die schließlich gestrichen worden war, zu lesen: »Von den Tätern fehlt jede Spur«.[22]

20 Meldung über »wilde« Kontrollkommissionen von Frauen und Männern in einem Duisburger Fett- und Kolonialwarengeschäft vom 26. 8. 1922: StA DUI 306/125. Zur Senkung der Preise durch die Kunden: »Rhein-Ruhr-Zeitung« Nr. 381, 12. 9. 1922, und das energische Dementi der Polizei: StA DUI 306/298.

21 Bericht des OPräs. in Münster an LRA DO vom 21. 9. 1922. In: StAM LRA DO 595.

22 Polizeiberichte über Plünderungen in Katernberg bei Essen am 24., 27. 10. und 18. 11. 1923: StA E 124, Stoppenberg 122.

Geschäfte und Märkte boten häufig ein trostloses und zugleich provozierendes Bild des Mangels und der Unterversorgung. Bäkker, denen jeweils 300 bis 400 Laib Brot entwendet worden waren, forderten Polizeischutz, um nicht zu verarmen und die Läden schließen zu müssen. Markthändler weigerten sich häufig, ihre Verkaufsstände überhaupt aufzubauen. Auf dem Sterkrader Markt fanden sich am 13. 10. 1923, einem Samstag, aus Furcht vor Plünderungen ganze zwei Gemüsehändler und vier Fleischverkäufer ein, die etwa 1000 Marktbesuchern gegenüberstanden. In dieser Situation verließen die Metzger den Marktplatz in Panik, blieben in diesem Fall aber unbehelligt.[23]

Was den Arbeitern und Bergleuten ein Mittel zur Selbsthilfe war, ihre Versorgungslage kurzfristig aufzubessern oder ihrem Unmut über subjektiv empfundene Ungerechtigkeiten Luft zu machen, wurde in der juristischen Beurteilung einer bürgerlichen Gesellschaft, die aus den Fugen zu geraten drohte, in dürren Worten als kriminelle Handlung, als Diebstahl, Hehlerei oder Betrug bezeichnet und strafrechtlich sanktioniert. Obwohl ein Vergleich der Kriminalstatistik für die Vorkriegs-, Kriegs- und Nachkriegsjahre wegen einiger Veränderungen der strafrechtlichen Bestimmungen zur Privatklage und zum Alter der Strafmündigkeit nicht ohne weiteres möglich ist, kann man doch von einer Zunahme vor allem der Diebstahlskriminalität und der Hehlerei ausgehen. Reichsweit stieg die Zahl der verurteilten Diebstahlsdelikte zwischen 1911/1913 und 1923 von rund 113 000 auf 367 400. Die Zahl von eingeleiteten Strafverfahren dürfte um ein Vielfaches höher gelegen haben. Darüber hinaus kann man wohl von einer großen Dunkelziffer nicht zur Anzeige gebrachter Diebstähle und von einer Zunahme geringfügiger Mundraub-Delikte ausgehen. Die Zahl der Fälle von einfacher Hehlerei stieg im selben Zeitraum von rund 9200 auf 65 300. Charakteristisch für Kriegs- und Krisenzeiten ist, daß unter den Verurteilten zwischen 1914 und 1923 deutlich mehr Frauen waren als vor dem Krieg. Während vor dem Krieg (1911/1913) 19 000 Diebstähle von Frauen begangen worden waren, wurden 1923 in

23 Forderung nach Polizeischutz: Bäcker-Innung an OB in Duisburg am 27. 11. 1923: StA DUI 306/298. Zur Situation auf dem Wochenmarkt in Sterkrade: Pol. Präs. in Oberhausen an Reg. Präs. in Düsseldorf am 18. 10. 1923: HStAD Reg. D. 17093.

51 500 Fällen Frauen als Täterinnen solcher krimineller Handlungen registriert.[24]
Während des Krieges waren zudem neue Delikte wie Schmuggel, Preistreiberei und Lebensmittelbetrug als strafbare Zuwiderhandlungen gegen die Kriegswirtschaft definiert worden. Die Zahl der Verurteilungen wegen Übertretung der Kriegsverordnungen erreichte 1917 mit 20 200 ihren Höhepunkt. Abgesehen davon, daß die Zahl von weiblichen und jugendlichen Straftätern bei den genannten Delikten anstieg, verschob sich auch der Anteil der Ersttäter. Unter den Verurteilten der Nachkriegszeit befanden sich nur halb so viele Vorbestrafte wie vor dem Krieg. Allerdings häuften sich im Jahr der Hyperinflation und Ruhrbesetzung die Rückfalldiebstähle.[25] Entsprechend kräftig »boomte« die Branche der Diebstahlsversicherungen und der Überwachungstechnik. So wurden 1919 den Zechenverwaltungen Angebote zur Versicherung der Beamtenhaushalte gegen Diebstahl unterbreitet. In der Regel deckten die Versicherungen entstandene Schäden jedoch nur, wenn von der örtlichen Polizeiverwaltung eine Bestätigung beigebracht werden konnte, daß der betreffende Diebstahl nicht im Zusammenhang mit »Aufruhr« oder mit »Unruhen« gestanden hatte. Denn dann galt die Entschädigungsregelung nach dem »Tumult«-Schadensgesetz von 1855, wonach die Kommune als verlängerter Arm des Staates regreßpflichtig gemacht werden konnte.[26] Auch wurde vom Verlagsinhaber Albert Koenig, dessen Verlag das Zentral-Steckbriefregister des Reiches druckte, allen

24 Vgl. Albert Armend: Die Kriminalität Deutschlands 1919-1932. Leipzig 1937, S. 65 f. und 68 f.; Merith Niehuss: Lebensweise und Familie in der Inflationszeit. In: Feldman: Anpassung an die Inflation. S. 237-264; Bruno Gleitze: Die Konjunkturkriminalität in der Zeit der Weltwirtschaftskrise. 2. Aufl., Köln 1966.

25 Fritz Esslinger: Der Zusammenhang zwischen Teuerung und Kriminalität. München 1927, S. 68; Wladimir Woytinsky: Lebensmittelpreise, Beschäftigungsgrad und Kriminalität. In: Archiv für Sozialwissenschaft und Sozialpolitik 61 (1929), Heft 1, S. 21-62; Günther Schmölders: Kriminalität und Konjunktur. Die Lehren aus der Reichskriminalstatistik 1923-1925. In: Jahrbücher für Nationalökonomie und Statistik N. F. 73 (1928), S. 270 ff.

26 Versicherungsagent Heinrich G. an Generaldirektor Brenner der Arenberg Bergbau GmbH am 18. 2. 1919: WWA F 35-427. Um eine polizeiliche Bestätigung eines »einfachen« Diebstahls ersuchte z. B. eine Duisburger Wagenfirma am 7. 7. 1920 nach: StA DUI 306/678.

Regierungspräsidenten nahegelegt, für die Schutzpolizei ebenfalls ein solches Register »nebst Diebstahlsanzeiger und Ausweisregister« einzuführen, »zur Herbeischaffung geraubten Gutes« und »im Kampf mit der Verbrecherwelt«. Der Anbieter hob dabei die Funktion der Schutzpolizei als teilweise Kompensation für das verkleinerte Heer besonders hervor. Der Regierungspräsident von Düsseldorf beantwortete das Angebot jedoch mit dem Hinweis, daß die Polizei schon entsprechend ausgerüstet sei.[27]

Die Militanz der Industriearbeiterschaft nach 1918, ihre radikaldemokratische Energie im Ruhrkampf gegen den Kapp-Putsch im Frühjahr 1920 und die Aktionen des sozialen Protests seit 1916 setzten traumatische Ängste des gewerblichen Mittelstandes und anderer bürgerlicher Schichten vor einer Auflösung der bürgerlichen Ordnung frei, die durch die drohende eigene Verarmung in der Inflation verstärkt wurden. Die große Zahl von Beschwerden, die bei den Polizeiverwaltungen eingingen, drücken eine besondere Krisenstimmung und Überempfindlichkeit aus, die von dem Bemühen gekennzeichnet war, sich den Anblick von Armut und seit 1923 von Erwerbslosigkeit vom Leib zu halten, alle Formen von Menschenansammlungen und Gruppenbildung in der Öffentlichkeit verbieten und auflösen zu lassen und bei jeder Art von Ruhestörung und »Radau« bei Tag oder Nacht hektisch nach der Polizei zu rufen.[28]

Um Ruhe, Ordnung und Sicherheit aufrechtzuerhalten, stellten zahlreiche Industriebetriebe Anträge auf Waffenscheine für ihre Werkswachen, Forst- und Feldhüter, die von der Polizei als willkommene Maßnahme zur Unterstützung ihrer Tätigkeit angesehen und in der Regel auch genehmigt wurden.[29] Als wirksames und notwendiges Mittel zur Kontrolle der Straße und zum Schutz des Eigentums wurde – trotz der Vorschriften zur Einschränkung des Verbrauchs »elektrischer Arbeit« – die elektrische Beleuchtung von Ladengeschäften und Hauptstraßen betrachtet. Eine zunehmende Zahl von Gewerbetreibenden erhielt deshalb die Ge-

27 Offerten vom 6. 5. 1920 und 23. 6. 1921 und Antwortschreiben vom 11. 7. 1921: HStAD Reg. D. 26128.

28 Zahlreiche Beschwerdebriefe an die Duisburger Polizei, 1919-1924 in den Polizeiakten: StA DUI 306/655, 678, 686, 706.

29 Antrag der Verwaltung der Zeche Friedrich Heinrich, Vereinigte Stahlwerke, an Polizeiverwaltung in Utfort vom 29.4.1920: StA Moers/Rheinkamp 82-20.

nehmigung, in ihrem Laden über Nacht das Licht brennen zu lassen, um »lichtscheues Gesindel« von Einbrüchen und Plünderungen abzuhalten.[30] Umgekehrt gehörten Straßenlaternen und öffentliche Fernsprecher zu bevorzugten Objekten der Beschädigung oder Zerstörung. So klagte das Telegrafenamt in Duisburg im Februar 1920 über eine Zunahme von Diebstählen und Beschädigungen an Fernsprechautomaten, und das Rheinisch-Westfälische Elektrizitätswerk Crefeld setzte wegen der zahlreichen mutwilligen Beschädigungen seiner Straßenbeleuchtung Kopfprämien für Polizeibeamte aus, die Täter namhaft machen konnten. Die Gas-, Wasser- und Elektrizitätswerke in Duisburg beklagten im Jahre 1923, das offensichtlich einen Höhepunkt der Zerstörungswut darstellte, 827 »zertrümmerte« Straßenlaternen.[31] Dahinter kann zum einen der situationsbezogene Wunsch vermutet werden, die behördliche Überwachung und Kommunikation nachhaltig zu behindern. Aber auch revolutionäre Machtphantasien, das Licht der Ordnung ausschalten zu können und die Dunkelheit einer Gegenordnung herzustellen, mögen eine Rolle gespielt haben.[32]

III
Die Polizei im sozialen Konflikt

In den sozialen Konflikten und Verteilungskämpfen wie auch in den politischen Auseinandersetzungen der Nachkriegszeit geriet die Polizei nicht selten ins Kreuzfeuer der Kritik. Dabei waren die Stimmen, die monierten, daß die Polizei zu unentschlossen oder gar zu lasch handle, deutlich in der Minderheit. In Beschwerdebriefen aufgebrachter Bürgerinnen und Bürger, in Zeitungsarti-

30 Siehe Meldung in der »Dortmunder Zeitung« Nr. 605, 20. 12. 1919: StA DO 5-548. Und Gesuch des Zigarrenhändlers Julius Bayer aus Duisburg am 19. 11. 1920: StA DUI 306/449.

31 Mitteilung des Telegrafenamtes in Duisburg an die Polizei am 27. 2. 1920: StA DUI 306/655. Rhein.-Westfäl. Elektrizitätswerk Crefeld an Bürgermeister von Kapellen, Kreis Moers am 3. 6. 1921: StA Moers/Kapellen 81-4. Gas-, Wasser- und Elektrizitätswerke in Duisburg am 23. 5. 1924 an Polizei: StA DUI 306/706.

32 Zur revolutionären Qualität der Laternenzerstörung siehe Wolfgang Schivelbusch: Lichtblicke. Zur Geschichte der künstlichen Helligkeit im 19. Jahrhundert. Frankfurt 1986, S. 98-112.

keln der linken und linksliberalen Presse wurde das Verhalten der Polizei im Ruhrgebiet im Gegenteil häufig als unangemessen und ohne Gespür für die betreffende Situation bezeichnet. Die Kritik begann beim alltäglichen Streifendienst der Schutzleute oder bei der polizeilichen Kontrolle gewerblicher Vorschriften. In die Frage nach dem »angemessenen Verhalten« der Polizei mischten sich durchaus auch Untertöne nationaler Verbitterung oder bürgerlicher Arroganz. So beschwerte sich ein Duisburger Bürger beim Oberbürgermeister mit feinem Sarkasmus darüber, daß der »Kasernenhofton der alten Zeit« schlecht zu den »Verheißungen der Revolution« passe, und er mutmaßte verbittert, daß die Polizeibeamten wohl nur gegenüber den Angehörigen der Besatzungsmacht höflich seien.[33]

Und der Brotfabrikant Schloten gab als »anständiger Bürger« seiner Verärgerung darüber Ausdruck, daß zwei Polizisten versucht hatten, sich durch das Einwerfen von Fenstern als Kontrolleure über die Einhaltung des nächtlichen Backverbots bemerkbar zu machen. Dieses Verhalten hielt er nur dort für angebracht, »wo es sich um Lumpen- und Verbrechergesindel handelt«.[34]

Ein ernsterer Vorwurf, der in Zeitungsartikeln und Zeugenaussagen gegen die Sicherheitspolizei und die spätere Schutzpolizei erhoben wurde, bezog sich auf den Waffengebrauch der Polizeikräfte gegen Menschenansammlungen und auf die Mißhandlung von Verhafteten auf dem Weg zum oder im Polizeigebäude selbst. Dies zeigten die unmittelbaren Reaktionen der Augenzeugen und der Presse zu den oben beschriebenen Vorgängen in Dortmund im Juli 1919. In einem anderen Fall forderte die Zeitung »Freiheit« nach neuerlichen Verletzungen von Personen durch Angehörige der Schutzpolizei »Mehr Schutz vor Schupo-Helden!«, die mit blankgezogener Waffe gegen eine Menschenmenge vorgingen. Und sie appellierte an die besonneneren Polizisten: »Wir erwarten von dem anständigen Teil der Schutzpolizeibeamten, daß sie sich von diesen ›kollegialen Elementen‹ lossagen.«[35]

Oft belasteten Augenzeugen von Verhaftungen und Mißhandlungen, die sich auf dem Polizeirevier einfanden, um ihre Wahrneh-

33 Beschwerde des Herrn Albien vom 18. 9. 1924: StA DUI 306/66.
34 Johann Scholten am 22. 8. 1923 an Polizeiinspektion Duisburg: StA DUI 306/66.
35 Presseausschnitt d. »Freiheit« Nr. 131, 20. 6. 1922: StA DUI 306/76.

mungen zu Protokoll zu geben, einzelne Polizisten schwer. In vielen Fällen gingen Polizeibeamte, die sich Körperverletzungen oder Mißhandlungen von verhafteten Personen hatten zuschulden kommen lassen, jedoch straffrei aus, weil ihren Aussagen und denen von Kollegen mehr Gewicht und Glaubwürdigkeit beigemessen wurde als medizinischen Gutachten und Zeugenaussagen. Im Juli 1922 beschäftigte die Festnahme und Mißhandlung des Gurkenhändlers Otto Flader die Duisburger Öffentlichkeit. Der Händler hatte in der Hauptgeschäftszeit auf der belebten Beekstraße von seinem Fuhrwerk herab Gurken angeblich »durch überlautes Schreien« angeboten und an Laufkundschaft verkauft. Einen Wandergewerbeschein, den zwei Polizisten der grün uniformierten Schutzpolizei von ihm sehen wollten, führte er zwar nicht mit sich, seine Personalien hätten aber nach seinen Angaben leicht durch die Aufschrift am Wagen von der Polizei festgestellt werden können. Dennoch wurde er von den Beamten aufgefordert, ihnen auf die Wache zu folgen, wogegen er zunächst protestierte und sich schließlich wehrte, weil er Fuhrwerk und Ware nicht unbeaufsichtigt lassen wollte. Daraufhin traktierten ihn die beiden Polizeibeamten mit Säbeln, Fußtritten und Schlägen, nahmen ihn an die Kette und brachten ihn auf die Polizeiwache, wohin ihnen eine große Menschenmenge folgte. Dort wurde der Gurkenhändler nach eigenen Angaben erneut von mehreren »grünen« Beamten getreten und geschlagen, wofür er zahlreiche Ohrenzeugen, die vor dem Polizeigebäude ausharrten, und eine Augenzeugin, die Putzfrau Hendrika Wolfen, angeben konnte. Frau Wolfen betrat in dem Augenblick das Amtszimmer, als einer der Polizeibeamten auf dem am Boden liegenden Festgenommenen kniete, während ihm ein anderer Beamter die gefesselten Arme hochhielt. Der anschließenden Aufforderung an den Gurkenhändler aufzustehen wurde mit einem Tritt in die Seite Nachdruck verliehen. Danach wurde Flader ins Gesicht geschlagen. Nach den Angaben der Zeugin waren zur Vernehmung vorgeführte Personen schon häufiger von Beamten der Schutzpolizei körperlich mißhandelt worden. Auch Passanten, die während der Auseinandersetzung in der Beekstraße zum Teil für Flader Partei ergriffen und das brutale Vorgehen der Polizei mißbilligt hatten, waren von den Polizisten bedroht und geschlagen worden.[36]

36 Etwa 35 Zeugenprotokolle zum Fall Flader: StA DUI 306/76.

Über diese Geschichte berichteten der »Duisburger General-Anzeiger« vom 20. und der »Groß-Duisburger Anzeiger« vom 23.6. 1922 ausführlich. Auch meldeten sich einige Zeugen in Leserbriefen empört über das Vorgehen der Polizei zu Wort. Die Duisburger Schutzpolizei betrachtete die engagierten und kritischen Artikel als einen besonders perfiden Fall von Illoyalität oder sogar als eine Art von ›Verrat‹ aus den eigenen Reihen, weil der Autor der Berichte, Paul Schmidt, selbst als Angestellter bei der Verwaltungsstelle der Schutzpolizei beschäftigt war.[37] Obgleich der Fall eine Untersuchung mit zahlreichen Vernehmungen nach sich zog und die meisten Zeugen das Vorgehen der Polizeibeamten als überzogen bis brutal beschrieben und bewerteten, konnte den beiden Beamten keine »strafbare Handlung« nachgewiesen werden. Im Gegenteil, ihr Verhalten fand Billigung: »Gewalt mußten sie anwenden, da sie als Beamte der Staatsautorität Achtung zu verschaffen hatten.« Sie wurden freigesprochen. Statt dessen wurde der Journalist wegen wissentlich falscher Anschuldigungen gegen die Polizei verklagt.[38]

In ihrer Kritik an der Klassengesellschaft unternahmen die KPD und die kommunistischen Gewerkschaften während der Hyperinflation gelegentlich den Versuch, die Polizei- und Schupobeamten für den politischen Kampf der Arbeiterklasse zu gewinnen. Flugblätter klärten sie darüber auf, daß sie in den sozialen Verteilungskonflikten auch gegen ihre eigenen materiellen Interessen handelten. Als die Arbeiterbörse Elberfeld im August 1923 in Barmen Plakate mit der Forderung »Beschlagnahme sämtlicher Lebensmittel durch das Volk für das Volk« verbreitete, wurden auch Handzettel an die Polizeibeamte verteilt: »Polizei- und Schupobeamte! Weshalb müßt ihr fortwährend Bereitschaft stehen? Weil ihr Geldsäcke schützen sollt? Ihr hungert wie wir, also

37 »Eine schwere Anklage gegen die Schutzpolizei. Skandalöse Vorgänge auf offener Straße im Zentrum Duisburgs«. In: »General-Anzeiger« Nr. 168, 20.6.1922. Leserbriefe. In: »General-Anzeiger« Nr. 169, 21.6.1922. »Die Schutzpolizei schweigt. Ein Eingeständnis – unsere Forderungen – weitere Ungehörigkeiten.« In: »Groß-Duisburger Anzeiger« Nr. 171, 23.6.1922. Alles in: StA DUI 306/76.

38 Ergebnisbericht des Reg. Präs. in Düsseldorf an Preuß. Min. des Innern und Oberpräs. von Westfalen am 11.7.1923 über abgeschlossene Verfahren gegen Schutzpolizeibeamte: StA DUI 306/76.

steht zu uns![39] Jenseits der agitatorischen Rhetorik zielten manche Argumente ganz direkt auf die Erfahrungen und Lebensverhältnisse von Polizeibeamten in der Nachkriegszeit. So fand die Überforderung der Polizei, die durch ihren Einsatz bei Plünderungen und Hungerdemonstrationen die Versäumnisse und Mängel der Wirtschafts-, Sozial- und Agrarpolitik wettmachen sollte und die dieser Erwartung in den meisten Fällen entsprach, auch interne Kritiker. Vor allem aber betrachteten sich die Polizeibeamten als unterbezahlt und als beruflich unzureichend abgesichert. Der Polizeipräsident von Essen charakterisierte in seinem Monatsbericht für Dezember 1920 die Stimmung der Schutzpolizei als eine »Geld- und Magenfrage«. Unzufriedenheiten über die Gehälter, über schlechte Wohnverhältnisse und über eine Verpflegung, die man mit ihrem »Kriegsfeldküchenbeigeschmack« als diskriminierend empfand, wurden für die Essener Polizei als Gründe für eine Kündigungswelle angeführt, ebenso hatte die teilweise Entwaffnung der Polizei in Remscheid oder Unsicherheiten über den zukünftigen Status der Schutzpolizei in Mülheim zahlreiche Kündigungen zur Folge.
Nachdem die »blaue« Ordnungspolizei mit der »grünen« Schutzpolizei im Herbst 1920 zur allgemeinen grünen Schutzpolizei zusammengefaßt worden war und die Polizisten seit Januar 1921 nach dem Beamten-Diensteinkommensgesetz besoldet wurden, schien die Unsicherheit über die organisatorische Entwicklung der Polizei und über die soziale Perspektive als Ursache für Kündigungen beigelegt.[40] Die Frage einer angemessenen Besoldung blieb aber auf der Tagesordnung der Beamten. Im Oktober 1923 sandte das Ortskartell des Deutschen Beamtenbundes in Elberfeld eine Entschließung an den Bundesvorstand in Berlin, in dem von einer »beschämenden Besoldung« der unteren Dienstgrade der Verwaltungsexekutive, der Schutz- und Kriminalpolizei, die Rede war, die in »krassem Gegensatz zum schweren Dienst an Volk und

39 Pol. Präs. von Elberfeld/Barmen an Reg. Präs. in Düsseldorf am 17. 8. 1923: HStAD Reg. D. 16870.
40 Stimmungsberichte über die Schutzpolizei in Essen, Remscheid und Mülheim an den Reg. Präs. in Düsseldorf: Pol. Präs. in Essen am 4. 1. 1921 und 4. 2. 1921 und 24. 3. 1921; Staatliche Polizei in Remscheid am 6. 1. 1921 und 31. 1. 1921; Kommando der Schupo in Mülheim am 6. 1. 1921: HStAD Reg. D. 26119. Siehe auch Buder: Preußische Polizei, S. 361 ff. und 588.

Vaterland« stehe. Man begründete die Forderung einer Anhebung der Besoldung für untere Polizeibeamte um zwei Gehaltsstufen mit ihrem staatsloyalen Einsatz: »Ihr bewundernswertes Verhalten, ihr hingebungsvoller Einsatz für Erhaltung des Staates, des Eigentums, für Aufrechterhaltung der Ruhe und Ordnung, sicherte bisher Autorität und Gefüge des Staates.«[41]

Die Frustration über eine relative materielle Verarmung der Polizeibeamten in der Inflationszeit spitzte sich zu in der Diskussion über den Zustand der Uniformen, also über das äußere Erscheinungsbild der Polizei, weil sie sich bei diesem Thema mit der Enttäuschung über einen verletzten Berufsstolz und mit der Erbitterung über eine Mißachtung der Polizei in Teilen der Öffentlichkeit vermischte. Nur eine makellose, perfekt sitzende Uniform schien die Gewähr dafür zu bieten, daß die Polizeibeamten dem »Publikum« Respekt einflößten. Uniformen, die zu groß oder zu eng seien, an denen Knöpfe fehlten oder deren Umhänge zu kurz seien, gaben den Träger hingegen der Lächerlichkeit preis.[42] Vielfach wurde auch kritisch angemerkt, daß Polizeibeamte häufig gezwungen seien, ihre alten Uniformen aufzutragen, wenn sie sich die Neuanschaffung der jeweils geltenden blauen oder grünen Uniformen nicht leisten konnten – ein Umstand, der in den Augen der Polizeibeamten ebenfalls nicht zum Ansehen der Polizei als Repräsentantin der Staatsgewalt beitrug. Über das Problem der Bekleidung von Polizeioffizieren innerhalb der Schutzpolizei, die nach einem Ministerialerlaß vom 15. 2. 1923 neu uniformiert werden sollten, entfaltete sich im »Nachrichtenblatt der Vereinigung der Polizei-Offiziere Preußens« ein Meinungsspiegel der Ablehnung und des Mißmuts über die hiermit verbundenen finanziellen Belastungen.[43]

Bedeutsam für die Auseinandersetzungen zwischen Polizeikräften und Bevölkerung sowie für eine Militarisierung der Innenpolitik wurde die Entscheidung, der kommunal organisierten Polizei seit

41 Deutscher Beamtenbund Ortskartell Elberfeld an Vorstand des Deutschen Beamtenbundes in Berlin am 27. 10. 1923: HStAD Reg. D. 26130.

42 Vgl. z. B. Monatsbericht der Schutzpolizei Remscheid an Reg. Präs. in Düsseldorf vom 31. 1. 1921: HStAD Reg. D. 26119.

43 Besprechungen und Beratungen zur Kleiderfrage, nebst Briefen von Mitgliedern sind abgedruckt im »Nachrichtenblatt der Vereinigung der Polizei-Offiziere Preußens« Nr. 6, Berlin Juni 1924.

Sommer 1919 eine staatliche Sicherheitswehr oder Sicherheitspolizei zur Seite zu stellen, die offensichtlich für ehemalige Reichswehrsoldaten und für Freikorpskämpfer ein hohes Maß an Attraktivität besaß und die die revolutionären Sicherheitswehren, die größtenteils entwaffnet worden waren, ersetzen sollten. Daneben existierten Freikorpsverbände und bürgerliche Einwohnerwehren. Die Sicherheitspolizei entwickelte in der Öffentlichkeit eine ausgedehnte Werbetätigkeit und setzte auch Handzettel und Plakate ein. Bewerbungen junger Männer für die »militärische Sicherheitspolizei« wurden aber auch direkt an Stadträte oder -verwaltungen gerichtet. So bewarb sich der 24jährige Leutnant und Regiments-Adjudant Helbing, der nach dem Abitur vier Jahre im Krieg gewesen war und sich im August 1919 noch in einer Freiwilligen-Sammelstelle befand, von dort aus bei der Sicherheitspolizei in Duisburg, deren Aufbau zu diesem Zeitpunkt jedoch fraglich war, weil Duisburg in der sogenannten neutralen Zone lag.[44] Der Aufbau der Sicherheitswehr fand auch in den Reihen der Polizei Kritiker. Mitunter wurde von seiten der kommunalen Ordnungspolizei Protest und Ablehnung gegen die Sicherheitspolizei als rivalisierende Instanz zur Aufrechterhaltung der inneren Sicherheit artikuliert. Der Verband der Duisburger Polizeibeamten war der Ansicht, »daß eine militarisierte und kasernierte Sicherheitstruppe, bestehend aus jüngeren, unverheirateten Unteroffizieren, keinen Sicherheitsdienst zu leisten in der Lage ist, und eine Gefahr für das Publikum bedeutet«.[45] Offensichtlich befürchtete man, die Angehörigen der Sicherheitswehr könnten – abgeschottet von der Bevölkerung untergebracht, ohne Erfahrung für die materiellen Sorgen einer Familie in der Nachkriegszeit, ohne Verständnis für die Grenzen polizeilicher Gewalt und für Polizeiaufgaben unangemessen scharf bewaffnet – die

44 Werbeplakat und Bewerbungsschreiben von Helbing vom 6. 8. 1919: StA DUI 306/12. Zur Einführung der Sicherheitswehren in Preußen und im rheinisch-westfälischen Industriegebiet siehe Buder: Preußische Polizei, S. 84 ff.

45 Presseausschnitt aus einer Duisburger Zeitung, den ein aufgebrachter »Anonymus« seinem Plädoyer für eine »Reorganisation des Polizeiwesens auf militärischer Grundlage« beifügte. Schreiben vom 25. 9. 1919 an den OB von Duisburg: StA DUI 306/12. Zur Kritik der Ordnungspolizei, die sich auf die Funktionen einer Wohlfahrtspolizei abgedrängt sah vgl. auch Leßmann: Preußische Schutzpolizei, S. 47 und 55 f.

›Bodenhaftung‹ für die sozialen alltäglichen Konflikte verlieren. Diese Mutmaßungen sollten sich in Ereignissen wie den Dortmunder Marktunruhen im Juli 1919, bei denen die Sicherheitswehr kopflos in die Menge schoß, und in zahlreichen ähnlichen Vorfällen bestätigen. Das Verhältnis zwischen der Schutzpolizei in blauen Uniformen und der Sicherheitswehr, deren grüne, relativ aufwendig gearbeitete Uniform auf die Uniformtraditionen der Jäger-, Schützen- und Maschinengewehr-Scharfschützen als Elitetruppen anspielte, blieb auch in der Folgezeit nicht ohne Spannungen.[46]

Zu den schärfsten Gegnern der Sicherheitspolizei und der Schutzpolizei gehörte die Interalliierte Militärkontrollkommission (IMKK), die schließlich in der Boulogner Note am 22. Juni 1920 ultimativ die Auflösung der Sicherheitspolizei, die in ihren Augen eine zweite Reichswehr darstellte, bis zum 6. Oktober 1920 forderte. Statt dessen sollte eine dezentrale, nicht militärisch organisierte Ordnungspolizei entstehen, in die Teile der früheren Sicherheitspolizei übernommen werden konnten und die allerdings von 92 000 auf 150 000 Mann erweitert werden durfte. Die Polizeireform, die im Herbst 1920 durchgeführt wurde, führte aber nicht zur »Entschärfung« der Sicherheitspolizei. Die neu geschaffene Schutzpolizei bestand zum größeren Teil aus dem Personal der alten Sicherheitspolizei, in die Angehörige der früheren Ordnungspolizei hineingenommen wurden. Auch die Forderungen der IMKK nach Dezentralisierung der Polizei, nach »Abrüstung« und Entmilitarisierung, die bis 1922 in zahlreichen Noten wiederholt wurden, fanden bei den amtierenden Regierungen wenig Aufmerksamkeit und erzeugten in der bürgerlich-nationalen Öffentlichkeit eher eine Art von trotziger Wagenburgmentalität gegen die »Zumutungen« einer interalliierten Einmischung in innere Angelegenheiten.[47]

Der soziale Protest der Nachkriegszeit hatte vielseitige Konnotationen. Er konnte je nach der situationsbezogenen Dynamik eine

46 Zur Uniformierung und zur »schweren« Bewaffnung der Sicherheitswehr aus den Beständen der Reichswehr siehe Buder: Preußische Polizei, S. 95 ff.

47 Leßmann: Preußische Polizei, S. 89 ff. und 100 ff. Michael Salewski: Bewaffnung und Militärkontrolle in Deutschland 1919-1927. München 1966; Imperial War Museum (Hg.): The Occupation of the Rhineland 1918-1929. Facsimile Edition 1943, S. 209 ff.

radikale Form von Selbsthilfe sein, aber auch die gezielte Provokation oder der zum Ritual geronnene Widerstand gegen eine Gesellschaft, die der Krieg und die Inflation quer zu den alten Klassengegensätzen in neuer Weise polarisiert hatten. In jedem Fall ist er aber als Versuch zu betrachten, in materiell unberechenbaren Verhältnissen eine Art von Handlungsautonomie zu bewahren.

Die Schwierigkeiten der Sicherheits- und Schutzpolizei, im angespannten sozialen Klima der Nachkriegszeit auf soziale Konflikte angemessen, d. h. im Zweifelsfalle vermittelnd und auf De-Eskalation ausgerichtet zu reagieren, resultierten zum Teil aus einem Selbstverständnis, das militärischen Traditionen entsprang. Für viele Polizisten war es durch das »Fronterlebnis« und durch die Sozialisation in Reichswehr und Freikorps mit Erfahrung aufgeladen und zugespitzt worden. Ein Freund-Feind-Denken, das im bewaffneten Kampf eine Entscheidung auf Leben und Tod suchte, mußte Verzerrungen bei der Wahrnehmung und Einschätzung von Konflikten überhaupt nach sich ziehen, wenn es unbearbeitet blieb. Die Mißhandlung von Festgenommenen und der Einsatz von Schußwaffen gegen plündernde Marktbesucher weisen darauf hin. Die Tatsache, daß die Polizeibeamten bei ihrer Aufgabe, das Gewaltmonopol eines weithin ungeliebten, weil demokratischen Staates durchzusetzen, ebensowenig von den sozialen Folgen der Inflation verschont blieben wie viele derjenigen, die sie auf Marktplätzen, in Ladengeschäften und auf der Straße »bekämpften«, radikalisierte das Feindbild und ließ Konflikte eher eskalieren.

Richard Bessel

Militarisierung und Modernisierung: Polizeiliches Handeln in der Weimarer Republik

»Klare Lage, klarer Auftrag, der Rest heißt Handeln.«[1]

Das historische Interesse an der deutschen Polizei nach dem Ersten Weltkrieg konzentriert sich weitgehend auf ihre politische Rolle. In diesem Bereich historischer Forschung dominiert die Frage nach dem Ende der Weimarer Republik. Es überrascht daher nicht, daß das Problem der inneren Sicherheit und die Rolle der Polizei bei den bitteren und oft gewaltsamen parteipolitischen Auseinandersetzungen der Weimarer Republik im Mittelpunkt von Studien zur Entwicklung der deutschen Polizei zwischen 1918 und 1933 stehen.[2] Wichtige Themen sind die politische Einstellung von Polizeibeamten und höheren Polizeioffizieren, die Organisation der Polizei, die Versuche von Carl Severing und Wilhelm Abegg, die preußische Schutzpolizei zu einer demokrati-

1 Mecklenburgisches Landeshauptarchiv (= MLHA), Kommando der Ordnungspolizei Schwerin, Nr. 71, Bl. 216: Meckl.-Schwer. Ministerium des Innern an das Kdo. d. Ordn.-Pol. Schwerin, Polizeimajor Graf von Blücher, Abschrift aus einem Gutachten des Polizeioberst Lange über die Vorgänge am 26. 8., Schwerin, 5. 2. 24.

2 Vgl. z. B. H.-H. Liang: The Berlin Police Force in the Weimar Republic. Berkeley, Los Angeles und London 1970; E. D. Kohler, »The Crisis of the Prussian Schutzpolizei 1930-32«. In: G. Mosse (Hg.): Police Forces in History. London und Beverly Hills 1974; J. Siggemann: Die kasernierte Polizei und das Problem der inneren Sicherheit in der Weimarer Republik. Eine Studie zum Auf- und Ausbau des innerstaatlichen Sicherheitssystems in Deutschland 1918/19-1933. Frankfurt/Main 1980; C. Graf: Politische Polizei zwischen Demokratie und Diktatur. Die Entwicklung der preußischen Politischen Polizei vom Staatsschutzorgan der Weimarer Republik zum Geheimen Staatspolizeiamt des Dritten Reiches. Berlin 1983; J. Buder: Die Reorganisation der preußischen Polizei 1918-1933. Frankfurt/Main, Bern und New York 1986; P. Leßmann: Die preußische Schutzpolizei in der Weimarer Republik. Streifendienst und Straßenkampf. Düsseldorf 1989.

schen Kraft zu machen, die Einstellung der Polizei zu den parteipolitischen Auseinandersetzungen und ihre Teilnahme an den Straßenkämpfen der Weimarer Zeit, der Verlauf des »Papen-Putsches« vom Juli 1932 und seine Auswirkungen auf die preußische Polizei. Aus der Diskussion solcher Themen entfalten sich zwei Bilder der Polizei von Weimar, die einander ziemlich unvermittelt gegenüberstehen: das Bild einer militarisierten Polizei, deren Handeln weitgehend als vom Militär geprägt galt und die »als die Nachfolgerin der alten preußischen Armee« anzusehen war[3]; und das Bild einer modernen Polizei, die »nicht nur der berufene Hüter der bestehenden Staatsform, sondern auch der jederzeit bereite Helfer und Schützer des Publikums ist«[4], die »ihre Aufgabe, Freund und Schützer der Volksgenossen zu sein, nur dann erfüllen können, wenn sie mit aufmerksamem Blick die Entwicklung der Technik (...) verfolgt«.[5] Die Frage, welches Bild das treffende Erklärungsmuster für die Polizei der Weimarer Republik bietet, läßt sich noch zuspitzen: Ist die Polizei von Weimar als moderne oder reaktionäre Staatsgewalt einzuordnen?

Manches spricht dafür, daß beide Erklärungsmuster zutreffen. Auf der einen Seite waren die Polizeikräfte der Weimarer Republik zweifelsohne stark vom Militär beeinflußt. Das Polizeipersonal bestand, zumindest während der ersten Jahre der Republik, fast ausnahmslos entweder aus ehemaligen Berufssoldaten oder aus gedienten Mannschaften. Die normale Laufbahn eines Polizeibeamten der Weimarer Zeit fing mit dem Militärdienst vor oder während des Krieges an; viele blieben bei der Reichswehr bis unmittelbar nach dem Krieg, als das deutsche Heer auf 100 000 Mann reduziert wurde, und meldeten sich danach zum Dienst in der Sicherheitspolizei bis zur Übernahme in die nachfolgenden

3 So ein Polizei-Major bei seinem Gesuch um Wiedereinstellung in den preußischen Polizeidienst im März 1933. Dieses Zitat befindet sich in Leßmann: Die preußische Schutzpolizei, S. 415. Leßmann meint: »Diesen Satz kann man durchaus als Resume der Geschichte der preußischen Schutzpolizei zwischen 1919 und 1933 ansehen.«

4 Ministerialdirektor Dr. Abegg: Die Große Polizeiausstellung Berlin 1926. In: Die Polizei, Bd. XXII, Nr. 15. 5. 11. 1925, S. 415.

5 Preußischer Minister des Innern A. Grzesinski: Ein Geleitwort. In: Die Polizei (Sondernummer Polizei, Technik und Verkehr). Bd. XXV, Nr. 18. 20. 9. 1928, S. 553.

Polizeiformationen.[6] Obwohl die Zahl der Männer, die nach dem Ersten Weltkrieg nicht mehr fähig waren, den Sprung ins Zivilleben zu schaffen, von Historikern häufig übertrieben wird[7], trifft doch für manche Polizeibeamte nach 1918 zu, daß die Polizei eine starke Attraktion für Männer besaß, die in Uniform bleiben wollten. Während der Weimarer Zeit gab es kaum Polizeibeamte, die vorher ein normales ziviles Arbeitsverhältnis gehabt hatten.

Auch die Polizeiformationen selbst hatten einen stark militärischen Charakter. Die »Sicherheitspolizei« (Sipo), die unmittelbar nach dem Kriege ins Leben gerufen worden war und die nach ihrem Verbot durch die Alliierten im Oktober 1920 aufgelöst werden mußte, bildete »eine Polizeitruppe von ausgesprochen militärischer Art und Organisation«.[8] In seinen Bemühungen, eine Nachfolgeorganisation für die Sipo aufzubauen, beharrte der preußische Innenminister Carl Severing auf dem Standpunkt, daß »straffste Disziplin« die »Hauptbedingung« für die Polizei sein müsse. Und unter den leitenden Polizeibeamten und preußischen Regierungspräsidenten fand die Meinung des hannoverischen Polizeipräsidenten Beckerath allgemeine Zustimmung, daß »eine militärische Disziplin durchaus nötig« sei.[9] Wilhelm Abegg, damals

6 Dieses Bild ergibt sich mit ziemlicher Deutlichkeit aus den Aufstellungen über die Dienstzeiten von Polizisten anläßlich ihrer planmäßigen Entlassung in Oberschlesien zwischen 1919 und 1934, in Archiwum Panstwowe w Wroclawiu (= APW) Rejencja Opolska I, Nr. 51-72. Vgl. auch Leßmann: Die preußische Schutzpolizei, S. 153 f.

7 Hierzu R. Bessel: Politische Gewalt und die Krise der Weimarer Republik. In: L. Niethammer u. a., Bürgerliche Gesellschaft in Deutschland. Historische Einblicke, Fragen, Perspektiven. Frankfurt/Main 1990, S. 384-387.

8 So in der alliierten »Note von Boulogne« vom Juni 1920 formuliert. Zitiert in Leßmann: Die preußische Schutzpolizei, S. 89. Vgl. auch Ministerialdirektor Dr. Klausener: Die Organisation der Preußischen Polizei – Ein Rückblick. In: Die Polizei. Bd. XXV, Nr. 7. 10. 4. 1928, S. 191.

9 Geheimes Staatsarchiv preußischer Kulturbesitz Merseburg (= GStAM), Rep. 77, tit. 344, Nr. 1, Beiheft 2, Bl. 145-150: »Sitzung der Oberpräsidenten, Regierungs- und Polizei-Präsidenten am 15. September 1920«. Ein besonders starker Befürworter einer militarisierten Polizei war Gustav Noske, damals Oberpräsident in Hannover. Er behauptete, »die Kasernierung der Beamten der neuen Organisation (der Schutzpolizei, R. B.) biete die Garantie, daß sie sich auch in stürmischen

Ministerialrat im preußischen Innenministerium und Architekt der kurz danach ins Leben gerufenen preußischen Schutzpolizei, vertrat im September 1920 die Auffassung, daß »die Kasernierung (...) eine Voraussetzung für die Aufrechterhaltung des Machtmittels zugunsten der Allgemeinheit (ist)«[10]; und auch nach 1920 blieb ein erheblicher Teil der Polizei in Kasernen untergebracht. Die polizeiliche Ausbildung blieb trotz Errichtung neuer Polizeischulen zumindest am Anfang der zwanziger Jahren im erheblichen Maße militärisch ausgerichtet. Viele Lehrer der neuen Polizeischulen waren früher für den Unterricht beim Heer zuständig gewesen; manche der neuen Schulen – z. B. die schlesische Polizeischule in Frankenstein und die Höhere Polizeischule in Eiche bei Potsdam – befanden sich sogar in Gebäuden, die zuvor für den Heeresunterricht benutzt worden waren.[11] Übungen mit Handgranaten und Maschinengewehren blieben feste Bestandteile der polizeilichen Ausbildungskurse während der zwanziger Jahre.[12] Die preußische Polizei war überdies imstande, militärisch organisierte Aktionen gegen innere Unruhen durchzuführen – wie der

Zeiten brauchbar erweist«, meinte »es müsste eine straffe Disziplin herrschen, die allen zersetzenden Einflüssen Stand hält«, und schlug vor, »für die Organisation an dem militärischen Charakter festzuhalten«. Der Königsberger Regierungspräsident Siehr war »in Disziplin- und Titelfragen (...) der gleichen Ansicht wie Oberpräsident Noske, also Beibehaltung der militärischen Titel«.

10 GStAM, Rep. 77, tit. 344, Nr. 1, Beiheft 2, Bl. 145-150: »Sitzung der Oberpräsidenten, Regierungs- und Polizei-Präsidenten am 15. September 1920«.

11 APW, Rejencja Wroclawska, Nr. 393, Bl. 180: Der Oberpräsident der Provinz Niederschlesien an den Regierungspräsidenten in Breslau, Breslau, 3. Jan. 1921; Umschau. In: Die Polizei. Bd. XVIII. Nr. 4. 20. 5. 1921, S. 87. Nach Meinung der Verwaltungsstelle der Schutzpolizei in Schweidnitz war der Unterricht bei der Schutzpolizei »ziemlich gleichartig« mit dem beim Heere. Vgl. APW, Rejencja Wroclawska, Nr. 390, Bl. 61: Verwaltungsstelle der Schutzpolizei in Schweidnitz an den Regierungspräsidenten in Breslau, Schweidnitz, 23. Nov. 1922.

12 Vgl. die Berichte über die polizeiliche Ausbildung in Mecklenburg-Schwerin, in MLHA, Ministerium des Innern Schwerin, Nr. 21482. In seiner Studie über die Berliner Polizei in der Weimarer Republik beschrieb Hsi-Huey Liang die Ausbildung der Polizei als »training for military combat«, vgl. Liang: The Berlin Police Force, S. 53.

Einsatz der Polizei bei den Kämpfen um das Leunawerk im März 1921 deutlich zeigte.[13]

Auf der anderen Seite blieb der Charakter der deutschen Polizei nicht statisch. Es gab durchaus auch Entwicklungen, die dem Festhalten an einer militarisierten Polizei entgegenwirkten. Anfang der zwanziger Jahre wurde es auf Druck der Interalliierten Militär-Kontroll-Kommission untersagt, Bewerber aus der Reichswehr direkt in die Polizei zu übernehmen.[14] Durch die Schaffung eines 100 000-Mann-Berufsheeres wurde die herkömmliche Laufbahn Heer-Polizei gebrochen. Modernität bedeutete für die Polizei zunächst vor allem moderne Technik: Die Polizeikräfte der ersten deutschen Republik zeigten sich außerordentlich bereit, die neuesten technischen Errungenschaften einzusetzen. Während der zwanziger Jahre wurde der Gebrauch von Kraftwagen und neuer Nachrichtentechnik in deutschen Polizeiämtern zu etwas Alltäglichem.[15] Durch den Einsatz von Kraftwagen wurde es möglich, »bei den zahllosen Demonstrationen und sonstigen Veranstaltungen die Beamten (der großstädtischen Polizei, R. B.) schnell an den Platz ihrer Diensttätigkeit zu bringen«[16] und die Beweglichkeit der ländlichen Polizei erheblich zu erhöhen. Unter den leitenden Polizeibeamten gab es Stimmen, die eine ausgespro-

13 Vgl. Die Märzunruhen 1921 und die preußische Schutzpolizei. Amtliche Denkschrift des Ministeriums des Innern. Berlin 1921. (Kopie in GStAM, Rep. 169 D, Nr. IX, A, 1, Bd. 1, Bl. 105-127.) Auch Polizei-Major Urban: Betrachtungen über den Einsatz von Artillerie beim Kampf der Schutzpolizei um Leuna 1921. In: Deutsches Polizei-Archiv. Bd. XI, Heft 8. 25. 4. 1932, S. 106 f.

14 MLHA, Kommando der Ordnungspolizei Schwerin, Nr. 50: Der Reichsminister des Innern an den Minister des Innern. Berlin, 10. Sept. 1921.

15 Vgl. Oberregierungsrat im Preußischen Ministerium des Innern H. Paetsch, Leiter der Polizeischule für Technik und Verkehr: Polizeitechnik und Verkehr. Verkehr und Technik bei der Polizei in 25 Jahren. In: Die Polizei. Bd. XXV, Nr. 7. 10. 4. 1928, S. 247-250; Pol.-Oberstleutnant Voit, Leiter des Nachrichtentechnischen Amtes des Polizeipräsidiums Berlin: Die Nachrichtentechnik im Dienste der Berliner Polizei. In: Die Polizei. Bd. XXV, Nr. 5. 5. 3. 1928, S. 142. Vgl. auch K.-F. Dönecke und D. Lemcke: Polizei-Fahrzeuge gestern und heute. Ein historischer Abriß mit Fotos. Hilden/Rhld. 1989, S. 9-27.

16 H. Paetsch: Polizeitechnik und Verkehr. In: Die Polizei. Bd. XXV, Nr. 7. 10. 4. 1928, S. 248.

chen militärische Ausbildung für die Polizei ablehnten.[17] Zugleich traten zumindest einige Polizeiführer dafür ein, ein der neuen Zeit entsprechendes Verhältnis zur Bevölkerung zu entwickeln.
Trotz des vorwiegend militärischen Charakters der polizeilichen Ausbildung in den Jahren nach dem Ersten Weltkrieg blieb nicht alles beim Alten: so wurden polizeitaktische Planspiele durchgeführt (z. B., wie man mit einem Kommando von soundsovielen Polizeibeamten die Absperrung bestimmter Straßen und Stadtteile oder die Kontrolle einer Demonstration vorzunehmen hatte)[18], »verkehrspolizeiliche« Kurse (Ausbildung in Verkehrsregelung) abgehalten[19] und das Fach Psychologie in den Unterricht des 1927 in Charlottenburg eröffneten Polizei-Instituts für höhere Polizeioffiziere eingeführt.[20] Verbreitet war das Interesse an einer »Rationalisierung« der polizeilichen Büroarbeit. Das Ziel war, die Leistungsfähigkeit und Sparsamkeit der Polizei zu erhöhen.[21] Es gab auch ein reges Interesse an dem, was man heute »public relations« nennt: man gab sich große Mühe, ein positives Bild der

17 So z. B. der Verein der Polizei-Oberbeamten des Regierungsbezirks Arnsberg und Vereinigung der Polizei-Inspektoren der westlichen Provinzen in einer an den Preußischen Innenminister gerichteten Denkschrift über »Das Polizeischulwesen«: »Die Polizeiwissenschaft ist eine Wissenschaft für sich. Der Polizeibeamtenberuf muß besonders erlernt werden. Weder militärischer Dienstgrad noch das Wissen erfahrener Hochschüler dürfen einen Maßstab bei Beurteilung der Frage, ob der Anwärter für den Polizeidienst geeignet ist, bilden.« Vgl. GStAM, Rep. 77, tit. 344, Nr. 1, Beiheft 2, Bl. 491-493: Verein der Polizei-Oberbeamten des Regierungsbezirks Arnsberg und Vereinigung der Polizei-Inspektoren der westlichen Provinzen an den Minister des Innern. Dortmund, 15. Juni 1922.

18 Vgl. z. B. B. Elster und H. Jilski: Polizei-Taktik. Übungsbuch für den praktischen Unterricht. Berlin 1928.

19 Vgl. z. B. MLHA, Ministerium des Innern Schwerin, Nr. 21482: Kommando der Ordnungspolizei Schwerin an das Ministerium des Innern, polizeitechnisches Referat. Schwerin, 14. Jan. 1926.

20 Vgl. (Ernst) van den Bergh: Das Polizei-Institut in Berlin. In: Die Polizei. Bd. XXIV, Nr. 20. 20. 10. 1927, S. 487-489.

21 Vgl. Die Büroindustrie im Dienste der Polizei. In: Die Polizei. Bd. XXV, Nr. 2. 20. 1. 1928, S. 62; Das moderne Meldeamt. In: Die Polizei. Bd. XXV, Nr. 5. 5. 3. 1928, S. 131; Ministerialdirektor Dr. Klausener: Die Technik als Sparfaktor in der Polizei. In: Die Polizei. Bd. XXV, Nr. 18. 20. 9. 1928, S. 555 f.

Polizei in den Medien zu pflegen; polizeiliche Presseämter wurden eingerichtet[22]; »öffentliche Beratungsstellen« (z. B. für Maßnahmen zur Sicherung gegen Einbruch) wurden dem Publikum angeboten[23]; und 1926 fand in Berlin eine »Große Polizeiausstellung« statt. Dort wurden die Stände von mehr als 200 Ausstellern (Innenministerien, Polizeibehörden usw.) aus 29 Ländern auf einer Fläche von über 20 000 Quadratmetern von fast einer halben Million Besucher besichtigt.[24] Dieses neue (Selbst-)Bewußtsein zeigt sich z. B. in der Beschreibung des modernen Einwohnermeldeamtes der Magdeburger Polizei in der Zeitschrift »Die Polizei« aus dem Jahre 1928; dort heißt es unter anderem: »Die Modernisierung der Polizei (...) schreitet unaufhaltsam fort.«[25] Die alte militärische Identität der Polizei wurde in der Weimarer Zeit teilweise durch eine neue professionelle Identität ersetzt. Tendenzen der Militarisierung wie auch der Modernisierung und Professionalisierung der Polizei existierten dabei parallel. Zugleich war das gesellschaftliche und politische Umfeld alles andere als stabil und übersichtlich. Nach dem Ersten Weltkrieg mußte die Polizei sich schnell und mehrfach umorganisieren; der Handlungsspielraum der deutschen Polizeikräfte wurde sowohl durch den Druck der

22 Archiwum Panstwowe w Opolu (= APO), Oberpräsidium Oppeln, Nr. 1013, Bl. 10-12: Der Polizeipräsident an den Oberpräsident. Oppeln, 7. Feb. 1929; Dr. H. E. Hirschfeld: Kriminalpolizei und Presse. In: Die Polizei. Bd. XXVI, Nr. 15. 5. 8. 1929, S. 371; Kriminalkommissar Voigt: Kriminalpolizei und Presse. Die Organisation der Pressestelle beim Polizeipräsidium in Essen. In: Die Polizei. Bd. XXVII, Nr. 18. 20. 9. 1930, S. 427-430.

23 Vgl. Deutsches Polizei-Archiv. Bd. X, Heft 23. 10. 12. 1931.

24 Große Polizeiausstellung 1926 (o. O., o. J.) (Kopie in der Bibliothek der Polizei-Führungsakademie, Münster-Hiltrup); Dr. Abegg: Aufbau und Gliederung der »Großen Polizeiausstellung Berlin 1926«. In: Die Polizei. Bd. XXIII, Nr. 1. 5. 1. 1926, S. 1-4; Dr. Abegg: Aufbau und Gliederung der »Großen Polizeiausstellung Berlin 1926« (Fortsetzung). In: Die Polizei: Bd. XXIII, Nr. 4. 20. 2. 1926, S. 83-86; W. Abegg: Aufbau und Gliederung der Großen Polizeiausstellung Berlin 1926. Berlin 1926; Alexander Daranyi und Oskar Daranyi (Hg.): Der Internationale Polizei-Kongreß Berlin 1926 (27. September bis 3. Oktober 1926). Stenographisches Protokoll der Verhandlungen. Wien 1926.

25 Das moderne Meldeamt. In: Die Polizei. Bd. XXV, Nr. 5. 5. 3. 1928, S. 131.

Alliierten als auch durch die geringe Größe des deutschen Heeres bestimmt; in den ersten Jahren der Republik stand die Polizei nicht nur wiederholt gefährlichen politischen Auseinandersetzungen, sondern auch einem gewaltigen Anstieg der Kriminalität gegenüber, der die Inflation begleitete.[26] Und nach den verhältnismäßig stabilen Jahren nach 1923 wurde die Polizei in der Endphase der Republik erneut von den Auswirkungen politischer und wirtschaftlicher Krisen erschüttert. Wie andere Teile des Staatsapparats, geriet sie im Laufe der Weltwirtschaftskrise unter finanziellen Druck, wie andere staatliche Arbeitnehmer mußten Polizisten mit Gehaltskürzungen fertig werden; viele Wachtmeister, deren zwölfjährige Dienstzeit während der Wirtschaftskrise zu Ende ging, konnten mit ziemlicher Sicherheit damit rechnen, arbeitslos zu werden; und die Arbeitsbedingungen innerhalb der Polizeiformationen waren nicht unbedingt als gut zu bezeichnen.[27] Nicht zuletzt: die Zahl der politischen Veranstaltungen und Auseinandersetzungen, die die Polizei zu kontrollieren hatte, stieg enorm an; ab 1930 dominierten sie die Alltagsarbeit der Polizei. Die Geschichte der Polizei während der Weimarer Republik begann und endete mit Krisen. Wie der preußische Ministerpräsident Otto Braun, dessen Bruder 1927 Leiter der Landjägerabteilung Groß-Flottbek in Schleswig-Holstein war[28], bei einem (vergeblichen) Versuch, der Polizei Brünings Gehaltskürzungen zu ersparen, dem Reichskanzler im Oktober 1930 sagte: »Die Polizei befinde sich gewissermaßen im Kriegszustande.«[29]

26 Vgl. D. Petzina, W. Abelshauser und Anselm Faust (Hg.): Sozialgeschichtliches Arbeitsbuch III. Materialien zur Statistik des Deutschen Reiches 1914-1945. München 1978, S. 137; M. Liepmann: Krieg und Kriminalität in Deutschland. Stuttgart, Berlin und Leipzig 1930, S. 35, 39. Vgl. auch Liang: The Berlin Police Force, S. 144-145; Bernd Wehner: Dem Täter auf der Spur. Die Geschichte der deutschen Kriminalpolizei. Bergisch Gladbach 1983, S. 55-58.

27 Nach Meinung von Leßmann zerbrachen »›Staatsgesinnung‹ und Korpsgeist der Wachtmeister der preußischen Schutzpolizei (...) eher an den innenpolitischen Bedingungen der Polizei-Arbeit in der Zeit der Präsidialkabinette als an einer zu weit getriebenen Kürzung der Gehälter nach 1930«. Vgl. Leßmann: Die preußische Schutzpolizei, S. 163 f.

28 Ein Photo von dem Bruder Otto Brauns in Polizeiuniform befindet sich in Gerd Stolz: Geschichte der Polizei in Schleswig-Holstein. Heide in Holstein 1978.

29 »Chefbesprechung vom 27. Oktober 1930, 11 Uhr« (Dok.Nr. 150), in

In den verhältnismäßig stabilen Jahren zwischen Krieg und »Kriegszustand« hatten die deutschen Polizeikräfte jedoch Gelegenheit, sich zu konsolidieren und sich allmählich den neuen politischen und sozialen Anforderungen der Weimarer Republik anzupassen. Die Frage, wie die Polizei der Weimarer Republik zu charakterisieren sei, läßt sich am besten anhand einer Diskussion dieser Zwischenperiode beantworten. Unerläßlich ist es zu klären, was die Polizisten tagtäglich getan haben. Einen Einblick in die Alltagsarbeit der Polizei geben die Nachweise über die Diensttätigkeit der Landjägerei in Oberschlesien in den Jahren 1923 bis 1925.[30]

Die oberschlesische Landjägerei, deren Gebiet 9486 Quadratkilometer und 916 669 Einwohner des Regierungsbezirks außerhalb der oberschlesischen Stadtkreise umfaßte, zählte lediglich 24 Landjägermeister und 354 Oberlandjäger und Landjäger. (Einschließlich der Stadtkreise umfaßte der Regierungsbezirk Oberschlesien 1 379 278 Einwohner und 9702 Quadratkilometer.)[31] In den Jahren 1923 bis 1925 wurden folgende Zahlen über Anzeigen, Berichte und Vernehmungen, über strafbare Handlungen, ausgeführte Beschlagnahmungen sowie Dienstleistungen auf Ansuchen bei der oberschlesischen Landjägerei registriert:

	1923	*1924*	*1925*
A. Zahl der Anzeigen, Berichte und Vernehmungen über strafbare Handlungen			
Verstöße gegen das Gesetz zum Schutze der Republik	30	29	36
Hoch- und Landesverrat	3	7	8
Feindliche Handlungen gegen befreundete Staaten	–	–	2
Verbrechen und Vergehen in bezug auf die Ausübung staatsbürgerlicher Rechte	3	10	4
Widerstand gegen die Staatsgewalt	99	122	120

Tilman Koops (Hg.): Akten der Reichskanzlei. Weimarer Republik. Die Kabinette Brüning I. und II. Bd. I. Boppard am Rhein 1982, S. 566 f.

30 APW, Rejencja Opolska I, Nr. 1280. Die folgenden Zahlen befinden sich in Bl. 28: Der Regierungspräsident, »Nachweisung über die Diensttätigkeit der Landjägerei in den Jahren 1923-1925«. Oppeln, 22. Juli 1926.

31 Statistisches Reichsamt (Hg.): Statistisches Jahrbuch für das Deutsche Reich 1928. Berlin 1928, S. 6.

	1923	1924	1925
Verbrechen und Vergehen wider die öffentliche Ordnung	337	396	395
Münzverbrechen und Münzvergehen	4	15	15
Meineid	14	23	39
Falsche Anschuldigung	32	33	29
Vergehen, welche sich auf die Religion beziehen	8	10	23
Verbrechen und Vergehen in bezug auf den Personenstand	17	19	23
Verbrechen und Vergehen wider die Sittlichkeit	112	172	207
Beleidigung	169	237	229
Zweikampf	–	4	1
Verbrechen und Vergehen wider das Leben	99	139	149
Körperverletzung	813	895	970
Verbrechen und Vergehen wider die persönliche Freiheit	69	41	71
Diebstahl und Unterschlagung	5581	3746	3513
Raub und Erpressung	186	177	118
Begünstigung und Hehlerei	240	161	121
Betrug und Untreue	241	257	304
Urkundenfälschung	31	37	51
Strafbarer Eigennutz und Verletzung fremder Geheimnisse	42	22	27
Sachbeschädigung	445	468	412
Gemeingefährliche Verbrechen und Vergehen	123	198	203
Verbrechen und Vergehen im Amt	10	14	12
Übertretungen	3219	6062	7133
Verbotene Lotterien und Ausspielungen	51	11	62
Verbotene Kollekten	–	16	6
Umgang mit Nahrungsmitteln	276	166	174
Schlachtvieh- und Fleischbeschau	343	315	295
Viehseuchen	1325	4519	3014
Baupolizei	591	761	1240
Feuerpolizei	220	328	502
Wasserpolizei	48	132	143
Fischereipolizei	89	131	162
Jagdpolizei	221	259	241
Vogelschutz	67	93	109
Feld- und Forstpolizei	971	869	1146
Forstdiebstahl	522	544	387
Schmuggel	172	61	71
Fremden- und Paßpolizei	346	360	680
Kost- und Quartiergänger	11	6	42
Haltekinder	5	3	8

	1923	1924	1925
Stehendes Gewerbe	341	464	594
Gewerbe im Umherziehen und Marktverkehr	1312	1286	1420
Gewerbliche Anlagen	121	150	163
Schankkonzessionen	102	179	204
Umgang mit Mineralölen und Gasen	–	1	3
Umgang mit Sprengstoffen	29	27	19
Steuerhinterziehungen	294	631	473
Pressepolizei und Verbreitung von Druckschriften	5	53	21
Verkehr mit Fuhrwerken	1874	3114	3865
Verkehr mit Hundefuhrwerken	21	33	37
Verkehr mit Fahrrädern	1121	2176	3523
Verkehr mit Kraftfahrzeugen	166	433	807
Luftschiffahrt	5	4	56
Eisenbahnpolizei	51	47	39
Telegraphen- und Fernsprechanlagen	34	41	38
Tierschutz	45	49	83
Leichenfunde	78	71	91
Selbstmorde	34	48	53
Gesamtzahl der Anzeigen, Berichte und Vernehmungen	*22818*	*30675*	*33984*
B. Zahl der ausgeführten Freiheitsentziehungen			
Verhaftungen	462	666	724
Vorläufige Festnahmen	896	975	1072
Polizeiliche Festnahmen	282	388	570
Gesamtzahl der Freiheitsentziehungen	*1640*	*2029*	*2366*
C. Zahl der Beschlagnahmen			
Gerichtliche Beschlagnahmen	1584	1375	1127
Polizeiliche Beschlagnahmen	1371	1326	1119
Gesamtzahl der Beschlagnahmen	*2955*	*2701*	*2246*
D. Zahl der Dienstleistungen auf Ansuchen			
Ansuchen der Gerichte	1849	2341	2362
Ansuchen der Staats- und Anwaltschaften	3695	3963	5037
Ansuchen der Ortspolizeibehörden	9772	13595	16378
Ansuchen anderer Behörden und Beamter	7719	9407	10145
Gefangenentransporte	731	973	1137
Gesamtzahl der ausgeführten Ansuchen	*23766*	*30279*	*35059*

Hervorzuheben ist zunächst die anscheinend geringe Rolle, die politische Auseinandersetzungen Mitte der zwanziger Jahren beiden Anzeigen, Berichten und Vernehmungen über strafbare Handlungen im oberschlesischen polizeilichen Alltag spielten.

Die meisten Anzeigen betreffen »Diebstahl und Unterschlagung« (insbesondere 1923 – im letzten Jahr der Inflation) und »Übertretungen«. Es dürfte kaum überraschen, daß das Vorkommen von Viehseuchen einen erheblichen Anteil der Arbeitszeit der Polizei auf dem oberschlesischen Lande beanspruchte. Etwas interessanter ist die zunehmende Bedeutung des Straßenverkehrs, insbesondere der schnelle Anstieg der Zahlen in der Rubrik »Verkehr mit Kraftfahrzeugen«. Schon Mitte der zwanziger Jahre wurde der Straßenverkehr – wenn auch in einem Land mit noch wenigen Kraftfahrzeugen , zumal in den ländlichen Gebieten Oberschlesiens – zu einem bedeutenden Aufgabengebiet für die Polizei. Die meiste Zeit aber verbrachten die Beamten mit gerichtlichen und polizeilichen Beschlagnahmungen und Dienstleistungen auf Ansuchen der Gerichte, der Anwaltsschaften, anderer Polizeibehörden und öffentlicher Instanzen. In den zwei Jahren von 1923 bis 1925 stieg die Zahl der Ansuchen, die die oberschlesische Landjägerei zu bearbeiten hatte, um 47 Prozent.
Die Tendenzen, die in den Nachweisen über die Diensttätigkeit der oberschlesischen Landjägerei zu verfolgen sind, waren im großen und ganzen auch in den Tätigkeitsberichten der städtischen Polizeien zu spüren. So gab zum Beispiel das Polizeipräsidium in Zwickau für das Geschäftsjahr 1.4.1926 bis 31.3.1927 an: u.a. 1456 Festnahmen, 2779 Anzeigen wegen »Übertretungen der Kraftfahrzeuge«, 10377 »Erörterungen« und 182448 »schriftliche Zustellungen«![32] Besonders in den Städten wurde der Kraftverkehr ein zunehmendes Problem für die Polizei, und die Zahl der »schriftlichen Zustellungen«, die den Alltag vieler Polizeibeamten dominierten, nahm unaufhaltsam zu.
Sowohl in der Stadt als auch auf dem Lande mußte die Polizei in der Weimarer Republik mit den Anforderungen einer sich modernisierenden Gesellschaft fertigwerden. Insgesamt kann man sagen, daß die Polizei in ihrer Arbeitszeit überwiegend Tätigkeiten zu verrichten hatte, die mit zweierlei verknüpft waren: zum einen mit Sicherheit und Wohlfahrt der einzelnen Bürger, zum anderen mit dem Wachstum des bürokratischen Anstaltsstaats. Es ging dabei zum Beispiel um die Bekämpfung von Kleinkriminalität oder

32 Sächsisches Hauptstaatsarchiv Dresden (= SHAD), Polizei-Präsidium Zwickau, Nr. 57, Bl. 15: »Gesamt-Tätigkeit auf die Zeit April 1926-März 1927«.

die Regelung des Straßenverkehrs; zu beaufsichtigen waren (Wochen-)Märkte und der Verkehr mit landwirtschaftlichen Produkten – es gehörte dazu aber auch die Ausführung der erheblich zunehmenden Ansuchen anderer öffentlicher Behörden auf Unterstützung bzw. Durchsetzung von Anforderungen, Zahlungsbefehlen etc. Und insbesondere zu letzterem war nicht selten das direkte Auftreten und Eingreifen von Polizisten erforderlich. Demgegenüber scheinen Aufgaben, die sich unmittelbar auf die Sicherheitsinteressen des Staates oder parteipolitische Auseinandersetzungen bezogen, Mitte der zwanziger Jahre auf der Tagesordnung der Polizei eine untergeordnete Rolle gespielt zu haben.[33]

Polizeiliches Handeln ist nicht zu lösen von den Erwartungen der gesellschaftlichen Klassen und Gruppen, des »Publikums«. Einen interessanten Einblick in diese Erwartungen ermitteln Berichte und Gutachten über Zwischenfälle bei polizeilichen Einsätzen: die Beschreibung von Fehlern der Polizei liefert auch Hinweise auf das Handeln, das von ihr erwartet wurde. Ein Beispiel ist ein im Februar 1924 verfaßtes Gutachten über einen Versuch der Mecklenburgischen »Ordnungspolizei«, Zusammenstöße bei einer Feier anläßlich der Aufstellung eines Kriegerdenkmals in Schwerin am 26. August 1923 zu verhindern.[34] Da zur gleichen Zeit eine Gegendemonstration geplant war, wurden »tumultarische Szenen« und »Zusammenstöße« befürchtet; »die leitende Stelle« habe aber bei ihren Maßnahmen »keine glückliche Hand gehabt«. Laut Berichterstatter wurde die Lage »falsch beurteilt«:

33 Dies stimmte aber freilich für die letzten Jahre der Weimarer Republik nicht mehr: Zwischen 1930 und 1933 dominierten die Folgen der steigenden politischen Temperatur – politische Versammlungen, Auseinandersetzungen, Schlägereien usw. – immer mehr den Polizeidienst. Ein guter Einblick in diese Entwicklung von einem »normalen« zu einem »politischen« Polizeidienst am Ende der Weimarer Republik bieten die »Einsatzberichte« und »Tätigkeitsberichte« der staatlichen Mecklenburgischen »Ordnungspolizei« (d.h. der Landespolizei von Mecklenburg, die dem Mecklenburgischen Innenministerium direkt unterstellt war) in und um die Landeshauptstadt Schwerin: MLHA, Kommando der Ordnungspolizei Schwerin, Nr. 81.

34 MLHA, Kommando der Ordnungspolizei Schwerin, Nr. 71, Bl. 215-218.

»Der harte Wille der Demonstranten musste auf den *härteren* Wille der Polizei stossen. Ich bin der Ueberzeugung, dass das Ziel mit einfachen und milden Polizeimitteln (...) hätte erreicht werden können, wenn nur richtig *befohlen* worden wäre.
Keinesfalls war Anlass gegeben zu so schroffen Massnahmen, wie Laden der Gewehre und Aufpflanzen der Seitengewehre. Man stand doch einer Menschenmenge gegenüber, die sich zwar renitent benahm, johlte und schrie, im übrigen aber keine ›feindseligen oder gar verbrecherischen‹ Absichten hatte, die den Gebrauch der Waffen gerechtfertigt haben würde. Wie oft käme dann die Berliner Polizei in die Lage zu schiessen oder zu stechen, wenn solche Zusammenrottungen bereits zu so scharfen Mitteln Veranlassung geben sollten. Tatsächlich ist der Gebrauch der Waffe kaum irgendwo so selten geworden wie gerade bei der Berliner Polizei, obwohl sie doch sicher oft Menschenmassen gegenübersteht, die zu den am schwierigsten zu behandelnden gehören.
Es verrät nur Aengstlichkeit und Unsicherheit des Führers, wenn ohne notwendigen Anlass so früh schon mit schärfsten Massnahmen gedroht wird, mit Massnahmen, die sich nachher doch nur als eine Geste erweisen. Darin liegt eine grosse Gefahr. Die Polizei soll nicht demonstrieren, sondern handeln. Sie muss allerdings den Ehrgeiz besitzen, ihre Absichten mit dem geringsten Aufwand von Machtmitteln durchzusetzen (...)
Der Führer einer Polizeiaktion muss sich auf die Psychologie der Menschenmassen verstehen. In unerschütterlicher Ruhe muss er seine Anordnungen treffen, je nachdem, was er aus den Augen der vor ihm Stehenden herausliest (...)«

Das Bild des idealen polizeilichen Handelns – Ziele »mit einfachen und milden Polizeimitteln« zu erreichen, die »Psychologie der Menschenmassen« zu verstehen, Anordnungen »in unerschütterlicher Ruhe« zu treffen, »ihre Absichten mit dem geringsten Aufwand von Machtmitteln durchzusetzen« – war ausgesprochen modern. Aber leider entsprach das Handeln der Polizei der Weimarer Republik, die – anders als im Kaiserreich – »als Freund des Publikums«[35] angesehen werden wollte, nicht immer

35 So »Das Illustrierte Blatt« in einem Artikel über einen Polizei-Film: Die Polizei als Freund des Publikums. XIII. Jahrgang, Nr. 29. 19. 7. 1925, S. 18. (Kopie in GStAM, Rep. 77. tit. 788, Nr. 10.) Der Artikel fängt mit folgender Bemerkung an: »Wir sind in Deutschland immer noch nicht daran gewöhnt, die Polizei als Freund und Schutz des Publikums anzusehen. Während sich im Auslande längst diese Meinung Bahn gebrochen hat, besteht bei uns immer noch die Neigung, lieber gegen als für die Polizei Partei zu ergreifen. Allmählich erst scheint eine Aenderung einzutreten. Die Neuorganisation der Polizei hat es

solchen Idealen. Zu oft blieb das polizeiliche Auftreten weit entfernt von dem (vom Berliner Polizeikommandeur Magnus Heimannsberg skizzierten) Bild des Polizeibeamten, der »mit der immer mehr sich durchsetzenden inneren Befriedung (...) immer mehr vom ›Kämpfer‹ zum ›Schützer‹« wird.[36] Polizeiliches Versagen auf diesem Gebiet ist mehrfach belegt – insbesondere bei den Ereignissen in Berlin im Mai 1929, als schwerbewaffnete Berliner Schutzpolizisten einen regelrechten Feldzug zur Kontrolle der proletarischen Gegenden Berlins einleiteten: Nach fünf Tagen heftiger Straßenkämpfe blieben 33 Tote und 198 Schwerverletzte zurück.[37]

Die oben zitierte Anforderung, »die Polizei soll nicht demonstrieren, sondern handeln«, deutet darauf hin, daß die Polizeibehörden eine moderne Polizeipraxis anstrebten. Der auch für die Polizei zuständige Innenminister Preußens, Carl Severing, formulierte anläßlich der Großen Polizeiausstellung in Berlin im Herbst 1926, daß eine »moderne Polizei« sich »nicht wie früher als stagnierender Fremdkörper im Volke, sondern als Glied des lebendigen Volkstums« fühlen solle. Diese Polizei habe sich als »Hüterin der öffentlichen Ordnung und Sicherheit, Dienerin der Allgemeinheit

mit sich gebracht, daß ihre Beamten weitaus mehr als früher mit dem Publikum in direkte Berührung kommen.«

36 Polizeioberst Heimannsberg: »Schutzmannschaft – Sicherheitswehr – Sicherheitspolizei – Schutzpolizei«. In: Die Polizei. Bd. XXV, Nr. 7. 10. 4. 1928, S. 201. Für eine ähnliche Beschreibung der bayerischen Polizei während der Weimarer Zeit in einer neueren Studie vgl. J. Schwarze: Die bayerische Polizei und ihre historische Funktion bei der Aufrechterhaltung der öffentlichen Sicherheit in Bayern von 1919-1933. München 1977, S. 27.

37 Zu den Ereignissen in Berlin im Mai 1929, vgl. Liang: The Berlin Police Force, S. 106-108; E. Rosenhaft: Beating the Fascists? The German Communists and Political Violence 1929-1933. Cambridge 1983, S. 33 f.; E. Rosenhaft: Working-class Life and Working Class Politics: Communists, Nazis and the State in the Battle for the Streets, Berlin 1928-1932. In: Richard Bessel und E. J. Feuchtwanger (Hg.): Social Change and Political Development in Weimar Germany. London 1981, S. 224-228; C. Bowlby, Blutmai 1929: Police, Parties and Proletarians in a Berlin Confrontation«. In: The Historical Journal 29 (1986), S. 137-158; T. Kurz: Blutmai. Sozialdemokraten und Kommunisten im Brennpunkt der Berliner Ereignisse von 1929. Bonn 1988, insbes. S. 27-68; Leßmann: Die preußische Schutzpolizei, S. 266-278.

in selbstloser, aufopfernder Tätigkeit ohne kleinliche Einstellung« zu begreifen.[38] Sicherlich wurden die Polizeikräfte solch edlen Anforderungen häufig nicht gerecht. Bemerkenswert ist jedoch, daß – wie der Schweriner Fall zeigt – dieses Versagen den Polizeibehörden ernsthafte Sorgen verursachen konnte. Das Ziel der hier zitierten Offiziere und Vorgesetzten war es, das polizeiliche Handeln mit den Wünschen und Bedürfnissen »des lebendigen Volkstums« in Einklang zu bringen. Das heißt, die Polizei war für sie nicht ausschließlich dazu da, den Staat zu schützen, sondern auch, um dem Volk zu dienen.

Wie schon oben erwähnt, wurde in der Weimarer Republik mehr Wert gelegt auf die Ausbildung der Polizei zu einer modernen und professionellen Kraft. Es bleibt aber fraglich, ob und wieweit die polizeiliche Ausbildung diesen Idealen entsprach und das alltägliche Handeln auch tatsächlich prägte. Es gibt Anzeichen dafür, daß die Forderung nach einer professionellen Ausbildung nicht immer das erwünschte Ergebnis brachte. Auf der einen Seite kann man z. B. das Berliner Blutbad vom Mai 1929 nicht allein dem Versagen der polizeilichen Ausbildung zuschreiben, sondern vielleicht eher als deren Konsequenz ansehen: als Folge der Schulung von Beamten zu einer straff-organisierten und technisch-kompetenten Polizei, die jahrelang die Eroberung proletarischer Stadtviertel und das Absperren und Durchsuchen ›kommunistisch verseuchter‹ Wohngegenden geübt hatte.[39] Auf der anderen Seite ist es zweifelhaft, ob die Ausbildung das Verhalten der einfachen Polizeibeamten überhaupt beeinflussen konnte. So behauptete im November 1924 der neue Polizeidirektor in Zwickau (nach Eingang von »teils durch Stadtverordnete, teils unmittelbar aus der

38 K. Severing: Die Große Polizeiausstellung Berlin 1926. Ein Geleitwort. In: Die Polizei. Bd. XXIII, Nr. 18. 20. 9. 1926, S. 451.

39 Vgl. Elster und Jilski: Polizei-Taktik. Berlin 1928, insbes. S. 85-87: »Sperren von Straßenzügen. Aufgabe für einen Zug«. Auch Kurz: Blutmai, S. 75. Nicht lange vor dem Berliner Blutbad gab es in der Zeitschrift »Die Polizei« eine Reihe von Aufsätzen über »Straßen- und Häuserkampf«, die in vielerlei Hinsicht Ereignisse in den proletarischen Gegenden der Reichshauptstadt wie die von 1929 im voraus erörterten. Vgl. Polizei-Oberstleutnant K. Schröder: Straßen- und Häuserkampf. In: Die Polizei. Bd. XXIV, Nr. 20. 20. 10. 1927, S. 489-491; Bd. XXIV, Nr. 21. 5. 11. 1927, S. 518-520; und Bd. XXIV, Nr. 22. 20. 11. 1927, S. 548-551.

Bevölkerung fortgesetzt Klagen (...) daß der polizeiliche Schutz Zwickaus insonderheit Verkehrsausschreitungen gegenüber unzulänglich wäre«): »die unzulänglichen Verhältnissen in Zwickau« hätten ihre Ursachen u. a. in der fehlenden Ausbildung der Polizei: »eine systematische Dienstausbildung der Mannschaften fehlt vollständig«.[40]

Dies war nicht das einzige Problem, dem sich die Polizei der Weimarer Republik gegenübersah. Sie bekam außerdem bei weitem nicht alle Mittel bewilligt, die die Verantwortlichen gerne gehabt hätten. Zwar gehören Klagen über unzureichende Finanzmittel und zu wenig Personal zu dem Arsenal jedes Polizeipräsidenten in seinen Auseinandersetzungen mit den Finanzbehörden. Während der Weimarer Zeit gab es jedoch ernsthafte Sorgen. Die Zahl der Beamten, deren Höchstgrenze von den Alliierten auf 150000 Mann (85000 in Preußen) festgesetzt worden war, lag zwar höher als im Kaiserreich: Damals hatte die Polizei insgesamt etwa 100000 Mann umfaßt.[41] Aber die Zahl der Beamten war in Anbetracht der Probleme der Weimarer Republik noch immer nicht besonders groß. Im Vergleich mit der Zeit vor 1914 stieg die Kriminalität nach dem Krieg erheblich an.[42] Zur gleichen Zeit gab es

40 SHAD, Polizeipräsidium Zwickau, Nr. 9: Dr. Gerland, Polizeidirektor, Zwickau, 10. Nov. 1924.

41 H.-A. Koch: Beiträge zur Geschichte der deutschen Polizei 1919-1933. Die Polizeikräfte im Deutschen Reich bis zur Revolution im November 1918; und H.-A. Koch: Beiträge zur Geschichte der deutschen Polizei 1919-1933. Lösung der Polizeifrage zwischen Reichsregierung und Entente. Reichsgesetzgebung zur Polizeiorganisation in den Deutschen Ländern (Ms. in der Bibliothek der Polizei-Führungsakademie in Münster-Hiltrup).

42 Die Entwicklung der Kriminalität in Deutschland 1910-1928

Jahr	Rechtskräftig Abgeurteilte insgesamt	Verurteilte insgesamt	Darunter Frauen	Darunter Jugendliche
1910	685751	538225	86926	51315
1911	693346	544861	89192	50874
1912	722745	573976	91653	55949
1913	690403	555527	88462	54155
1914	560024	454064	77870	46940
1915	349308	287535	75400	63126
1916	350400	287500	86400	80399

nicht unbedingt mehr Polizeibeamte auf der Straße, obwohl ihre Zahl gestiegen war. Dies läßt sich am Beispiel der Klagen des obengenannten Polizeidirektors von Zwickau – wo die Polizeibehörde mit ihren 126 Beamten im Verhältnis zu der in Städten wie Plauen oder Erfurt besonders klein war – erläutern:[43]

»Augenblicklich stehen für den Straßendienst 92 Mann zur Verfügung. Von diesen gehen etwa 11% im Durchschnitt als auf Urlaub oder dienstfrei ab, denn mit wenigen Ausnahmen hat jeder Mann 28 Tage Urlaub und noch 11 dienstfreie Tage ohne Anrechnung der wachtfreien Zeit. Dies ergibt, daß tatsächlich nur 81 Mann zum Dienst zur Verfügung stehen, von denen sich 1/3, also etwa 26-27 Mann, im Dienste befinden.[44] Dabei darf niemand krank sein.
Da die Hälfte auf der Wache, die andere Hälfte auf der Straße sein soll, vorausgesetzt, daß die Beamten nicht für andere Zwecke, z. B. Steuerzettel austragen, in Anspruch genommen sind, sind in Zwickau tatsächlich nur 13-14 Mann unter günstigsten Verhältnissen auf der Straße.«

Zwickau war zu dieser Zeit eine Stadt mit etwa 80 000 Einwohnern. Die Chance, auf den Straßen Zwickaus polizeilichen Schutz zu erhalten, war eher gering.

Nicht nur im Laufe der Nachkriegswirren und während der Inflationszeit, sondern auch in den verhältnismäßig stabilen Jahren der Weimarer Republik gab es lebhafte Klagen »über die Unsi-

1917	357 146	294 584	102 806	95 651
1918	408 147	341 526	127 923	99 498
1919	418 064	348 247	85 454	64 619
1920	733 458	608 563	118 749	91 171
1921	797 552	651 148	130 550	76 932
1922	760 706	636 817	113 884	71 124
1923	968 883	823 902	134 943	86 040
1924	827 021	696 668	114 488	43 276
1925	682 092	575 745	93 367	24 771
1926	700 201	589 611	89 344	24 066
1927	724 258	608 356	91 990	24 119
1928	691 710	585 862	83 457	27 104

Statistisches Reichsamt (Hg.): Statistisches Jahrbuch für das Deutsche Reich 1930. Berlin 1930, S. 556. Vgl. auch dazu den Beitrag von H. Reinke in diesem Band, S. 219ff.

43 SHAD, Polizeipräsidium Zwickau, Nr. 9: Dr. Gerland, Polizeidirektor, Zwickau, 10. Nov. 1924.

44 So bei einem 12-Stunden-Schicht-System, wobei jeder Beamte 12 Stunden Dienst und dann 24 Stunden frei hatte.

cherheit auf den Straßen« und »über den ungenügenden Nachtschutz«. Selbst in den »goldenen« Jahren nach der Währungsstabilisierung mußten Bitten nach einer besseren Ausstattung der Polizei von den Gemeinden wegen ihrer »katastrophalen Finanzlage« abgelehnt werden.[45] Sicherlich gehören solche Klagen – die des Publikums wegen unzureichenden polizeilichen Schutzes, der Polizeibehörden wegen unzureichender Finanzmittel und die der öffentlichen Behörden wegen der kaum zu finanzierenden Bedürfnisse der Polizei – zum Alltag und sind fast überall zu hören. Sie deuten aber auch auf Erwartungen hin, die in der Weimarer Republik präsent waren. Mit anderen Worten: es waren nicht nur die scharfen parteipolitischen Auseinandersetzungen in und um die Polizeipräsidien, die das polizeiliche Handeln bestimmten. Auch die (wahrscheinlich nie zu befriedigenden) öffentlichen Erwartungen hinsichtlich des polizeilichen Schutzes und die (wahrscheinlich nie zu deckenden) finanziellen Bedürfnisse einer modernen Polizei haben die Handlungsspielräume der Polizei der Weimarer Republik beeinflußt.

Ein zusätzlicher bestimmender Faktor des polizeilichen Handelns waren Persönlichkeitsprofil und Fähigkeiten der Polizeibeamten selbst. Es war ein ständiges Problem der Polizei, gute Bewerber für den Nachwuchs zu bekommen. Nur wenige der Bewerber konnten tatsächlich eingestellt werden. So wurden zum Beispiel im Juni 1923 von den 77 Bewerbern, die um Einstellung bei der Schutzpolizei in Oppeln nachgesucht hatten, 47 »wegen Polizeidienstunfähigkeit bezw. Mindermass oder ungenügender Volksschulbildung« abgelehnt; insgesamt wurden nur drei dieser 77 Bewerber eingestellt.[46] Trotz energischer Werbungskampagnen gab es wiederholte Klagen über die ungenügende Zahl guter Bewerber; wie der Oppelner Polizeipräsident im Sommer 1928 zum Ausdruck brachte, war »unter den sich meldenden Bewerbern (...) nur ein verschwindend geringer Prozentsatz (...) polizeitauglich«.[47]

45 GStAM, Rep. 77. tit. 3995, Nr. 2: Der Gemeindevorsteher an den Polizeipräsidenten in Gleiwitz. Biskupitz, 29. Aug. 1925. In diesem Aktenband befinden sich mehrere Ablehnungen von Bitten um eine bessere Finanzierung der örtlichen Polizei.

46 APW, Rejencja Opolska, Nr. 33, Bl. 104: Kommando der Schutzpolizei an den Regierungspräsidenten in Oppeln. Oppeln, 30. Juni 1923.

47 Archiwum Panstwowe w Opolu (= APO), Landratsamt Oppeln, Nr.

Auch die Männer, die tatsächlich zugelassen wurden, stellten nicht unbedingt eine Elite dar. Obwohl viele Polizeibeamte ihren Dienst sicherlich mit großem Eifer und Mut leisteten, war die Disziplin innerhalb der Polizei ein kontinuierliches Problem. Es gab zahlreiche Fälle von Disziplinarvergehen, insbesondere wegen Trunkenheit, die nicht selten zur Entlassung aus der Polizei führten.[48] So kam es zum Beispiel im Regierungsbezirk Breslau im März 1922 (als das Verhalten der Polizei während des Eisenbahnerstreiks im Februar 1922 besonders heftig kritisiert wurde) zu »Wachtvergehen, Unpünktlichkeit und Unzuverlässigkeit im Dienst« sowie zu zahlreichen »Ausschreitungen, die in der Trunkenheit begangen« wurden:[49]

»Es hat sich leider herausgestellt, dass eine grosse Anzahl von Beamten nicht das gesteigerte Ehrgefühl besitzt, das unbedingt nötig ist, um eine Warnung oder einen Verweis bessernd wirken zu lassen. Die Folgen sind Rückfälle so schwerer Art, so alsdann oft die Dienstentlassung erforderlich wird.
Bei vielen Beamten, die sich während der Ausbildungszeit vorwurfsfrei geführt haben, hat die Aushändigung der Bestallungsurkunde und das Streben der Berufsorganisationen nach lebenslänglicher Anstellung ein Gefühl der Sicherheit hervorgerufen, das sich in einem Mangel an Zuverlässigkeit u. Dienstfreudigkeit äussert. Man erkennt deutlich die Tendenz, daß nach der sicheren Einstellung die Leistung sich vernachlässigt.«

Die Polizeibeamten, die die großen politischen Auseinandersetzungen der Weimarer Jahre zu kontrollieren hatten und die eine neue, technologisch ausgebildete und moderne Polizei bilden sollten, waren den an sie gestellten Anforderungen nicht immer gewachsen.

830: Der Polizeipräsident an den Landrat in Oppeln. Oppeln, 6. Juli 1928. Vgl. auch APO, Landratsamt Oppeln, Nr. 830: Der Polizeipräsident, Kommando der Schutzpolizei Oppeln, an den Landrat in Oppeln. Oppeln, 19. April 1929.

48 Vgl. z. B. die Fälle in dem Regierungsbezirk Breslau, die im APW, Rejencja Wroclawska, Nr. 369, zu finden sind. Für Fälle von oberschlesischen Schupobeamten, die während der zwanziger und Anfang der dreißiger Jahre wegen »Interessenlosigkeit am Dienst«, »Unzuverlässigkeit«, »Neigung zum Schuldenmachen«, »Trunkenheitsdelikten« usw. nach ihrer zwölfjährigen Dienstzeit nicht wieder eingestellt wurden, vgl. APW, Rejencja Opolska, Nr. 51-70.

49 APW, Rejencja Wroclawska, Nr. 370, Bl. 22-26: Der Regierungspräsident an den Minister des Innern. Breslau, 16. März 1922.

Die generelle Frage, ob die Polizei in der Weimarer Republik als quasi militärische oder moderne Organisation – als reaktionäre oder moderne Staatsgewalt – zu bewerten ist, läßt sich nicht eindeutig beantworten. Festzustellen ist aber, daß das Handeln der Polizei in vielerlei Hinsicht durch eine Tyrannei des Alltags gekennzeichnet war: Die Beamten wurden ständig mit Aufgaben und Problemen konfrontiert, die sie schnell und ohne großes Nachdenken zu erledigen hatten. Die Polizei mußte die alltägliche Kleinkriminalität bekämpfen, Schlägereien auflösen, den Straßenverkehr regeln. Dies innerhalb organisatorischer Strukturen, die in der Weimarer Zeit noch weitgehend militärischen Charakter besaßen, darüber hinaus wurde das polizeiliche Handeln von den Herausforderungen einer modernen Industriegesellschaft und der zunehmenden und zwangsläufigen Professionalisierung des Polizeiberufs in einem technischen Zeitalter bestimmt.
Die schnelle Anpassung der Polizei an das neue politische System ab 1933 war nicht bloß Ausdruck der parteipolitischen Neigungen einzelner Polizeibeamter. Ebenso ausschlaggebend war, daß die nationalsozialistische Herrschaft versprach, den politischen Unruhen ein Ende zu setzen, so daß sich für die Polizei die Möglichkeit ergab, endlich wieder ihre eigentliche »professionelle« Aufgabe wahrnehmen zu können:[50] nach den Wirren der Weimarer Republik nun wieder die Bekämpfung der Kleinkriminalität und die Regelung des Straßenverkehrs. Die politische Wende von 1933 führte nicht über Nacht zu einer Umgestaltung des polizeilichen Alltags; es gab wichtige Elemente der Kontinuität – nicht zuletzt die Kontinuität des polizeilichen Handelns. Dieses wurde auch nach 1933 nicht nur von offenkundiger Militarisierung oder eindeutiger Modernisierung, sondern auch weiterhin von einem gewissen Pragmatismus geprägt. Die pragmatischen Herausforderungen des polizeilichen Alltags in der modernen Industriegesellschaft von Weimar hatten zu einer teilweisen Modernisierung der Polizei geführt; zugleich hatten sie jedoch die Anpassung an eine Diktatur vorbereitet, die angeblich die Ordnung auf den Straßen Deutschlands wiederherstellen sollte.

50 Zu diesem Thema, vgl. R. Bessel: Policing, Professionalisation and Politics in Weimar Germany. In: Clive Emsley/Barbara Weinberger (Hg.): Policing Western Europe. Politics, Professionalization, and Public Order, 1850-1940. New York 1991, S. 187-218.

Michael Zimmermann
Ausgrenzung, Ermordung, Ausgrenzung
Normalität und Exzeß in der polizeilichen Zigeunerverfolgung in Deutschland (1870-1980)

Im August 1913 erörterte das fürstlich-lippische Verwaltungsamt in Detmold die »Zigeunerplage«. Da im kleinen Fürstentum Lippe keine Zigeuner wohnten, hieß es in einer Denkschrift, sei zu fordern, daß die lippische Polizei »Zigeunertransporte« erst an der Landesgrenze übernehmen und nur innerhalb des eigenen Territoriums begleiten solle. In der Praxis hätten die »hiesigen Polizeibeamten« die Zigeuner aber oft »weit vor der Grenze« in Empfang zu nehmen und sie zudem noch an anderer Stelle ins Preußische zurückzubegleiten. Umgekehrt würden von preußischer Seite »immer häufiger Kosten liquidiert«, die für die Begleitung »größerer Zigeunerbanden« durch das Territorium Lippe angefallen seien. Der rat- und folgenlose Schluß aus den konträren Beobachtungen: Vielleicht werde außerhalb Lippes unter »größerer Bande«, eventuell sogar unter »Zigeuner« etwas anderes verstanden als innerhalb Lippes. Wenn jedenfalls den lippischen Polizeibeamten weiterhin »Zigeunertransporte« aufgebürdet würden und außerdem Transportkosten an die preußische Gendarmerie zu zahlen seien, drohe die »Beobachtung der Zigeuner für die Amtsgemeinden zu einer größeren Last zu werden, als sie die Zigeunerplage war«.[1]

1922 entzündete sich im nun nicht mehr fürstlich regierten Lippe eine neuerliche Diskussion über die »Zigeunerplage«. Die Ausgangsfrage war, ob »Zigeunerlagerplätze« von Nutzen seien. Das Spektrum der Antworten reichte von strikter Ablehnung (»Wir befürchten, daß durch Schaffung derartiger Plätze die Zigeunerplage noch verschlimmert wird.«) bis zu klar zustimmenden Voten. Es wurde argumentiert, die »Methode des Abschubes« habe sich als unzweckmäßig erwiesen. Teils sei die Zahl der Polizeibe-

1 Staatsarchiv (STA) Detmold, L 80 Je, Fürstliches Verwaltungsamt Detmold, No. 15. 300/15 376, 29. 8. 1913.

amten zu gering, um den Abschub durchzusetzen; teils böten die gültigen Reisepapiere der Zigeuner keine Handhabe; oft laufe der Abschub auf ein »zweckloses Hin- und Herschieben« zwischen Lippe und Preußen hinaus. Lagerplätze, auf denen die Zigeuner zu nächtigen verpflichtet seien, böten hingegen die Chance, ihnen den Aufenthalt »nach Möglichkeit (zu) erschweren«. Hohe Standmieten, restriktive Platzvorschriften und eine Höchstaufenthaltsdauer von 12 oder 24 Stunden würden die Betroffenen wohl veranlassen, einen Bogen um das Land Lippe zu machen. Eine solche Befürwortung von Zigeunerlagerplätzen bedeutete aber nicht, daß man sich über deren Standorte hätte verständigen können. So meinte etwa die Stadt Lage: In ihrer »eng begrenzten« Gemeinde fehle es »an geeigneten Plätzen gänzlich«; Detmold, Lemgo und Blomberg seien besser geeignet.
Da auch die martialischen Vorschläge des lippischen Verwaltungsamtes Blomberg für eine Reichsgesetzgebung – Einschränkung der Freizügigkeit für Zigeuner, Verbot des Umherziehens mit Wohnwagen, »Unterbringung rechtskräftig verurteilter Zigeuner in einer Zwangsarbeitsanstalt und Einführung der Prügelstrafe für Fälle der Widersetzlichkeit und Trägheit« – folgenlos blieben, verlief die lippische Diskussion über die »Zigeunerplage« 1922 ebenso folgenlos wie 1913.[2] Das war in den Strukturen der »Zigeunerbekämpfung« angelegt.

Widersprüche und Nischen

Im Wilhelminischen Kaiserreich, während der Weimarer Republik und in den ersten Jahren der NS-Herrschaft galt die Bekämpfung des vorgeblichen »Zigeunerunwesens« im Territorium Lippe wie in den übrigen deutschen Ländern nahezu ausschließlich als polizeiliche Angelegenheit. Kirchliche, schulische und von Fürsorgeeinrichtungen unternommene Versuche, Sinti[3] durch die

2 STA Detmold, L 80 Je, Korrespondenz August-Oktober 1922. Zitate: Magistrate von Horn und Schötmar, Lippische Verwaltungsämter Blomberg und Brake, Stadt Lage.

3 Sinti: Bezeichnung für die größte in Deutschland lebende Zigeunergruppe; die ältesten Nachrichten über sie aus deutschen Quellen stammen vom Beginn des 15. Jahrhunderts. Bei den Roma handelt es sich – so das Verständnis im deutschen Sprachraum – um eine Sammelbezeich-

Verbindung von Disziplinierung und Fürsorge anzupassen, blieben dagegen bedeutungslos.[4]
Für ausländische Zigeuner war die Ausweisung vorgesehen; für die inländischen Fahrenden existierte eine breitere Skala polizeilicher Mittel. Zu ihnen zählten die Abforderung zahlreicher Personal- und Reisepapiere, gesundheitspolizeiliche und veterinärmedizinische Ge- und Verbote, Vorschriften des Steuerrechts und des Strafgesetzbuches – vor allem gegen Betteln, Landstreicherei, unberechtigtes Fischen und Wilddieberei –, Beschränkungen des Fürsorgerechts für Kinder und der Aufenthaltserlaubnis, die Untersagung des Reisens und Rastens »in Horden« sowie der als »uneheliches Zusammenleben« stigmatisierten »Zigeunerehe«. Von zentraler Bedeutung waren die Auflagen bei der Erteilung eines Wandergewerbescheins, der für die berufliche Tätigkeit vieler Fahrender unerläßlich war.[5]
Gleichwohl blieb die Polizei bei ihrer »Zigeunerbekämpfung«, die den Charakter eines diskriminierenden Sonderrechts trug[6], erfolglos. Das läßt sich daran ablesen, daß die Klagen von Regierungspräsidenten, Landräten, Bürgermeistern und Polizeibehörden über eine neuerliche »Zunahme der Zigeunerplage« sich über die Jahrzehnte hinweg gebetsmühlenartig wiederholten.[7] Diese aus polizeilicher Perspektive negative Bilanz erfuhr durch die Perfektionierung der Erfassungsmethoden mittels Photographie und Daktyloskopie keine signifikante Verbesserung.[8]
Die entscheidende Ursache für das polizeiliche Versagen lag darin,

nung für ost- und südosteuropäische Zigeuner. Sie fielen im Untersuchungszeitraum kaum ins Gewicht.

4 Zur Zigeunerpolitik vor der NS-Zeit R. Hehemann: Die »Bekämfpung des Zigeunerunwesens« im Wilhelminischen Deutschland und in der Weimarer Republik, 1871-1933. Frankfurt 1987.

5 Hehemann: »Bekämpfung«, S. 243 ff.; W. K. Höhne: Die Vereinbarkeit der deutschen Zigeunergesetze und -verordnungen mit dem Reichsrecht. Heidelberg 1929.

6 D. Karanikas: Das Bayrische Zigeuner- und Arbeitsscheuen-Gesetz vom 16. 6. 1926. Leipzig 1931.

7 Beispiele: Regierungspräsident (RP) Koblenz 1925-1935 (Landeshauptarchiv (LHA) Koblenz 613/981); RP Arnsberg 1926-1937 (Staatsarchiv (STA) Münster, RP Arnsberg 1 Pa 697).

8 Höhne: Vereinbarkeit (wie Anm. 5), S. 16 ff.; Generallandesarchiv (GLA) Karlsruhe 356/4422.

daß die Behörden in der Praxis nur darauf abzielten, Sinti und Roma aus *ihrem* Zuständigkeitsbereich zu vertreiben oder fernzuhalten. Da alle nach diesem Prinzip verfuhren, neutralisierten sie sich in ihrer Zigeunerpolitik gegenseitig: Aneinander grenzende Staaten des Reiches beschuldigten sich ebenso wie benachbarte Gemeinden und Kreise der ungerechtfertigten Verschiebung von Fahrenden oder doch der unzureichenden Absprache bei der polizeilichen Begleitung von »Zigeunerbanden«. Das wiederum konnte langandauernde, juristisch verwickelte Auseinandersetzungen um territoriale Zuständigkeiten und Kostenrückerstattungen nach sich ziehen. Da die Bestimmungen zur »Bekämpfung der Zigeunerplage« in den einzelnen Ländern weder identisch waren noch einheitlich gehandhabt wurden, ergaben sich zudem diverse Schub- und Sogwirkungen zwischen den Territorien.[9]

Die Großstädte, von den Sinti mit Vorliebe als Winterstandquartiere gewählt, erwiesen sich bei der Ausstellung von Wandergewerbescheinen als eher großzügig, um – so die Stadt Frankfurt 1935 – eine Handhabe zu besitzen, »den Zigeuner« »weiterziehen zu lassen«. Die Polizeibehörden der ländlichen Kreise und Gemeinden hingegen wandten gegen dieses Vorgehen der Städte ein, es beschere ihnen zwischen Frühjahr und Herbst eine »Zigeunerplage«. Umgekehrt stießen die Vertreibungsmaßnahmen auf dem Lande in den Städten auf Gegnerschaft, da sie die Niederlassung von Sinti in urbanen Ballungsräumen förderten.[10]

Die Städte selbst achteten untereinander darauf, daß die Ausgabe von Wandergewerbescheinen gleichartig gehandhabt wurde. Man hegte die Befürchtung, daß eine anderenorts restriktivere Vergabe Sinti in die eigene Stadt locken würde, wo sie dann »ständig der öffentlichen Fürsorge« zur Last fallen könnten. Vor allem in städtischen Ballungszentren waren die Kommunen darauf aus, durch ungenügende Ausstattung, überhöhte Mietforderungen, durch plötzliche polizeiliche Razzien und Schließungen von Zigeuner-

9 Beispiele: STA Marburg, Landratsamt (LRA) Hünfeld 2610, STA Würzburg, LRA Brückenau 1929 und LRA Marktheidenfeld 4389, LHA Koblenz Best. 613/981, STA Münster, RP Arnsberg IPA 697.

10 Zitat: Schreiben OB Frankfurt, 12. 6. 1935 (Landesarchiv (LA) Berlin, Rep. 142 OGT 1-10-23); L. Jochimsen: Zigeuner heute. Stuttgart 1963, S. 9; W. Günther: Zur preußischen Zigeunerpolitik seit 1871 im Widerspruch zwischen zentraler Planung und lokaler Durchführung. Hannover 1985, S. 27ff.

Lagerplätzen sowie durch die Reduzierung von Fürsorgeleistungen die Sinti zu einem Umzug in die Nachbargemeinden zu nötigen.[11]
Diese Konflikte konnten durch innerörtliche Gegensätze zwischen restriktiv vorgehenden Gendarmen und toleranteren Bürgermeistern, zwischen privaten Platzvermietern und kommunalen Behörden sowie durch die Abfolge von harten und weichen Perioden einer »Bekämpfung des Zigeunerunwesens« noch kompliziert werden.[12] Immanente Probleme der Verfolgungspraxis traten hinzu. Sie reichten von Definitionsfragen (Bei welchem Meter-Abstand der Wohnwagen sollte von einem »Reisen in Horden« gesprochen werden? Wo lag die Grenze zwischen »Familie« und »Horde«?) über den hohen Arbeits-, Zeit- und Kostenaufwand bei der polizeilichen Begleitung reisender Sinti bis zum Zielkonflikt zwischen der oft zeitraubenden Identifizierung und der beabsichtigten schnellen Abschiebung eben dieser Personen. Der Aufwand, der mit zigeunerpolizeilichen Maßnahmen verbunden war, wurde von den Ausführungsorganen gewöhnlich nur mit Widerwillen betrieben: Die Abschiebung einer »Zigeunerhorde« brachte für die beauftragten Gendarmen vielfach lange und witterungsbedingt unangenehme Wege zu Fuß oder zu Pferde mit sich; die Personenidentifizierung erforderte infolge verwirrender Legitimationspapiere manchmal nachgerade detektivische Anstrengungen und zahlreiche telegraphische oder telephonische Nachfragen.[13]
Viele Sinti wußten die Nischen und Widersprüche der Verfolgungspraxis auszunutzen, indem sie Behörden gegeneinander ausspielten, sich der Polizei durch Irreführung und Camouflage entzogen oder sie umgekehrt in einem Ausmaß beschäftigten, daß die entnervten Gendarmen die von den Betroffenen gewünschte Weiterreise ihrerseits betrieben. Die These, daß die Sinti der – ohne Zweifel bedrückenden – polizeilichen Nachstellung schon vor der NS-Herrschaft fast wehrlos ausgesetzt gewesen seien,[14] ist mithin

11 Zitat wie Anm. 10; Beispiele: STA Münster, RP Arnsberg IPA 692 (Wattenscheid, Dortmund); Stadtarchiv (StA) Dusiburg 500/386; StA Gelsenkirchen O/II-5/1.

12 Beispiele: StA Lörrach XI-210, Badischer Städtebund, 11.9.1929; STA Detmold M 1 IP/1611.

13 Hehemann: »Bekämpfung« (wie Anm. 4), S. 377-392.

14 B. Streck: Die »Bekämpfung des Zigeunerunwesens«. Ein Stück mo-

überzogen. Sie läßt sowohl die theoretischen Ungereimtheiten der staatlichen Zigeunerpolitik und deren praktische Mängel als auch die Chancen der Sinti außer acht, den gegnerischen Druck zu unterlaufen.

Aporien

Der gemeinsame Nenner der gegen die Sinti gerichteten Schritte, die doch deren dauerhafte Niederlassung verhindern sollten, lautete paradoxerweise »Seßhaftmachung der Zigeuner«. Jene Formel rührte aus den Bemühungen des Spätabsolutismus her, die Zigeuner anzusiedeln und – mit einem Wort des Aufklärers H. M. G. Grellmann – »zu brauchbaren Bürgern umzuschaffen«.[15] Einschlägige Verordnungen aus dem Kaiserreich und der Weimarer Republik verlangten deshalb von den Fahrenden, »möglichst an einem bestimmten Wohnort seßhaft (zu) werden«, »sich einer seßhaften Lebensweise zuzuwenden« oder sich »mit allen gesetzlichen Mitteln« zu einer »seßhaften Lebensweise« zurückführen zu lassen.[16] Im zwanzigsten Jahrhundert betrieben die meisten Sinti ihr Gewerbe, etwa das Schirm- und Korbflicken, das Scherenschleifen, den Pferdehandel, den Geigenbau oder den Verkauf von Textilien, von festen Winterstandquartieren aus. Angesichts dessen muß die weiterhin geforderte »Seßhaftmachung der Zigeuner« als Chiffre für das Verlangen nach einer *vollständigen* Einpassung in die modernen Produktions- und Lebensformen interpretiert werden. Konsensfähig wurde die Forderung nach »Seßhaftmachung« dadurch, daß fast jede Gemeinde ganz selbstverständlich davon ausging, *nicht sie* werde einer jener Orte sein, an denen sich Sinti niederzulassen hätten. »Seßhaftmachung« konnte von dieser Warte als Quintessenz der Vertreibungspolitik verstanden werden. Insofern war es kein Widerspruch, wenn die Stadt Mühlhausen 1929 anläßlich einer Umfrage des Deutschen

derner Rechtsgeschichte. In: T. Zülch (Hg.): In Auschwitz vergast, bis heute verfolgt. Zur Situation der Roma und Sinti in Deutschland und Europa. Reinbek 1979, S. 64 ff., hier S. 69-75.

15 H. M. G. Grellmann: Historischer Versuch über die Zigeuner. Göttingen 1783, S. 140.

16 Zitate aus den Verordnungen bei Höhne: Vereinbarkeit (wie Anm. 5), S. 107, 155, 189. Weitere Beispiele ebenda, S. 104 f.

Gemeindetages zur Zigeunerpolitik die Frage: »Hat die Stadt Vorkehrungen getroffen, um die Zigeuner im Stadtgebiet seßhaft zu machen?«, mit »Nein« beantwortete, auf die Frage: »Welche gesetzlichen Maßnahmen werden für die Behandlung der Zigeunerfrage vorgeschlagen?« aber verlangte, die »Seßhaftmachung der Zigeuner« sei »zu beschleunigen«.[17]
In den staatlichen Verwaltungen bestanden kaum Illusionen über die Aporien einer solchen Zigeunerpolitik. So argumentierte 1936 Oberregierungsrat Zindel aus dem Reichsinnenministerium, man könne die Zigeuner angesichts ihrer »großen Zahl« und der Tatsache, daß einige von ihnen Kriegsteilnehmer oder Parteigenossen seien, nicht »alle einsperren«. Deshalb liege es nahe, »dem Übel« durch Seßhaftmachung »zu Leibe zu rücken«. Von einer »Eingliederung« sei aber abzuraten. Die Einrichtung »besonderer Zigeunerreservationen« wiederum scheitere daran, daß keine Gemeinde eine solche »Brutstätte von Mord und Totschlag« bei sich haben wolle.[18]
Entsprechend unbestimmt verlangte kurz darauf ein Erlaß des Reichsinnenministeriums, inländische Zigeuner seien »an einem bestimmten Ort« anzusiedeln. Wo der »bestimmte Ort« liegen sollte, wurde nicht gesagt.[19] In diesem Punkt befand sich die Ministerialbürokratie nach drei Jahren NS-Herrschaft auf keinem anderen Stand als während des Kaiserreichs. Auf einer von Bayern angeregten Besprechung über die »Grundzüge für die Bekämpfung der Zigeunerplage« war schon 1911 ratlos festgehalten worden, für die Seßhaftmachung der Zigeuner seien »noch keine allgemeinen Richtpunkte« gefunden.[20]

Eskalation

Obwohl das herkömmliche Paradigma der polizeilichen »Bekämpfung des Zigeunerunwesens« 1933 nicht sofort außer Kraft gesetzt wurde, wurde die Verfolgung der Zigeuner nicht einfach fortgeschrieben. Von den Bestimmungen, die nach der NS-Macht-

17 LA Berlin, Rep. 142 OGT 1-10-23, Rundfrage vom 18. 11. 1929.
18 Bundesarchiv (BA) Koblenz R 18/5644, Bl. 215-227, 4. 3. 1936.
19 RdErl. d. RuPrMdI, 6. 6. 1936-III C II 20 Nr. 10/36.
20 GLA Karlsruhe 234/5682, Grundzüge für die Bekämpfung der Zigeunerplage, 18./19. 12. 1911, § 28.

übernahme auf Länderebene herausgebracht wurden, orientierten sich das »Bremische Gesetz zum Schutze der Bevölkerung vor Belästigung durch Zigeuner, Landfahrer und Arbeitsscheue« vom 10. August 1933 sowie die badische »Anweisung zur Bekämpfung des Zigeunerunwesens« vom 12. Januar 1937 am bayerischen Zigeuner- und Arbeitsscheuen-Gesetz von 1926; dies hatte die Lage der Sinti insoweit erschwert, als sie beim fehlenden Nachweis »geregelter Arbeit« in einer Arbeitsanstalt interniert werden konnten. Ein Erlaß des Landes Thüringen über das »Umherziehen von Zigeunern und nach Zigeunerart wandernden Personen« von 1935 unterschied sich von der gleichnamigen Verordnung aus dem Jahre 1926 durch härtere Strafvorschriften.[21]

Den Anweisungen der Länderregierungen oder der Empfehlung des Reichsinnenministers vom 6. Juni 1936 folgend, »von Zeit zu Zeit bezirksweise oder für ganze Landesteile Razzien auf Zigeuner zu veranstalten«[22], dehnte die dafür zuständig gemachte Kriminalpolizei das bislang auf einzelne Lagerplätze begrenzte Instrument des Fahndungstages auf die Provinz- bzw. Landesebene aus. Derartige Razzien lassen sich etwa für Baden 1934, Mecklenburg 1936, für die preußischen Provinzen Rheinland 1936 und 1938 sowie Westfalen 1937 und 1938, schließlich für Lippe 1938 nachweisen.[23]

In mehreren Städten verschlechterte man die Aufenthaltsbedingungen für die Sinti. Köln richtete 1935 auf einem Brachgelände einen teilweise umfriedeten Zigeunerlagerplatz ein. Die in der Stadt lebenden oder rastenden Sinti sollten möglichst dort Quartier nehmen, ohne daß jedoch ein Einweisungszwang existierte. Nach einem Bericht des Kölner Polizeipräsidenten aus dem Jahre 1937 befanden sich dort durchschnittlich 50 bis 60 Wagen mit etwa 400 bis 500 »Insassen«. Ein früherer SS-Mann wurde als »Lagerverwalter« in einer Wohnbaracke einquartiert, er war mit einer Fernsprechanlage und einer Schußwaffe »ausgerüstet«. Er

21 H.-J. Döring: Die Zigeuner im nationalsozialistischen Staat. Hamburg 1964, S. 44 ff.

22 Siehe Anm. 19.

23 Ministerialrat Bader: Karlsruhe, Bekämpfung des Zigeunerunwesens. In: Kriminalistische Monatshefte 9 (1935), S. 265-268; Mecklenburg: LA Berlin, Rep. 142 OGT 1-10-1-23; Westfalen: STA Münster, RP Arnsberg IPA 697; Rheinland: LHA Koblenz, Best. 613/981; Lippe: STA Detmold M 1 IP/1611.

hatte eine Kartothek über die »Lagerinsassen« zu führen und für ihre polizeiliche An- und Abmeldung zu sorgen.[24]

In Berlin wurde 1936 aus Anlaß der Olympiade ein gesondertes Lager für Sinti und Roma etabliert. Den Besuchern der Spiele sollte der Anblick »zigeunerischer Schandflecken« erspart bleiben. Etwa 600 Sinti und Roma wurden am 16. Juli 1936 von ihren Standplätzen in das Randviertel Marzahn vertrieben. Da die dort als Standplatz vorgesehenen Rieselfelder an einem Friedhof lagen und zuvor als Fäkalienabladestelle gedient hatten, waren sie für Sinti mit einem Tabu belegt, worauf aber keine Rücksicht genommen wurde. Die Wohnverhältnisse in Marzahn wurden selbst von den Behörden als miserabel beschrieben. Neben den oft baufälligen Wohnwagen wurden Baracken installiert, die der Reichsarbeitsdienst, der vormalige Benutzer, als untauglich ausrangiert hatte. Dennoch reichte der Wohn- und Schlafraum nicht; manche mußten unter den Wagen im Freien übernachten. Die Belegung des Platzes pendelte zwischen etwa 400 Personen 1937 und über 850 im September 1938. Gleichwohl besaß das nicht umzäunte, aber von Polizei und städtischen »Rastplatzverwaltern« ständig bewachte Terrain nur drei Brunnen und zwei Toilettenanlagen. 1937 wurde eine Verwaltungsbaracke mit zwei Wärmestuben und einem Entbindungszimmer, 1938 eine Schulbaracke mit fünf Klassenzimmern errichtet, die bis zum allgemeinen Beschulungsverbot für Zigeunerkinder 1941 benutzt wurde. Die ärztliche Versorgung war unzureichend; im März 1939 diagnostizierte das Gesundheitsamt zahlreiche Fälle von Diphterie, Tuberkulose und Scharlach.[25]

Des weiteren wurden Sinti und Roma in der zweiten Hälfte der dreißiger Jahre unter aktiver Beteiligung, wenn nicht auf Initiative der Polizei zumindest in Frankfurt am Main, Kiel, Pölitz bei Stettin, Gelsenkirchen, Essen, Herne, Biebrich bei Wiesbaden und Düsseldorf auf zentrale, teils umzäunte und bewachte Lagerplätze verwiesen.[26] In Hamburg scheiterte die Realisierung analoger

24 StA Frankfurt, Magistratsakte 2203, Bd. 1, Schreiben des Polizeipräsidenten in Köln vom 8. 3. 1937.

25 U. Brucker-Boroujardi/W. Wippermann: Das »Zigeunerlager« Marzahn 1936-1945. Zur Geschichte und Funktion eines nationalsozialistischen Zwangslagers, in: Pogrom, Nr. 130 (1987), S. 77 ff.

26 W. Wippermann: Das Leben in Frankfurt zur NS-Zeit. II. Die nationalsozialistische Zigeunerverfolgung. Frankfurt 1986, S. 22; D. Kenrick/G. Puxon: Sinti und Roma. Die Vernichtung eines Volkes im NS-

Pläne, wie sie seit 1937 zwischen Polizeipräsidium, Senat, Sozialverwaltung, Ortsbürgermeistern und der Gauleitung der NSDAP verhandelt wurden, vor Kriegsbeginn allein an den Auseinandersetzungen um den Lagerstandort. Der am 22. September 1939 doch noch gefaßte Beschluß des Senats, in Billstedt-Öjendorf ein Lager herzurichten, wurde nicht mehr verwirklicht, da ein reichszentraler Festsetzungserlaß gegen Sinti und Roma vom 17. Oktober 1939 einen »Abtransport« sämtlicher Zigeuner in Aussicht stellte.[27]

Zentralisierung und Effektivierung

Die polizeiliche Verfolgung der Sinti und Roma wurde nach 1933 nicht nur auf unterer Ebene, sondern auch im Reichsmaßstab verschärft. Tendenzen zu einer reichsweiten Abstimmung der polizeilichen »Zigeunerbekämpfung« hatten sich schon in der Weimarer Republik abgezeichnet. 1926 hatte die Deutsche Kriminalpolizeiliche Kommission eine »Vereinbarung der deutschen Länder über die Bekämpfung der Zigeunerplage« auf den Weg gebracht, die jedoch erst 1933 in Kraft gesetzt wurde. Diese Vereinbarung, die auf einen Informationsaustausch sowie die reichsweite Benutzung der Daten der seit 1899 tätigen bayrischen »Zigeunerzentrale« in München abstellte, ließ freilich die Länderhoheit über die einzelnen »Zigeunernachrichtendienste« unangetastet.[28]

In seinen »Gedanken über den Aufbau eines Reichszigeunergesetzes« vom März 1936 drängte Oberregierungsrat Zindel vom Reichsinnenministerium auf eine stärkere Zentralisierung der Identifizierung und Registrierung der Zigeuner und forderte deshalb den Ausbau der »Zigeunernachrichtendienste« in München, Karlsruhe, Stuttgart, Dresden und Berlin auf »reichsrechtlicher

Staat. Göttingen 1981, S. 60; LA Berlin, Rep. 142 OGT 1-10-23, OB Kiel, 29. 11. 1938; StA Essen, Chronik der Stadt Essen 1937, S. 169 f.; StA Gelsenkirchen O/11-5/1; B. Dorn/M. Zimmermann: Bewährungsprobe. Herne und Wanne-Eickel 1933-1945. Bochum 1987, S. 262; Sinti in der Pfarrgemeinde St. Gertrud, Düsseldorf 1982.

27 R. Kawczynski: Hamburg soll zigeunerfrei werden. In: A. Ebbinghaus u. a. (Hg.), Heilen und Vernichten im Mustergau Hamburg. Hamburg 1984, S. 45 ff.

28 Hehemann: »Bekämpfung« (wie Anm. 4), S. 341 ff.

Grundlage«.[29] Diesem Verlangen nach Vereinheitlichung entsprach eine Verfügung des Reichsinnenministers vom 5. Juni 1936, nach welcher der Schriftverkehr zwischen der »Internationalen Zentralstelle zur Bekämpfung des Zigeunerunwesens« in Wien und den deutschen Behörden nur noch über die Münchener »Zigeunerzentrale« zu führen war.[30]

Zindels weitergehender Vorschlag, einen zentralen »besonderen Behörden- und Beamtenapparat« zur Zigeunerverfolgung einzurichten, war neu, da das Reichsinnenministerium bislang keine Weisungskompetenz für die Länderpolizeien innegehabt hatte. Folglich begnügte sich der RMdI-Erlaß »Bekämpfung der Zigeunerplage« vom 6. Juni 1936 noch mit Empfehlungen.[31] Die institutionelle Voraussetzung für eine reichseinheitliche Bedrückung der Sinti und Roma war aber bald gegeben. Per Erlaß vom 17. Juni 1936 wurde der Reichsführer SS Himmler zum »Chef der deutschen Polizei im Reichsministerium des Innern«, in dessen Kompetenzbereiche der formelle Vorgesetzte Frick zudem kaum einzugreifen vermochte.[32]

Seit dem Frühjahr 1937 wurde die »Bekämpfung des nomadischen Zigeunertums« beim Preußischen Landeskriminalpolizeiamt Berlin, dem späteren Reichskriminalpolizeiamt (RKPA), zusammengefaßt: Anzeigen gegen »Zigeuner und nach Zigeunerart wandernde Personen« sollten in zwei Durchschlägen, die Zehnfingerabdrücke aller nichtseßhaften Zigeuner und sonstigen Landfahrer in zwei Exemplaren an die Berliner Reichserkennungszentrale übersandt werden. Nach dem »Anschluß« Österreichs erging eine entsprechende Weisung an die Kriminalpolizeistelle Wien. Ein Erlaß vom 16. Mai 1938 verfügte den Einbau der bislang beim Münchener Polizeipräsidium angesiedelten »Reichszigeunerzentrale« als »Reichszentrale zur Bekämpfung des Zigeunerunwesens« in das Berliner Reichskriminalpolizeiamt. Diese Maßnahme wurde im November 1938 abgeschlossen.[33]

29 Siehe Anm. 18.
30 Streck: »Bekämpfung des Zigeunerunwesens« (wie Anm. 14), S. 70f.
31 RdErl. d. RuPrMdI. 6. 6. 1936 – II C II 20, Nr. 10/36.
32 H. Buchheim: Die SS – das Herrschaftsinstrument. In: Anatomie des SS-Staates. Bd. 1, München, 3. Aufl. 1982, S. 15ff., hier S. 49ff.
33 RFSSuChDDtPol. i. RMdI, S – Kr. 1. Nr. 788/38 – 2026 – 13. 5. 1938; RdErl. d. RFSSuChdDTPol. i. RMdI., 16. 5. 1938 – S – 1 Nr. 794/38 – 2005-11; RKPA, Tgb. Nr. 14.51/23.38 – IB, 18. 11. 1938.

Nach der Zentralisierung wurde zwischen Dezember 1938 und Mitte 1939 ein Apparat eigens zur »Zigeunerbekämpfung« eingerichtet. Er reichte von der »Reichszentrale zur Bekämpfung des Zigeunerunwesens« bis zu den Ortspolizeibehörden. Die Vollzugsbeamten der unteren Ebene wurden zur Meldung, Personenfeststellung und Überwachung aller »seßhaften und nichtseßhaften Zigeuner und nach Zigeunerart umherziehenden Personen« verpflichtet; die Kriminalpolizeistellen hatten zur Koordination der Vollzugsmaßnahmen je einen Sachbearbeiter zu bestimmen, dem – »soweit erforderlich – ausschließlich die Bearbeitung der Zigeunerfragen« obliegen sollte; die Kriminalpolizeileitstellen mußten eine »Dienststelle für Zigeunerfragen« einrichten, die die »Zigeunerangelegenheiten« übergreifend zu bearbeiten hatte. Die »Reichszentrale zur Bekämpfung des Zigeunerunwesens« hatte den gesamten Vollzugsdienst zu überwachen, allgemeine und besondere Anweisungen zu erteilen, in Zweifelsfragen die Entscheidung zu fällen und den Kontakt zu ausländischen Stellen zu wahren.[34]
Dieser in wenigen Monaten etablierte kriminalpolizeiliche Apparat effektivierte die »Zigeunerbekämpfung« zunächst dadurch, daß ein einheitlicher Befehlsstrang geschaffen wurde, zum zweiten insofern, als die Zentralisierung die Polizei weitgehend aus jenen Interessenkollisionen löste, die die bisherigen Bedrückungsmaßnahmen oft hatten ins Leere laufen lassen. So durften Ausweispapiere den Fahrenden fortan nur mit Zustimmung der Kriminalpolizeistellen ausgestellt werden; bei Anträgen auf Wandergewerbescheine sollte nun ein »besonders strenger Maßstab« angelegt werden.

Ein polizeilich-wissenschaftlicher Komplex

Waren Sinti und Roma schon im Runderlaß vom 6. Juni 1936 als »dem deutschen Volkstum artfremdes Zigeunervolk« stigmatisiert worden, so enthielten die Bestimmungen über die »Reichszentrale zur Bekämpfung des Zigeunerunwesens« vom 16. Mai 1938 Hinweise auf »rassenbiologische Forschungen«, deren »Erkenntnisse auszuwerten« seien. Präziser die Formulierung des Runderlasses

34 RdErl. d. RFSSuChdDtPol. i. RMdI, 8. 12. 1938 – S – Kr. 1 Nr. 557 VIII 38 – 2026 – 6; RKPA 14.51/28.39, 1. 3. 1939.

vom 8. Dezember 1938: Die Erfahrungen bei der »Bekämpfung der Zigeunerplage« sowie die »durch die rassenbiologischen Forschungen gewonnenen Erkenntnisse« verlangten eine »Regelung der Zigeunerfrage aus dem Wesen dieser Rasse heraus«.[35] Damit prägte der knapp drei Jahre zuvor durch das »Blutschutz-« und das »Ehegesundheitsgesetz« in die Eheschließung eingeführte Rassismus gegen Sinti und Roma nun auch deren polizeiliche Verfolgung.[36] Die für eine »endgültige(n) Lösung der Zigeunerfrage« vorgesehene Trennung von »reinrassigen Zigeunern«, »Zigeunermischlingen« und »nach Zigeunerart umherziehenden Personen« fand 1939 zunächst ihren Ausdruck in farblich verschiedenen Ausweispapieren.[37]
Die Kriminalpolizei, die für die Erfassung der Sinti und Roma zuständig war, sah sich bei der Einordnung der Fahrenden in die drei zur Wahl stehenden Kategorien überfordert. Hier waren die wissenschaftlichen Spezialisten der »Rassenhygienischen Forschungsstelle« des Reichsgesundheitsamtes gefragt, denen die Polizei »Schutz«, »Unterstützung« und »jede erwünschte Auskunft« für ihre Tätigkeit zu erteilen hatte.[38]
Der »Rassenhygienischen Forschungsstelle« unter der Leitung des Nervenarztes Dr. Robert Ritter oblag es, Sinti und Roma genenalogisch auszuforschen und rassistisch zu klassifizieren – teils als »Zigeuner« und »Zigeunermischlinge«, teils ausführlicher als »Zigeunermischlinge mit vorwiegend zigeunerischem« oder »vorwiegend deutschem Blutsanteil«. Diese Einordnungen fanden seit 1938 und verstärkt seit 1941 ihren Niederschlag in »gutachtlichen Äußerungen«, die der »Reichszentrale zur Bekämpfung des Zigeunerunwesens« zugestellt wurden. Ritter selbst wußte um die Deportation der Sinti und Roma nach Auschwitz-Birkenau im März 1943. Seine Forschungsstelle verfaßte auch in der Folgezeit »gutachtliche Äußerungen«, deren Einstufungen weiterhin die entscheidende Grundlage für die Deportation von deutschen Sinti bildeten.[39]

35 RdErl., 8. 12. 1938 (wie Anm. 34).
36 G. Bock: Zwangssterilisation im Nationalsozialismus. Opladen 1986, S. 94 ff.; Stuckart/Globke: Kommentar zur deutschen Rassengesetzgebung. Bd. 1. München–Berlin 1936, S. 56.
37 RPKA 14.51/28.39, 1. 3. 1939.
38 RdErl., 8. 12. 1938 (Anm. 34) III. Rassebiologische Untersuchung.
39 Zur »Rassenhygienischen Forschungsstelle« M. Zimmermann: Ver-

Es waren zwei Formen von Rassismus, die die Ideologie und Praxis der »Rassenhygienischen Forschungsstelle« prägten. Zum ersten der anthropologische Rassismus, der »fremde Rassen« als genetisch »minderwertig« stigmatisierte. Daneben existierte als zweite Variante die »Rassenhygiene«. Nach ihr wurden bestimmte Gruppen *innerhalb* einer »Rasse« als genetisch »minderwertig« ausgegrenzt. Als solche galten im NS-System jene, die den Normen der »deutschen Volksgemeinschaft« nicht entsprachen.[40] Sinti und Roma befanden sich in der Schnittmenge dieser beiden Formen von Rassismus. Sie wurden sowohl als »Fremdrassige« als auch als »Gemeinschaftsfremde« und »Lumpenproletarier« stigmatisiert.

Festsetzung, Erfassung, Isolation und erste Deportationen

Der Krieg führte zu einer immensen Verschärfung der Zigeunerverfolgung. Bereits am zweiten Kriegstag verbot eine Verordnung das »Umherziehen von Zigeunern und nach Zigeunerart wandernden Personen« in den Grenzzonen des Deutschen Reiches.[41] Am 17. Oktober 1939 ordnete das Reichssicherheitshauptamt (RSHA) in einem »Schnellbrief« an, »Zigeuner und Zigeuner mischlinge« dürften ihren Wohn- bzw. Aufenthaltsort »bis auf weiteres« nicht veranlassen.[42] In »Eröffnungsverhandlungen« wurde ihnen bei Nichtbefolgung dieser Weisung von der Kripo die Internierung in einem KZ angedroht. Beispiele aus den folgenden Jahren belegen, daß dies in der Tat so gehandhabt wurde.[43] Der Schnellbrief befahl den Ortspolizeibehörden zudem eine Erfassung und Zählung der Sinti und Roma zwischen dem 25. und 27. Oktober 1939.

Jene Anordnung, die »binnen kurzem« eine Regelung der »Zigeunerfrage im Reichsmaßstab« ankündigte, fußte auf einer Konfe-

trieben, verfolgt, vernichtet. Die nationalsozialistische Vernichtungspolitik gegen Sinti und Roma. Essen 1989, S. 25-42.

40 Siehe dazu Bock: Zwangssterilisation (wie Anm. 36).

41 Döring: Zigeuner (wie Anm. 21), S. 85.

42 RSHA Jgb. Nr. RKPA. 149/1939 – g –.

43 HStA Düsselforf (HSTAD), BR 1111/29-60, insbesondere BR 1111/35; StA Nürnberg, NR 357.

renz, die Heydrich am 21. September 1939 abgehalten hatte und deren Ergebnis lautete: »1.) Juden so schnell wie möglich in die Städte, 2.) Juden aus dem Reich nach Polen, 3.) die restlichen 30 000 Zigeuner auch nach Polen, 4.) systematische Ausschickung der Juden aus den deutschen Gebieten mit Güterzügen«.[44] Dies stand in Zusammenhang mit den »volkstumspolitischen« Zielen Hitlers, die eine »Rückführung« von »Reichs- und Volksdeutschen« aus dem Ausland und parallel die Vertreibung von Juden, Zigeunern und Polen aus dem Deutschen Reich in das »Generalgouvernement« vorsahen.[45] Deshalb enthielt der Schnellbrief vom 17. Oktober 1939 die Aussage, die »später festzunehmenden Zigeuner« seien *bis zu ihrem endgültigen Abtransport* in besonderen Sammellagern« festzuhalten.[46] Ein weiterer Schnellbrief vom 27. April 1940 ordnete für Mitte Mai einen ersten Transport von Zigeunern »in Stärke von 2500 Personen – in geschlossenen Sippen« an.[47] Infolge des bevorstehenden »Westfeldzuges« und des Klischees vom spionierenden Zigeuner war es kein Zufall, daß die Opfer aus den westlichen Regionen des Reiches kommen sollten.

In Polen selbst gelang es einigen wenigen deportierten Sinti, sich als Artisten und Musiker durchzubringen; andere fanden unter den Bedingungen des ausgeplünderten Landes kaum eine Überlebensmöglichkeit, starben an Hunger, Seuchen und Kälte oder suchten illegal in das Deutsche Reich zurückzukehren. Die Mehrheit wurde wie die Juden unter SS-Bewachung in Zwangsarbeitskolonnen zum Bau von Straßen, Schützengräben, Bunkern, Flughäfen oder KZs eingesetzt. Schätzungen über die Todesrate der 1940 deportierten Sinti liegen nur für die aus Hamburg Verschleppten vor; danach kamen etwa 80 Prozent von ihnen um.[48]

44 Institut für Zeitgeschichte (IfZ), Eich 983, Stabskanzlei, I, 11,/Rf./Fh., 27.9.39.

45 R. Hilberg: Die Vernichtung der europäischen Juden. Berlin 1982, S. 137 ff.; H.-J. Döring: Die Motive der Zigeunerdeportation vom Mai 1940. In: Vierteljahrshefte für Zeitgeschichte 7 (1959), S. 418 ff., hier S. 424 ff.

46 RSHA Jgb. Nr. RKPA 149/1939-g-; Hervorhebung vom Verfasser.

47 RFSSuChddtPol im RMdI, V B Nr. 95/40 g, 27.4.1940.

48 HStAD, BR 1111/29-60; IfZ, MA 1159, Entschädigungssachen F. Reinhardt; A. Wagner; J. Kling, Bericht des Komitees ehemaliger

Die Abschiebungen von Sinti und Roma, die nach dem Mai 1940 stattfinden sollten, stießen ebenso wie Himmlers Pläne zur Deportation deutscher Juden auf den Widerstand des Generalgouverneurs Hans Frank. Dessen Verwaltung fühlte sich durch die wachsende Zahl Deportierter überfordert und hatte zudem perspektivisch ein »judenfreies« Generalgouvernement im Auge. Der Abschiebungsdruck lastete deshalb bald auf den »eingegliederten« östlichen Reichsgauen. Unter den seit dem Herbst 1941 dorthin Deportierten befanden sich auch 5007 Roma, die – meist aus dem Burgenland stammend – in das Ghetto von Lodz gebracht wurden. Halb verhungert und völlig verelendet, starben viele von ihnen an Flecktyphus. Die Übriggebliebenen wurden im Januar 1942 in Kulmhof in Gaswagen erstickt.[49] Da die Deportation von 1940 nur 2500 der über 30 000 deutschen Sinti und Roma erfaßt hatte, wurden die zunächst als Provisorium verfügten Maßnahmen vom Oktober 1939 über mehrere Jahre aufrechterhalten, was mit Berufsverboten, einer weiteren Stigmatisierung und sozialrechtlichen Schlechterstellungen der Betroffenen einherging. Besonders gravierend war das Verbot der traditionellen Berufe der Sinti. Wandergewerbescheine wurden nach Kriegsbeginn kaum mehr ausgegeben. Im Bereich der Kripo Essen lautete die zynische Standardbegründung, mit der Sinti-Frauen dieses Papier verweigert wurde: Wenn auch bisher »nichts Nachteiliges in strafrechtlicher Hinsicht« über die Antragstellerin bekannt sei, müsse doch davon ausgegangen werden, daß der Wandergewerbeschein als »Vorwand zur Begehung der typischen Zigeunerdelikte« benutzt werden solle.[50]

Die soziale Isolierung wurde durch »Zigeunergemeinschaftslager« verstärkt, die – nach Vorbildern aus den Vorkriegsjahren – von 1939 an manchenorts neu errichtet wurden und meist auf halbem Wege zwischen den Lagern für osteuropäische Fremdarbeiter und für sowjetische Kriegsgefangene lagen. Die Wohnwagen und -baracken der Zigeuner gerieten im Laufe des Krieges in einen noch elenderen Zustand, als dies schon vor Kriegsbeginn

politischer Gefangener, Hamburg, ca. 1950; LHA Koblenz 540, 1-981, Zwischenbericht des Bremischen Amtes für Wiedergutmachung, ca. 1950.

49 Hilberg: Vernichtung (wie Anm. 45), S. 149 ff., 281 und 427, Anmerkung 747.

50 Beispiele in HStAD, BR 1111/29-60.

der Fall gewesen war. Die Hungerlöhne, die die meist als Bau- oder Hilfsarbeiter verpflichteten Sinti und Roma erhielten, sowie die Tatsache, daß der Ausbesserung von Zigeunerplätzen im Bombenkrieg letzte Priorität zugemessen wurde, hatte vielfach den Verfall der Unterkünfte und in dessen Folge Lungenkrankheiten und Infektionen unter den Bewohnern zur Folge.[51]

Dort, wo Sinti und Roma festgehalten wurden, mobilisierten Ortsgruppen der NSDAP, lokale Honoratioren, Firmen oder Bürgermeister oft die gängigen Vorurteile gegen »die Zigeuner«, um ihre Gemeinde wieder »zigeunerfrei« zu bekommen. Im Zentrum der Diskriminierungsbemühungen standen Sexualphantasien, welche auf »die Zigeuner« projiziert wurden und die durch deren Vertreibung gebannt werden sollten.[52] In einigen Gemeinden suchte man die Sinti abzuschieben, indem man ihnen ohne Zustimmung der Kriminalpolizei Wandergewerbescheine aushändigte, in anderen schikanierte man sie nicht nur durch eine menschenunwürdige Unterbringung, sondern auch durch die Verweigerung von Lebensmittel- und Kleiderkarten.[53] Zudem wandten sich die örtlichen Behörden mit ihrer Vertreibungsforderung an höhere Verwaltungsinstanzen oder an die jeweils übergeordnete Leitung der NSDAP. Diese Institutionen machten sich das Anliegen der Bittsteller meist zu eigen und verlangten von der Kripo als dem zuständigen Adressaten »den baldigen Abtransport der Plag-

51 Zum Lager im burgenländischen Lackenbach E. Thurner: Nationalsozialismus und Zigeuner in Österreich. Wien und Salzburg 1983, S. 60-173; zu weiteren Lagern M. Zimmermann: Von der Diskriminierung zum »Familienlager« Auschwitz. Die nationalsozialistische Zigeunerverfolgung. In: Dachauer Hefte 5, S. 87ff. Zu Fremdarbeiter- und Kriegsgefangenenlagern U. Herbert: Fremdarbeiter. Politik und Praxis des »Ausländereinsatzes« in der Kriegswirtschaft des Dritten Reiches. Berlin/Bonn 1985, insb. S. 195-201 und 286-299.

52 Beispiele: GLA Karlsruhe 364/ Zug 1975/ 3 II Fasc. 25, NSDAP-Kreisleitung Mosbach, 2. 10. 1940; STA Bremen, 4. 13/ 1. P. 1.a No. 10, NSDAP-Ortsgruppe Wilhelm Decker, 30. 7. 1941; StA Gelsenkirchen, O/II – 5/1, Deutsche Eisenwerke AG, 26. 9. 1939; STA Detmold, M 1 IP 1578 – Zigeuner 1941-1943, Specialia.

53 Beispiele: GLA Karlsruhe 364/ Zug 1975/ 3 II, Fasc. 25, Gendarmerieposten Hassmersheim, 21. 11. 1939 (Unterkünfte); STA Würzburg, LRA Obernberg, VII-18, Kripo Würzburg, 28. 8. 1941 (Wandergewerbescheine) und LRA Marktheidenfeld 4385 (Karten).

geister«.[54] Die Kriminalpolizeistellen, die ihrerseits an die Weisungen der Reichszentrale zur Bekämpfung des Zigeunerunwesens gebunden waren, reagierten mit dem Hinweis, ein Abtransport sei derzeit nicht möglich, stellten aber eine »endgültige Regelung der Zigeunerfrage« für die Nachkriegszeit in Aussicht und verwiesen auf die zahlreichen Auflagen für die Festgeschriebenen sowie darauf, daß Verstöße hiergegen »Vorbeugehaft« in KZ nach sich zogen.[55]

Manchmal gab die Kripo dem Drängen der Verwaltung pro forma nach, stellte aber die Bedingung, daß derjenige Ort, der die Zigeuner abschieben wolle, selbst anderweitig einen Lagerplatz auftun müsse, was den vorliegenden Quellen zufolge aber in keinem Fall gelang.[56] In dem Dorf Wehrden an der Weser vermochten es örtliche Honoratioren mit Unterstützung des Landrates und des Regierungspräsidenten jedoch, die Kripo so lange unter Druck zu setzen, bis das RKPA der »Umsiedlung« der dortigen Sinti in das Ghetto Lodz zustimmte. Diese Deportation scheiterte im Februar 1942 an der »Lagerauflösung«, so der damalige Terminus, in Lodz.[57] Die dort internierten Sinti und Roma waren zwischenzeitlich im Gas erstickt worden.

Selektion zum Genocid

Der Überfall auf die UdSSR am 22. Juni 1941 markierte für die deutsche Zigeunerpolitik den Übergang zur Vernichtung. Die Massenerschießungen zum Hauptmittel erhebend, richteten Einsatzgruppen, Wehrmacht und Okkupationsverwaltung in der Sowjetunion und auf dem Balkan ihre Mordaktionen auch gegen die Zigeuner. Für Serbien verwies der Leiter des militärischen Verwaltungsstabes am 29. August mit unverhohlenem Stolz auf das Er-

54 Zitat: GLA Karlsruhe, 364/ Zug 1975/ 3 II, Fasc. 25, Landrat Mosbach, 1. 11. 1940.

55 Siehe Anm. 52.

56 Beispiele: StA Gelsenkirchen, O/II-5/1, Briefwechsel Kripo Recklinghausen, SA-Sturm 14/137, OB Gelsenkirchen und RKPA, 11/1939-6/1940; StA Recklinghausen III 3549, Briefwechsel Kripo Recklinghausen, Essen und RKPA, Herbst 1940.

57 STA Detmold, M 1 IP 1578: Kripo Dortmund, 16. 4. 1942.

gebnis, wie er es sah: »Serbien einziges Land, in dem *Judenfrage und Zigeunerfrage* gelöst.«[58]

Die Vernichtung der deutschen Zigeuner wurde durch einen – mit einer komplexen Vorgeschichte verbundenen – Befehl Himmlers vom 16. Dezember 1942 eingeleitet. Danach sollten die unter dem Begriff »zigeunerische Personen« zusammengefaßten »Zigeunermischlinge, Rom-Zigeuner und nicht deutschblütige Angehörige zigeunerischer Sippen balkanischer Herkunft« nach »bestimmten Richtlinien« selektiert und »in einer Aktion von wenigen Wochen Dauer in ein Konzentrationslager« verbracht werden.[59] Der Radikalisierungsschub, der in diesem Befehl zum Ausdruck kam, stand in Zusammenhang mit der sich zuspitzenden Kriegslage, der ungefähr gleichzeitigen Deportation der letzten Juden aus dem Deutschen Reich und mit einem Konkurrenzkampf zwischen Ritters Rassenhygienischer Forschungsstelle und dem SS-Amt »Ahnenerbe« um Zigeunerforschung und Zigeunerpolitik.[60]

Das RSHA erließ am 29. Januar 1943 die Ausführungsbestimmungen zu Himmlers Befehl. Danach sollten »reinrassige« Sinti sowie die »im zigeunerischen Sinne guten Mischlinge« von der Internierung in Auschwitz ausgenommen bleiben. Dies sollte auch für einige Gruppen »sozial angepaßter« »zigeunerischer Personen« gelten, für die alternativ die Zwangssterilisation vorgesehen war, wenn sie das Alter von zwölf Jahren erreicht hatten. Für die Zuordnung von Sinti zu den »reinrassigen« oder »Mischlingszigeunern« rekurrierten die RSHA-Bestimmungen auf die »gutachtlichen Äußerungen« der Rassenhygienischen Forschungsstelle Ritters.[61]

Die Praxis der Selektion für Auschwitz entsprach nur begrenzt den Anordnungen des RSHA. Befunde aus mehreren Städten zeigen, daß die Ausnahmebestimmungen für »reinrassige« Sinti sowie für »sozial angepaßte Zigeunermischlinge« nicht durchweg eingehalten wurden. Die Kripo, der die Selektion für Auschwitz oblag, erblickte im Auschwitz-Erlaß oft die lange gesuchte Gele-

58 Kenrick/Puxon: Sinti und Roma (wie Anm. 25), S. 87 ff., 93 ff.; Zitat: ITM – NOKW 1486.

59 Der Befehl (Jgb. Nr. I 2652/ 42 Ad./ RF/ V) im Schnellbrief des RSHA vom 29. 1. 1943, V A 2 Nr. 59/43, zitiert.

60 Zimmermann: Vertrieben, verfolgt, vernichtet (wie Anm. 39), S. 63 ff.

61 Schnellbrief, 29. 1. 1943 (Anm. 59).

genheit, die jeweilige Gemeinde völlig »zigeunerfrei« zu bekommen. Auch Zeugnisse aus Auschwitz selbst belegen, daß dort zahlreiche »sozial angepaßte« Zigeuner, namentlich Träger von Tapferkeitsauszeichnungen des Ersten und Zweiten Weltkrieges, festgehalten wurden.[62]

Sinti und Roma wurden in Auschwitz-Birkenau im »Zigeunerfamilienlager« B II e zusammengepfercht. Den dort Untergebrachten war der Tod zugedacht. Die Vernichtungspolitik hatte Sinti und Roma aus dem »Altreich« und der »Ostmark« gemäß einer rassistischen Hierarchie in drei Gruppen geschieden, von denen nur die »Reinrassigen« und »im zigeunerischen Sinne guten Mischlinge« die Fortpflanzungsfähigkeit behalten, die »sozial Angepaßten« hingegen bereits der Zwangssterilisation zum Opfer fallen sollten. Die nach Auschwitz-Birkenau Deportierten galten als dritte, unterste Gruppe. Sie blieben im Lager als Familien zusammen; sogar Kinder wurden dort geboren.[63] Das Überleben gerade dieser Kinder war nicht vorgesehen. Die eigentümliche Mischung von Unerbittlichkeit und Tabu, die diese Form der Massenvernichtung charakterisierte, kommt etwa in einem Vermerk zum Ausdruck, den die Essener Kriminalpolizeistelle im Juni 1944 zu einem Gesuch um die Entlassung eines zwei- und eines fünfjährigen Kindes verfaßte: »Entlassungen von zigeunerischen Personen aus dem Zigeunerlager Auschwitz erfolgen grundsätzlich nicht.«[64]

Das Zigeunerlager B II e existierte 17 Monate. Über 20 000 der etwa 23 000 dort Zusammengepferchten, unter ihnen 13 080 Menschen aus Deutschland und dem »angeschlossenen« Österreich, fanden den Tod. 32 wurden nach einem Fluchtversuch erschossen, 6432 wurden im Gas erstickt. 13 614 erlagen den »Lebens«umständen im Lager. Das »Zigeunerfamilienlager« selbst wurde in

62 HSTAD, BR 1111/29-60 (Kripo Duisburg); StA Gelsenkirchen O/II-5/1; IfZ, UA 1159, Prozeß LEA 41.702/VIII/1607/ Bl. 8 f. (München); P. Broad: KZ Auschwitz. Erinnerungen eines SS-Mannes. In: Hefte von Auschwitz 9/1966, S. 7-48, hier S. 41; Kommandant in Auschwitz. Autobiographische Aufzeichnungen des Rudolf Höß. München 1978, S. 108.

63 B. Streck: Zigeuner in Auschwitz. Chronik des Lagers B II e. In: ders./M. Münzel (Hg.): Kumpania und Kontrolle. Gießen 1981, S. 69 ff., hier S. 76 f.

64 HSTAD, BR 1111/44, Kripo Essen, 3. 6. 1944.

der Nacht vom 2. auf den 3. August 1944 »liquidiert«. Die 2897 dort noch Festgehaltenen, von denen einige bis zuletzt Widerstand leisteten, wurden auf Lastkraftwagen zu den Gaskammern transportiert.[65]

Parallel zur Ermordung von Sinti und Roma in Auschwitz wurde der zweite Teil der Vernichtungspolitik, die Zwangssterilisation innerhalb und außerhalb der Konzentrationslager, in Angriff genommen. Außerhalb der Lager wurde die »Unfruchtbarmachung von Zigeunermischlingen« vom Reichskriminalpolizeiamt auf dem Erlaßwege unter Berücksichtigung der entstehenden versicherungsrechtlichen und Kostenfragen exakt geregelt.[66]

Die rassistische Vernichtung bildete das Spezifische der nationalsozialistischen im Verhältnis zur vorhergehenden deutschen Zigeunerpolitik. Gleichwohl knüpfte das NS-System an die herkömmliche polizeiliche »Zigeunerbekämpfung« an. Jene hatte sich in dem paradoxen Zielkonflikt befunden, Sinti und Roma zugleich vertreiben und seßhaft machen zu wollen. Es war ihr nicht gelungen, den »bestimmten Ort« zu benennen, der beiden Zielen gerecht wurde. In einem Prozeß »kumulativer Radikalisierung«[67] fand das NS-System eine mörderische Synthese. Man brachte Sinti und Roma in den Tod. Dies war der einzige »Ort«, an dem Vertriebensein und Seßhaftigkeit zur Einheit wurden.

Vom Landfahrer zur HWAO-Person.
Die Nachkriegszeit

In den ersten Nachkriegsjahren war das Handeln der Überlebenden Sinti[68] weitgehend von dem Bestreben geleitet, die verbliebenen Familienbindungen wiederherzustellen, soweit dies nach der

65 Streck: Zigeuner in Auschwitz (wie Anm. 63), S. 95, 104, 108 ff., 113 ff., 127, Anm. 95.

66 RKPA Tgb. Nr. 20/43 – A 2 b 5 – 1943; Beispiele für Zwangssterilisationen in STA Nürnberg, NR 267, 318, 341, 352, 357, 358 und HSTAD, BR 1111/53-55 und 36.

67 H. Mommsen, in: Totalitarismus und Faschismus. Eine wissenschaftliche und politische Begriffskontroverse, hg. v. Institut für Zeitgeschichte. München 1980, S. 24.

68 Von den in Deutschland lebenden Roma hat, soweit bekannt, kaum jemand die Zeit des NS überlebt.

Massenvernichtung und auch angesichts der traumatischen, das Selbstwertgefühl und die sozialen Bindungen zerstörenden Wirkung der Zwangssterilisationen möglich war. Die zeitliche Nähe zum NS-Regime sowie die Tatsache, daß zunächst auch die Angehörigen der nichtzigeunerischen Mehrheit kreuz und quer durch Deutschland reisten, verhinderte nur kurz das Wiedereinsetzen der bis 1938/39 herrschenden Zigeunerpolitik, die eine dauerhafte Ansiedlung der Sinti im eigenen Ort durch Vertreibung zu verhindern suchte.

Das zumindest latente Fortwirken des NS-Rassismus decouvrierte sich dabei gerade in den hilflosen Versuchen, sich von ihm abzuwenden und durch eher soziographische Bestimmungen zu ersetzen. Bezeichnenderweise lautete etwa Paragraph 1 einer 1946/47 in Bremen erörterten »Verordnung zum Schutze der Bevölkerung vor Belästigung durch Landfahrer«: »Landfahrer im Sinne dieser Verordnung ist ohne Rücksicht auf seine Rasse, wer ohne festen Wohnsitz nach Zigeunerart umherzieht.«[69] Der Begriff »Landfahrer« wurde in der Tat bis in die achtziger Jahre auf Sinti und Roma appliziert; er hatte die Funktion, das unter Rassismus-Verdacht stehende Wort »Zigeuner« zu ersetzen, zugleich aber dessen Inhalte zu bewahren. Nach herkömmlichem Muster suchten Kommunen und Polizeibehörden durch überhöhte Mieten und unzulängliche Ausstattung der Zigeunerlagerplätze sowie durch deren Auflösung oder gar Zerstörung, die Sinti zu einem Fortzug zu nötigen, zumal sich die Stadt- und Polizeiverwaltungen oft von Anwohnern unter Druck gesetzt sahen. Jene führten teils die Unverträglichkeiten ins Feld, die sich aus der meist unzulänglichen Ausstattung der Plätze ergaben, teils die gängigen antiziganistischen Klischees, die die verschiedenen politischen Systeme im Deutschland des 20. Jahrhunderts überlebt hatten und die Zigeuner sowohl als beunruhigende Fremde mit mysteriöser Lebensweise als auch als vermeintlich arbeitsscheue Schmarotzer ausgrenzten. Derartige Verhaltensweisen haben wenig an Aktualität eingebüßt und kommen heute vor allem dann zum Tragen, wenn jugoslawische oder rumänische Roma vertrieben werden sollen.[70]

69 STA Bremen, 3.P.1.a, No. 1146.

70 Beispiele in T. Zülch (Hg.): In Auschwitz vergast (wie Anm. 14). Siehe auch die Auseinandersetzungen um ein Bleiberecht für jugoslawische Roma 1990/91.

Da eine grundlegende Umstrukturierung der örtlichen Kriminalpolizeien nach 1945 ebenso ausblieb wie deren effektive Entnazifizierung, konnte es geschehen, daß vormalige »Zigeunerspezialisten« weiterhin mit den Sinti und Roma befaßt blieben und ihnen bei Entschädigungsverfahren sogar als Zeugen oder Experten gegenübergestellt wurden.[71] Einzelne Kriminalisten wie Rudolf Uschold, nach dem Krieg Sachbearbeiter für Zigeunerfragen beim Zentralamt für Kriminalidentifikation und Polizeistatistik des Landes Bayern, plädierten in unzweideutiger Anlehnung an Vorschläge, die Robert Ritters Rassenhygienische Forschungsstelle während der dreißiger Jahre entwickelt hatte, für eine Dauerinternierung von vermeintlich »Asozialen und Kriminellen« unter den Zigeunern; nur »echte Zigeuner und anerkannte Mischlinge« sollten Uschold zufolge mit »Wanderpässen« ausgestattet werden.[72]
Wie Uschold gingen auch die meisten anderen Autoren, die in den fünfziger bis siebziger Jahren in Polizeifachschriften über Sinti und Roma publizierten, von einem feststehenden »Wesen der Zigeuner« aus. »Der Zigeuner«, meinte etwa Gerhard Hendsch 1950 in der »Polizeipraxis«, besitze kein »Streben zu ständigem Besitz«, er lebe »meist in den Tag hinein, heute hier, morgen dort«. Und wer »ein Dutzend« Zigeuner kenne, der kenne »sie alle«.[73] Der bayerische Kriminalamtmann Eller bezog dergleichen Wesensaussagen 1954 auf die NS-Verfolgung: »Während des Dritten Reiches« seien eine »Anzahl zigeunerischer Personen wegen ihrer teils asozialen, teils kriminellen Lebensweise als polizeiliche Vorbeugehäftlinge in KZ-Haft genommen« worden. Inwieweit und unter welchen Umständen sie dabei »ihr Leben lassen mußten«, könne »mangels konkreter Unterlagen« nicht festgestellt werden. Unzweifelhaft seien viele aber »Opfer von Seuchen« geworden, was nicht zuletzt »auf die persönliche und angeborene Unsauberkeit der Betroffenen« zurückzuführen sei.[74]

71 Beispiel in HSTAD BR 1111/29-60; IfZ MA 1159.

72 R. Uschold: Das Zigeunerproblem. In: Die Neue Polizei, 1951, S. 38 ff. und 60 ff.

73 G. Hendsch: Die Zigeuner, vom Standpunkt des Polizeibeamten betrachtet. In: Polizeipraxis, 1950, S. 144 f.

74 H. Eller: Die Zigeuner – ein Problem. In: Kriminalistik 1954, S. 124 ff., hier S. 126. Weitere Beispiele bei W. Feuerhelm: Polizei und »Zigeuner«. Strategien, Handlungsmuster und Alltagstheorien im polizeilichen Umgang mit Sinti und Roma. Stuttgart 1987, S. 37 ff.

Auch die Richtlinien, die die Landeskriminalämter seit der ersten Hälfte der fünfziger Jahre zur »Bekämpfung krimineller Landfahrer« herausgaben, gingen von einem konstanten »Wesen der Zigeuner« aus. Ein hessisches Merkblatt von 1957 unterstellte den »Landfahrern« etwa einen »eingewurzelten Hang zum Umherziehen« und eine ebenso »eingewurzelte Abneigung« gegen die Seßhaftigkeit. Gegenteilige Wahrnehmungen vermochten dieses Stereotyp nicht zu relativieren. Im Gegenteil, man neigte im Sinne einer Dissonanzreduktion dazu, sie dem Stereotyp einzufügen, wie eine Aktualisierung des hessischen Merkblattes aus dem Jahre 1966 belegt: »Die Zugehörigkeit zum Personenkreis der Landfahrer« werde »durch das Vorhandensein einer polizeilichen Anmeldung oder einer Reisegewerbekarte nicht ausgeschlossen«; diese sollten vielmehr nur »den wahren Sachverhalt verschleiern«.[75] Die polizeiliche Überwachung der zu Landfahrern umgewidmeten Zigeuner führte wie schon im Kaiserreich und in der Weimarer Republik zu einem diskriminierenden Sonderrecht für Sinti und Roma, da nicht nur die einer Straftat Verdächtigen erfaßt, sondern »*jedes* Auftauchen und Tätigwerden von Landfahrern« überwacht werden sollte.[76] Aus den einschlägigen polizeilichen Meldungen wurden bei den Landeskriminalämtern mehrere, nur auf »Landfahrer« bezogene Karteien gebildet. Sie betrafen Namen und Aliasnamen, Spitznamen, besondere Merkmale, Lichtbilder, Angaben über Kraftfahrzeuge, Straftaten und Straftäter, Unterlagen über polizeiliche Landfahrerkontrollmeldungen sowie Stichworte, die der Personenidentifizierung dienen sollten. Zumindest in Hessen und Bayern wurden in der Merkmalskartei auch die Häftlingsnummern von KZ-Überlebenden als potentiellen »landfahrerischen Straftätern« gespeichert. Der Nachrichtensammel- und Auskunftsstelle über Landfahrer beim bayerischen Landes-

75 Merkblatt Hessen 1957, S. 1; Merkblatt Hessen 1966, S. 1, zitiert nach Feuerhelm: Polizei (wie Anm. 74), S. 113 f. Siehe auch J. Bura: Die unbewältigte Gegenwart. »Zigeunerpolitik« und alltäglicher Rassismus in der Bundesrepublik. In: R. Bauer u. a. (Hg.): Sinti in der Bundesrepublik. Beiträge zur sozialen Lage einer verfolgten Minderheit. Universität Bremen 1984, S. 9-84.

76 Landeskriminalamt (LKA) Baden-Württemberg: Allgemeine Bekanntmachung. Betreff: Bekämpfung krimineller Landfahrer, zitiert bei Feuerhelm: Polizei (wie Anm. 74), S. 103 f., Hervorhebung vom Verfasser; weitere Beispiele ebd., S. 102-138.

kriminalamt, die ihre Arbeit bereits zu Beginn der fünfziger Jahre aufgenommen hatte, kam – ganz in der Tradition des Kaiserreichs und der Weimarer Republik – bei der Erfassung der Sinti und Roma die Funktion einer Zentralstelle zu. Die nichtbayerischen Landeskriminalämter gaben ihre erkennungsdienstlichen Unterlagen dorthin weiter.[77]

Insgesamt war die polizeiliche Einstellung gegenüber Sinti und Roma durch eine »Haltung des prinzipiellen Verdachts«[78] bestimmt, gemäß der allen Zigeunern eine charakterliche Disposition zur Kriminalität eigen sei. Der prinzipielle Verdacht wiederum korrespondierte mit dem Gedanken, gegen Sinti und Roma verliefen Ermittlungen meist erfolglos, da »die Zigeuner« der Polizei »über« seien. Solche klischeebedingten Ohnmachtsgefühle ließen und lassen die Polizei zu einer Vielzahl von präventiven Maßnahmen greifen, die von einfachen Kontrollen über Razzien bis zur erkennungsdienstlichen Behandlung reichen. Dahinter steht die »alltagstheoretische Vorstellung«, Sinti und Roma seien durch derartige Sanktionen »wirkungsvoll zu disziplinieren«.[79]

Seit den späten siebziger Jahren, in denen die bisherigen Landfahrer-Verordnungen aufgehoben wurden, ist jedoch ein wachsendes öffentliches Interesse an der Situation der Sinti und Roma zu verzeichnen, das auch das polizeiliche Handeln zu beeinflussen vermochte. Die neue Sensibilität für die Geschichte und Gegenwart dieser Ethnie schlug sich sowohl in einer sprunghaften Zunahme aufrüttelnder und analytischer Publikationen und Filme als auch darin nieder, daß sich über frühe kirchliche Bemühungen hinaus die Sozialarbeiterschaft in breitem Umfang der Sinti und Roma anzunehmen begann – nicht selten allerdings mit einseitigen Modernisierungskonzepten, die deren besondere Kultur negierten.[80]

77 Feuerhelm: Polizei (wie Anm. 74), S. 126, 133.
78 Feuerhelm: Polizei, S. 294.
79 Feuerhelm: Polizei, S. 295 f.
80 Als Überblick siehe M. Weiler: Zur Frage der Integration der Zigeuner in der Bundesrepublik Deutschland. Eine Untersuchung der gegenwärtigen Situation der Zigeuner und der sozialpolitischen und sozialarbeiterischen Maßnahmen für Zigeuner. Ms. Köln 1979; G. von Soest: Zigeuner zwischen Verfolgung und Integration. Geschichte, Lebensbedingungen und Eingliederungsversuche. Weinheim und Basel 1979.

Tiefergreifende und dauerhaftere Impulse löste indes die Gründung einer eigenständigen Bürgerrechtsbewegung deutscher Sinti und Roma aus. Sie sieht es als ihre zentrale Aufgabe an, einer Verdrängung der Vernichtungspolitik des NS-Regimes gegen Sinti und Roma entgegenzuwirken, und betont vor diesem Hintergrund die besondere Verantwortung der Bundesrepublik für eine angemessene Entschädigung und für die Beendigung diskriminierender Praktiken.[81]

So unterschiedlich Theorie und Praxis von Fürsorge und politischer Selbstorganisation auch sein mögen, gemeinsam ist ihnen die Funktion, das auf Vertreibung und Verdächtigung angelegte polizeiliche Handlungsmuster in Schranken zu weisen. Sozialarbeiterschaft und Bürgerrechtsbewegung beendeten die faktische Alleinzuständigkeit der Polizei und damit des repressiven Staatsapparates für die Sinti und Roma. Das Wirken des Zentralrates deutscher Sinti und Roma sowie Datenschutzbestimmungen brachten die Polizei zudem in öffentliche Begründungszwänge. Im Rahmen einer empirischen Erhebung äußerte etwa ein Angehöriger der hessischen Kriminalpolizei: »... wenn man einmal Ermittlungen gegen Zigeuner koordinieren will, dann schreit der Simitis, und von Rose kommt der Vorwurf, das sei ja wie im KZ.«[82]

Gleichwohl bleibt zweifelhaft, ob die Sondererfassung der zu »Landfahrern« deklarierten »Zigeuner« wirklich beendet ist. Auf eine Intervention des Zentralrates deutscher Sinti und Roma wurde in der ersten Hälfte der achtziger Jahre zwar die gesonderte Ausweisung tatverdächtiger »Landfahrer« in der polizeilichen Kriminalstatistik abgeschafft; die bisher als »Landfahrer« Erfaßten sollten als Teilgruppe in die neu geschaffene Kategorie der HWAO-Person (»häufig wechselnder Aufenthaltsort«) integriert werden. In der polizeilichen Praxis scheinen »HWAO-Person« und »Landfahrer« aber vielfach als Synonyma verwandt zu wer-

81 Siehe etwa R. Rose: Wir wollen Bürgerrechte und keinen Rassismus. Heidelberg 1985. Inzwischen existiert eine weitere Bürgerrechtsorganisation, die Rom und Cinti Union, die stärker die Interessen und Bedürfnisse der in diesem Land lebenden oder Asyl und Aufenthalt suchenden Roma akzentuiert.

82 Feuerhelm: Polizei (wie Anm. 74), S. 117. Spiros Simitis: Hessischer Datenschutzbeauftragter; Romani Rose: Vorsitzender des Zentralrates deutscher Sinti und Roma.

den. Der Begriff »HWAO-Person« diente dann lediglich der Entkoppelung von äußerem Sprachgebrauch und internem polizeilichem »Alltagswissen« über Sinti und Roma; er gewährleistete auf diese Weise die Abschirmung einer weitgehend unveränderten Praxis gegen eine kritische Öffentlichkeit.[83] Jenseits definitorischer Merkmale im einzelnen ermöglichen EDV, Fernschreibverkehr und die – als Bildkarteien vor Ort abrufbaren – Nachrichtenblätter des Bundeskriminalamtes heute aber ohnehin eine effektive »Zigeunerüberwachung«, die von der Öffentlichkeit nur sehr schwer kontrolliert werden kann. Die datentechnische »Intelligenz« und die Schnelligkeit des polizeilichen Zugriffs vermögen inzwischen politisches Konfliktpotential zu entschärfen, ohne wesentliche Zugeständnisse in der Sache zu machen. Die demokratische Öffentlichkeit wird deshalb in Zukunft in erheblichem Maße auf Fingerzeige aus dem Polizeiapparat selbst angewiesen sein.

83 Feuerhelm: Polizei (wie Anm. 74), S. 249 ff.

Robert Gellately
Gestapo und Terror
Perspektiven auf die Sozialgeschichte des nationalsozialistischen Herrschaftssystems

I.

Die Polizei im nationalsozialistischen Staat, insbesondere die geheime Staatspolizei, hatte faktisch unbegrenzte Vollmachten in bezug auf Verhaftung, Freiheitsentzug, Verhör und Beschlagnahmung.[1] Der größte Teil des Polizeiapparats war, ähnlich wie die Justiz, mit der er aufs engste kooperierte, ein direktes Erbe der Weimarer Republik. Zusätzlich installierten die Nationalsozialisten Sondergerichte, entweder um Verurteilungen rascher durchzusetzen oder um neu definierte »Verbrechen« zu ahnden. Außerdem spielte der neue Volksgerichtshof eine wichtige Rolle im System des Terrors. Ein zentrales Element dieses Terrors war die Vollmacht der Gestapo, Verdächtige als »Schutzhäftlinge« festzuhalten. Verdächtige – in manchen Fällen waren sie vor Gericht freigesprochen worden – konnten unter dem Titel der »Schutzhaft« in Konzentrationslager eingeliefert werden, die von der SS organisiert und verwaltet wurden. Freilich sollte man das »offizielle« Gesicht des Terrors nicht überschätzen, denn das Terrorsystem umfaßte zahlreiche dynamische und mehrdeutige Wechselbeziehungen zwischen den offiziellen Vertretern des Regimes einerseits und der Bevölkerung andererseits.[2] Ich gehe in meinem Beitrag davon aus, daß – ungeachtet der Flut von Publikationen über das »Dritte Reich« – noch sehr viel zu sagen bleibt über die Sozialgeschichte des Terrors. Zugleich möchte ich eine Reihe von

1 Nach den bewegten ersten Monaten der »Machtergreifung« wurden der SS, der SA und dem SD Polizeirechte und -vollmachten ausdrücklich versagt. Gestapo-Beamte, die auch Mitglieder der SS wurden (keineswegs alle traten der SS bei), hatten Eingreif- und Zugriffsrechte in ihrer Eigenschaft als Polizisten, nicht aber als Mitglieder der SS.

2 Siehe R. Gellately: From the Anatomy of the SS-State to Recent Histories of the Police, SS and the Courts in the Third Reich. In: Journal of Modern History 1992 (im Druck).

weiterführenden Fragen stellen, die für die Entmystifizierung der Geschichte Deutschlands unter dem Nazismus wichtig sind.
Schon vor dem Ende des Zweiten Weltkriegs gab es Untersuchungen über die Wirkungsweise des Terror- und Herrschaftssystems in Deutschland. Seither haben Historiker die Nazi-Herrschaft immer wieder als »SS- oder Polizeistaat«, »NS-Gewaltherrschaft« oder »totalitären Unrechtsstaat« bezeichnet. Ihre Sicht wird jedoch zunehmend kritisiert: sie betonen zu sehr den Staat gegenüber der Gesellschaft, die Führer gegenüber den Geführten, die Institutionen (wie etwa das System der KZs) und Organisationen (wie die Gestapo, die SS oder die Polizei) gegenüber der Masse der Deutschen oder der »Normalbürger«.[3]
Die erwähnten Studien folgten überwiegend der Perspektive einer »Geschichte von oben«. Aus dieser Sicht rekonstruierten sie die Ursprünge und die Entwicklung der vielfältigen Organisationen und Institutionen, die den »offiziellen«, d. h. in erster Linie den Staats-Terror betrieben. Verwaltungs- und Rechtsgeschichte standen dabei im Vordergrund. Man interessierte sich weitaus mehr für die Entwürfe und Pläne als für die tatsächliche Wirkungsweise dieses Systems. So konnte der allgemeine Eindruck entstehen, daß Institutionen wie die Gestapo von fähigen Technokraten und angeblich »apolitischen« Spezialisten aus der Zeit der Weimarer Republik zu wirkungsvollen »Waffen«, zu einem »Apparat« oder einer »Maschine« gemacht worden waren. Die Gestapo, die rasch die Zuständigkeit, den Führerwillen durchzusetzen, für sich reklamierte, habe bald das gesamte Land beherrscht und sei zu einer wahren »Gedankenpolizei« geworden. Die bekannte Studie »Anatomie des SS-Staates« beispielsweise rekonstruiert detailliert die verzweigten Polizei- und SS-Institutionen.[4] Aber bereits z. Zt. der Publikation dieses Buches, Mitte der 60er Jahre, zeigten – die wenigen – Lokal- und Regionalstudien, daß es auch darauf ankam, die Wirkungsweise des Terrors im Alltag zu untersuchen.[5] Die »Anatomie« wurde ein Standardwerk. Aber die Durchsetzung dieser Perspektive verhinderte es, daß Fragen nach den

3 Vgl. R. Gellately: The Gestapo und German Society: Enforcing Racial Policy 1933-1945. Oxford 1990.
4 Siehe H. Buchheim et al.: 2 Bde. Olten 1965.
5 W. S. Allen: Das haben wir nicht gewollt! Die nationalsozialistische Machtergreifung in einer Kleinstadt 1930-1935. Gütersloh 1965.

alltäglichen Praktiken der Polizei jenseits der Lager und Gefängnisse gestellt wurden; der gesamte soziale Kontext blieb unbeachtet.

Ähnliche Grenzen zeigen sich auch in den Studien über die Führer des Terrorsystems in Berlin.[6] Fraglos sind Biographien wichtig und erhellend, sie unterstreichen jedoch in aller Regel die Selbstdeutung der jeweiligen Personen, und sie tendieren dazu, die Brutalität und Rücksichtslosigkeit von Funktionären für den Nazi-Terror verantwortlich zu machen. Da diese Studien die Routinen des Systems überwiegend ignorieren, bleibt auch hier die soziale Realität des Terrors ausgeblendet.

Selbst Studien über Organisationen, die direkt am Terror beteiligt waren, z. B. über die Rolle der SS außerhalb der KZs, haben sein Funktionieren fast völlig vernachlässigt. Der SD (Sicherheitsdienst) spielte sicherlich eine nicht unwichtige Rolle, vor allem dann, wenn dessen Informationssammeltätigkeit »kriminelles« Verhalten zutage förderte. Wenn man aber die Menge der Information, welche SD oder SS an die Gestapo weitergaben, heranzieht und sich dabei vor allem auf die Fallunterlagen stützt, dann scheint es, daß deren Anteil am Operieren der allgegenwärtigen politischen Polizei überschätzt worden ist.[7] Andere Organisationen, wie etwa Kripo oder Orpo, also Kriminalpolizei und uniformierte Ordnungspolizei, müssen weit stärker beachtet werden. Ähnliches gilt auch für den Beitrag der NSDAP zum Kontroll- und Überwachungssystem.[8] Eine anregende neue Untersuchung

6 Vgl. P. R. Black: Ernst Kaltenbrunner. Vasall Himmlers: Eine SS-Karriere. Paderborn u. a. 1991 (amerik. Ausgabe 1984); S. Aronson: Reinhard Heydrich und die Frühgeschichte von Gestapo und SD. Stuttgart 1971; R. B. Birn: Die Höheren SS- und Polizeiführer: Himmlers Vertreter im Reich und in den besetzten Gebieten. Düsseldorf 1986.

7 Vgl. R. L. Koehl: The Black Corps. The Structure and Power Struggles of the Nazi SS. Madison 1983; G. C. Browder: Foundations of the Nazi Police State: The Formation of Sipo and SD. Lexington, Kentucky 1990; H. Boberach (Hg.): Meldungen aus dem Reich. Die geheimen Lageberichte des Sicherheitsdienstes der SS 1938-1945. 17 Bde. Herrsching 1984.

8 Vgl. M. H. Kater: The Nazi Party. A Social Profile of Members and Leaders, 1919-1945. Cambridge, Mass. 1983; A. L. Unger: The Totalitarian Party. Party und People in Nazi Germany and Soviet Russia. Cambridge 1974; D. Rebentisch: Die »politische Beurteilung« als Herr-

über den Streifendienst der Hitler-Jugend zeigt, was eine Institutionengeschichte zu leisten vermag, die sozialgeschichtliche Fragestellungen und Perspektiven aufnimmt. Die Studie öffnet nicht nur wichtige Einsichten in das Problem der Jugendkriminalität, sondern vor allem auch in die »Selbstüberwachung« von Jugendlichen.[9] Das Konzept der »Selbstüberwachung« werde ich weiter unten im Zusammenhang mit Fragen nach der »selbstüberwachenden Gesellschaft«. wieder aufnehmen.

II.

In den vergangenen Jahren sind Studien des Terrorsystems »von oben«, die sich vor allem mit Führern, politischen Konzepten, mit Institutionen und deren inneren Mechanismen beschäftigen, zunehmend konfrontiert worden mit unterschiedlichen Formen einer Geschichte »von unten«. Sozialhistoriker und insbesondere, diejenigen, die »Alltagsgeschichte« betreiben, haben neue Akzente gesetzt und die Aufmerksamkeit über Fragen der Hierarchie, Entscheidungsfindung und institutionellen Arrangements hinaus erweitert. Daraus resultierten Arbeiten über die lokale Geschichte der Gestapo sowie mehrere wichtige Akteneditionen.[10] Diese neuen und alternativen Ansätze haben sich jedoch fast ausschließlich auf Widerstand, Opposition oder Dissidenten konzentriert. Sie sagen wenig oder gar nichts darüber,wie die Geheimpolizei innerhalb der deutschen Gesellschaft operieren konnte. So wurden z. B. auf einer Konferenz, die in Berlin zum 40. Jahrestag des 20. Juli 1944 abgehalten wurde, 65 Beiträge vorgelegt, die alle denkbaren Aspekte von Widerstand behandelten; keiner disku-

schaftsinstrument der NSDAP. In D. Peukert und J. Reulecke (Hg.): Die Reihen fast geschlossen. Wuppertal 1982, S. 107-125.

9 G. Rempel: Hitler's Children. The Hitler Youth and the SS. Chapel Hill 1989.

10 Vgl. T. Klein: Die Lageberichte der Geheimen Staatspolizei über die Provinz Hessen-Nassau 1933-1936. 2 Bde. Köln 1986; R. Thévoz et al.: Die Geheime Staatspolizei in den Preußischen Ostprovinzen 1934-1936. 2 Bde. Köln 1974; M. Pikarski und E. Warning (Hg.): Gestapo-Berichte über den antifaschistischen Widerstandskampf der KPD 1933 bis 1945. 3 Bde. Berlin 1989.

tierte jedoch Fragen des Terrorsystems.[11] Die beinahe völlige Abwesenheit des Themas Terror in den Studien, die sich mit Widerstand beschäftigen, muß überraschen. Denn eine Institution wie die Gestapo war nicht nur das größte formell-institutionelle Hindernis, dem sich alle Verschwörungen gegen Hitler gegenübersahen; die Gestapo war außerdem stets daran interessiert, auch nur das mindeste Anzeichen der Nicht-Zustimmung und Nicht-Zusammenarbeit, das sich in der Bevölkerung ausmachen ließ, zu unterdrücken.

Bis auf ganz wenige Ausnahmen befaßt sich die Alltagsgeschichte, sofern es ihr um Nazi-Deutschland geht, vor allem mit Verhaltensweisen, die sich als Abweichung oder Widerspruch deuten lassen. Demgegenüber bleiben Formen der Anpassung, der Zustimmung und der Mittäterschaft am Rande oder werden ganz ausgeblendet. Insgesamt werden nur undeutliche Hinweise auf das Terrorsystem gegeben.[12] Diese Arbeiten beschäftigen sich überwiegend mit Volks- und Arbeiterkultur bzw. mit »Mentalitäten« der Massen. Vergleichsweise viel ist über Erfahrungen am Arbeitsplatz geschrieben worden. Es ist sicher richtig, daß von diesen neueren Ansätzen viel zu lernen ist und sich Korrektive zu einer Geschichte von oben gewinnen lassen. Aber zu unterstreichen bleibt, daß auch in dieser »alternativen« Geschichte der Nazi-Terror eine mysteriöse, dämonische und eigentlich ungreif-

11 J. Schmädeke und P. Steinbach (Hg.): Der Widerstand gegen den Nationalsozialismus. Die deutsche Gesellschaft und der Widerstand gegen Hitler. München 1986. Vgl. R. Gellately: Surveillance and Disobedience: Comments on the Political Policing of Nazi Germany. In: F. R. Nicosia/L. D. Stokes (Hg.): Opposition and Resistance to National Socialism in Germany, 1925-1945. Oxford 1990, S. 15-36.

12 Vgl. J. Kocka in: Alltagsgeschichte der NS-Zeit. Neue Perspektive oder Trivialisierung? Kolloquien des Instituts für Zeitgeschichte. München 1984, S. 50ff. Abgesehen von knappen Bemerkungen im Kapitel über die Justiz wird der Terror kaum erwähnt in: H. Mommsen (Hg.): Herrschaftsalltag im Dritten Reich. Studien und Texte. Düsseldorf 1988. Für neueste Diskussionen der Alltagsgeschichte Deutschlands vgl. M. Nolan: The Historikerstreit and Social History. In: New German Critique 44 (Spring/Summer 1988), S. 51-80; R. J. Evans: In Hitler's Shadow. New York 1989, S. 126-7; G. Eley: Labor History, Social History, Alltagsgeschichte: Experience, Culture, and the Politics of Everyday – A New Direction for German Social History? In: Journal of Modern History 61 (1989), S. 297-343.

bare Größe bleibt. Der Terror wird vorausgesetzt, er wird jedoch nicht zum Thema. Das gilt auch für Arbeiten über Widerstand und Verfolgung, die in den letzten Jahrzehnten erschienen sind. Dabei verschlägt es wenig, daß einige dieser Studien zumindest knapp Aspekte der Justiz und des KZ-Systems behandeln.[13]
Dennoch lassen sich Anzeichen für eine Veränderung erkennen. Im Zusammenhang mit der Forderung nach einer »Historisierung des Nationalsozialismus« (Martin Broszat) kommt Bewegung in bisherige Klischees und Stereotypen; neue Fragen treten ins Blickfeld. So hat z. B. Alf Lüdtke im Zusammenhang einer genauen Untersuchung von Arbeitererfahrungen darauf hingewiesen, daß es nicht nur wichtig ist zu fragen, weshalb es keinen Massenprotest von Arbeitern gegen den Nazismus gab, sondern auch, »wie Herrschaft im Faschismus hergestellt wurde«?[14] Es gab sowohl »positive« Anreize, die das neue System insbesondere an den Arbeitsplätzen annehmbar machten, als auch »negative« bzw. repressive Momente, insbesondere die »Gestapo-Präsenz«. Aber es bleibt zu fragen, wie im einzelnen diese »Präsenz« realisiert und im Alltag tatsächlich wirksam wurde. Meine Vermutung, die zu der generellen Annahme von Lüdtke keineswegs im Widerspruch steht, ist, daß es darauf ankommt festzustellen, in welchem Ausmaße Arbeiter am Gestapo-System konkret *teilhatten*, an den Arbeitsplätzen wie in ihrer Freizeit. Zu klären bleibt außerdem, in welchem Maße eine solche »Mitteilsamkeit« von direkten oder indirekten Pressionen der Polizei beeinflußt war oder ob sie von instrumentellen oder affektiven Motiven der Arbeiter ausging.

13 M. Broszat et al. (Hg.): Bayern in der NS-Zeit. 6 Bde. München 1977-83. Arbeiten, die mündliche Geschichte betreiben oder verwenden, erfahren ähnliche Kritik, wie sie Kocka und andere gegen die Alltagsgeschichte richten; vgl. z. B. die drei Bände zu »Lebensgeschichte und Sozialkultur im Ruhrgebiet«, die L. Niethammer herausgegeben hat, insbes. Ders. (Hg.): »Die Jahre weiß man nicht, wo man die heute hinsetzen soll.« Faschismus-Erfahrungen im Ruhrgebiet. Berlin 1983 ff. Vgl. A. Tröger: German Women's Memories of World War II. In: M. R. Higonnet et al. (Hg.): Behind the Lines. Gender and the Two World Wars. New Haven 1987, S. 285 ff.

14 A. Lüdtke: Wo blieb die »rote Glut«? Arbeitererfahrungen und deutscher Faschismus. In: A. Lüdtke (Hg.): Alltagsgeschichte. Zur Rekonstruktion historischer Erfahrungen und Lebensweisen. Frankfurt 1989, S. 226.

Mit anderen Worten: »Wer das System des Dritten Reiches ausschließlich als ›nationalsozialistische Gewaltherrschaft‹ wahrnimmt, kann nicht erklären, wieso Millionen von Menschen vom nationalsozialistischen System – jedenfalls eine Zeitlang – gewonnen worden sind.«[15]

III.

Günther Mai hat darauf hingewiesen, daß wichtige Fragen zur Nazi-Herrschaft deshalb nicht gestellt wurden, weil Historiker mit theoretischen und politischen Themen beschäftigt waren, die es ihnen erschwerten, sich in grundsätzlicher Weise mit der Bedeutung von gesellschaftlichen Prozessen und von »Alltäglichkeit« im Zusammenhang des Nazi-Regimes auseinanderzusetzen.

»Sowohl die ›bürgerliche‹ Totalitarismus-Theorie der 50er und 60er Jahre, die Repression und Terror als weitgehend monokausale Erklärungsfaktoren überbetonte, als auch die marxistische Historiographie im Zuge der Traditionsbildung der DDR oder der ›Wiederentdeckung‹ des Arbeiterwiderstandes in den 70er Jahren sind der Frage nach dem Stabilisierungspotential des Regimes ausgewichen. Allein die Fragestellung, ob es die ›Volksgemeinschaft‹ in der ›Volkserfahrung‹ nicht doch gegeben habe, ob nicht erhebliche ›Konsenselemente‹ als Massenphänomen einer ›schweigenden Mehrheit‹ auch und gerade in der Arbeiterschaft zu beobachten seien, war lange Zeit undenkbar.«[16]

Viele Menschen, die die Nazi-Zeit miterlebt haben, bekennen, daß sie von einem Gefühl der Allgegenwart der »Gestapo« gleichsam erdrückt worden seien. Tagebücher wie mündliche Erinnerungen lassen vielfach deutlich werden, daß die Gestapo gerade deshalb so effektiv war, weil sie auf eine große Zahl von Menschen zurückgreifen konnte, die entweder direkte Mitglieder bzw. Angehörige waren oder die sich der politischen Polizei verpflichtet

15 U. Backes/E. Jesse/R. Zitelmann: Was heißt: ›Historisierung‹ des Nationalsozialismus? In: Dies. (Hg.): Die Schatten der Vergangenheit. Impulse zur Historisierung des Nationalsozialismus. Frankfurt 1989, S. 25-57, hier S. 28.

16 G. Mai: Arbeiterschaft zwischen Sozialismus, Nationalismus und Nationalsozialismus. Wider gängige Stereotype. In: Backes/Jesse/Zitelmann (Hg.): Die Schatten der Vergangenheit (wie Anm. 15), S. 195-217, hier S. 197.

fühlten.[17] In einem gewissen Ausmaß hat sich diese Überzeugung innerhalb wie außerhalb Deutschlands bis heute gehalten. Das Argument ist, daß die physische Präsenz der Geheimpolizei, die sich auf ein Netzwerk stützte, das über den Einflußbereich der herkömmlichen bürgerlichen und Strafjustiz hinausreichte, so übermächtig gewesen sei, daß selbst die harmlosesten Formen von Ungehorsam überwacht und kontrolliert werden konnten. In den Erinnerungen von Deutschen tauchen fast immer Informanten auf. Zu nicht unerheblichen Teilen war der oft zitierte Rückzug in die Privatsphäre gerade von dieser Furcht angetrieben, nämlich den Behörden angezeigt zu werden. Insgesamt wurde die Gestapo weitaus stärker mit der Organisation von »Bespitzelung« in Verbindung gebracht, als es wohl tatsächlich der Fall war. Eine Form, damit umzugehen, daß Freunde, Nachbarn, Kollegen oder auch frühere Parteigenossen der Polizei Hinweise gegeben haben könnten, war anzunehmen, daß die meisten, die so etwas taten, »Gestapo-Spitzel« waren, daß sie also von der Polizei bezahlt wurden. Die Neigung, die Zahl der »offiziellen Spitzel« zu vermehren oder besonders groß erscheinen zu lassen, zeigt sich vor allem unter den Aktiven der Arbeiterbewegung.[18] Mit gutem Grund hat Jürgen Kocka deshalb die Alltagshistoriker daran erinnert, daß es nicht ausreicht, nur die Alltagswahrnehmungen und Erfahrungen der Zeitgenossen zu rekonstruieren. Andererseits sollte man jedoch auch seine selbstkritische Bemerkung aufnehmen, daß nämlich in den Arbeiten der meisten struktur- und prozeßorientierten Sozialhistoriker die Hoffnungen und Ängste, Erfahrungen und Anschauungen der Menschen gänzlich übergangen werden.[19]

17 Das klassische Beispiel ist E. Kogon: Der SS-Staat. Das System der deutschen Konzentrationslager (1946). München 1974, S. 28; als Einführung in die Problematik der Gestapo V-Leute vgl. W. O. Weyrauch: Gestapo V-Leute. Frankfurt 1989, S. 26 ff.

18 So zeigte sich, daß die meisten Sozialdemokraten, die auf einer der »Warnlisten« der illegalen Sozialdemokratie (SOPADE) genannt waren – die Listen wurden im November 1938 von der Karlsbader Gestapo in Eger erbeutet – keine V-Leute waren, vgl. Bundesarchiv Koblenz: R58/517, S. 3 ff. Antworten gaben die Gestapo in Chemnitz, Leipzig, Breslau, Dresden und Halle.

19 J. Kocka: Sozialgeschichte zwischen Struktur und Erfahrung. Die Herausforderung der Alltagsgeschichte. In: J. Kocka: Geschichte und Aufklärung. Göttingen 1989, S. 29-44.

Historiker, die über die Arbeiterschaft im nationalsozialistischen Deutschland arbeiten, überzeichnen häufig Größe und Reichweite der Gestapo. Diese Sicht ist nicht selten verbunden mit der Behauptung, die Arbeiter seien allen Annäherungsversuchen der Nazis gegenüber »immun« gewesen (vor wie nach 1933). So werden dann die Polizei und ihre zahllosen Spitzel verantwortlich gemacht für das Versagen der Arbeiterbewegungen und das Scheitern von Arbeiterwiderstand.[20] Insofern ist die Forderung von Martin Broszat – und anderen –, Schluß zu machen mit solchen Formen der Mythologisierung, nur zu berechtigt. Völlig zu Recht insistiert er darauf, daß Historiker hier dieselben wissenschaftlichen Standards anlegen sollen, die auch in anderen Bereichen üblich sind.[21] So hatte etwa die Linke insgesamt von den frühen 20er Jahren bis 1945 Schwierigkeiten, den Nationalsozialismus oder den Faschismus überhaupt zu erklären. Es dominierte die Tendenz, alles auf die Formel zu reduzieren: »Faschismus = Bourgeoisie + Komplizen.«[22] Es gab und gibt linke Kritiker eines solchen Reduktionismus; doch manche sehen im Nazismus noch immer in erster Linie eine Verschwörung gegen die Arbeiter, nicht aber eine soziale Bewegung, die auch in den kulturellen und sozialen Milieus der Arbeiter Unterstützung fand.[23] Man will noch immer nicht wahrnehmen, daß zumindest bestimmte Gruppen und Schichten der Arbeiterschaft von der Nazi-Propaganda tatsächlich erreicht und wohl auch davon überzeugt wurden, daß das neue Regime tatsächlich bessere Zeiten bringen würde. Die Hartnäckigkeit dieser Ansicht entspringt wahrscheinlich dem Wunsch, das Schweigen der allermeisten Arbeiter als Zurückweisung des Regimes zu deuten und die politische Bedeutung von Gerüchten und Beschwerden, von Kungeleien und Schwarzmarkthandel oder

20 Vgl. J. Kuczynski: Geschichte des Alltags des Deutschen Volkes, Bd. 5. Berlin 1983, S. 79; D. J. K. Peukert/F. Bajohr: Spuren des Widerstands. Die Bergarbeiterbewegung im Dritten Reich und im Exil. München 1987, S. 133 ff.

21 M. Broszat: Plädoyer für eine Historisierung des Nationalsozialismus (1985). In: Nach Hitler. Der schwierige Umgang mit unserer Geschichte. München 1988, S. 159-173, hier S. 166 ff.

22 P. Ayçoberry: The Nazi Question. Übers. von Robert Hurley. New York 1981, S. 53.

23 D. Peukert: Die KPD im Widerstand. Verfolgung und Untergrundarbeit an Rhein und Ruhr 1933 bis 1945. Wuppertal 1980, S. 116 ff.

auch von Kleindiebstahl zu überschätzen. Aus dieser Sicht erscheint dann der Terror als so etwas wie ein »fremder« Apparat, der unnachsichtig Arbeiter und andere Gegner des Regimes verfolgte. Die These, daß Arbeiter und Arbeiterinnen bzw. ihre Angehörigen nur sehr zögerlich Informationen an die Behörden gegeben hätten, daß sie zum Spitzeln gezwungen werden mußten, läßt sich bei genauerer Inspektion nicht immer aufrechterhalten.

Die Alltagsgeschichte und andere Spielarten von Sozialgeschichte haben die Geschichtsschreibung über herkömmliche Eindimensionalitäten hinausgeführt. Um so erstaunlicher ist, daß sie ihre Möglichkeiten bislang nur zögerlich nutzten, um das Terrorsystem zu untersuchen. Zum Teil hängt das damit zusammen, daß jeder Ansatz bestimmte Fragestellungen begünstigt, andere jedoch unbeachtet läßt. Die »Geschichte von unten« rückt vor allem die einfachen Menschen, die Vergessenen oder Übersehenen ins Blickfeld. Dabei aber werden nicht nur die »Kommandohöhen« und das dort versammelte Personal vernachlässigt, sondern auch Behörden, wichtige lokale Institutionen und Strukturen und vor allem die *Verfolger*.

Diesem Interesse an den Menschen wird bisweilen eine untaugliche Unterscheidung unterschoben, nämlich die zwischen den Verfolgern und dem Volk. Die Konsequenz ist, daß die *Verknüpfungen* zwischen »ihnen und uns«, zwischen »Feinden und Freunden« zu wenig beachtet werden. Aber gerade die Handlungsweisen der Verfolger, insbesondere die Art und Weise, wie sie Hinweise, Fingerzeige und Hilfestellungen des »Volks« nutzten, bedürfen genauerer Erforschung. Wenn man im einzelnen untersucht, wie »das Volk«, und nicht nur die Arbeiter, polizeilich überwacht, kontrolliert und reguliert wurden, wird auch allmählich deutlich, in welcher Weise und wie weit die Menschen an der eigenen Überwachung teilhatten. Ich plädiere daher für die Beschäftigung mit der Sozialgeschichte des Terrors als eines anderen Aspekts der Alltagsgeschichte, deren Routinen ebenso wie die Verknüpfungen mit der Gesamtgesellschaft detailliert zu erkunden sind. Das Fehlen eingehender sozialgeschichtlicher Untersuchungen über die Gestapo und andere Institutionen des Terrorsystems hat auch zu tun mit der relativen Spärlichkeit der Quellen: Gegen Kriegsende ist ein erheblicher Teil des Materials zerstört worden. Die Rekonstruktion gerade des normalen und alltäglichen Handelns des Terrorapparats wird dadurch besonders schwierig. Es kommt hinzu, daß in der Nazi-Zeit die Polizei und überhaupt alle offiziellen oder auch halboffiziellen-Körperschaften ihr Handeln mit einem solchen Schleier des Geheimnisses umgaben, daß selbst Zeugnisse von Augenzeugen oder Überlebenden mit großer Vorsicht zu verwenden sind.

Alltagsgeschichte und Arbeiten zu Resistenz und Widerständigkeit haben neue Fragen gestellt, aber noch nie sind die Verknüpfungen zwischen Vorgesetzten oder Führern bei der Polizei und den untergebenen Beamten, also zwischen denen »oben« und denen »unten«, angemessen zum Thema gemacht worden. Dabei zeigen Gestapo-Akten durchaus, daß es Interaktionen zwischen »oben« und »unten« gegeben hat. Aber diese Beziehungen werden nicht ausdrücklich benannt. Wichtige »Reste«, wie z. B. politische Denunziationen, bleiben immer am Rande des jeweiligen Falles bzw. der jeweiligen Fallgeschichte. Um also diese Beziehungen erfassen zu können, ist ein Blickwechsel erforderlich. Es geht vor allem darum, den »Zwischenraum« zwischen dem »Oben« und dem »Unten« ins Auge zu fassen. Man kann sich kaum noch ein die Historiker zeitgenössischer Gesellschaft beschäftigendes Problem vorstellen, bei dem diese Bipolarität nicht ins Auge gefaßt werden muß, also nicht *gleichzeitig* »Oben« und »Unten« zu beachten sind. Andernfalls entsteht nur ein weitgehend statisches Bild, in dem die Bewegungen, die ablaufenden Prozesse unerkannt bleiben. Dieser »Zwischenraum«, den ich hier meine, bezieht sich aber weder nur auf die »Mitte«, noch ist damit eine Lücke gemeint, die bloß gefüllt werden müßte. Vielmehr ermöglicht ein dynamisches »Zwischen« neue Formen der Konzeptualisierung und eine Vielzahl unterschiedlicher Zugänge. Einige Historiker bearbeiten dieses Feld bereits.[24] Und für das Nazi-Terrorregime heißt das: Weder Fragen ausschließlich zum »Oben« noch allein zum »Unten« können klären, wieso die Gestapo ohne die »Armee von Spitzeln«, die ihr so lange fälschlich zugeschrieben wurde, zum gefürchteten Vollstrecker der Nazi-Politik werden konnte.

24 Siehe I. Kershaw: The »Hitler Myth«. Image und Reality in the Third Reich. Oxford 1987, S. 2; T. W. Mason: Open Questions on Nazism. In: R. Samuel (Hg.): People's History and Socialist Theory. London 1981, S. 205-210, hier S. 207. Vgl. M. Broszat: Aufgaben und Probleme zeitgeschichtlichen Unterrichts. In: Ders.: Nach Hitler (wie Anm. 21), S. 9-35, hier S. 11-33.

Ein anderer Grund dafür, daß das tatsächliche Funktionieren des Terrors bislang nicht untersucht wurde, hängt mit der Annahme von der besonders großen Macht des Nazi-Staats zusammen. Tim Mason hat bereits darauf hingewiesen, daß es unzureichend ist, das Fehlen von Widerstand ausschließlich »der grenzenlosen Macht des totalitären Staates« zuzuschreiben; das sei nur so etwas wie »eine Kurzformel, biete(t) jedoch keine Erklärung«.[25] Michel Foucault hat fraglos den entscheidenden Hinweis gegeben, als er betonte, daß Macht nicht als ein starres Objekt in der Hand von Machthabern gesehen werden dürfe; es komme vielmehr darauf an, wie sie ausgeübt wird. Aufzunehmen ist sein Hinweis, daß eine Sicht von Macht *nur* als Funktion des Staates »die Sichtweise von Souveränen und Souveränität, also die Rechtsbegriffe, verlängert«. Macht sei keineswegs ausschließlich oder letztlich an den Staatsapparat gebunden und auch keineswegs »wesentlich repressiv: die Armee als Todesgewalt, Polizei und Justiz als Strafgewalten usw.« Es komme vielmehr darauf an zu sehen, daß Machtbeziehungen sich »notwendig über die Grenzen des Staates hinaus« erstreckten. Es sei richtig, daß »der Staat ungeachtet der Macht seiner Apparate dennoch keineswegs in der Lage ist, das gesamte Feld tatsächlicher Machtbeziehungen zu besetzen, und es kommt hinzu, daß der Staat nur auf der Grundlage anderer, bereits existierender Machtbeziehungen operieren kann.«[26] Selbst in einem Regime wie dem Nazi-Deutschlands, das vielfach als totalitär bezeichnet wird, kann das Terrorsystem keineswegs nur mit dem Hinweis auf die Ausweitung des Staates und seiner Apparate erklärt werden. Auch hier kommt es darauf an, im Sinne von Foucault »dem König den Kopf abzuschlagen«. Die Bedeutung des Staates darf nicht unterschätzt werden; die Analyse muß jedoch darüber hinausgehen.[27]

Sozial- und Alltagshistoriker, die sich mit den nationalsozialisti-

25 T. W. Mason: Injustice and Resistance: Barrington Moore and the Reaction of German Workers to Fascism. In: R. J. Bullen u. a. (Hg.): Ideas into Politics. Aspects of European History 1880-1950. Totowa 1984, S. 115.

26 M. Foucault: Truth and Power. In: Power/Knowledge: Selected Interviews and Other Writings 1977-1984. C. Gordon u. a. (Hg.): New York 1980, S. 122; vgl. Ders.: Sexualität und Wahrheit. Bd. 1. Frankfurt 1986, S. 113 ff.

27 Foucault: Truth and Power, S. 121.

schen Deutschland beschäftigen, im allgemeinen Fürsprecher der Unterprivilegierten, möchten gerne für sich in Anspruch nehmen, daß sie den König längst enthauptet hätten – durch die Konzentration auf eine »Geschichte von unten«. Aber auch hier gilt, daß eine bloße Umkehrung bisheriger Sichtweisen kein neues Modell von Macht, Herrschaft oder Terror begründet. Vielmehr ist, was bisher passiert ist, in gewisser Weise nur eine Wiedereinsetzung des Königs. Denn die meisten alltagsgeschichtlichen Studien gehen von derVorstellung eines allgewaltigen und bösartigen Staates aus. Eine systematische Analyse des Terrorsystems, seiner Verknüpfungen und Wechselbeziehungen, könnte jedoch entscheidend dazu beitragen, die Strukturen des alltäglichen Lebens zu erhellen und dadurch, um nur ein Beispiel zu nennen, Grenzen und Chancen für Dissidenten und Oppositionelle zur damaligen Zeit beleuchten. Denn ihr Handeln läßt sich nur im Hinblick auf den jeweiligen *Kontext* bewerten. Solche Untersuchungen könnten überdies helfen, die Zusammenhänge von Kooperation oder Kollaboration und Formen der Anpassung an das NS-System zu erschließen.

Ein möglicher Ausgangspunkt wäre zum Beispiel die Frage, wie Behörden Informationen über »kriminelle« Verhaltensweisen bekamen. Die Skrupellosigkeit der Gestapo ist bekannt, doch selbst noch so ehrgeizige Beamte können nicht immer das erreichen, was sie wollen, und das gilt insbesondere für Ziele, die sehr direkt mit »privaten« Beziehungen zu tun haben, mit Freundschaft, Familie oder auch sexuellen Beziehungen. Gestapo-Akten aus Würzburg, Speyer oder Düsseldorf (anderswo sind solche Unterlagen nicht erhalten) zeigen, daß es ein erhebliches Maß von Informationen aus dem »Publikum« gab, die keineswegs erzwungen waren. Im einzelnen habe ich das an anderer Stelle genauer untersucht; hier kann ich nicht näher darauf eingehen. Nur soviel sei gesagt: Die Geheimpolizei selbst war offenbar weniger eine aktive als eine reaktive Organisation. Nach Reinhard Mann[28] wurde die Gestapo nur in 15% aller Fälle aufgrund von »Beobachtungen der Stapo Düsseldorf und/oder V-Leute« aktiv. »Aussagen bei Vernehmungen« seien in weiteren 13% der Auslöser gewesen; Hinweise von

28 Vgl. R. Mann: Protest und Kontrolle im Dritten Reich. Nationalsozialistische Herrschaft im Alltag einer Großstadt. Frankfurt 1987, S. 295.

anderen »Kontrollorganisationen«, der Stadt-, Bahn-, Grenz- und Kriminalpolizei (vielleicht auch der SS), führten in insgesamt 17% der Fälle zur Gestapo-Aktivität. Informationen aus der Bevölkerung waren offenbar unverzichtbar für das Funktionieren des Terrorsystems. Es ist schon erstaunlich, daß mit Ausnahme weniger Arbeiten aus den letzten Jahren (darunter die von Martin Broszat und mir) diese Denunziationen in der historischen Forschung bisher entweder ganz ignoriert oder doch nur unzureichend beachtet wurden.[29]

»Politische Verbrechen« im Sinne der Nazis, z.B. Verbreitung böswilliger Gerüchte, konnten verfolgt werden, weil es Berichte von Privatpersonen und/oder auch Amtsstellen außerhalb der Polizei gab – hier beziehe ich mich auf die freimütigen Aussagen eines Gestapo-Insiders in einem der Nürnberger Prozesse.[30] Insgesamt gilt, daß bei der Einleitung von Fällen – sei es, daß es um Juden oder andere »rassische Feinde« ging, bei Homosexualität und vielem anderen – die Gestapo im großen und ganzen passiv blieb. Sie konnte sich also auf eine Fülle von Informationen verlassen, die sie *unaufgefordert* erhielt, bevor sie selbst tätig wurde. Das erklärt auch, weshalb die Gestapo zunehmend aggressiv und brutal reagierte, als diese Informationen – z. B. über die Beziehungen zwischen Deutschen und den Millionen von Zwangsarbeiterinnen und Zwangsarbeitern, die ab 1939 bzw. 1940/41 nach Deutschland gebracht worden waren – zögerlich kamen und spärlicher wurden, vor allem nach Bekanntwerden der Katastrophe von Stalingrad. Die zunehmende Brutalität der Gestapo sollte wohl das offenbar unaufhaltsame Schwinden der Möglichkeit, den Willen des »Führers« durchzusetzen, kompensieren.

Anstatt davon auszugehen, daß die deutsche Bevölkerung sich überwiegend passiv verhielt, wäre es sinnvoller, die »Beherrschten« als aktive Teilnehmer und Unterstützer zu begreifen, die auch als nichtorganisierte Einzelne von Zeit zu Zeit eine Rolle im Terrorsystem spielten, indem sie den Behörden Informationen ga-

29 Vgl. M. Broszat: Politische Denunziationen in der NS-Zeit: Aus Forschungserfahrungen im Staatsarchiv München. In: Archivalische Zeitschrift 73 (1977), S. 221-238; R. Gellately: The Gestapo and German Society: Political Denunciation in the Gestapo Case Files. In: Journal of Modern History 60 (1988), S. 654-694.

30 Vgl. Werner Best. In: Trial of the Major Criminals before the International Military Tribunal. Bd. 20. Nürnberg 1948, S. 127.

ben. Insofern erweisen sich die »Normalbürger« als weit wichtiger für das Funktionieren und die Wirksamkeit von Gestapo und Terror, als es die historischen Darstellungen üblicherweise erkennen lassen. Dadurch soll die Rolle anderer offizieller oder halboffizieller Institutionen und Organisationen nicht heruntergespielt werden. Aber diese wurden eben häufig von »wachsamen« Menschen aktiviert, die behaupteten, sie seien Zeuge eines »Verbrechens« gewesen.

Es geht mir nicht darum, nur allgemein die »Passivität« der deutschen Bevölkerung in Frage zu stellen. Wichtiger ist, und dies ist meine These: die Historiker haben ihre Fragen bisher ganz überwiegend so formuliert, daß sie aufgrund ihrer eigenen Logik zu dem Ergebnis kommen mußten, die Bevölkerung habe sich, zumindest in bezug auf die Routine des Terrorsystems, passiv verhalten. Insofern geht es mir gleichermaßen um empirische wie um konzeptuelle Fragen.

Wichtig ist gewiß, welche Motive Informanten leiteten. Hier läßt sich nur festhalten, daß eine quantitative Analyse der Düsseldorfer Gestapo-Akten ergeben hat, daß Systemloyalität nur in etwa einem Viertel aller Fälle, in denen die Gestapo aufgrund von Informationen aus der Bevölkerung aktiv wurde, eine Rolle spielte. Private Motive, wie etwa Neid oder Rachsucht, lassen sich bei etwas mehr als einem Drittel der entsprechenden Fälle erkennen. Und in 39 Prozent der Fälle ist überhaupt keine klar erkennbare Motivation auszumachen.[31] Anders: Obwohl das Regime zu Denunziationen aus »richtiger« Gesinnung heraus aufforderte und gerade führende Figuren, wie Hitler, Himmler oder Heydrich, immer wieder beunruhigt darüber waren, daß die Polizei für private Zwecke mißbraucht oder genutzt wurde, gilt hier doch, daß in ca. drei Vierteln der Düsseldorfer Fälle die Motive der Informanten zumindest nicht eindeutig oder ausdrücklich von Systemloyalität geprägt waren. Für die alltägliche Arbeit der Gestapo waren die Motive offenbar ganz unwichtig, jedenfalls folgte man allen Hinweisen, ungeachtet der Gründe, die jeweils genannt worden waren.

Auf der Führungsebene waren die Meinungen geteilt, wenn es um das Thema Denunziationen ging. Als ein Beispiel wäre Heydrichs gescheiterter Versuch zu erwähnen, den Ministerrat am 18.9.1939

31 Vgl. Mann: Protest und Kontrolle (wie Anm. 28), S. 295.

dafür zu gewinnen, eine »allgemeine Anzeigenpflicht« einzuführen; sie sollte sich nicht nur auf tatsächliche, sondern auch auf nur vermutete Vergehen gegen die »Widerstandskraft des deutschen Volkes« erstrecken.[32]

IV.

Während des Historikerstreits (1986/87) wurde das System des Nazi-Terrors vielfach zu dem in der Sowjetunion unter Stalin in Beziehung gesetzt. Charles Maiers Analyse dieser Debatte enthält einige auch für unsere Fragestellung wichtige Punkte. Zunächst weist er mit Recht darauf hin, daß es erforderlich sei, ähnlich der Differenzierung zwischen verschiedenen Formen der Demokratie auch zwischen verschiedenen Formen des Terrors zu unterscheiden.[33] Dann wendet er sich den Ähnlichkeiten und Unterschieden zwischen dem stalinistischen Terror der 30er Jahre und dem im nationalsozialistischen Deutschland zu. Seine Hauptthese ist, daß der Terror in Deutschland hauptsächlich eingesetzt wurde, um »ein eisernes Gesetz vorhersehbarer Konsequenzen durchzusetzen. Jede Abweichung davon sollte den Abweichler (und Juden galten als Abweichler) unausweichlich der Sphäre von Willkür, Gewalt, von Folter und Entmenschlichung ausliefern. Demgegenüber war das Prinzip des sowjetischen Terrors, eine willkürliche Disziplin des Nichtvorhersehbaren durchzusetzen. Stalinismus war das Unvorhersehbare«.[34] Terror in Deutschland sollte die »›Volksgemeinschaft‹ durchsetzen und sich in aller Härte gegen die ›Gemeinschaftsfremden‹ richten. Terror in der Sowjetunion zielte hingegen darauf, jede Art von Vorhersehbarkeit auszuschalten«.[35]
Maiers Analyse ist überaus anregend, leidet aber unter der Begrenzung, die mit der Vorstellung eindeutig erkennbarer Machtzentren einhergeht. Es kommt hinzu, daß er Terror als Instrument begreift. Das wird besonders deutlich in einer Textpassage von

32 D. Rebentisch: Führerstaat und Verwaltung im Zweiten Weltkrieg. Stuttgart 1989, S. 126.
33 C. S. Maier: The Unmasterable Past. History, Holocaust, and German National Identity. Cambridge, Mass. 1988, S. 80.
34 Maier: Past, S. 81.
35 Maier: Past, S. 80.

Hannah Arendt, die er zustimmend zitiert. Arendt hatte in ihrem Versuch, das Besondere und Neue totalitärer Herrschaft zu zeigen, darauf hingewiesen, daß sich moderne Diktaturen von früheren grundsätzlich dadurch unterschieden, daß Terror oder Gewaltherrschaft nicht mehr als Mittel benutzt würden, um Gegner auszuschalten oder einzuschüchtern. Vielmehr sei Terror zu einem »permanenten Herrschaftsinstrument geworden, mit dem absolut gehorsame Volksmassen regiert werden«.[36] Arendt bezeichnet das »Herrschaftsinstrument« Terror auch etwas vage als »eisernes Band«. »Totalitärer Terror« sei nicht nur ein Merkmal tyrannischer Regierung; neu daran sei, daß an die Stelle der Kommunikationswege und -grenzen zwischen den Menschen ein eisernes Band gesetzt werde, welches sie so fest aneinanderbinde, als sei jede Vielfalt verschwunden und als gäbe es nur einen einzigen Menschen von gigantischen Ausmaßen ... Totalitärer Terror benutze also ein altbekanntes Instrument der tyrannischen Herrschaft, zerstöre aber gleichzeitig jenes gesetz- und grenzenlose Gewirr aus Furcht und Verdacht, das die Tyrannei hinterlasse. Der Eindruck, der hier vermittelt wird, ist, daß das »eiserne Band« totalen Terrors – wobei sie nicht zwischen der stalinistischen und der NS-Variante unterscheidet – als eine Art eherne Umklammerung dargestellt wird, die die Menschen von außen eng zusammenpresse.[37]

Diese Vorstellung, insbesondere in dem Bild des »eisernen Bandes«, führt zu einer Verdinglichung des Terrors. Folgerichtig wird die Gesellschaft zum Opfer, das von diesem Instrument überwältigt und geschlagen wird. Demgegenüber ist Vorsicht angebracht: Die Unterscheidung zwischen den »Instrumenten des Terrors«, dem eisernen Band oder der Umklammerung einerseits, und der Gesellschaft andererseits sollte nicht überzeichnet werden, ebensowenig wie der Unterschied zwischen dem »Terror«, dem »eigentlichen Wesen der totalitären Herrschaft«,[38] und den »Einwohnern eines totalitären Landes«. Maier liest Arendts These als Argument dafür, daß »Terror unerläßlich war, um die Bevölkerung atomisiert und rückgratlos zu halten«; damit aber wird er-

36 H. Arendt: Elemente und Ursprünge totaler Herrschaft, Frankfurt 1955, S. 8.
37 H. Arendt: Elemente (wie Anm. 36), S. 735 f.
38 H. Arendt: Elemente (wie Anm. 36), S. 732.

neut die Vorstellung von Terror als Instrument oder Maschine unterstrichen.[39]

Historikerinnen und Historiker werden sich zunehmend der Notwendigkeit bewußt, ihr Sprechen bzw. Schreiben, ihre Beschreibungs- und Darstellungsformen zu reflektieren. Gewiß lassen sich Metaphern kaum vermeiden, aber wir müssen die Auswirkungen des dauernden Gebrauchs bestimmter Metaphern auf unsere Analysen und Darstellungen berücksichtigen, z.B. wenn die Polizei stets als ein »Instrument« erscheint. Greifen wir zu häufig auf unbeseelte Objekte als Metaphern für Terror zurück, dann hat das zur Folge, daß die Bevölkerung als indifferent oder nur reaktiv erscheint.

Man kann den Nazi-Teror auch als ein komplexes Netz von Machtbeziehungen begreifen, ohne ihn auf schiere Gewalt zu reduzieren. Es dürfte produktiver sein, Terror als einen bestimmten Ausdruck von Macht zu verstehen und sich nicht mit der Vorstellung der bloßen Gewalt zu begnügen. Damit würde vor allem betont, daß das Wirksamwerden von Terror immer auch ein bestimmtes Maß an Willensfreiheit und Mitwirkung von Menschen voraussetzt.[40] Wenn man Gestapo-Akten liest, wird ein Bild von Terror erkennbar, das diesen als Ergebnis von Praktiken erscheinen läßt, die häufig der Kontrolle der Polizei entglitten.[41] Und in der Tat nutzten in zahllosen Fällen einzelne den Terror aus, um sich selbst Vorteile zu verschaffen; sie brachten falsche oder fragwürdige Anschuldigungen selbst noch vor, nachdem die NS-Führer in Berlin und im übrigen Land nachdrücklich davor gewarnt hatten.[42] Die Denunziationen nahmen teilweise solche Ausmaße an, daß sie dysfunktional wurden – die Kräfte der Polizei reichten nicht mehr aus, mit der Informationsflut fertigzuwerden. Eine Untersuchung der »Mikrophysik der Macht« (M. Foucault), wie

39 Maier: Past, S. 79.

40 Vgl. R. Gellately: »A Monstrous Uneasiness«: Citizen Participation and the Persecution of the Jews in Nazi Germany. In: P. Hayes (Hg.): Lessons and Legacies. The Meaning of the Holocaust in a Changing World. Evanston, Ill. 1991, S. 178-195, 358-364.

41 M. Foucault: The Subject and Power. In: H. L. Dreyfus/P. Rabinow (Hg.): Michel Foucault. Beyond Structuralism and Hermeneutics. Chicago 1982, S. 220.

42 Dieses Problem wird ausführlich behandelt in Gellately: The Gestapo (wie Anm. 3), S. 129 ff.

sie sich in Gestapo-Akten zeigt, legt also die Schlußfolgerung nahe, daß das Verhalten der »Durchschnittsbürger«, die meist in lokale Machtbeziehungen eingebunden waren, ein entscheidendes Moment des NS-Terrorsystems war.[43]

Erst allmählich wird deutlich, daß die Interaktionen zwischen der Bevölkerung und der Polizei innerhalb Deutschlands wie in den besetzten Ländern erheblich variierten. Der »Erfolg« der Zwangsmaßnahmen hing jeweils von vielen verschiedenen Faktoren ab, etwa von der Unterstützung einer bestimmten offiziellen Maßnahme durch die Bevölkerung, wie z. B. antisemitische Aktionen, bis hin zum Ehrgeiz der örtlichen Gestapo-Beamten. Eine kürzlich erschienene Arbeit über die Verfolgung von Homosexuellen zeigt z. B., daß in diesem Punkt die Gestapo in Speyer, Würzburg und Düsseldorf in unterschiedlicher Weise »effizient« war.[44] Dabei ist es allerdings notwendig, die »Erfolgsraten« lokaler Gestapo-Stellen sehr genau zu prüfen, nicht zuletzt deshalb, weil ein Großteil der wichtigsten Informationen in den Akten nicht an erster Stelle steht. Erst eine sehr genaue Quellenkritik gibt die Möglichkeit, Verzerrungen bzw. Dunkelfelder zu erkennen. So wird in diesen Unterlagen z. B. Folter nie erwähnt. Daß sie vielfach eingesetzt wurde, läßt sich aber aus zahllosen Erinnerungsberichten belegen. Die direkte Wirkung solcher Maßnahmen und Quälereien für die »Effizienz« der Gestapo muß also indirekt erschlossen werden. Um so dringlicher sind vergleichende sozialgeschichtliche Studien des Terrors »in Aktion«.

43 R. Gellately: Die Wirkung der Gestapo auf »öffentliche Sicherheit und Ordnung«. In: H. Reinke (Hg.), »... nur für die Sicherheit da?« Großstadt und Polizei im 19. und 20. Jahrhundert. Frankfurt (im Druck). In diesem Zusammenhang verweise ich auf die steigende Zahl der Fälle von »Amtsanmaßung«. Es geht dabei um Zivilpersonen, die vorgaben, Gestapo-Beamte zu sein, um persönliche Vorteile zu erlangen. In den Akten der Düsseldorfer Gestapo habe ich eine überraschend große Zahl entsprechender Fälle gefunden.

44 B. Jelonnek: Homosexuelle unter dem Hakenkreuz. Paderborn 1990, S. 176 ff. Es gibt jedoch methodische Probleme, wie denn die »Effizienz« der Gestapo zu bewerten sei. Um nur ein Beispiel zu nennen: der Verfasser scheint vorauszusetzen, daß alle Verdächtigen, die bei der Gestapo eingeliefert wurden, tatsächlich »schuldig«, also homosexuell gewesen seien, daß die lokalen Gestapo-Beamten jedoch mehr oder weniger »Erfolg« darin gehabt hätten, die Verdächtigen auch aburteilen zu lassen.

Das System des Terrors blieb außerdem nicht unverändert, besonders nach Kriegsbeginn 1939 wandelte sich manches. Seit dem Sommer 1944 und vor allem im Winter 1944/45 mehren sich überall in Groß- und Kleinstädten, aber auch in zahllosen Dörfern die Anzeichen für ein »apokalytisches Ende« des Nazismus – und zwar insofern, als die Gestapo und andere lokale Behörden (einschließlich der Militärs) zunehmend auf den verbliebenen Anschein formaler Verfahren verzichteten und nach eigenem Gutdünken öffentliche Exekutionen durchführten.

Festzuhalten bleibt, daß eine allgemeine Furcht, wie sie durch das Terrorsystem in Deutschland seit 1933 verbreitet wurde, nicht der einzige Grund für den nur spärlichen Widerspruch, für das geringe Maß von Opposition oder gar Widerstand war. Mindestens ebenso wichtig ist, die Quellen der Legitimität zu beachten, auf die sich das Regime stützen konnte. Hitlers Diktatur hätte sich wahrscheinlich nicht so lange halten können, wenn sie nur auf Terror gegründet gewesen wäre. Kaum weniger wichtig für den Bestand des Regimes – zugleich in einem gewissen Maße auch Antrieb für die Bereitschaft von Menschen, am Terror selbst teilzunehmen – war, daß die meisten Deutschen die Rechtmäßigkeit von Hitlers Herrschaft nicht bezweifelten und damit diese Herrschaft hinnahmen oder ihr auch ausdrücklich zustimmten. Viele begrüßten die Wiederherstellung von »Recht und Ordnung«, die Vernichtung der »kommunistischen« bzw. »bolschewistischen Bedrohung«, eine Verminderung und Überwindung der Erwerbslosigkeit sowie eine Wirtschaftsentwicklung, die erheblich das übertraf, was viele Menschen bis dahin selbst hatten erleben können. Hinsichtlich der Außenpolitik gab es nur wenige Deutsche, die nicht applaudierten, als Hitler den Versailler Vertrag aufkündigte, als er Österreich »heim ins Reich« holte oder die Sudetenkrise im September 1938 mit einem weithin beachteten politischen Sieg über England und Frankreich beendete. Selbst als sich die anfänglichen Siege im Zweiten Weltkrieg nicht einfach fortsetzen ließen, konnte das Regime weiterhin der Unterstützung durch die Mehrheit der Menschen sicher sein. Vor diesem Hintergrund wird deutlich, daß es bei vielen überhaupt nicht notwendig war, sie dem Terror auszusetzen oder zu zwingen; es kam vielmehr darauf an, sie dazu zu verleiten, dem Regime ihre Unterstützung anzubieten.

V.

Die Darstellung des Nazi-Terrorsystems in den Arbeiten von Historikern haben weithin einer Verdinglichung und Mystifikation Vorschub geleistet. Demgegenüber kommt es darauf an, Terror in seinen konkreten, alltäglichen Funktionsweisen zu erforschen, die Vermittlungen und Verknüpfungen zwischen den politischen Entscheidungsträgern, den Ausführungsorganen und den »Durchschnittsbürgern« genau zu erforschen. Dabei ist eine Vorstellung von Macht unzureichend, bei der sich alles auf eines oder wenige Machtzentren konzentriert; ähnliches gilt für Konzepte, in denen Macht nur als »Instrument« erscheint. Es ist notwendig zu sehen, daß das Funktionieren des Nazi-Terrors nicht nur auf Gewalt und Zwang zurückgeführt werden kann, obwohl beide immer wieder eingesetzt wurden.

Terroristische Elemente spielten in der »Mikrophysik der Macht« in Nazi-Deutschland (bzw. in anderen ähnlichen Regimen) eine Rolle. Sie hingen jedoch größtenteils von Verhaltens- und Handlungsweisen ab, die ein bestimmtes Maß an Eigenaktivität und freiwilliger Teilnahme voraussetzten. Wenn Nazi-Deutschland das Bild einer »Krankheit der Macht« (Foucault) zeigt, dann ist es dringlich, die Ursachen dieser Krankheit zu erkennen. Das Terror-System scheint gerade deshalb, weil es erreicht, daß sich so viele Menschen daran beteiligten, zu einem System der Selbstüberwachung geführt zu haben. Zugleich mußte die Vorstellung, daß man immer in der Nähe von möglichen oder Möchtegern-Informanten war, alle jene entmutigt haben, die irgendeine Form von abweichender Meinung, Ungehorsam oder gar Opposition und Widerstand erwogen.[45] Das so entstandene panoptische System nutzte institutionelle Zusammenhänge, um sicherzustellen, daß relativ geschützte Nischen der Nichtzustimmung ausgeschaltet wurden und unter Kontrolle blieben.

Neuere Sozial- und Alltagsgeschichten haben bei der Erforschung des Nazi-Terrors und des Nazi-Herrschaftssystems wesentliche Fortschritte gebracht. Vor allem habe sie enge institutionelle Ansätze, die in Forschungen zur Polizei, SS und Justiz lange dominierten, in Frage gestellt. Ein entmystifizierender Zugang zum

45 Zur Analyse von Träumen, in denen sich der Terror niederschlug, vgl. Ch. Beradt: Das Dritte Reich des Traums. München 1966.

Terror- und Herrschaftssystem zeigt, daß Terror in erster Linie ein offenes und nicht ein geschlossenes System war, in das komplexe soziale Prozesse, die eine hohe Dynamik zeigten, einbezogen waren – wobei Unordnung und auch dysfunktionale Momente nicht auszuschließen sind. In diesem eher fließenden Zusammenhang des Terrors diente das »Gesetz« dazu, weite Bereiche des sozialen Lebens herrschaftlicher Kontrolle und polizeilichen Eingriffen zugänglich zu machen. Dabei operierte die Polizei mit dem Ziel, Verhaltensweisen zu unterdrücken oder vorbeugend dagegen einzuschreiten, die als »kriminell« etikettiert waren. Die Bevölkerung war in das System verwickelt und lieferte teilweise spontan, teilweise nach Aufforderung ihre Beiträge zu seiner Stabilisierung und Aufrechterhaltung. Angesichts der großen Zahl von Menschen, die in der einen oder anderen Weise mit dem Terror in Berührung kamen, kann es nicht überraschen, daß diese Teilnahme »der Vielen« nicht nur den Markierungen folgte, die in den Richtlinien und Anweisungen der Vorgesetzten in Berlin oder »vor Ort« fein säuberlich vorgeschrieben wurden.

Übersetzt von Alf Lüdtke

Hinweise zu den Autorinnen und Autoren

Peter Becker, geb. 1962, Wiss. Mitarbeiter am Max-Planck-Institut für Geschichte in Göttingen. Promotion 1988 über »Voreheliche Sexualität und Heiratsverhalten«. Schwerpunkte: Historische Fachinformatik, Historische Demographie, Geschichte der Polizei, Kriminalität und Kriminologie – zu letzteren jetzt das DFG-Projekt »Das Bild des Verbrechers«.

Richard Bessel, geb. 1948, Senior Lecturer an der Open University in Milton Keynes, England. Arbeitsschwerpunkte: Mentalitätsgeschichte und soziale Nachwirkungen des Ersten Weltkriegs, Sozialgeschichte der Weimarer Republik, Entwicklung der deutschen Polizei im 20. Jahrhundert.

David Crew, geb. 1946, Associate Professor, History Department, University of Texas at Austin, Texas, USA. Arbeitsschwerpunkte: öffentliche Fürsorge in der Weimarer Republik, Alltagsgeschichte und populare Kultur im 20. Jahrhundert.

Clive Emsley, geb. 1944, Professor für Geschichte an der Open University in Milton Keynes, England. Schwerpunkt: Geschichte der Polizei und des Verbrechens seit 1750.

Albrecht Funk, geb. 1948, Mitglied der Arbeitsgruppe Bürgerrechte am FB Politikwissenschaft und Privatdozent an der FU Berlin. 1991/92 Mitglied der School of Social Science, Institute for Advanced Study, Princeton. Beschäftigt mit dem Strukturwandel staatlicher Herrschaft und der gesellschaftlichen Bedeutung veränderter Formen sozialer Kontrolle.

Robert Gellately, geb. 1943, Professor für Deutsche Geschichte am Huron College/University of Western Ontario, London, Kanada. Arbeiten zur Sozialgeschichte vor 1918 und zur NS-Zeit. Neueste Arbeit *The Gestapo and German Society: Enforcing Racial Policy 1933-1945* (Oxford: Clarendon Press, 1990).

Karin Hartewig, geb. 1959, Historikerin in Essen. Arbeitsschwerpunkte: Historische Familienforschung, qualitative Sozialgeschichte, sozialer Protest, Biographieforschung und Erfahrungsgeschichte.

Ralph Jessen, geb. 1956, wissenschaftlicher Assistent am Fachbereich Geschichtswissenschaften der Freien Universität Berlin. Promotion 1989 an der Universität Bielefeld: »Polizei im Industrierevier. Modernisierung und Herrschaftspraxis im westfälischen Ruhrgebiet 1848-1914«. Arbeitsschwerpunkte: Sozialgeschichte von Polizei, Kriminalität und Protest.

Martin Leuenberger, geb. 1954, Leiter der Forschungsstelle Baselbieter Geschichte in Liestal, Kanton Baselland. Arbeiten zur schweizerischen Sozial- und Alltagsgeschichte des 19. und 20. Jahrhunderts.

Alf Lüdtke, geb. 1943, Wiss. Referent am Max-Planck-Institut für Geschichte in Göttingen und Privatdozent an der Universität Hannover. Arbeiten zur Entwicklung bürokratischer Herrschaft, zu Erfahrungsweisen und politischem Verhalten bei Industriearbeitern sowie zu Konzept und Praxis einer »Alltagsgeschichte«.

Ursula D. Nienhaus, geb. 1946, Wiss. Mitarbeiterin am Frauenforschungs- -bildungs- und -informationszentrum (FFBIZ) Berlin. Arbeiten zur Sowjetunion, zur Bürokratie- und Frauengeschichte. Der Beitrag ist Teil eines projektierten größeren Forschungsprojekts.

Norbert Pütter, geb. 1956, wiss. Angestellter der Arbeitsgruppe Bürgerrechte an der FU Berlin. Lehrbeauftragter am Fachbereich Politische Wissenschaft der FU. Redaktionsmitglied der Zeitschrift »Bürgerrechte & Polizei / CILIP«.

Herbert Reinke, geb. 1949, wiss. Mitarbeiter am Historischen Seminar der Heinrich-Heine-Universität Düsseldorf. Arbeitsschwerpunkte: Historische Kriminologie, Geschichte der Polizei, Stadtgeschichte, methodische Probleme der historischen Sozialwissenschaft.

Bernd Wirsing, geb. 1964. Von 1988 bis 1990 wissenschaftlicher Mitarbeiter im Sonderforschungsbereich »Verwaltung im Wandel« an der Universität Konstanz. Promotion 1991 über die »Geschichte der Gendarmierkorps und deren Vorläuferorganisationen in Baden, Württemberg und Bayern 1750-1850«.

Michael Zimmermann, geb. 1951, Studium der Geschichte, Sozialwissenschaften und Latinistik an der Ruhruniversität Bochum. Historiker an der Alten Synagoge in Essen. Arbeitsschwerpunkte und Publikationen in den Bereichen: Regionalgeschichte des Ruhrgebiets, Geschichte des Bergbaus, Oral History, Verfolgung und Widerstand im Nationalsozialismus, Geschichte der Juden in Deutschland, NS-Verfolgung der Sinti und Roma.

206/1/8.90

206/2/8.90

207/1/8.90

suhrkamp taschenbücher wissenschaft
Rechtswissenschaft

Alexy: Theorie der Grundrechte. stw 582
– Theorie der juristischen Argumentation. stw 436
Denninger/Lüderssen: Polizei und Strafprozeß im demokratischen Rechtsstaat. stw 228
Denninger (Hg.): Freiheitliche demokratische Grundordnung. 2 Bde. stw 150
Dilcher/Staff (Hg.): Christentum und modernes Recht. stw 421
Dreier: Recht – Moral – Ideologie. stw 344
Dreier/Sellert (Hg.): Recht und Justiz im »Dritten Reich«. stw 761
Dworkin: Bürgerrechte ernstgenommen. stw 879
Goldstein/Freud/Solnit: Diesseits des Kindeswohls. stw 383
Goldstein/Freud/Solnit/Goldstein: Das Wohl des Kindes. stw 741
Helfer/Kempe (Hg.): Das geschlagene Kind. stw 247
Jäger: Makrokriminalität. stw 845
– Verbrechen unter totalitärer Herrschaft. stw 388
Jäger (Hg.): Kriminologie im Strafprozeß. stw 309
Kübler (Hg.): Verrechtlichung von Wirtschaft, Arbeit und sozialer Solidarität. stw 537
Lüderssen: Kriminalpolitik auf verschlungenen Wegen. stw 347
Lüderssen/Sack (Hg.): Vom Nutzen und Nachteil der Sozialwissenschaften für das Strafrecht. 2 Bde. stw 327
– Abweichendes Verhalten. Bd. 1: Die selektiven Normen der Gesellschaft. stw 84
– Abweichendes Verhalten. Bd. 2: Die gesellschaftliche Reaktion auf Kriminalität I. Strafgesetzgebung und Strafrechtsdogmatik. stw 85
– Abweichendes Verhalten. Bd. 4: Kriminalpolitik und Strafrecht. stw 87
Müller/Staff (Hg.): Staatslehre in der Weimarer Republik. stw 547
Schumann: Der Handel mit Gerechtigkeit. stw 214
Simitis u. a.: Kindeswohl. stw 292
Stolleis: Staat und Staatsräson in der frühen Neuzeit. stw 878
Wesel: Aufklärungen über Recht. stw 368
– Juristische Weltkunde. stw 467
– Der Mythos vom Matriarchat. stw 333
Zenz: Kindesmißhandlung und Kindesrechte. stw 362

208/1/8.90